# La mano del muerto

La mano
del muerto

# La mano del muerto

**ALEJANDRO DUMAS**

Grupo Editorial Tomo, S. A. de C. V.
Nicolás San Juan 1043
03100 México, D. F.

1a. edición, mayo 2004.
2a. edición, marzo 2006.

*Le Main de Défunt*
Alejandro Dumas

© 2006, Grupo Editorial Tomo, S.A. de C.V.
Nicolás San Juan 1043, Col. Del Valle
03100 México, D.F.
Tels. 5575-6615, 5575-8701 y 5575-0186
Fax. 5575-6695
http://www.grupotomo.com.mx
ISBN: 970-666-947-7
Miembro de la Cámara Nacional
de la Industria Editorial No 2961
Proyecto: Rafael Rutiaga
Formación y diseño tipográfico: Rafael Rutiaga
Diseño de portada: Emigdio Guevara
Supervisor de producción: Leonardo Figueroa

Impreso en México - *Printed in Mexico*

# Prólogo

Alejandro Dumas (Padre) fue un excelente y prolífico escritor francés del siglo XIX, que nació el 24 de julio de 1802. Su padre era general y su abuelo un noble radicado en Santo Domingo.

El joven Alejandro era un apasionado de la lectura, principalmente de aventuras de los siglos XVI y XVII, y gracias a esto aprendió muchas cosas. Trabajó un tiempo como pasante de notario, pero después se convirtió en el secretario del duque de Orleans, en París.

Como consecuencia lógica de su gusto por las novelas, decidió dedicarse a la literatura y comenzar a escribir. Para lograr lo que se había propuesto se puso a estudiar Historia profundamente, lo que le sirvió para extraer muchos temas para sus dramas y novelas.

También le gustaba asistir a las representaciones teatrales, y sus primeros escritos fueron obras de teatro. En 1829 escribió *Enrique III y su corte*, y en 1830, la pieza romántica *Cristina*; las dos tuvieron un gran éxito en los teatros de la época.

A la edad de 27 años ya se había convertido en un célebre escritor, y más tarde decidió entrar en la política. Como apasionado republicano apoyó la revolución de 1848, pero al fallar ésta en 1851, se vio en la necesidad de huir hacia Bélgica. También participó en la gesta de Garibaldi, el gran héroe italiano.

Tuvo amores con María Catalina Lebay, y como fruto de ellos nació su hijo Alejandro en 1824.

Escribió muchas novelas y piezas teatrales, pero la mayor fama en la literatura romántica francesa la alcanzó con sus obras históricas: *Los tres mosqueteros* (1844) y *El conde de Montecristo* (1844).

La obra que nos ocupa en este volumen tiene relación con *El conde de Montecristo*, por tanto, amigo lector, si ya conoces la historia del conde, podrás entender más fácilmente la trama de *La mano del muerto*, y si no sabes nada del conde, entonces te recomendamos que también leas esa obra. Te aseguramos que disfrutarás con la lectura en cualquier caso.

En *La mano del muerto* el autor te presenta escenas llenas de acción y suspenso, de drama y de intriga; te lleva por lugares extraños y peligrosos, haciéndote partícipe de la aventura, hasta tal punto que, sin darte cuenta, te ves envuelto en la trama de la novela.

Quizá esta obra de Alejandro Dumas no sea tan conocida como algunas otras, sin embargo, tiene la misma calidad literaria.

Alejandro Dumas (Padre) es llamado así porque su hijo tenía el mismo nombre y también fue escritor.

Dumas (Padre) obtuvo mucho dinero con sus publicaciones, pero se lo gastó en francachelas, viajes, vinos caros, mujeres, obras de arte y aventuras. Al final de sus días, el 5 de diciembre de 1870, se encontraba prácticamente en bancarrota.

*Rafael Rutiaga*

# CAPÍTULO I

# AZARES DE LA SUERTE
# Y MANO DEL DESTINO

Si la terrible fatalidad llega y nos toma de improviso, es tan buena la obra del destino, que por lo general, siempre se presenta de una manera o de otra, con su fragante sonrisa en los labios, esperanzándonos para retornar a los felices días de la más bella opulencia.

Por ese fatal prestigio, el que logra reunir en torno nuestro, a cuantas personas nos trataron dobladas por la fatalidad, cimenta nuestra fama. Por ello, la baronesa Danglars, que si bien es cierto había sufrido tal tristeza en su vida, reunía ahora en su lujosa mansión a los nobles más destacados de Gand, teniendo el placer de escuchar en sus esplendentes salas en París, tal cual solía recibir en determinadas horas, a cuantos elegantes impíos amadores del tapete verde, con los cuales acuciaba el deseo ferviente de jugar, y que no les faltaba el oro ni la voluntad, en tanto no se investigue en los muy diversos sistemas de sus privadas vidas y milagros.

La baronesa Danglars, era orgullosa de naturaleza, pero sabía dominar sus instintos, bajo la capa de una apariencia afable y cortés, que daba a su magnífico rostro aristocráticamente pálido, realzado por sus negros y profundos ojos, asimismo cuando un sentimiento dilataba su corazón, en un blando renacer de ilusiones, que en lo más recóndito de su ser, no era la ambicionada realidad, lo que atraía a la concurrencia diversa a sus lujosos salones de moda.

A todos cuantos alienta la convivencia en las grandes emociones del gran mundo, jamás desagrada un temperamento de mujer; tal lo era la baronesa Danglars.

Sus gestos de orgullo, ese semblante determinante y sereno en su altivez, aunque sumiso y apacible en su magnífica belleza cuando se dejaba dominar por el entusiasmo, elocuente mirada, palabra fácil; todo ello concurría para que lo más selecto de la juventud la calificase en el característico mote de las tigresas, pese a encontrarse en la edad madura, la segunda primavera de la mujer...

En esa condición se encontraba la citada baronesa Danglars en el año 1837, época en que transcurre nuestra acción.

En una noche del mes de septiembre de tal año, las grandes salas del palacio se encontraban rutilantes de luces y de boato, repletas de elegantes personas, asiduas y esperanzadas como siempre, en las muy diversas partidas de juego; la Danglars, de un lado para el otro, daba el toque feliz a los muy diversos grupos, hablando con unos, aceptando las galanterías e insinuaciones de los otros, alegre, gentil entre tanto caballero que la cercaba, obstaculizando su paso, como reina de ese elegante lugar.

—¡Caramba, que aspecto tan entristecido tiene, señor Beauchamp! —dijo a un caballero de severa fisonomía y románticamente expresiva, al parecer para infundir siniestras ideas—. Al veros, se diría que os encontraras dispuesto a enfadaros con alguien de nosotros, pues según me han comunicado, la suerte os ha sido fatal en la pasada semana...

—Creo que estáis mal informada, señora baronesa, pues yo no me preocupo de mis pérdidas en el juego... no es mi lema la especulación, y me parece que hacéis mal en dar crédito a eso que pensáis.

—¡Ah! ¡Efectivamente! —repuso la baronesa con una intencionada sonrisa, dando su brazo al meditabundo caballero.

—¡Andando!... En realidad, me causó desasosiego vuestro semblante. Deseo saber qué os sucede, para que retorne en mí la tranquilidad, las noticias más recientes que tengáis... eso, particularmente.

—¡Es a mí a quien pedís, hermosa baronesa, noticias! Mejor sería que las solicitéis al caballero Luciano Debray, que sin duda tendrá mejores informes que yo.

—Bien está, señor; pero dejad al ministro que se encuentra muy entretenido en sus secretos de gabinete, por las ideas políticas que le invaden, propias de su cargo. ¡Créame, llego hasta sentir recelos de inquietarle, por temor de que me de una reseña de alguno de sus proyectos de leyes, francamente, bastante enojosos!...

—¿Acaso, el ministro?...

—¡No, sus proyectos!

—¡Pobre Luciano! —murmuró Beauchamp—; creo que no merece la ironía que ponéis en vuestras palabras, pues puedo asegurarle que tiene para mí más mérito que muchos de sus compañeros de gabinete y de finanzas.

—Os felicito por esa forma de hablar, señor, pues de esa manera os pagarán en la misma moneda en lo que atañe a vuestro cargo de procurador de Su Majestad el Rey, ¿me escucháis?, no sea que finalicéis como vuestro antecesor, que tan duramente fue castigado por la opinión pública...

Un ligero sobresalto dominó a la señora baronesa, coloreando sus mejillas, apretando involuntariamente su brazo al cuerpo de Beauchamp. En efecto, la señora Danglars quedó muy arrepentida por aquellas palabras que habían salido de sus labios, sin darse mayor cuenta.

—Señora baronesa —se apresuró a replicar Beauchamp, al parecer tocado muy de cerca por esas palabras, precisamente en el terreno que deseaba penetrar de acuerdo a sus pensamientos—. ¡Tengo la seguridad de que tal cosa no sucederá tal como usted indica, por idéntico motivo! Pero, si como habéis indicado lo referente al procurador del Rey, desearía yo olvidar enteramente que concurro a vuestros salones, en noches como la presente, donde...

—¡Caballero!...

—Ruego me perdonéis, baronesa, pues nadie nos escucha, ni menos puede sospechar lo que hablamos —prosiguió el magistrado, mirando cautelosamente a diversos ángulos del salón.

—Ni una palabra más, señor Beauchamp, basta; sé muy bien cuánto queréis decirme... todo ello me disgusta y me fastidia enormemente; ¿acaso no lo sabéis ya? Os había solicitado noticias concretas para olvidarme del susto que me produjo vuestra preocupación y semblante, tan severamente frío y grave; sólo os pido que me comuniquéis cuanto os preocupe, pero de una forma simple, tal como cuando érais un humilde redactor de un periódico, esto es... afablemente, con placer, sin reticencias... si fuera posible, alegre, despreocupado...

Detuvo su mirada el magistrado mirando con fijeza a su interlocutora, tal si quisiera sondear en su semblante la verdad de sus palabras.

—¡Ajá! —repuso ella riéndose con la mejor voluntad del mundo—; ¿acaso el antiguo publicista no sabe ya nada más que ser magistrado?

—Señora no es así; con vos siempre soy tal como antes era, os ruego que confiéis en mis palabras; pero son tan amargas y duras las noticias que tengo que facilitaros... ¡Por desgracia, éstas no pueden salir de los labios de un periodista, como insinuáis!

Beauchamp acentuó mucho esto último, logrando hacer estremecer nuevamente a la señora baronesa.

—¿Qué razones lo impiden? —preguntó esforzándose por lograr un vago temor que la dominaba—. ¿Acaso tenéis el propósito de hacerme morir de miedo esta noche tan espléndida?

—Repito que no pueden salir de los labios de un simple periodista, porque se refieren a una dama a quien el señor ministro estima y aprecia considerablemente.

Por la expresión de la mirada, el gesto expresivo, conoció la señora Danglars que no era posible insistir más ; sin embargo, deseando informarse de si la noticia podía referirse a ella, repuso con un movimiento de energía, encarando al procurador del Rey:

—Supuesto que sea así... por esas mismas razones a que os confiáis, por respeto a esa dama, guardaos la noticia, os lo ruego.

La señora baronesa perdió el juego, pues el magistrado no se dio por aludido, permaneciendo indiferente al gesto y la intención de ella.

—Tu semblante es de bronce —murmuró éste, cuando la baronesa se alejó apoyada la mejilla en el índice de la mano derecha, hondamente confusa en sus pensamientos—. ¡Yo no me engaño todavía con las apariencias, tal como sucede en cuantos te rodean! Existe en tu vida pasada algún secreto misterioso, terrible que tratas de ocultarlo bien ante los ojos de la sociedad que te rodea; pero no será posible que lo recates a mi deseo! ¡Mucha infamia encuentro en tu manera de vivir, pese a disfrazarlo todo con gran esmero, en el fondo de tu pecho, duro como la piedra! No importa, trabajemos; mucho sé de tu pasado, ahora es preciso ir descubriendo el resto para asociarlo todo y reconstruir tu existencia hasta la presente vida que realizas, todo aparentemente.

Momentos después, el magistrado se dio cuenta que alguien lo seguía, con deseos de hablarle; por lo cual, con premeditación dejóse alcanzar por la persona desconocida, que no lo era precisamente.

—¿Tendrá la gentileza de concederme dos palabras el señor Beauchamp?...

—¡Señor ministro; estoy completamente a sus órdenes!

—Caballero; no debéis de ignorar lo mucho que me ha interesado siempre todo aquello que hace legal relación con nuestro sosiego y tranquilidad pública —dijo el ministro al señor Luciano Debray, apartándose premeditadamente a un lugar algo alejado del movimiento, donde no pudiesen fiscalizar la conversación—. Así es, creo que en mi lugar posiblemente os sentiréis inquieto al poder observar la fisonomía del procurador del Rey turbada y triste, de una manera alto visible...

—¡Es verdad... perdonadme... es posible que sea todavía muy novicio en mi carrera y no sepa dar a mi rostro la expresión de piedra que es preciso tener y que conviene al semblante de un magistrado!

—Creedme que no deseaba entrar en contradicción, señor Beauchamp; ya sé que un magistrado debe ser un hombre de tacto, pero he logrado saber por mi pequeña policía particular un suceso, al cual doy en realidad poquísima importancia, pero encontrándoos tan apesadumbrado, tengo forzosamente que creer cuanto ayer me comunicaron... una señora a quien estimo, cuyo honor peligra... me hace atreverme a interrogaros, caballero Beauchamp, con toda cortesía y sinceridad...

—¡Es posible! ¿Sabéis, acaso, señor Debray?... Os puedo asegurar que si ese hecho fuera cierto, entonces...

—Tengo confianza que seais magistrado —interrumpió Debray, como si pensase—: ¡espero que seais amigo! Ahora, naturalmente, deseo saber el nombre de la señora para cerciorarme y salir de mis dudas... Queréis tener la bondad...

A tal pregunta lanzada en forma directa, cosa que ya la estaba esperando el señor procurador del Rey, no le fue posible contestar con evasivas, sin pasar como un tipo grosero e incivil ante todo un señor ministro, dándole a entender que desconfiaba de su discreción; llegóse, pues, a Debray y le dijo cautelosamente unas palabras al oído.

Palideció Debray; pero logró disimular ese acto de turbación, despidiéndose del procurador, y retornó a la sala de juego, donde la baronesa parecía esperarle con grandes inquietudes, pues había visto desde lejos la maniobra realizada entre los dos hombres. Mientras tanto el procurador del rey, satisfecho, retiróse de la casa de la señora Danglars, pues había logrado su propósito.

Cuando la concurrencia se marchó y los banqueros retiraron de sus mesas el oro y los billetes de Banco, la señora baronesa hizo una señal al ministro, y abandonó los lujosos salones para penetrar en sus aposentos, repletos de lujo y riqueza, con más recargamiento que en otro lugar de la regia mansión.

La señora Danglars abrió una puerta que conducía a un gabinete de música con su lujoso piano, y mirando a éste con suma tristeza, no pudo menos de exclamar, ante un recuerdo íntimo, estas frases doloridas y recónditas

—¡Mi Eugenia, oh, por qué me dejastes tú también! —y una lágrima descendió de sus ojos, por su pálido semblante, que ahora ya no era el del orgullo, pero que prontamente se rehizo, tratando de alejar esas ideas de su frente, atravesando en un rápido movimiento el pequeño gabinete, miró desde una ventana entreabierta el patio del palacio, a fin de cerciorarse de la marcha de los invitados.

Hasta que se marchó el último coche, permaneció en ese sitio; luego viendo un bulto que retrocedía en dirección al edificio, se apresuró a dejar libre una pequeña puerta oculta, volviendo a su secreter, para esperar la visita que se aproximaba. Esta, en efecto, no se hizo esperar.

—Lo estoy esperando —dijo con cierta intranquilidad la dama.

Debray tomó las cosas con calma. Se sacó los guantes, dejó el sombrero sobre una silla, tomó asiento al lado de la baronesa, demostrando una íntima confianza, como personas a las cuales unía amistad y secretos.

—Por caridad Debray, habla ya de una vez; tu tranquilidad me tiene asustada: ¿sucede algo? ¿Acaso Beauchamp os dio alguna noticia desagradable?

—Te diré. Cuanto pude sonsacar, fue bien poco por cierto, debes de saber que no quiero pasar por indiscreto. Una sencilla palabra solamente, es lo que me dijo —respondió Debray con calma absoluta.

—¡Ah!... —exclamó la dama con rabia mal contenida.

—Tal palabra es un nombre de mujer... acaso el vuestro...

—Pensáis entonces que me encuentro en peligro...

—No es que lo piense, es que lo he creído siempre —replicó Luciano de manera categórica—. ¡Vuestra presencia en París, si hasta hoy no ha sido ridícula, no creo suponer que se mantuviera por mucho tiempo esa máscara que a nadie convence! Y ahora, te lo aseguro: ¡menos que nunca!

Dejó asomar la baronesa una ligera sonrisa de orgullo, como si se hubiese ofendido y contestó:

—¡Todo ha sido la causa, de que jamás tuve secretos con vos, como los tengo con todos! Si pensáis como piensan todos mis enemigos, que el barón de Danglars viaja con su hija Eugenia, jamás os convenceríais de que ambos me han abandonado, tácitamente.

—Mira, es mejor que hablemos claro —replicó Debray—: hace un año y medio el barón siguió el mismo ejemplo de Eugenia, y desde esa época todo el gran mundo parisiense los supone entregados al placer de los viajes. En realidad, la cosa parece muy sencilla; pero el tiempo conforme se suceda, podrá presentar cosas extrañas, cuando alguno trate de preguntarle a la señora baronesa, cuando regresan el barón y su hija...

La baronesa se inmutó.

—No será eso solamente —prosiguió Debray—, sin duda alguna habrá otros que se atrevan a reírse de la demora de los viajeros; siendo posible que dentro de poco tiempo, todo ese París indiferente, tenga un motivo para reírse de vos, y eso francamente no me parece un buen sistema.

—Os ruego que me déis un consejo, pues, Debray —dijo la baronesa con su tímida inocencia, propia de una niña de pocos años, pasando sus manos sobre el brazo de Luciano, que la miraba con sorna.

—Sólo tengo que repetiros lo mismo que dije hace un año, cuando me mostrastéis la carta de vuestro esposo en que os decía estas terribles palabras: "Os dejo como os he tomado, rica y poco honrada".

Tales palabras, que hubieran anonadado a cualquiera otra persona, no hicieron más que arrancar una leve sonrisa de orgullo ofendido de los labios de la señora baronesa de Danglars.

Prosiguió Luciano:

—Ni una palabra más, insisto en que viajéis. Creo que en el último año poseíais cerca de un millón, y doscientos mil francos de los bonos, que es igual, a sesenta mil libras de renta ; y hoy tenéis dos millones y cuatrocientos mil francos, lo que equivale a ciento veinte mil libras de renta. ¡Para qué permanecer en París! Decid a todas vuestras relaciones que vuestro marido está en Roma o en Civitta-Vecchia, o en Nápoles, y que os ha suplicado en nombre de vuestra hija Eugenia fueseis a hacerles compañía. Naturalmente que todas tus amigas de inmediato propalarán la noticia; y estoy seguro que entonces podréis dirigiros a Londres, fijando en ese lugar vuestra residencia.

—Entonces, según veo queréis que nos separemos, Debray —dijo la baronesa pugnando por arrancar una rebelde lágrima a sus endurecidos ojos.

—¡Esto es imposible!...

Luciano nada dijo: quedóse mirándola de soslayo; se levantó.

—Hoy hace un año y medio que somos socios, y nuestros intereses han sido mutuos, marchando admirablemente, con grandes beneficios... y ahora, que sois ministro de Hacienda, irían cada vez mejor...

—¡Precisamente, llegamos precisamente al punto álgido de la cuestión! —repuso Luciano, golpeando con el puño el respaldo de una silla, demudado el semblante, tal como hacía Alejandro cuando, para terminar la lucha, lanzaba su bastón a la arena.

—¡Conque esas tenemos! —preguntó la señora Danglars abriendo desmedidamente los ojos, púsose en pie, dejando ya la indolencia, tal una amante que espera ser atendida por el galán reacio.

—Esa es la cosa, amiga mía, los periodistas de la oposición se gozan en sacar a relucir la vida privada de los ministros, y temo por la mía. Bien; pues, aquí para entre los dos, donde nadie puede escucharnos, es lo esencial lo que indiqué sobre vuestra inmediata partida, y no deseo que se realice más en esta casa ese asunto del juego, pues más de una persona, está ya investigando el origen de mi dinero, y podrían suceder cosas muy extrañas, tanto para ti como para mí, si al final se enterasen.

—¡Tan bien que marchaba ahora todo, y tantas ganancias se obtenían! —dijo la baronesa.

—Nada, estoy resuelto a no continuar —repuso con firmeza Luciano—, y desde este momento me desligo de vuestros intereses, conservando sólo entre nosotros el sencillo vínculo de una amistad. ¡Pero nada más que eso!

—Perfectamente, caballero —gritó la señora Danglars fuera de sí, y profundamente herida en su amor propio, por lo mismo que había comprendido lo que significaban esas palabras—; ni aun consiento tal sacrificio. Es preciso que ajustemos nuestras cuentas, y después, amigo mío, veremos...

—¿Qué es lo que insinuáis? —preguntó él con una sonrisa de desprecio.

—¿Queréis que no nos veamos nunca más?...

Luciano por toda respuesta introdujo las manos en sus bolsillos y permaneció indiferente, como si quisiera decir: nada me inquieta, estoy resuelto a todo.

—Nada os altera, pero os comunico que permaneceré este invierno en París, aunque os disguste...

—Ajá, tengo antecedentes de que los espectáculos serán admirables, mucho de Donizetti y de Bellini...

—Y también del caballero Luciano Debray —agregó riendo la baronesa, con toda intención.

—En realidad no os comprendo...

—Me refiero a vuestro debut Ministerial...

—Ah, vamos, baronesa —dijo Luciano con cierta seriedad, que chocaba con el tono zumbón de la señora de Danglars.

Quien ha jugado en la alta y baja, a gana pierde, a la fortuna esquiva y suele salir favorecido, no suele abandonar a la fortuna o la desgracia, vale decir abandonar París y reducirse a las proporciones de simple extranjera, sin encontrarse realmente contrariada. Y, sin embargo, es forzoso por fatalidad, cuando un procurador del Rey está al cabo de ciertas cosas y éste lo manifiesta de forma categórica... Por ello, baronesa es preciso ser prudente como Ulises y sabia como Néstor.

Luciano sacó una cartera y puso sobre la mesita de mármol los billetes de Banco, sentándose al lado de la baronesa, que en esta ocasión estaba completamente pálida, agitada, contemplándole.

—Señora; los socios hacen por segunda ocasión sus cuentas, y espero que en esta última oportunidad aprovechéis mi consejo, que es también una seria y justificada advertencia. ¡Buenas noches!

# CAPÍTULO II

# BENEDETTO, EL PRESO

Cuando Beauchamp salió del palacio de la señora Danglars marchó a su casa, situada a la entrada de la calle de Coc-heron, cuya fachada exterior ofrecía el clásico tipo de aquella vieja de Puget, que hace sean tan buscados en Francia ciertos edificios, por las personas que desean adquirir algún prestigio social.

La puerta del pequeño edificio era rasgada hasta la altura de la ventana del centro, campeando en su cima un enorme florón de piedra que parecía querer aplastar al primer plebeyo que allí osase poner su planta; su pequeño patio, en el centro, estaba decorado por negruzcos e imponentes muros.

Daban a él las ventanas del gabinete de estudio del señor Beauchamp, con sus cortinas sueltas y colgando en toda su longitud. Una lámpara de bronce, con su pantalla de seda azul-verde derramaba en el recinto esa amortiguada luz que conviene al que necesita escribir y meditar durante la noche, y que iluminaba de lleno sólo el papel en que estampáramos nuestras ideas; de modo que no ofendan la vista.

Beauchamp abandonó el bufete, y salió de entre los enormes rimeros de papel colocados a derecha e izquierda de su silla, a la manera que el aspecto fantástico de algún poeta lúgubre aparece por entre los sepulcros de un pequeño cementerio al pálido reflejo de la luna. Se encaminó a la ventana, recogió la cortina, y echó una rápida mirada al patio alumbrado por el rojizo resplandor de una sola lámpara pendiente de la bóveda del vestíbulo; y viendo luego que alguien se dirigía a su gabinete, dejó caer la cortina y sentóse de nuevo a su escritorio, apoyando sobre él el codo y sobre la mano su mejilla, quedó meditando.

En seguida abrióse la puerta del gabinete y dio paso a dos hombres, uno de los cuales por su traje, maneras y corpulencia herculeas, parecía agente de policía. Joven el otro aún, seco, lívido y despedazado el vestido, formaba el más pronunciado contraste, y dejaba conocer que era el reo, de inmediato.

El procurador del Rey hizo un ademán y el agente de policía salió cerrando la puerta, ante esa orden.

Beauchamp permaneció inmóvil por un momento; luego, cuando creyó que el agente había atravesado el patio, indicó al reo el lado opuesto de su mesa, y volvió la pantalla de la lámpara de modo que pudiera ver la cara del acusado, y no perder sus expresiones.

—¿Cómo os llamáis? —preguntóle Beauchamp, ahuecando la voz como si quisiese disfrazarla.

—Siempre me hacéis, señor, la misma pregunta, a la que siempre os contesto que Benedetto, nada más que así.

—Benedetto —repitió el procurador del Rey, continuando—, ¿estaréis dispuesto a repetir cuanto ya me habéis confesado? ¿Estáis decidido?

—¿Y para qué, señor? —le dijo el joven con alguna tibieza—. ¿Para qué repetir tales cosas? He sido preso, me hallo en vuestra presencia... sentenciadme, pues, y que termine todo.

—Que imprudente sois Benedetto; la ley os hiere de muerte.

—Tanto mejor si ya lo sabéis de cierto. ¿Para qué insistir más?

—Deseo, sin embargo, oiros otra vez. Acaso hayáis olvidado algún detalle que pueda atenuar el rigor de la ley por medio de la prueba. Hablad, os escucho.

—Pues bien, escuchadme, porque ésta será la última vez que os hable.

Había en el acento del acusado tal amargura y desdén a la vida, que si bien poca o ninguna sensación habrían producido en el alma gastada de un viejo juez, conmovían la de un hombre joven aún, y que no estaba bien penetrado de los misterios de un procurador real, como sucedía a Beauchamp.

—Estaba yo preso en la *Force*, donde creo me protegía algún amigo desconocido, puesto que allí se me aparecía un hombre llamado Bertuccio, con quien yo he tenido relaciones, y me daba algún dinero en nombre de ese protector desconocido, a fin de que pudiese procurarme mejores alimentos que los que pasan a los habitantes de la Cueva de los Leones. Ante el tribunal a que había comparecido ya, declaré ser hijo del señor de Villefort, vuestro antecesor, y esperaba resignado mi condena. Fugado de las galeras, asesino confeso de Carderousse, ¿qué otro porvenir me aguardaría que el patíbulo? ¿Verdad?...

—Esperad —dijo el magistrado—; ¿cómo supisteis que eráis hijo del señor de Villefort?

—¡Ah! Ved ahí una pregunta que nunca se os había ocurrido —contestó Benedetto, con la sonrisa del que comprende más de lo que se supone—. Lo sabréis. Os he hablado de aquel protector desconocido y de Bertuccio, que era el portador de sus dádivas; pues un día, penetró en mi cuarto, en la cárcel de la *Force*, y me dijo así: "Benedetto, tú estás gravemente comprometido, pero hay alguien que desea salvarte, porque ha hecho voto de salvar todos los años a un hombre. Este protector halla un medio de arrancarte al cadalso; por lo menos, tal es el siguiente: El procurador del Rey, que activa hoy tu sentencia tuvo estrechas relaciones con una dama, y esta señora dio a luz un niño, hijo de Villefort. Tal escándalo no debía traslucirse, y el señor de Villefort, apenas hubo aquél nacido, lo tomó en sus brazos, enredóle al cuello sus ligamentos naturales para impedir el llanto y los gemidos, lo encerró en un cofre, colocó sobre él como una mortaja un pañuelo bordado de su desdichada madre, y bajando una escalera secreta, que desde mucho tiempo le servía para penetrar en la habitación de ésta, enterró al inocente niño al pie de un árbol del jardín. Una mano desconocida, creyendo que el cofre encerraba algún tesoro, hundió dos veces el puñal en el pecho del infanticida, y robóle su depósito.

"El asesino huyó, pero al abrir el cofre, halló al recién nacido que aún daba señales de vida; cortó las ligaduras del cuello, introdújole aire en los pulmones, y envolviendo al niño en el pañuelo bordado, del que cortó un pedazo, fue a depositarlo en el Hospital de la Caridad, exclamando: 'Dios mío, os pago mi deuda, porque si aniquilé una vida, he reanimado otra nueva'.

"Esa es la historia de tu nacimiento —continuó Bertuccio—; así pues, cuando hayas de comparecer a presencia de tu juez, arrójale al rostro su crimen, y enmudecerá, pasando del orgullo a la sumisión, y de la tribuna del juez al banco del delincuente, por tal villana acción.

"Luego, el escándalo público que promoverá tu declaración, hará olvidar el proceso de tu acusación, y tu protector no dejará de aprovechar este incidente para liberarte".

—Así lo hice —agregó Benedetto—, como quizá lo habréis visto, cerca del 27 de septiembre, aniversario de mi nacimiento, en 1817. Mi protector cumplió su palabra: un mes después estaba completamente libre.

Sí, libre, señor; pero con la condición de acompañar a mi padre, que se había enloquecido y me buscaba, cavando con un azadón dondequiera que encontraba tierra. ¡Aquella desgracia me conmovió el alma! ¡Después de haber el desgraciado sido procurador del Rey, y adquirido la reputación de un hombre de probidad y honradez, cayó de la cumbre de su orgulloso y gigantesco edificio, hasta el banco del reo! Por fortuna, su locura impidió el proceso, y ambos quedamos en entera libertad. Sus bienes le fueron confiscados, dejándole apenas un triste socorro para su alimento y el mío.

Con el tiempo, poco a poco, mi padre volvió a la razón; al cabo de seis meses que vivía conmigo, se restableció completamente, me reconoció y fue mi amigo; pero su hora había llegado entonces, como si Dios hubiera sólo querido dejarle vivir para pedirme perdón. Le he perdonado y recibí su postrera bendición, con todo cariño.

—¡Hijo mío —me dijo en su último momento—; yo me siento morir, y sólo me atormenta dejar el mundo sin pagar la única deuda que tengo! ¡Es una deuda de sangre y de desesperación que yo quisiera retribuir pagándola con infernal usura!... ¡Sí, te lo aseguro!

—¡Hijo de mi alma! ¡He sido criminal; usando de la máscara del hipócrita con todos mis semejantes!, ¡pero la venganza que han realizado sobre mí, ha sido grande y horrible! ¡Mi esposa, mi hija, mi hijo... la mano de un hombre, sin corazón y sin conciencia, me lo arrancó despiadamente todo para vengarse de mí!... Benedetto... humilla, hiere a ese hombre, haciéndole sufrir y llorar. Y luego, en lo más profundo de su desesperación, le dirás: "Yo soy el hijo de Villefort, que te castiga en su nombre por la terrible venganza que de él has tomado! ¿Lo juras?"

—¡Ese hombre, padre mío! —exclamé yo—... ¿dónde está ese hombre?...

—¿Dónde está?... —exclamó mi padre agitando tristemente su cabeza agobiada de sufrimientos; y tomándome luego del brazo acercándose hasta tocar mi oído, me dijo, con la voz trémula de pavor, y azorada la vista como a la aparición de un fantasma terrorífico.

—Pregúntaselo a la inmensidad del espacio, al mar, a la tierra... ¡El puede estar en todas partes, como un Dios omnipotente o un genio infernal de la fatalidad! ¡Guárdate de que su mirada fija y ardiente se pose sobre ti ni un solo momento, ni un solo instante, porque quedarías perdido y maldito para siempre, hijo mío!

—¡Pero su nombre!… ¡su nombre! —gritaba yo poseído de rabia, pareciéndome escuchar ya el eco de ese nombre grande y terrible, como una revelación.

—¿Su nombre?... —repetía el señor de Villefort, con amarga y alterada sonrisa—. ¿Tiene acaso él un nombre cierto y determinado?... ¡El que cambia de nombre y de esencia cada día, cada instante por el poder de su voluntad formidable! ¡El abate Bussoni, conde de Montecristo, Lord Wilmore! ¡Ese es!...

—¡Ah! —exclamé estremeciéndome al oír aquel nombre—... ¡Conde de Montecristo! ¡El conde Montecristo!

—¡O el abate Bussoni, o lord Wilmore —continuó mi padre—; quién sabe cuál será al presente su nombre! Búscalo, sin embargo, en todas partes; sé infatigable; pregunta a lo infinito del espacio, desciende al abismo de las tinieblas y haz que tus ojos vean a través de las entrañas de la tierra y de las profundidades de los mares... Su verdadero nombre es Edmundo Dantés. ¡Hijo mío, véngame y muere, o maldito seas en el mundo! ¡No lo olvides, Edmundo Dantés!

—Y en esa misma noche —prosiguió tranquilamente Benedetto—, después de un breve intervalo, expiró el señor de Villefort, poniendo en mis manos el pliego sellado que vuestros soldados me hallaron, y que sin duda conservaréis en vuestro poder, el cual me pertenece.

—¿Y por qué no habéis querido leer ese papel? —le preguntó el magistrado.

—Porque prometí a mi padre que no lo abriría sino lejos de Francia y cumplo mi promesa. Desgraciadamente, fui capturado antes de leerlo... pero abrigo la esperanza de no morir sin saber su contenido, porque pediré que me lo presenten, cuando sea llamado al tribunal de justicia. Beauchamp se estremeció, y de no haber estado oculto su rostro en la sombra, hubiérase visto su palidez, terrible.

—¿Para dónde os dirigíais cuando os prendieron?

—Lejos de Francia.

—¿Con qué objeto?

—Con el de cumplir mi misión.

—¿Cuál?

—El legado de mi padre... ¡la venganza! ¡El único fin de mi vida!

Beauchamp se levantó y se paseaba agitado por el recinto de su gabinete, ocultando el rostro bajo su capa. De pronto se paró, haciendo un ademán como si hubiese tomado una resolución definitiva, y encaró al acusado:

—Benedetto —le dijo—, me parecéis más desgraciado que criminal...

—¡Ah!, sí... —exclamó Benedetto—. ¡Una fatalidad terrible pesa sobre mí! La estrella de mi nacimiento. ¡El agua de mi bautismo fue el llanto de la que me dio el ser... y la palabra de unción, la maldición de mi padre!... Arrojado al infierno si moría, y a la miseria si escapaba... ¡Vedme aquí siempre errante, fugitivo y miserable! Señor, ésta es la noche del 27 de septiembre, ¿no es verdad?... Pues oíd algo más todavía...

Benedetto contó pausadamente las campanadas del reloj de la iglesia que daba las doce. ¡Doce trágicas campanadas!

—Es la hora en que yo nací; en este día, siempre me sucede algo fatal... ¡Hoy estoy en vuestro poder! ¡Nada puedo hacer!

Y, al decir esto, dejó caer la frente sobre el pecho cruzando los brazos, abatido.

El procurador del Rey enjugó el sudor de su rostro y dejóse caer sobre la silla, como si reconociese allí la voluntad inexplicable de Dios, marcando la ruta del destino.

## CAPÍTULO III

# LA BARONESA DANGLARS

Las ocho de la mañana, serían, cuando un carruaje con lacayos sin librea, rodando por la calle Coc-heron, fue a detenerse frente a la casa del procurador del Rey, a cuya puerta apareció en el momento un portero, de lujosa librea.

—Abrid la puerta —dijo el cochero—; ¿o queréis que una señora se baje en medio de la calle? ¿Qué calma?

El portero hizo una pequeña resistencia, porque nadie acostumbraba a incomodar al procurador a tales horas; pero la palabra señora, pronunciada por el cochero, venció los escrúpulos del viejo, y abrió de par en par las hojas de la pesada puerta, y penetró resueltamente.

Se aproximó el carruaje al vestíbulo, donde bajó una señora que desde luego podía clasificarse de la más bien proporcionada figura, si su talle no estuviese oculto bajo los pliegues de un enorme chal de lana de camello.

Luego de anunciada, fue introducida en el gabinete de estudio del procurador real, a quien esperó allí durante media hora, impacientándose.

La puerta se abrió al fin, dando paso a Beauchamp, en traje de casa.

—¡Señora baronesa Danglars! —exclamó él, simulando sorprenderse de su visita, pero sólo en apariencia.

—Es verdad, caballero, dispensadme esta incomodidad; pero... es un caso imprevisto... señor procurador del Rey.

—Sentaos, señora baronesa —dijo Beauchamp, aparentando no darse cuenta de la agitación que ella demostraba.

Hubo un momento de silencio, durante el cual la baronesa pasó dos o tres veces por el rostro su finísimo pañuelo, como si esperase a reunir todas sus fuerzas para proferir alguna gran palabra, que se resistía a decir.

—Señor —dijo al fin—, mi presencia no debe admiraros... ¡Ah, por favor, evitadme la vergüenza de mi confesión, os lo ruego!

—¡Oh! —dijo para sí Beauchamp—; para quebrantar su orgullo son bastantes esas palabras, si son bastantes.

Y agregó en voz alta:

—Sí, señora; prescindo enteramente del modo cómo ha llegado a vuestra noticia un secreto, conocido apenas por el ministro de Hacienda.

La baronesa hizo un movimiento, y el magistrado se sonrió, mirándola de soslayo, como si esperase algo más.

—Casi he adivinado ya el objeto de vuestra visita —continuó éste—. ¿Qué deseáis que yo haga? ¿Puedo hacerlo?

—Vos lo podéis, señor —añadió la baronesa con vehemencia—; ¡todo, como juez y como amigo, y como...!

—He ahí dos condiciones bien difíciles de hermanar ante la ley —murmuró Beuchamp, con gesto frío.

—Mi sosiego, mi tranquilidad y mi honor penden de vos en este instante —continuó la señora Danglars—. ¡Ah! Yo vengo a rogaros que me salvéis. Explicádmelo todo. ¡Por caridad!

Beauchamp se levantó; y tirando de un cajón de su escritorio, buscó una carta lacrada, pero abierta ya, y volviendo a su asiento se dispuso a leer.

La baronesa ocultó el rostro en su pañuelo: ¡Estaba palidísima!

El magistrado leyó lo siguiente, con voz dramática:

"Benedetto, un juramento que de ningún modo podía violar, te va a ser revelado, porque no quiero dejarte en el mundo sin que algún día puedas besar la mano de tu madre, agradeciéndole las lágrimas que sobre ti ha derramado, y el sufrimiento que le causé con mi imprudencia. Si un día el destino la separa de su esposo, búscala, y sé tú su amparo, si quizá vive en la miseria, y careciese de un pecho amigo donde reclinar su frente nublada por las penalidades. No olvides mis palabras, y que debes tu existencia a la baronesa Danglars. Sí, a ella.

"Recibe la bendición de tu padre,

"*Villefort*".

La baronesa lanzó un grito de dolor; el magistrado permaneció tranquilo, como si lo esperase.

—¡Oh! ¿Y sabe acaso mi hijo ese terrible secreto? —preguntó ella con la voz trémula y las mejillas encendidas por la vergüenza de la humillación.

—Nada sabe, señora —respondió Beauchamp—, pero lo sabrá.

—¡Dios mío... Dios mío... tened piedad de mí! ¡Esto será mi muerte!

—Basta, señora —dijo Beauchamp—. Ved que pueden oír vuestros gritos, y creer que sois una criminal ante su juez. Reponeos.

—Aconsejadme, pues, qué debo hacer para evitar el escándalo, o más bien, decidme, ¿qué pensáis hacer vos? ¡Oh! ¡Para qué había de revivir el secreto de aquel pasado desliz!... —agregó la infeliz con amargura y desconsuelo.

—¡Acaso querríais, tal vez, que el inocente no hubiera salido jamás de la fosa en que lo enterraron vivo! ¡Señora, la tierra no es poderosa suficientemente para ocultar un crimen de esta naturaleza! —respondió el joven magistrado, sin apartar la vista del encendido rostro de la señora baronesa.

—¡Hijo mío! –murmuró—. Yo bien sabía que tú alentabas, ¡pero ni mis lágrimas ni mis gritos fueron bastantes para contener a aquel hombre! Perdón, hijo mío, yo no he sido criminal... y vos, señor —dijo dirigiéndose a Beauchamp—, salvadlo ahora... si no por mí, que nada os merezco, por la memoria de vuestro infeliz antecesor... en nombre del señor Villefort... salvad a su hijo, a mi hijo...

—Os responderé, señora lo que él mismo os habría respondido. Cumpliré el deber que la ley me impone —dijo el magistrado con dignidad austera.

—¡Ah! ¡Será posible! —exclamó la Baronesa—. Ese papel habrá de figurar en el proceso... ¿Es imprescindible?

—Evitad el escándalo.

—¡Y cómo, señor... cómo!

—Saliendo de Francia.

—¿Y adónde queréis que vaya... sola... abandonada de todos? —preguntó inadvertidamente la señora Danglars.

—Abandonada de todos —repitió sorprendido Beauchamp—. ¿Y vuestro esposo... y vuestra hija? ¿Acaso?

—¡Ah! —gritó la baronesa con indecible expresión—; ¡forzoso es confesároslo todo! ¡Sois como todos los jueces, frío, impasible y despiadado! Pues bien, señor… Mi esposo me dejó... y mi hija se ha fugado. ¡Estoy sola en el mundo! Dejaré, sin embargo, a Francia... partiré; pero, por amor de Dios, si para vos hay otro Dios que la ley de los hombres que os dicta las acciones y las palabras... ¡salvad a mi hijo! ¡Sólo os pido eso!

La señora Danglars salió entonces precipitadamente del gabinete del procurador del Rey, y subiendo a su carruaje, se encaminó a su casa, donde empezó a recoger sus joyas y su dinero en un saquito de viaje. Durante esta operación algunas lágrimas rodaban hasta sus trémulas manos, y su cuerpo se estremecía convulsivamente, como atacada de una fuerte conmoción nerviosa, dominándola.

Ella veía desmoronarse, al cabo, piedra sobre piedra, todo el edificio que había creído pudiera resistir la fuerza del rayo. ¡Y el edificio se hundía en el polvo, sin que pudiera ni aun tener esperanza de reconstruirlo!

—¡Oh, Villefort! —exclamaba, mesándose el cabello y golpeando el suelo con su pie—. ¡Tan horrible secreto no debió jamás haber salido de tus labios!

Luego, enjugándose las lágrimas, que le caían hilo a hilo, abrió sus roperos, apartó por su misma mano la ropa necesaria para un viaje de pocos días, y continuó su tarea misteriosa, con propósito firme de salir inmediatamente de París, donde parecía haberse empeñado en perderla algún enemigo desconocido y poderoso, a cuyos golpes no era posible resistir. Para una mujer como la señora de Danglars, adorada, orgullosa y rica, no era insignificante suceso tener que abandonar ese centro en que ejercía su imperio, y verse obligada a concentrarse en un país extraño, a la simple proporción de una viajera desconocida. Cuanto más bello y dorado es el sueño, más cruel es el despertar, y esto era lo que acontecía a la señora Danglars, de improviso.

Fue abandonada cobardemente por su esposo, capitalista orgulloso que prefirió más bien fugarse con los últimos fondos, que ya no le pertenecían, antes que declararse en quiebra; ella, que poseía el más alto grado de altivez, quiso continuar a los ojos del mundo con todo el esplendor que hasta entonces le había rodeado, disfrazando así la conducta del barón. Este proyecto, de difícil ejecución, puesto que los acreedores podrían venir entonces y con la ley en la mano secuestrar las propiedades del señor Danglars, fue auxiliado por un acontecimiento extraño. Pocos días después de la imprevista partida del barón, sus compromisos fueron plenamente cubiertos en París, y la casa de la señora Danglars se vio libre así del terrible peso de cinco o seis millones de francos, vale decir, libre de deudas.

Pudo así de esta manera, la baronesa sostenerse en París, donde todos creyeron que el señor Danglars había partido para acompañar a su hija en un viaje de instrucción que la joven había emprendido; pero la tardanza de los viajeros comenzaba a producir cierto vago rumor entre los que conocían el carácter grosero de Danglars, y la imaginación artísticamente exaltada de Eugenia. Luego la rápida aparición de Benedetto, aquella carta escrita por el antiguo amante de la señora Danglars, la historia de aquella tentativa de infanticidio... Todo concurría entonces para obligar a la pobre baronesa a dar el mismo paso del barón y de su interesante hija, antes que fuera tarde.

El barón Danglars se fugó de París porque se había empeñado en no ser pobre, aunque para no serlo tuviera que robar, en otra parte.

Eugenia, porque tenía la manía de no casarse, y ser completamente libre.

La señora Danglars iba también a huir porque en París una negra nube la presagiaba la tempestad. Su pasado estaba próximo a surgir claramente a los ávidos ojos del público, siempre curioso. Su resolución era, pues, irrevocable, y no debía perder tiempo.

La baronesa no lloraba ya; pálidas, como habitualmente, sus mejillas, y con el sereno aspecto de aquél que ha determinado realizar un pensamiento, sentóse a su hermoso escritorio incrustado de marfil, y doblando apresuradamente dos pliegos de satinado papel, se dispuso a escribir dos cartas, antes de marcharse.

Con mano segura y letra muy legible, empezó la primera al caballero Luciano Debray, su antiguo socio cuando jugaba a la alta y baja de fondos a costa del pobre barón Danglars, su marido; pero, como si repentinamente la hubiese detenido diverso pensamiento, levantó la mano y comenzó la segunda carta dirigida a Benedetto, su hijo.

La baronesa era madre, madre antes que todo; y el afecto maternal sobresale sublime a través de la violencia de cuantas pasiones puedan arraigarse en el corazón de una mujer amorosa.

Momentos después, la carta se había concluido y la Baronesa la leyó con los ojos esta vez humedecidos en lágrimas:

"Señor: estáis abandonado en manos de la justicia, pobre y miserable, sin más recurso que vuestra elocuencia misma para conseguir la libertad; si vuestro juez alcanza a convencerse por la franca exposición de la fatalidad, que parece perseguiros desde vuestra cuna, ignoro el destino que os está reservado, aunque lo espero todo de Dios, y tengo fe en su bondad infinita. Permitidme, sin embargo, poner a vuestra disposición una pequeña cantidad que podrá serviros para suavizar el rigor de vuestros carceleros; y creedme, que lejos de ser una humillante limosna la que se os ofrece, es dádiva casi obligatoria para una persona que os ama, por encima de todo".

Terminada la lectura, la baronesa sacó su cartera y escogió tres billetes de Banco, de valor de 60,000 francos, que encerró con la carta; la selló en seguida, poniendo en su sobre el nombre de "Benedetto" y envolviéndola en otra cubierta, escribió en ella: "Al señor procurador del Rey, en persona".

Luego la baronesa descansó un momento, y cuando sintió que sus lágrimas se habían enjugado, y que su espíritu volvía al sosiego necesario para ocuparse en su repentino proyecto de fuga, tomó nuevamente la pluma, continuando la carta dirigida a Luciano Debray.

En ésta, la señora Danglars le participaba su partida, rogándole se encargara de velar por su casa en París hasta que ella volviese a escribirle.

Una vez terminado este primer trabajo, abrió la ventana que miraba al patio y esperó en ella un momento, hasta que, viendo a alguno, le hizo señal con la mano para que subiese por la misma escalera por donde Luciano Debray acostumbraba a introducirse.

—Entrad, Tomás —dijo ella a un hombre, vestido con una blusa listada, pantalón rojo y botas de cochero, que parecía indeciso en el umbral de la puerta.

—Pero en este traje... señora baronesa —balbuceó mirando su blusa.

—¡Entrad! Necesito hablaros.

Alentado el cochero, entró; asustándose al notar que la baronesa cerraba cautelosamente la puerta de la escalera.

—Cuando entrastéis a mi servicio, os tomé por un hombre inteligente y discreto; ¿no es verdad?

—De otro modo, nunca sería yo un buen cochero, señora.

—Pues bien; se trata de un largo paseo, semejante a un viaje; corriendo siempre distintas carreteras, y diferentes países...

—Comprendido, señora baronesa —interrumpió el cochero, moviendo la cabeza, como para dar a comprender que alcanzaba cuanto se le exponía con medias palabras—. Yo mismo he buscado el cochero que tuvo el honor de conducir al señor barón: era un camarada mío, muchacho de tino, inmejorable.

—¿Podrás buscar otro?

—Iré yo mismo, señora baronesa. Estoy aislado y me es indiferente vivir aquí o allí. Si la señora no me rechaza.

—¿Estarás presto mañana?

—Hoy mismo, ahora si es preciso.

—Un carruaje con buenos caballos, pronto, en un lugar retirado; saldremos de aquí en mi tren habitual; tendrás sacados los pasaportes, porque el bagaje será ligero; he ahí el mío. Procura el tuyo.

El cochero miró una pequeña maleta de cuero, e hizo un ademán de inteligencia.

—Después, en dirección de Bruselas; Lieja, Aix-la-Chapelle... ¿Sabes?

—¡Está bien! ¡Nada faltará, vive Dios, señora baronesa! En cuanto a caballos, irán los rusos que son valientes y briosos... ¡Pobres animales! Me arrojaron cierta vez del carruaje; pero he de amansarlos en ésta. Y hasta creo que necesitan este recreo. Por lo que respecta a pasaportes, veremos...

—Escúchame: es una joven de baja estatura, ojos azules, cabellos rubios, pálido, nariz regular, labios delgados, enfermo, y que viaja por distraerse de un malestar físico. ¿Comprendes?

—¡Excelente! —exclamó el cochero, maravillado por el recuerdo de la baronesa.

—Sé, pues, discreto; he aquí el dinero.

El cochero recibió una bolsa de manos de la baronesa, y salió saltando de contento. ¡Era una fortuna!

Al día siguiente, la baronesa subió a su carruaje que la esperaba en el patio; y por una coincidencia singular, bajó aquella misma escalera por la cual, un año antes, había salido Eugenia y su amiga Luisa d'Armilly; ahora era ella.

## CAPÍTULO IV

# LOS SESENTA MIL FRANCOS DE BENEDETTO

El Ministro Debray leyó con entusiasmo la carta de la señora Danglars en que le anunciaba su pronta salida de Francia. Las relaciones íntimas que le ligaban con la baronesa, aunque útiles en otra época al secretario privado de un ministro de Estado con sus 20,000 libras de renta, no convenían al presente ministro de Hacienda con el enorme sueldo y la fastuosa representación de tan eminente cargo. Además, la señora Danglars se hallaba, como ya lo hemos dicho, en una posición difícil, que aunque ignorada del público, Luciano Debray la conocía sobradamente para creer que pudiese conservarse la máscara. Además, ya no la precisaba, y era incluso peligroso. He aquí por qué al concluir la carta respiró a sus anchuras, como si despertase de un mal sueño.

—¡Ah! —exclamó él introduciendo sus dedos entre el ensortijado cabello y atusando su bigote—. Estas familias que surgen sin saberse de dónde, con sus improvisadas riquezas, me recuerdan a los actores que representan en el teatro durante algunas horas el rol de grandes personajes hasta que cae el telón, y vuelven a lo que han sido... a la nada... sin que nadie más los vea.

A esta clase pertenecía el barón Danglars. Como muchos otros.

Mientras Luciano Debray reflexionaba así, el procurador del Rey, recibiendo una carta, ordenaba condujesen a su presencia al reo Benedetto.

Hallábase el magistrado en su despacho del Tribunal de Justicia, al que fue introducido el hijo de Villefort, cerrándose cuidadosamente la puerta no bien hubo entrado, y colocándose éste frente al procurador del Rey, éste le dijo:

—Aproximaos, Benedetto; tengo en mi poder una carta que os debiera ser entregada. Para eso os he llamado.

—¿Una carta?

—¿Sospecháis de quién? ¿Sabéis algo?

—¡Yo! ¿Quién puede haber en el mundo que me conozca y me escriba?

—¡Pensadlo bien! Si es que estáis en inteligencia con alguna persona que haya sido vuestro cómplice en cualquier época de vuestra vida, no me lo ocultéis. Ved aquí la carta; ¿conocéis al menos la letra de su sobre? ¡Fijáos bien!

—La veo por primera vez; pero la carta está abierta y vos sabéis lo que contiene. ¿Tratáis de confundirme?

—Palabras y dinero.

—¡Dinero! ¿Qué decís, señor?...

—Sesenta mil francos.

—¡Por piedad, señor! —dijo Benedetto, juntando las manos, y palideciendo y enrojeciéndose alternativamente—. ¡Sesenta mil francos!...

—¿No me habéis dicho que un protector desconocido os enviaba algunos socorros cuando estábais en la *Force*?

—Es verdad; pero desde entonces jamás ha vuelto, y Bertuccio, conductor de su dinero y de sus consejos, salió hace tiempo de Francia. ¡Os lo aseguro!

El magistrado arrugó el entrecejo, e inclinó la cabeza en ademán de meditación. No había pensado en ello.

—¿Sabéis que está prohibido a cualquier preso tener en su poder una suma igual a ésta? ¿Lo sabéis?

—Lo sé, señor —respondió Benedetto, suspirando—. ¡Desgraciadamente!

—¿Y qué haríais de ella, poseyéndola?... ¡Hablad con sinceridad!

—Compraría ropa, y lo pasaría en la cárcel sin privaciones, reservando una parte para mi viaje, puesto que ya me habéis dicho que seré degradado.

El magistrado volvió a sus meditaciones. Esta vez, algo más tranquilo.

—Quizás divulgaréis con orgullo entre vuestros compañeros que sois poseedor de esta suma.

—¡Oh!... descuidad... en la extremidad del pie de una media, cosida al forro de mi blusa... ¿quién podrá dar con ella? —contestó sonriendo—. Por otra parte, hacer saber que tengo dinero, sería lo mismo que distribuirlo entre mis hambrientos compañeros de la Cueva de los Leones, que no tienen por cierto las virtudes de Rafael.

Los ojos de Benedetto brillaban como dos carbunclos a los rayos del sol; y el sudor corría a grandes gotas por su frente, como sin duda debió suceder a aquellos antiguos prisioneros de Chalons, que cargados de cadenas fueron condenados a morir de hambre frente a una gran provisión de pan y agua.

El magistrado reflexionó un momento; después, tomando la carta, la entregó a Benedetto, y le dijo:

—Leed.

Aunque éste se hubiera ahorrado gustoso su lectura para examinar los billetes que valían sesenta mil francos y le aseguraban un rayo de esperanza en el centro de su extremada miseria, conformóse no obstante con la voluntad de Beauchamp, y la leyó rápidamente.

—¡Oh! —prorrumpió Benedetto—, esto no puede ser otra cosa que la influencia de uno de esos genios benéficos que se ocupan en destruir las obras de aquellas malas hadas de que habla Perrault, mi autor favorito... pero... ¿y los sesenta mil francos, señor? —preguntó abriendo desmedidamente los ojos—. ¿Sería una broma?

—Oídme, Benedetto. Sesenta mil francos son una verdadera fortuna para un hombre que se encuentra en vuestra posición. Sí, demasiado dinero.

—Ciertamente.

—Pues bien —continuó el magistrado—, no os exaltéis y agradeciendo humildemente el socorro que el cielo parece enviaros, comportaos de modo que merezcáis su protección por toda vuestra vida.

—¡Oh!, sí, señor —murmuró Benedetto suspirando y mirando de reojo los billetes de Banco, que el magistrado tenía en la mano, a manera del perro que pasa por cuanto le obligan, mientras tiene a su vista el pedazo de carne, y piensa que no se lo darán.

—¿Sabéis que es mi deber privaros de este dinero? ¡La ley me autoriza!

—Sí, señor...

—¿Conocéis que contravengo a un artículo del reglamento de cárceles, entregándooslo? ¿Que es ilegal?

—¡Oh!...

—¿Calculáis bien lo que tendría que arrepentirme de este hecho, si cometieseis una imprudencia? ¿Comprendéis?

—¡Seré prudente como Ulises!

—¿Deseáis manifestaros grato de algún modo al beneficio que os hago?

—En cuanto gustéis, señor.

—Pues bien, sed prudente, y me complaceréis en ello, y creed, además, que si por alguna indiscreción vuestra tuviera que arrepentirme, en vez de una simple degradación, pediré contra vos el castigo de grillete y seréis remitido a Jalón. ¡Seré inexorable!

—¡Ah! ¡Por piedad, señor, nunca, nunca! ¡Os juro que cumpliré!

—Bien, aquí tenéis vuestro dinero, y... por última vez, sed prudente.

El procurador del Rey dio al joven, diciendo esto, los billetes de Banco que metió con rapidez en el seno; después hizo sonar la campanilla, y a esta señal, se presentó el agente de policía.

—Conducid al reo —dijo el magistrado, —podéis marcharos.

El procurador respiró largamente, apenas salido Benedetto, y se levantó convencido de haber hecho una buena acción, habiendo entregado a Benedetto el socorro que le enviaba su madre.

—¡Oh! Pero, ¿quién sabe? Quizá ese miserable irá a precipitarse más aún en el crimen —pensó Beauchamp—. Empezará por seducir a alguno de sus carceleros, después asesinará al primero a quien haya descubierto sus planes, finalmente llegará hasta el conde de Montecristo y ¡caerá con él para siempre! ¡Sí, abatido el coloso, debe aplastar en su caída al pigmeo que le socavó los cimientos! ¡Vaya! La justicia de Dios debe ser más perfecta que la de los hombres y sus decretos menos incomprensibles. Nada me remuerde la conciencia. ¡Cumplí con mi deber!

Benedetto marchaba en medio de su escolta, cruzado de brazos sobre el pecho, como para defender su tesoro, que allí había escondido entre la camisa y la carne, y así llegó a su calabozo en el presidio de la *Force*, donde quedó entregado a las tinieblas, al frío, y a sus ensueños de libertad y decisiva venganza.

Había transcurrido un mes, y conservaba intactos aún los billetes de Banco, recelando hasta tocarlos, por temor a que aquellos tenues papeles se desluciesen al contacto de sus ásperos dedos y de sus largas y agudas uñas. Todos los días meditaba un nuevo plan de fuga, y todas las noches era abandonado, tropezando con alguna dificultad material. Y, sin embargo, debía obtener su libertad a toda costa. La voz de su padre moribundo, pidiéndole represalias al exceso de una venganza atroz, despiadada y monstruosa, resonaba aún en sus oídos, despertando en las paredes de su sombrío calabozo un eco lúgubre y tenebroso.

Benedetto erguíase entonces con frecuencia, como la embravecida fiera cuando ve delante de sí al hombre que la martiriza, retrocedía aterrorizado, y volvía a avanzar de nuevo, crispados los puños, ronca la voz y chispeante la mirada, gritando con furia:

—¡Edmundo Dantés! ¿Dónde, en dónde estás tú? ¡Hombre o demonio que aniquilaste una familia entera, sin perdonar ni a su último vástago cuando contaba apenas ocho años! ¡Maldito; que me sacaste de las tinieblas y el misterio, para mostrarme la brillante luz del sol, y volver a hundirme luego en el abismo, mofándote de mi caída, y haciendo escarnio de mi duelo! Traidor hipócrita, que te valías de la palabra de Dios para destruir a los que vivían felices, incluyendo en tu venganza al justo y al criminal, en igual manera.

¿Era, por ventura, necesario, para vengarte de un hombre, la vida de una virgen, de un inocente y de dos pobres ancianos?... ¡Ah!, por grande y poderoso que seas, ha de llegar hasta ti el hijo de Villefort, y sentirás, asombrado, su atrevido paso, y temblarás entonces en el apogeo de tu dicha. ¡Oye este juramento pronunciado aquí, en las bóvedas de un calabozo, y en el tenebroso silencio de la noche, por un malvado que subió todos los escalones del crimen; desde falsario hasta ladrón y asesino! Día vendrá en que sepas la ineficacia del poder con que te has alucinado, muriendo con lentitud después de larga tortura y padecimientos.

Así, repitiendo día por día, en el espacio de dos meses, este juramento terrible, y cuando se completaban tres de su prisión, sin que le enviasen a cumplir su condena, decidióse a poner en obra su proyecto de fuga. Cercioróse de que sus sesenta mil francos estaban aún tal como los había recibido, y sin cuidarse de saber la mano de quien venían, envolvió los billetes en repetidos dobleces en su pañuelo, y lo ató a la cintura a manera de cinturón.

—Bien; mi proyecto es sencillo. Con este dinero se vencen las más grandes dificultades, y conseguiré salir de Francia —se dijo con calma y seguridad como si ya se encontrara fuera de las murallas de su prisión—. Ahora veamos si soy tan torpe que no sepa deshacerme de un hombre ; acaso se me haya olvidado ya, pero será bueno ensayar a todo trance esta pequeña tarea, imprescindible.

Estiró los brazos el asesino, abriendo y cerrando muchas veces las manos, como para probar su musculatura, y después dio tres o cuatro saltos sobre el pavimento. Convencido de que nada había perdido de su antigua ligereza, a pesar del frío y del hambre que había sufrido en tres meses, sentóse en un rincón de su calabozo, y quitándose un zapato, quitó de entre su suela una afilada hoja de acero sin mango, con una de sus extremidades esmeradamente afilada. Benedetto se estremeció de pronto al sentir ruido en la puerta de su prisión, acordándose de que el más leve grito podía hacer venir la guardia, y que le dejaría imposibilitado de aprovechar sus sesenta mil francos en la obra que intentaba. Sobreponiéndose, no obstante, a su natural energía, procuró tornar a aquella firmeza cruel propia del asesino consumado, y esperó con hipocresía a la víctima, a fin de caer sobre ella.

Era de noche, y el carcelero venía, como de costumbre, a hacer su ronda nocturna y encender una pequeña lámpara colocada en la bóveda del calabozo, muy tenue.

—Buenas noches, Benedetto —le dijo el carcelero, a quien ya conocía por haberle hospedado el Gobierno en otra ocasión en aquella misma casa, con anterioridad.

—Buenas noches, amigo —respondió Benedetto levantándose y llevándose la mano a su rostro, para dar a su sonrisa amabilidad y finura; cosa necesaria.

—¿Sabes que va a salir un buque?

—¿Sí? Lo ignoraba.

—Pues esta vez vas a viajar en él; ten cuidado, muchacho; no seas orgulloso con tus guardas, y piensa en que aún puede esperarte la felicidad más adelante.

—¿Conque salgo de viaje, buen hombre? —preguntó Benedetto, dejándole caer su mano sobre el hombro con ademán de protector y amigo, en actitud de simpatía.

—Como lo oyes —contestó el carcelero bajando la lámpara para encenderla, tal como hacía siempre.

—En tal caso, quiero dejaros algún recuerdo mío, pues fuiste muy bueno.

—Vaya... serán tus chinelas —replicó sonriéndose con la ocurrencia de Benedetto—. Pero reflexiona, muchacho, que pueden hacerte falta cuando sientas frío en los pies, esto es bastante húmedo.

—No seas tonto —repuso aquél con aire de reprensión—; me parece que puedo dejarte algo más que mis chinelas, por ejemplo, otra cosa con que haga tu felicidad, pobre viejo, pues bien lo necesitas.

—Ta... ta... ta... Ya volvemos a la manía de titularte príncipe de Cavalcanti... ¡Brava ocurrencia!... ¡Locuras!...

Benedetto dio un salto al oír estas palabras, como si hubiera sentido el aguijón de una víbora, y palideció de rabia, sin poder contenerse.

—¡Hola!, ¿qué es eso? —preguntó el carcelero volviéndose hacia él rápidamente, frunciendo sus espesas cejas, a impulso de una desconfianza repentina.

Benedetto, apercibido de su imprudencia, se sonrió para tranquilizarle.

—Es un dolor que suele acometerme —dijo—; pero volviendo a lo que hablábamos... ¿qué daríais al pobre diablo que, por ejemplo, os hiciera dueño de veinte mil francos? ¿Me escucháis?

—¿Veinte mil francos? —exclamó el carcelero dejando caer el brazo con que aproximaba la luz a la lámpara—. En verdad que me da gana de reír el gracioso modo con que hablas tú de veinte mil francos. Ni que fueras rico.

—¡Veinticinco mil, desgraciado! Repara bien; no digo ya veinte, sino veinticinco mil francos; ¡poder de Dios! ¡Entiende bien!...

—¡Ah! ¿Conque ahora agregas cinco mil más?... ¡Ja!, ¡ja!, ¡ja! Vaya... dejémonos de locuras; eso haría la fortuna de cualquiera de nosotros, pobres carceleros.

—¡De cualquiera de nosotros! —gritó Benedetto haciendo un gesto de fastidio—. Habla de ti sólo, porque yo poseo mucho más y no me considero feliz en estas cuatro paredes.

—¡Posees tú mucho más! ¡Estás loco, muchacho! ¡Deliras acaso!

—Si quieres cerciorarte de ello, acércate; pero... primero... mira si nos ven desde el corredor, y cierra la puerta.

El carcelero, picado de curiosidad por las palabras de Benedetto, hizo cuanto le decía: cerró la puerta, puso la llave en el cinto, y volvióse a meter dentro lanzando un pequeño grito de sorpresa al ver el dinero en las manos del preso.

—¡Sesenta mil francos! —murmuró aquél contando el valor de los billetes—. ¡Eres riquísimo!

Benedetto los guardó de nuevo, con admirable sangre fría, con estudiado gesto.

—¿Quieres la mitad? —le preguntó.

—¡Yo!... y, ¿qué quieres que haga?... ¿Puedo en realidad hacer algo?

—Que me pongas fuera de aquí.

—¡Oh! ¡Eso es imposible!

—Añado diez mil francos; y te quedarás con cuarenta mil.

—¡Oh!... ¡No hables más!

—Vamos... cincuenta mil...

—¡Muchacho!... ¡Tú quieres perderme!... ¿Cómo te procuraste ese dinero? ¡Has robado, eh!

—Eso debe importarte poco. Y cincuenta mil francos valen bien un pequeño sacrificio. Está en tus manos.

—Mas, ¿cómo lo arreglaremos?... Al fin de esta galería está la puerta que da al patio, es verdad; pero el centinela, tanto de aquélla, como de ésta, no permite salir sin que se le muestre el pase.

—Vendédmelo. Tú lo posees.

—Y yo... quedaría en tu lugar.

—Di que lo has perdido.

—Eso aquí no es perdonado —dijo el carcelero meditabundo—. Me procesarán.

—Se me ocurre un medio —añadió repentinamente Benedetto—. Te amarro, y dejándote en el suelo, huyo con tu pase y tú te quedas con mis cincuenta mil francos. Dirás que has luchado conmigo y que te he vencido en la lucha, escapando después.

La proposición no pareció fuera de camino al buen carcelero, que estaba inclinado a aceptar. ¡Era mucho dinero!

—Vamos, resuélvete, viejo tonto, y acabemos, que no tengo tiempo que perder. Se aproxima la hora.

—¡Con mil diablos! —exclamó el carcelero—. Venga el dinero, muchacho; pero ha de ser cuenta justa; los sesenta mil francos —dijo él con la mirada animada por la codicia—. ¿Entendido?

—¡Sea, pues! —contestó Benedetto—. Al cabo, para esto sólo los destinaba.

—¡Ah!, tunante, ¿y querías salvar el resto? —dijo el carcelero recibiendo los papeles, y dando en cambio al joven una chapita de metal con una letra abierta en el centro.

Ambos se acercaron a la luz con las espaldas vueltas, examinando sus tesoros; y por un movimiento simultáneo se hallaron ambos de repente cara a cara, movidos quizás de un pensamiento análogo, de mutua desconfianza.

—¿Y si los billetes son falsos?...

—Otro tanto pensaba yo ahora mismo respecto de la chapa que tú dices ser el pase. ¿Y si no lo fuera?

—Respondo de ella.

—Créeme que no te engaño, imbécil; y vamos a la obra. ¡Rápido!

El carcelero guardó receloso el dinero, siguiendo con la vista los movimientos de Benedetto que se disponía a ligarle los brazos con la soga de la lámpara; mas en el instante mismo que quiso pasar la primera vuelta al cuerpo del carcelero, éste hizo un movimiento como para tocarse la cintura, y tiró con rapidez de un puñal, cuya hoja hizo brillar a los ojos de Benedetto.

—¡Atrás! —gritó el viejo, con furia.

—¡Sí!... —dijo a la vez Benedetto deslizando su navaja de entre el puño a la mano—. Esto ya lo esperaba yo y vas a pagarlo, por idiota.

Trabóse entonces una lucha tan rápida, que cuando el carcelero iba a gritar sintió cortada la voz en la garganta por la afilada hoja... Benedetto le había dividido la garganta como se divide una pera, en forma rápida.

El cuerpo cayó agitándose en las convulsiones de la muerte.

Benedetto volvió a tomar sus queridos billetes de Banco, se envolvió en la capa del carcelero, púsose el sombrero hasta los ojos, abrió la puerta que cerró con toda calma, y emprendió la marcha a lo largo del corredor, como si nada hubiese sucedido.

Cuando llegó junto al centinela, le enseñó el pase, y siguió adelante, sucediéndole otro tanto a la salida de la cárcel; y, ¡vedlo ya en libertad! ¡En la ansiada libertad!

## CAPÍTULO V

# EL SEPULCRO FATAL

Apenas Benedetto se sintió en la calle, le faltó aquel aplomo y firmeza con que había realizado su proyecto de fuga. Sólo entonces la sangre le hervía en sus venas, pareciéndole escuchar aún los agonizantes gemidos del carcelero. Asustábase de su misma sombra, y no pudiéndose hacer superior al pavor que le dominaba, echó a correr desatinadamente como si lo persiguieran cuantos soldados componían la guardia de la *Force*, deseosos de vengarse.

Media hora después ya estaba muy lejos de la cárcel, y sólo entonces se detuvo para tomar aliento, mirando alrededor de sí, como para orientarse.

—Ahora bien —se dijo—; ¡ya soy libre, el mundo es extenso, y si el conde de Montecristo no ha muerto, he de encontrarme con él! Pero... sesenta mil francos no son bastante para todo cuanto necesito. Sin embargo, ya veré cómo aumentar mi capital, y, entretanto, vamos a buscar posada y descanso.

Se acordó entonces de una de aquellas tabernas que abundan en París, en las que un huésped poco escrupuloso recibe a cualquier hora de la noche al que golpea a su puerta, y Benedetto, un poco más calmado de la agitación y del miedo, se dirigió a una de esas pocilgas que le era conocida, situada en uno de los más inmundos barrios de la ciudad. Protegido por la oscuridad de la noche y la espesa niebla que pesaba sobre París, envolviéndole en su movible misterioso manto, el famoso asesino llegó sin el menor encuentro con las rondas a la puerta de la posada, a la que llamó, dando en seguida un débil grito semejante al de la lechuza.

El posadero, al oír aquella señal, comprendió que podía abrir su puerta sin temor, y lo hizo así luego; envolviéndose en un cobertor, salió de su miserable cama, y bajando una escalera de mano, salió de una especie de andamio formado de tablas, suspendido por dos estacas y dos cuerdas que pendían del techo de un enorme camaranchón.

—¡Hola!, muchacho; entra sin miedo.

—Buenas noches.

—Si acaso quieres cama no la hay, porque todas están ocupadas —dijo el posadero, señalando con el brazo el largo y húmedo dormitorio en que se esparcían los rayos débiles y rojizos de una linterna que había en el agujero de una pared, y cuyo humo infecto hacía mortal aquella atmósfera terrible.

—Tanto me da —respondió Benedetto—; dormiré aunque sea en un rincón, y mañana, o mejor, ahora mismo hablaremos, sin que nadie escuche.

Pronunció el asesino estas palabras con aire de confianza y misterio, que maravilló a su interlocutor, sorprendiéndole.

—¡Qué hay, pues!... —preguntóle irguiéndose, con una amable, pero horrible sonrisa.

—Subamos a tu nido —contestó Benedetto, mirando el andamio donde estaba la cama de su huésped—, es mejor así.

—¿Sabes lo que dices?... Allí nadie entra más que yo, porque eso es contra los reglamentos de la casa.

—Pero cuando se trata de un negocio productivo... ¿Qué más da?

Y en el acto Benedetto subió la pequeña escalera, seguido del viejo al que ayudó a subir al andamio.

—¿De qué se trata, pues?... —preguntó éste sentándose en la orilla de la cama, y examinando su cinturón, para convencerse de si tenía allí algún argumento positivo con qué deshacer cualquier cuestión de violencia.

Benedetto hizo lo mismo por su parte, y pareció tan satisfecho como el viejo posadero.

—Empieza, muchacho.

—Mañana, cuando haya de salir de aquí, necesito ropa más en consonancia con una persona de distinción, ¿entiendes? Tengo que ir con el cabello cortado, afeitada la barba, buena capa, buenos zapatos, buen pantalón y buen frac. ¡Todo con elegancia!

—Entiendo; necesitas salir de aquí de modo que no te conozcan; muy bien. En lo que toca al cabello y a la barba, lo arreglaré yo mismo; y respecto a la ropa, has de quedar satisfecho con la que tenga mi vecina, que posee un excelente establecimiento de trajes decentes, de todas clases. Es una mujer de inteligencia, por quien respondo. ¿Y el dinero? ¡Eso es lo esencial!

—Lo tendrás mañana, viejo taimado —respondió Benedetto—; estoy esperando a mi banquero que es hombre de más juicio aun que tu vecina y socia.

—Te advierto que yo percibo también mi comisión correspondiente. ¿Sabes?

—Seré generoso. ¡Muy generoso!

—Bien, bien; si quieres, echa un trago, muchacho, que el frío es demasiado y hasta me parece que estás mojado, y eso hace mal a la salud.

—Traed, pues, vuestro quemagargantas —dijo Benedetto, alargando su mano para tomar un vaso roto que el posadero le presentaba, lleno de ron.

—Ahora, vuélvete abajo y acomódate como puedas. Ya sabes que aquí no se responde de daños y perjuicios. Cada cual guarda lo que es posible; tal es la costumbre de la casa, no se admiten quejas.

—¡Estás loco, viejo de Barrabás! —exclamó Benedetto—. Es conveniente que yo no sea visto entre esa gente ni sentido aquí arriba, sino de ti; ¿entiendes?

—Entonces, la paga será doblada.

—Ya te he dicho que seré generoso.

—Corriente; bebe, pues, otro sorbo más y duérmete, no pases cuidado.

El viejo se dejó caer sobre la jerga, y se acurrucó bajo su cobertor, mientras Benedetto se acostaba en la tabla, cruzando religiosamente los brazos sobre el pecho; pero ninguno de los dos durmió aquella noche, sería imposible.

Benedetto, porque temía alguna treta del viejo, y éste porque recelaba otro tanto de su imprevisto compañero de cuarto. En cuanto amaneció fueron los parroquianos de la posada abandonando su albergue, y el posadero corrió a buscar a su vecina para escoger el equipo con que Benedetto pensaba disfrazarse. Cuando regresó, ya su compañero de la noche contaba sobre la jerga algunas monedas de plata con el semblante fanfarrón de una persona que quiere dar a conocer su independencia de dinero.

—Bravo, muchacho... así entiendo yo los negocios; aquí tienes tu avío, y vamos a cuentas —dijo el viejo, disponiéndose a referirle el importe de la compra, triplicándola.

El trato quedó hecho con pocas palabras, y Benedetto, limpiamente vestido, cortado el cabello y afeitada la barba, esperó ocasión favorable de salir de su cueva, en la firme convicción de que nadie podría figurarse en él al asesino del viejo carcelero de la *Force*. El posadero mismo, era el primero en asegurarle que si él no lo hubiera visto metamorfosearse allí, no hubiera podido reconocerlo entonces. Era otro hombre.

La aserción, aunque exagerada, no dejaba de tener algo de cierto, pues Benedetto, de tal manera se amoldaba a su nuevo traje, que parecía un honrado propietario, en cuya fisonomía no era posible advertir la menor sombra de una mala acción. Durante el día se ocupó en arreglar su pasaporte, dándose a conocer como estudiante de arqueología universal, que deseaba estudiar la antigüedad en las grandes páginas diseminadas en diversos puntos del globo, y que se llaman ruinas. Pero así que llegó la noche, su fisonomía volvió al aspecto habitual tomando ese tinte indefinible de rabia melancólica y atrevimiento, que hacía que el supuesto estudiante volviese a sus proporciones de facineroso y malvado, ansioso de venganza.

Recorriendo alegre toda la ciudad, llegó al cementerio llamado del padre Lachaise, donde existen los mausoleos de las principales familias aristocráticas; después, rodeando el muro con precaución, parecía buscar un punto elevado desde donde pudiera ver aquella ciudad donde los muertos ostentaban, a semejanza de los vivos, la jerarquía de sus lechos de descanso. Su trabajo, no obstante, fue perdido, y reconoció que no le quedaba otro medio de introducirse allí sino comprando por algunos francos la conciencia del guarda del cementerio; cosa fácil.

Revistiéndose de toda su sangre fría, llegó a la reja de hierro y golpeó.

—¿Quién es?... —preguntó la voz trémula, pero enérgica aún, de un hombre que salía de una pequeña casa construida al lado de la puerta y tumbas.

—Amigo —contestó Benedetto—, no tengáis recelo; abrid, no soy un muerto.

Por un accidente singular y contra todas sus esperanzas, el guarda salió de su casa y se acercó a la reja; de modo que parecía pronto a ceder al ruego de quien diera propina.

—Perdonad, señor; si me he tardado más de lo que debía; pero no contaba que debieseis volver aquí...

Benedetto no salía de su asombro; pero reconociendo luego que esto era efecto de alguna equivocación, cualquiera que ella fuese, ocultó el rostro bajo el embozo de su capa.

—¡Oh!, venís todavía a resucitar a alguno más —continuó el guarda sonriéndose bondadosamente—; porque si no sois un ángel, poseéis, sin duda, el secreto que dio vida a Lázaro. Ea, pues, aquí me tenéis a vuestras órdenes, señor. ¡Vuestra tumba os espera!

—¡Ah! —dijo para sí Benedetto—; he aquí una aventura bien singular, que, si no estuviera cierto de haber hoy bebido sólo media botella... me creería víctima de algún ataque de embriaguez.

—¿Queréis que os acompañe? —dijo el guardia—. ¿Conocéis el camino?

—No —le dijo Benedetto.

—Entonces, voy a traeros mi linterna. Será mejor.

Y el guarda se disponía a volver, cuando se detuvo para agregar cariñosamente, confundiéndolo.

—Aún me acuerdo de vuestra primera y última visita, y para probaros lo que digo, veréis cómo me doy maña a hacerlo todo como lo habíais dispuesto entonces, a no ser que traigáis intención de bajar al sepulcro de las familias de Saint-Meran y Villefort.

Benedetto se estremeció al oír estas palabras; pero, comprendiendo que era forzoso responder alguna cosa en analogía con las preguntas del guardia, le dijo con la mayor naturalidad:

—Es igual.

—Pues bien, señor Wilmore —replicó el guardia—, voy a dejaros allí mi linterna, y podéis bajar cuando os acomode, puesto que ya sabéis el camino.

El guardia tomó la luz y empezó a caminar por una larga calle de sepulcros. El otro, le seguía.

—¡Wilmore! —murmuró Benedetto, como si hubiese sentido la picadura de una víbora—. ¡Wilmore!... ¿será esto un sueño?... ¡El inglés que me salvó del grillete en Tolón!... ¡Ah!... Edmundo Dantés... ahora recuerdo que con este nombre se designa la misma persona... Edmundo Dantés... ¡el asesino de mi padre y de mis inocentes hermanos!... ¡maldito seas!... Cuando venía a este lugar para fortalecer la idea de venganza que juré a mi moribundo padre, ¡he aquí que tu nombre resuena en mis oídos como repetido por el eco de las tumbas donde reposan tus víctimas!... Es la voz de los muertos que se alza contra sus verdugos, y aquel inocente de nueve primaveras envenenado por tu causa, que repite el nombre de su cruel y sangriento verdugo, Edmundo Dantés. ¡Ah, espera!...

Después de este momento de exaltación, Benedetto volvió a su firmeza y ordinario sosiego, reponiéndose.

—Un hombre me ha precedido ya, bajando al sepulcro de Saint-Meran y Villefort —pensó él—; y ese hombre era Edmundo Dantés… ¿Viniste acaso a resucitar a tus víctimas como dice el guardia, que te ha creído un ángel?... ¡Ah!... sí... ya lo comprendo... habrás venido acaso a recrear tu vista maldecida en los inanimados restos de tus víctimas; a turbar la tranquilidad de sus sepulcros con el eco de tu estridente carcajada, como si quieras quitarles así el silencio y la paz del cementerio, y hacerles sufrir aún más allá de la muerte, mucho más allá...

Benedetto se adelantó por la calle del cementerio, y aunque ignoraba la situación del panteón de su padre, le fue fácil distinguirlo por el resplandor de la linterna del guardia, colocada sobre una de sus gradas. La luz, que proyectaba por el barroso y húmedo suelo, formaba una figura oblonga y movediza, semejante a un fantasma de fuego entre los cenotafios de mármol.

A poca distancia distinguíase un bulto. Era el guardia que parecía esperar las últimas órdenes de Wilmore.

Benedetto sacó un bolsillo y caminó hacia él, haciendo sonar el dinero.

—¡Perdón, excelentísimo! —murmuró retrocediendo el guardia—; pero... más bien quisiera que me lo brindaseis de igual modo que la vez primera: esto es, dejando la bolsa al lado de la linterna, cuando salgáis del sepulcro. Yo... no puedo dominar mi temor, aunque veo que sois un hombre como yo con vida y movimiento… pero no sé que encuentro en vos de solemne y terrible que me hiela. Disculpad mi franqueza... Acostumbrado a vivir aquí, entre los muertos, más tiemblo de vos que de ellos, porque ni ellos ni ser viviente alguno hacen lo que vos hacéis. ¡Os lo aseguro!

Benedetto le indicó que se retirase y viendo que se desviaba, se encaminó a la puerta de hierro del sepulcro. Allí encontró una azada, y vio ya removida la tierra, lo que juzgó fuese obra del guarda, conociendo la voluntad del misterioso lord Wilmore. Benedetto sacó entonces de su bolsillo una ganzúa e introduciendo la mitad en la cerradura de la puerta, hízola saltar, retrocediendo luego un paso, y llevando la mano a la nariz para evitar el vapor infecto que despedía el cadáver.

La puerta giró sin dificultad, a virtud de haber sido la tierra cavada en ese lugar. Benedetto tomó su linterna, y dio el primer paso en la escalera que conducía al interior del sepulcro.

Ladrón atrevido y asesino audaz como era, tembló lleno de pavor ante aquel silencio augusto y aquella oscuridad solemne del asilo de la muerte. Durante algunos momentos vaciló y sintió que se doblaban sus rodillas; pero, haciendo un esfuerzo para vencer ese terror, soltó una carcajada impía, y dijo como para animarse con el eco de su voz; ¡espantosa voz!:

—¿Cómo se entiende?... ¿Será, acaso Edmundo Dantés más valiente que yo? Siendo él el que arrojó a este sepulcro los cadáveres que aquí yacen, no tembló de bajar en medio de ellos... ¿y me ha de faltar a mí energía bastante para hacerlo?... Adelante... quién sabe si acaso a esta misma hora se hallaba él aquí.

Y haciendo un ademán con su brazo, descendió osado y atrevido la escalera de mármol.

Hablando así, Benedetto se puso a bajar los escalones, hasta llegar al interior del sepulcro, cuyo pavimento tendría unos treinta pies cuadrados. A cada lado había en él asientos de mármol, ocho de los cuales estaban ya ocupados con cajones de plomo.

Benedetto puso en el suelo la linterna, y buscando en su bolsillo otro hierro más largo que la ganzúa, con dos uñas semejantes a un pie de cabra, se dirigió a los cajones, buscando.

—Marqués de Saint-Meran —dijo leyendo el nombre escrito sobre el cajón—. Era el suegro de mi padre por su primer matrimonio. Anciano hidalgo, lleno de todos los privilegios de su noble alcurnia, debe tener su cadáver adornado con todo el esplendor de su jerarquía caballeresca.

Y aplicó la palanca al cajón, haciéndole saltar la tapa. En efecto, el consumido esqueleto, vestido con su riquísimo uniforme, tenía sobre el pecho diversas placas y cruces de valor.

Benedetto se apoderó de ellas y cerró el cajón del marqués, yendo después a abrir de igual manera otro cuyo letrero decía: "La señora de Saint-Meran".

—¡Oh! —murmuró Benedetto—; heos aquí adornada también con riqueza para este sueño lúgubre y eterno; ¡última prueba de locura que el hombre da al mundo, y por la que se conoce todo su orgullo y vanidad! ¡Pura vanidad!

Las joyas que engalanaban los dedos y el pecho del cadáver, pasaron a poder de Benedetto, que fue a robar el tercer cajón, donde se leía el nombre de la señora de Villefort. La dulce niña.

—¡Basta! —dijo deteniéndose frente al cuarto cajón—. ¡Valentina de Villefort, virgen sencilla como la flor de los campos, tú no ostentas tu cadáver revestido de otras joyas que las del prestigio santo de la pureza y la inocencia que le ha dejado tu alma! ¡Ahora el que sigue! Es de Eduardo, niño de nueve primaveras, aniquilado con su madre por el brazo de un vengador implacable. ¡Hermano mío! Eduardo... tú serás vengado. Y ahora os toca a vos, padre mío —continuó el bandido, haciendo saltar la tapa de otro cajón de madera más pobre y humilde que los otros, en donde había un cadáver cubierto con un lienzo blanco.

Benedetto lo contempló algunos instantes.

—Aún se percibe, padre mío, en vuestra frente, el sello del sufrimiento espantoso de aquél que vio desaparecer todas sus más caras afecciones. ¡Vuestra esposa, vuestro hijo, vuestra hija como las flores arrancadas por el huracán! Aún me parece que esos labios murmuran vuestro último deseo, después de la larga narración de vuestra vida, en aquella misma noche en que recibí vuestro último suspiro. Vuestra voluntad será cumplida —continuó Benedetto, desligando las manos del cadáver y sacando del pecho su afilado puñal—. Ya que mientras vivíais no ha podido vuestra diestra castigar el exceso de aquella venganza horrible, la mano del muerto abofeteará la mejilla de Edmundo Dantés. ¡Terrible castigo!

Y al decir esto, Benedetto cortó de un golpe la enjuta mano del cadáver de su padre; guardóla con su puñal, y cerró en seguida el cajón, diciendo:

—¡Adiós, por última vez! ¡Hijo desheredado y oscuro, heredero desconocido de una familia poderosa, he descendido a su panteón, para obtener mi única herencia fuera del alcance de las leyes humanas. Ella es precaria y triste... pero ha de bastarme para que me dirija a donde me guía la mano del muerto. ¡Partamos! ¡Rápido!

Benedetto tomó la linterna y subió apresuradamente la pequeña escalera. Quien lo hubiera observado entonces, surgiendo pálido y alterado de lo interior de un sepulcro, apartando las sombras de la noche con la luz que llevaba en su extendido brazo, lo creería un muerto impelido por una pasión poderosa que no había podido morir en él, volviendo a la superficie de la tierra; y dejando en pos de sí las sombras y el misterio del sepulcro y de la soledad.

Se detuvo y, respirando profundamente, se limpió el sudor frío que le bañaba la frente. Dejó la linterna en las gradas exteriores, y se rió con su diabólica risa de asesino, terrible.

—¡Wilmore! –dijo—. ¡Aquí vendrá en breve quien te acuse de esta profanación!

Y, en efecto, cuando el guardia volvió a recoger su linterna, y tomar el bolsillo del dinero, lo buscó infructuosamente.

—¡Ah! —murmuró éste—. ¡Qué torpeza en no haberlo aceptado! ¡Wilmore se aprovechó de mi recelo, engañándome! ¡Peor para él!

Y conociendo al otro día que el túmulo había quedado abierto, y que los cajones habían quedado descerrajados, juró que Wilmore era un astuto ladrón, a quien haría prender en la tercera visita que le hiciese al cementerio.

# CAPÍTULO VI

# EL ESCENARIO DEL TEATRO EN ROMA

Era a principios de enero de 1836, dos jóvenes amigas, después de haber concluido sus estudios musicales comenzados en París, y coronándolos con un examen público en la academia italiana, se preparaban en Roma para iniciarse en la carrera artística de Talma, haciendo su primer debut en el grandioso Teatro Argentino de aquella ciudad, cuna del arte.

Luisa y Eugenia d'Armilly, desde su más tierna edad, habían seguido el único pensamiento del porvenir independiente y libre con que sueña el genio, fuera de este círculo estrecho de nuestras pasiones. Este risueño porvenir a que las dos amigas se encaminaban con firmeza, era el que brinda la corona sublime del artista; corona que no puede adquirirse con todo el oro del mundo; pero la que el mundo concede a aquél que se le revela inspirado y lleno de armonía. Era la compensación.

Ya hacía mucho tiempo que Eugenia, uniendo su voz sonora y expresiva a los sonidos del piano de Luisa, pasaba los días enteros en su gabinete de estudios, cuyas puertas, cuidadosamente cerradas, impedían que ningún profano penetrase en aquel pequeño santuario, donde el genio ensayaba sus alas para el gigantesco vuelo que meditaba. Otras veces era Eugenia quien oprimía las teclas del piano para acompañar la voz de Luisa; y entonces, en vez de la música vibrante y expresiva de Eugenia, se oían las sentimentales y dulces armonías de Luisa, que daban perfecta idea de los diversos caracteres de las dos amigas. Eugenia, altiva y decidida, era el cedro que balancea la orgullosa frente al soplo de las tempestades que lo azotan. Luisa, tímida y sencilla como la sensitiva, una simple mirada ambiciosa la hacía temblar asustada, cual paloma.

La sociedad de Eugenia en París, a pesar de ser una de las más frecuentadas y escogidas, no había podido ofrecer objeto alguno que cautivase el ánimo de la exaltada cantatriz: la música y el teatro eran las únicas pasiones de aquel pecho, donde encontraban eco profundo las armonías de Bellini, Mercadante, Verdi y Donizetti. Luisa, después de haber sido su maestra, era hoy su amiga, compañera y hermana de gloria, de trabajo y de fortuna. Fue Luisa la que recibió el voto de profesión de Eugenia en el nuevo culto, después de haberla iniciado en sus misterios sublimes ; y profesando Eugenia con aquella abnegación profunda y verdadera de todo sentimiento profano, propia de esas grandes almas, abandonó y despreció cuanto para una joven de su edad puede darse de hermoso y agradable, esto es: padre, madre, honores, riquezas y adulación, para entrar con ardor y respeto en esa extensa familia, cuyo jefe fue elevado por los hombres al lugar de semidiós, tal el sagrado nombre de Apolo.

Luego de un pequeño viaje, puramente artístico, en que fueron la admiración de Milán, de Génova, Venecia y Nápoles, la música era su única distracción, en varios pequeños conciertos, que ellas daban únicamente para aumentar su pequeño capital, muy disminuido por los gastos del viaje; y, por último, verlas que se sujetan en Roma a un examen público, prueba indispensable para la verdadera aparición del mérito que revelaban la voz y la inteligencia de las dos artistas.

Efectuada esa prueba, vieron abiertas ante sí las doradas puertas de su soñado paraíso; y cuando al siguiente día salieron de aquel inexplicable sueño de placer y de sentimiento, comprendieron que la realidad empezaba a corresponder a su elevada "pasión"; porque al instante recibieron billetes de visita de varios empresarios, entre los que se contaba el del Teatro Argentino, cuya prima donna había terminado su contrato, oportunamente.

—Y bien, Luisa... ¿qué opinas tú de esto? —preguntó Eugenia, abandonando la cama y mirando el reloj, que señalaba las doce—. ¿Aceptaremos la invitación del empresario?

—De mi parte, creo que nos será conveniente, si él se aviene a que nosotras escojamos las óperas del repertorio, que tengamos preferencia.

—Natural que ésa debe ser la condición principal —respondió Eugenia, vistiéndose y estremeciéndose de frío—. *Semíramis, Attila, Gioconda.*

—*Nina, Parisina...* —agregó Luisa—. Vamos a almorzar y entretanto arreglaremos esto; es necesario advertir que los señores empresarios vendrán luego, tal como prometieron.

—Que vengan —replicó Eugenia, dando algunos saltos como si quisiera entrar en calor—; aquí estamos nosotras; quiero decir, aquí estaremos; porque hablo con el futuro del verbo. Lo prefiero, ahora que cuando me esté atando las ligas. Si el empresario llegase entonces, ¡sería una desgracia irreparable!

—Se moriría de miedo el pobre hombre... —dijo sonriéndose Luisa, y volviendo sus bellos ojos azules que chocaron con la mirada enérgica y soberana de Eugenia, con gesto dominador.

—Creo que no te engañas —dijo con arrogancia—. Yo soy medio hombre, como tú dices, y las ligas de un hombre no agradan a otro hombre. ¿Te acuerdas cómo desempeñé el papel de muchacho, cuando nos fugamos de París? Me llamaba el caballero León de Armilly, y tuve bastante coraje para hablar de pistolas cuando creí que corrías peligro, imponerme, amiga mía.

—¡Oh! ¡Qué tiempo aquél! —murmuró Luisa, con emoción.

—Sí, cuando me viste disfrazada de hombre, deshaciéndote a besos y abrazos, luego que traspusimos sin peligro las barreras, no temblabas como se me figura que tiemblas hoy. ¿Verdad?

—¡Oh!, es que se va aproximando nuestro debut... ¿y si somos mal acogidas? ¡Puedes darte una idea!

—¡Brava ocurrencia!, y en Milán, en Génova, y especialmente en Venecia, ¿desagradó, por ventura, nuestro canto? Fuera de que, el resultado del examen... creo que no debe desanimarte. ¡En todo salimos bien!

—Pero ahora la posición es muy distinta; tendremos que aparecer en la escena con carácter competente; y si, por ejemplo, yo sé cantar el aria de Parisina, eso no quiere decir que tenga certeza de ser la Parisina en realidad.

—¿Y tengo yo acaso la certeza de poseer el carácter de Semíramis, y de sentir lo que ella sintió, de un modo tal que el público crea tener ante sí a la reina de los asirios, humillada y trémula por el remordimiento al escuchar la voz de Nino, o embriagada y delirante por la presencia de Arsace? —preguntó Eugenia a su vez—. Sin embargo, tú ves que yo no me apuro por la aproximación de nuestro primer debut. Confío mucho en lo que me has enseñado y en lo que hemos estudiado, para que decaiga mi espíritu con el trabajo que muchas otras jóvenes han desempeñado en medio de vivos y sinceros aplausos de una platea imparcial e inteligente, que sabe lo que es arte.

—Vamos, amiga mía; aquel grande porvenir que en París habíamos soñado, va apareciendo, y dentro de poco nuestros nombres irán a resonar a ese mismo París, en el centro de nuestras familias, después de haber sido inscritos en el libro de oro de la nobleza del arte. ¡Oh! ¡Cuánto me halaga esta nobleza!, ¡nobleza que no se compra por un vil puñado de oro, sino que se obtiene por el trabajo y mérito personal! El escudo del artista no se cubre de polvo hasta desaparecer con el transcurso del tiempo. Subsiste siempre dorado y brillante, mirado con admiración por las generaciones que se suceden.

Cuando terminaron de almorzar, y de arreglar sur elegantes tocados, recibieron la visita del empresario del Teatro Argentino, que, con el temor de perder la adquisición de las dos jóvenes artistas, se anticipó a sus colegas; el ajuste fue convenido tal como ellas querían, y al concluir el día, los contratos de las dos primeras damas estaban firmados y en orden.

Un mes después, se ensayaba en el gran Teatro Argentino la hermosa ópera Semíramis, y los impacientes dilettanti afluían todas las mañanas a la platea del teatro para aplaudir con anticipado entusiasmo a las dos nuevas actrices, y felicitar al empresario por la brillante adquisición que había hecho de dos artistas que tanto prometían, a pesar de que por primera vez pisaban el escenario donde existían aún los astros de dos grandes genios.

Por fin llegó el día del espectáculo, y así que las luces empezaron a brillar en el edificio del Teatro Argentino, los salones se vieron llenos de gente que hablaba, discutía y ensalzaba en alta voz la capacidad artística de las dos señoritas d'Armilly, que hacían su debut.

Mientras esto sucedía en los salones y avenidas del teatro, un joven de 22 a 23 años, alto, bien proporcionado y vestido sin lujo pero decentemente, haciéndose paso a duras penas por entre la multitud que se agrupaba en torno del edificio, llegó trabajosamente hasta el despacho de billetes, gracias a un experto cicerone que lo había remolcado por el faldón de su paletó, al través de aquel mar vivo y bullicioso, agitado por el grande acontecimiento que anunciaban los diarios y los carteles.

—Un billete —dijo el cicerone, dirigiéndose al expendedor de localidades.

—¡Un billete! —respondió éste—. ¡Ni para mañana... a menos que vengáis al amanecer!; ¡buena hora de hallar billete, cuando ya todo está vendido, y ni un pedazo de billete me queda siquiera para nadie!

—No hay billete —dijo el cicerone, volviéndose al joven—. ¿Ha oído usted?

—¡Poder de Dios! Pues es indispensable que yo entre a la platea —gritó éste en francés, con pesadumbre.

—Pero, ¡si no hay billete! —repitió el cicerone—, ¿cómo es posible entrar?

—Introducidme, aunque sea al proscenio, entre bastidores. A todo trance es necesario que yo vea... ¿entiendes, imbécil? ¡Es necesario que yo lo vea todo!

—¿Mas qué remedio, señor? Si os hubierais acordado más temprano, os habría servido maese Pastrini; pero así, a última hora, es totalmente imposible; voy, sin embargo, a mostraros el edificio y explicaros su arquitectura venid conmigo, es lo único que puedo hacer.

—¡Anda al diablo con tu manía de mostrar y de explicar! ¿Cómo quieres que te diga que es preciso que yo observe y vea cuanto pasa en la función? Todo, todo... ¡y entretanto, vienes tú a hablarme de paredes, techos y columnas y de capiteles!...

—Señor, el Argentino es magnífico —replicó el infatigable cicerone—. Además que, cuando no hay billete, es mejor entretener el tiempo en ver algo bueno. Venid, pues, señor, y conoceréis uno de los mejores edificios de este género, tal vez el mejor de todos.

—¡Vamos entre bastidores, imbécil! —exclamó el joven, empujando a su cicerone—. ¡Andando!

—¡No os dejarán entrar! ¡Imposible!

—Di que soy extranjero y que quiero ver; ¿no me has asegurado que un extranjero cuando viene a Roma, es para ver cuanto bueno contiene esta gran ciudad? ¿Entiendes?

—¡*Per la Madonna!* —gritó el cicerone—; pero los bastidores y mecanismos del Argentino se enseñan de día y no en noches de función y menos de gala.

—¡Ah! ¡Esto es inaguantable! Llévame a la puerta que da al foro... yo hablaré al guardia... y ya verás si entro, sin tantas dilaciones.

Al decir esto, tomó al cicerone, que giró inmediatamente sobre la derecha, extendiendo y alargando los brazos para abrirse camino por entre la concurrencia, como si estuviera nadando.

Poco después, llegaba con el extranjero pegado a sus hombros, a la puerta del proscenio.

—¿Quién es? —gritó el portero, colocándose rápidamente frente al cicerone para obstaculizar el paso.

—¡Oh! —exclamó el extranjero palideciendo al ver el rostro redondo y colorado del gordo portero, iluminado al vivo resplandor de un quinqué próximo a él.

El cicerone le habló en secreto al oído, en forma misteriosa.

—Es imposible, *mio caro* —respondió aquél—; tengo las instrucciones más terminantes para impedir la entrada aquí. Por otra parte, hoy es una ópera de grande espectáculo, fuera de que las cantatrices son nuevas... ¿De manera que el caballero tendrá mucho interés en entrar? Si es así, os prevengo que sólo con permiso del empresario se consigue... Pero —dijo el portero mirando de hito en hito al curioso joven, que tampoco separaba su vista del rostro de aquél—. ¿Será verdad lo que estoy viendo? ¿Es posible?

—Mi sorpresa es igual a la vuestra, señor —dijo el extranjero—, y casi me inclino a creer que los aires de Roma os prueban bien, por lo bien que estáis.

—Pues yo había creído que a esta hora podría daros el nombre de Ibus, porque os suponía muerto por el peñasco de algún Ulises poderoso...

—En verdad, que algo me parezco al miserable mendigo, solicitando la mano de vuestra Penélope —contestó el extranjero—; mas ¿qué queréis? Hubo una diosa misteriosa y un Esculapio complaciente que se acordaron de mí en tan feliz oportunidad.

El cicerone miraba atónito a los dos interlocutores, sin alcanzar el sentido de sus palabras; pero adivinando en su mímica, que desde luego se estaban diciendo grandes cosas, esperó.

—Dejemos esto, señor —continuó el extranjero—; no es éste lugar a propósito para ventilar nuestras cuestiones íntimas.

—Tenéis razón, voy a llevaros adentro, y a probaros que sé olvidarme de cosas pasadas; entrad conmigo.

El joven despidió al cicerone, y se introdujo en el reducido cuarto del portero.

—En efecto, señor barón, ¡esto es singular! ¡Muy curioso!

—¡Por Dios! Señor Andrés Cavalcanti, ¿queréis comprometerme? ¡No veis que he guardado mi título en la cartera? ¿Que lo he olvidado?

—Creía que estuvieseis aquí representando por capricho, como vuestra familia...

—¡Válgame Dios, y qué capricho tan extravagante sería!

—Contadme, pues, lo que os ha sucedido, señor Danglars, os lo ruego.

—¡Porfiado! Aquí no me llamo Danglars. ¡El portero del Teatro Argentino no podrá nunca llamarse Danglars! ¿Y cómo diablos habéis escapado de los agentes de la policía que os querían prender como fugado de las galeras, en el momento en que se extendía el contrato de vuestro matrimonio con Eugenia? ¿Me lo podéis explicar?

—¡Psch! Maldita la gracia que tiene; y hasta la fecha mi vida no pasa de ser un conjunto de particularidades sin interés. ¿Y la vuestra, señor barón? ¿Se puede saber?

—¡Maldita costumbre! —gritó Danglars, poniéndose colorado como un tomate y limpiándose el sudor.

—Quiero decir... señor Danglars...

—¡Peor todavía!...

—¿Pues cómo queréis que os llame?

—Eso yo no lo sé... pero aquí dadme un nombre cualquiera, eso poco me importa; la gente pobre no tiene nombre. Son seres anónimos.

—Según eso, ¿estáis arruinado?

—¡Hasta el último maravedí! —murmuró Danglars con tristeza—; y a no ser por este mezquino empleo, hubiérame muerto de hambre. ¡Ah!... De hambre... —repitió con amargura.

—¡Es verdad, sería cosa horrible el morir así todo un ilustre barón! Pero ¿quién os arrastró a tan miserable situación? ¡Me dejáis atónito!

—¿Quién? —preguntó Danglars palideciendo—. ¡Ah!... ¡Un hombre que parece haber surgido de la tierra o del mar por el influjo de una voluntad poderosa para destruir el sueño de mi felicidad para siempre!

Benedetto, pues era él, se estremeció involuntariamente al oír las palabras de Danglars.

—¿Y cómo se llama ese hombre? —preguntó, con insistencia.

—¡Ah! —dijo el barón Danglars, mirando asustado en torno suyo—. Mucho tiempo ha que no pronuncio ese terrible nombre, por miedo de que su terrible imagen surja de la pared o de mi sombra para atormentarme.

—¿A tal extremo llega el pavor que os inspira? ¡Ah! —continuó Benedetto—. ¡Qué débiles y pusilánimes son los hombres! ¡El miedo los mata!

—¡Insensato! —dijo Danglars—. ¡Si le conocieseis como yo, retrocederíais asombrado ante su presencia misteriosa! ¿Sabéis, por ventura, quién es ni de dónde ha venido el conde de Montecristo? ¿De adónde?

Benedetto dejó oír una convulsiva carcajada, que petrificó al pobre portero del Teatro Argentino.

—¡Para con él tengo una deuda sagrada! ¡Una deuda de sangre!, y la mano del muerto está abierta para recibir el importe de esta deuda, siempre.

Danglars abrió desmesuradamente los ojos, sin entender el sentido de aquellas palabras, que le parecían, sin embargo, terribles, acusadoras...

—No os comprendo —murmuró.

—Pues es bien fácil. ¿Por qué tembláis cuando pronunciáis el nombre adoptado por el marino Edmundo Dantés? ¡Podrías negarlo!

—¡Oh! ¿Cómo sabéis?....

—Ese es mi secreto. Ahora, responded de inmediato.

—No me es posible referiros mi historia en este lugar —dijo el portero—. Si queréis escucharla, yo os buscaré mañana y hablaremos entonces. ¿Dónde vivís? ¡Deseo visitaros!

—En la posada de maese Pastrini...

—¡Ah! Ya sé dónde es...

—Tanto mejor... y entretanto, si necesitáis algún dinero, permitidme que os lo ofrezca con franqueza.

—¡Cómo! ¿Continuáis por ventura vuestra engañifa de ser el príncipe de Calvancanti, u os proteje quizá el conde Montecristo? Si esto es así, que no lo creo, hice mal en haberos hablado tan francamente, ahora me pesa.

—Ya os he dicho, señor, que tengo con Edmundo Dantés una deuda de sangre. No soy el príncipe de Calvancanti; soy un ladrón, un falsario, un asesino sin nombre, sin patria y sin Dios.

—¡Ah! ¿Qué decís? —gritó Danglars aterrado, llevando maquinalmente las manos a sus bolsillos, y encogiendo el vientre como para librarse de una puñalada—. ¿Y a dónde pensáis llegar en vuestro terrible camino?

—Guiado por la mano de un muerto, que se estremecía de odio en el fondo de su tumba, he de llegar hasta Edmundo Dantés.

—¿Sabéis, señor Andrés... que... me parecéis algo trastornado?

—Vaya, mi querido señor, eso lo decís para agradarme. Ahora, dejadme subir, y creedme que puedo seros útil para que volváis a adquirir vuestra fortuna. Os la haré entregar triplicada, si os place.

—¡Ah!...

—Pero dejadme subir, porque es necesario que yo pueda certificarme de si las dos cantatrices de esta noche, son o no las que me figuro.

—¡Oh!... ¿las dos señoritas d'Armilly?

—Si no me engaño, así se llamaba la maestra de vuestra hija Eugenia.

—Es verdad... ¿pero que queréis significar con eso? ¡Hablad!

—Vuestra hija era apasionadísima por el teatro y por la música, y parece que está allá arriba, temblando en este momento ante la sombra de Nino.

—¡Oh! Es muy temprano aún; pues apenas va a sonar la hora de la función.

—¡Basta! Acabáis de afirmarme en lo que yo creía respecto a las d'Armilly, y os felicito, señor, por el interés con que Eugenia parece trabajar para reponer la fortuna que os robaron.

Danglars suspiró con tristeza.

—Y ahora, hasta mañana, señor Danglars; espero que no os olvideis de lo que os he dicho; esto es, de la fonda de maese Pastrini, plaza de España.

Y Benedetto se retiró, dejando al pobre portero admirado, y en la firme convicción de que por él vendría a saber algunas cosas importantes acerca de Edmundo Dantés, la figura que tanto le preocupaba.

## CAPÍTULO VII

# LO QUE SE VE POR EL TELÓN DE BOCA

Entre tanto sucedía esto; en el pequeño gabinete del portero, las dos amigas d'Armilly se preparaban para ejecutar su primer debut, y tomadas del brazo cruzaban el gran escenario.

—Creo que hay una concurrencia extraordinaria —murmuró Luisa—. Y luego, cuando ese telón se alce, vamos a quedar aquí expuestas a las miradas de todo un pueblo.

—Tienes razón, Luisa; también yo siento algún temor... ¡este momento siempre cuesta alguna cosa; pero estoy convencida de que cobraremos ánimo, porque hago el firme propósito de poseerme bien de la situación del personaje que voy a representar! ¡Oh!... sobre todo cuando Arsace es nada menos que mi querida Luisa... tú serás mi amiga; pero, ahora que estamos aquí, me recuerdo de un caso bien extraño que se ha repetido diversas veces. ¿En la primera noche que vinimos al ensayo, no ha llamado tu atención un hombre que vino a abrir nuestro camarín, y que dio un grito apenas nos miró? ¿Recuerdas?

—Sí; tengo una idea...

—Ese hombre era el portero; en la segunda noche estaba yo en mi camarín y oí este diálogo que me pareció bien interesante.

"—Cuando la señorita Eugenia salga de su cuarto, no os olvidéis de pedirle la llave, en caso que ella no se acuerde de volverla a entregar.

"—No haré yo tal.

"—¿Por qué? ¿Se puede saber?

"—Mis motivos tengo.

"—Pero vos sois el encargado de las llaves, y faltáis entonces a vuestras obligaciones y deberes.

"—Pediré todas las llaves menos aquélla. Eso es lo que haré.

"—¿Teméis, por ventura, hablar a la señora Eugenia d'Armïlly?

"—Dispensad; pero la señora Eugenia me conoció en París en una posición mucho más halagüeña que la que al presente disfruto en Roma, y no quisiera que le fuese conocida".

—El diálogo terminó aquí —contestó Eugenia—, y desde entonces nunca me olvidé de darle la llave al portero; pero cuando paso y la dejo sobre la tabla, siento ruido, y conozco que es producido por la precipitación con que el buen hombre se esconde ante mi presencia.

—¿Y no sabes su nombre? —preguntó Luisa interesada.

—¡Oh! Eso es bien sabido. Se llama José, pero también puede ser que tenga otro, cosa probable.

—¿Si será aquel malaventurado príncipe Cavalcanti, que hubo de ser tu marido, si no le desenmascaran de súbito? —preguntó Luisa.

—¡Brava ocurrencia! A estas horas estará guillotinado por asesino; y además, que el hombre que se oculta de mí me pareció mucho más viejo cuando lo vi de paso por la primera vez, y es más bajo y más grueso, mucho más.

—Bueno es que tengamos precaución por si acaso es algún espía enviado por tu familia, y nos descubre.

—¡Oh!, no lo creas. Acércate, Luisa. Me parece que conozco aquella señora que acaba de entrar en el palco número 4 de la primera fila... —dijo Eugenia, que se había entretenido en mirar la platea por un agujero del telón.

—¡Oh! —exclamó Luisa, mirando hacia el palco que le había indicado. Palideció en el acto, retirándose.

—¿Qué tienes? —preguntó Eugenia.

—Aquella señora —continuó Luisa temblorosa—; sí... no hay duda... ella es... ¡Oh! Dios mío... ¡tal vez sea una ilusión mía! Dame tu lente, Eugenia.

Eugenia sacó de su bolsillo una pequeña caja que contenía un bonito anteojo de teatro, con que algunas actrices acostumbraban a examinar la platea y los palcos, por los agujeros del telón, antes que la función comenzase.

Luisa lo tomó con precipitación y miró al palco número 4 de la primera fila.

—Eugenia —dijo ella—, si realmente posees un espíritu fuerte y determinado, ahora tienes la ocasión de demostrarlo de un modo irrecusable... ¡Mira! ¡Fíjate bien!

Eugenia miró, y retrocedió asombrada, murmurando:

—¡Mi madre! ¡Dios mío!

En efecto, cuando Eugenia había mirado al palco la primera vez, no había visto el rostro de la señora Danglars, que parecía estar hablando con alguna persona que la escuchaba oculta por la cortina; pero esta persona salió y la señora Danglars volvía su rostro a la platea, en el momento preciso en que Luisa la observaba con el anteojo.

El pito del escenario sonó, dando la señal de prepararse los actores.

—¿Oyes, Luisa? —le dijo Eugenia—; bajemos a mi cuarto; valor, y cuando el traje de la reina de los asirios pese sobre mí, procuraré probarte, amiga mía, que no tengo ante mi vista, ni en los palcos ni en la platea, nadie que me embargue el más leve pensamiento.

Pero si el telón se hubiera levantado en aquel instante, el público hubiese aplaudido con entusiasmo el ademán sublime y la inspiración apasionada de Eugenia Danglars. Pero no era tiempo aún, y el público, presintiendo acaso la presencia del genio, dejó oír en el espacio un murmullo confuso y solemne, que sin expresar pensamiento alguno comprensible, reveló la existencia de mil pensamientos diversos, despertados por la misma causa. Este murmullo, semejante al de las olas del océano, agitadas por el viento, venía a morir a los pies de las dos amigas, como para anunciarles la proximidad de su triunfo o de su desgracia irremediable.

Tomando Eugenia la mano trémula de Luisa, la condujo precipitadamente hacia su vestuario, cuya puerta cerró tras de sí con cautela.

—Vamos, Luisa —dijo ella desprendiéndole el vestido—. ¿Por qué temblar? Acordémonos sólo de que de esta noche depende la felicidad y el éxito de nuestra futura carrera artística.

Eugenia daba muestra de su valor, de un modo tan natural, que influyó sobremanera en el espíritu de Luisa; además, las costumbres de Italia no estigmatizan a los que emprenden la noble carrera de Talma, ni lanzan el desprecio sobre el tablado del teatro, como sucede en el resto de Europa; y esto también contribuía poderosamente a alentarlas en esas circunstancias.

Conociendo el espíritu orgulloso de la señora Danglars, señora noble por nacimiento y por su alianza, calculó cuán mortificante le sería la aparición de Eugenia representando *Semíramis*, en el Teatro Argentino, y la pobre joven no pudo dejar de palidecer pensando en las maldiciones de la baronesa, por haber sido ella quien encendiera en el pecho de Eugenia, el fuego de entusiasmo que la condujo a las tablas.

Aunque en Italia se considera tan noble la carrera de Talma, como sagrada la llama enérgica que anima al inspirado actor, la noble baronesa Danglars, descendiendo de los Servieres, jamás perdonaría a quien hubiese dicho a su única hija: —Eugenia, tú aborreces la vida de París, amas la libertad y la música; hagámonos, pues, actrices.

En fin; el dado estaba echado.

Eugenia y Luisa se identificaron en estrecho abrazo, como si allí quisiesen ensayar el modo como habían de abrazarse y besarse en la escena; y en este momento el pito repitió la señal llamando a los actores al escenario.

Poco después se levantó el telón. Eugenia se presentó en la escena con toda la arrogancia y majestad propia de la regia bacante que representaba: su voz, sonora y apasionada, llamó en seguida la atención de los *dilettanti*, y su triunfo comenzó con la aria primera.

En el palco número 4 dejábase percibir algún desasosiego; el anteojo no cesaba de dirigirse hacia el rostro de Eugenia, y de minuto en minuto se hacía más perceptible el temblor de la mano que lo sostenía a la altura de sus ojos. La señora Danglars, limpiaba a menudo su rostro, pálido como su finísimo pañuelo, y ora se retiraba al fondo del palco, ora se incorporaba sobre la baranda, clavaba siempre su vista en la figura esbelta, majestuosa y arrogante de la nueva Semíramis. Después, cuando el templo de Bello quedó desierto y apareció el valiente e interesante escita, notóse más y más el estremecimiento convulsivo del brazo de la señora Danglars, que había reconocido en la fisonomía apasionada y tierna de Arsace, la de la maestra de su hija Eugenia. No había ya, que dudar. La noble baronesa viose obligada a reconocer a su hija en la persona de Semíramis, y su martirio duró tanto como el espectáculo. Con las mejillas encendidas por la indignación que experimentaba, no tardó en sufrir un fuerte ataque de nervios, acordándose que, para colmo de desdichas, acaso en aquella misma noche podría reconocer a su marido ejecutando algún papel en las tablas. Muchas veces se le ocurrió la idea de retirarse;

pero el deseo doloroso de presenciar el resultado de aquella noche, la retuvo, aunque contrariada, hasta que acabó la ópera, sufriendo lo indecible.

Cuando el puñal de Arsace rasgó por último el pecho de la desenvuelta Semíramis, que cayó agonizante a los pies de su hijo, la baronesa lanzó un grito ahogado por la vergüenza. Era lo único que le faltaba para completar su martirio. El espectáculo de su hija, pegado el rostro a las tablas de un teatro ante un pueblo entero, recibiendo los bravos y las palmadas de ese mismo pueblo, ahogaron el grito de la baronesa, que salió precipitadamente del palco, humillada en su interior y encolerizada por haber caído en Sella, queriendo huir de Caribdis.

—¡Oh! —se decía subiendo a su carruaje—. Algún demonio ha jurado mi humillación y envilecimiento adondequiera que marcho. En París, madre de un desdichado asesino, a quien la ley persigue; en Roma veo a mi hija, en cuyas venas circula la sangre de los Serviere, comprada por un vil puñado de oro para servir de blanco y entretenimiento al público de los teatros... ¡Ah!, y en cualquiera otra ciudad, ¡quién sabe si la desgracia me reservará todavía la vergüenza de ver a mi marido sobre el pescante del carruaje de algún rico campesino, como cochero!

Gruesas lágrimas humedecieron el rostro aristocrático de aquella señora tan noble, tan altiva y tan orgullosa.

Entretanto, las dos amigas producían un entusiasmo delirante; al día siguiente recibieron de mano del empresario dos hermosos vasos de plata de riquísima y delicada labor, por el rotundo éxito logrado.

## CAPÍTULO VIII

# DOS HOMBRES SIN NOMBRE

Cuando el portero del Teatro Argentino, que había reflexionado sobre las consecuencias que podrían resultarle del encuentro con un hombre como Benedetto, se dispuso a buscarlo en la fonda del maestro Pastrini, con la intención de aprovecharse para sus fines ocultos de adquirir fortuna de aquel carácter temerario, aventurero y audaz que parecía no temer nada de los hombres, y que con todo desembarazo y atrevimiento le había confesado ser ladrón, falsario y asesino, sin ninguna vacilación.

Se dirigió, pues, con paso firme y la esperanza en el alma, al encuentro de Benedetto, a quien él llamaba Andrés.

Benedetto vivía, efectivamente, en la conocida posada de maese Pastrini, y después de almorzar con buen apetito y sosegadamente, mandó buscar al mañoso posadero.

—Estoy a vuestras órdenes, excelencia —dijo él, quitándose políticamente su gorro de lana y haciendo una cortesía.

Benedetto reflexionó un instante antes de dirigirle la palabra; después, dejó a un lado el diario en que fingía leer, miró al italiano con aquella mirada sombría y siniestra de los hombres en cuya frente parece existir el sello de la fatalidad y la pesadumbre.

—Maese Pastrini —dijo él—; no estoy satisfecho con este cuarto.

—¡Sangre de Cristo! —exclamó el italiano—; ¿y por qué, excelentísimo?

—¿Por qué?, ¿queréis saber por qué, maese Pastrini? Porque no puedo dormir con tranquilidad en él.

El italiano tornóse pálido; Benedetto continuó, con voz penetrante:

—¿Quién habita el cuarto bajo?

—¡Ah!, es un joven muy enfermo, que, según me dice su lacayo, viaja por distraerse de una apatía mortal que padece. Os aseguro que es una buena persona, aunque todavía no le he oído la voz. A pesar de que hace ya un mes que está en Roma, y apenas ha salido dos o tres veces, recogiéndose muy temprano, antes de oscurecer.

—¡Pues os digo que mentís!, ¿entendéis, maese Pastrini?, ¡mentís!

—¿Yo, excelentísimo? —preguntó el posadero esforzándose por aparentar el semblante de inocencia y de ingenuidad.

—¡Oh!, vuestro joven enfermo, que viaja para distraerse de una apatía mortal, se recogió ayer a la una de la noche. Y no es esto solo; lloró, blasfemó, sin cuidarse de los vecinos, hasta las dos, saliendo después y regresando a las cinco de la mañana.

—No os contradigo, excelentísimo —respondió Pastrini un poco más animado—. Yo noté todo eso; ¿qué queréis? Creo que de tiempo en tiempo le dan ciertos ataques de nervios, para los cuales le ordenaron los médicos salir en seguida de casa, a cualquier hora del día o de la noche; y fue sin duda por esto por lo que os molestó tanto ayer. No tengáis cuidado, sin embargo, excelentísimo, el lacayo me ha dicho que sólo de año en año le dan tales ataques.

Benedetto se sonrió con ironía, echando a Pastrini una mirada oblicua, terrible.

—Desconfío mucho de tales ataques, y antes creo que vuestro joven enfermo es quien ataca a las otras personas. Poned cuidado, maese Pastrini. Hace poco se evadió de Francia un hombre temible, que hizo cosas diabólicas, seduciendo, asesinando, robando y profanando doncellas, ancianas y adolescentes, iglesias y sepulcros. ¡Todo!

—¡*Per la Madonna!* —gritó Pastrini revolviendo los ojos—. ¡Oh!, ¿y ese malvado debe ser muy rico, verdad?

—Se dice que posee millones, y que los guarda en un lugar desconocido, donde no llegan los rayos del sol, y cercado de insalubre y pestilente agua, como la del lago Camarino.

—Bien, pero vuestro vecino de habitación parece no tener más de veinte o veintidós años, y es tan pequeño y débil, que si lo vieseis no desconfiaríais de él; estoy seguro.

—¿Pequeño, débil y amarillo?

—Completamente amarillo, no; pero muy pálido, sí. Como enfermo...

Benedetto se levantó agitado y se paseó a largos pasos por el cuarto, introduciendo las manos en el cabello y soplando como si sufriese un calor excesivo, impropio.

—¡Oh! Es forzoso que deje vuestra casa, maese Pastrini. Sí, es preciso.

—¿Y por qué, excelentísimo? ¿Qué es lo que os falta? ¿Acaso no estáis servido con esmero y delicadeza?

—¡Imbécil! Estoy diciéndoos que me molesta vuestro huésped del primer piso, ¿y no comprendéis lo que os digo? Tenéis oídos y no oís, ojos y no veis.

—Pero, ¿qué he de ver, excelentísimo? —preguntó Pastrini, que empezaba a prestar seria atención a lo que Benedetto le contaba.

—Escuchad, yo os lo explicaré todo. Hay un ente en el mundo que nadie sabe de dónde vino, ni de quién desciende ; aún muchos atribuyen su origen a la fermentación del lodo opuesto a la acción del sol, así como los materialistas afirman que nació el primer hombre. El individuo de quien os hablo debe haber aprendido su terrible ciencia en una caverna semejante a la de Cumas, y el arte de adivinar el porvenir y de hacer mal a los hombres. El consiguió encontrar el secreto de mudar de piel como las serpientes, para mejor llegar a sus fines, y algunos achacan este fenómeno a las maravillas científicas de la química. De este modo se presenta el malvado bajo diversos aspectos, según el país en que reside, y las personas con quienes tiene que habérselas. Ya es un abate viejo, encorvado por el peso de los años, cuando murmura palabras santas al oído de aquel a quien trata de seducir. Ya es un excéntrico y flemático lord aferrado en sus ideas, y porfiado como un carretero. Finalmente, se titula Conde, y se presenta como el más perfecto y rico caballero del mundo. Este hombre es generalmente conocido por el título de conde de Montecristo.

—¡Ah! —exclamó maese Pastrini, dando un salto y mudando de color.

—¿Qué es eso; le conocéis, acaso?... —preguntó Benedetto.

—Continuad, excelentísimo, continuad... ¡Os lo suplico!...

—Perfectamente; os he dicho que el ladrón, el falsario, el impío, el asesino, se llama conde de Montecristo —continuó Benedetto sin quitar los ojos de maese Pastrini, en cuyo rostro se descubría la combinación mental de ciertos casos pasados, en fuerza de la narración presente—. Este hombre que se juzga por el poder de su riqueza superior a los demás, ha abusado de todo y de todos, y es perseguido por las leyes de la justicia humana. Hace poco acaba de tomar en París el nombre de Benedetto, se tituló después el príncipe Andrés de Cavalcanti; se escapó de la cárcel asesinando al carcelero; se dirigió al cementerio del padre Lechaise, y engañando al guardia profanó el sepulcro de una familia noble, robando algunas joyas de los cadáveres. Finalmente, metamorfoseándose de nuevo, huye de Francia... dirigiéndose, según toda probabilidad, a Italia, donde muchos suponen que mantiene relaciones secretas y abominables.

Estaba aterrado Pastrini, pues ya en otro tiempo había hospedado a un hombre que se titulaba conde de Montecristo, pero atrevióse a hacer todavía algunas preguntas, y dijo luego:

—En ese caso, excelentísimo, ¿el tal hechicero debe ser perseguido por todas partes? ¿No es así?

—Espero que no le valdrá toda su magia infernal para evitar que le reconozcan. Hay hombres desparramados en diferentes puntos de Europa, asalariados por el Gobierno francés, bien capaces de hacerlo caer de su elevado pedestal para siempre.

Diciendo esto, Benedetto hizo un gesto significativo, como quien quería dar a entender: —y uno de esos hombres soy yo.

—Así, pues, maese Pastrini, indagad como mejor os parezca, quién es vuestro huésped del primer piso, y sed vigilante con él. Podéis retiraros.

El italiano salió agitado y trémulo, jurando no llamarse más maese Pastrini, si no supiese aquel mismo día todo cuanto se relacionaba con el joven enfermo que habitaba el cuarto del primer piso, sea de la forma que fuese.

—¡Oh! —decía él—, siempre pareció que el tal conde de Montecristo, con su concubina griega, y su esclavo negro, tenía alguna cosa de extraordinario. ¡La sangre fría con que él veía ejecutar los sentenciados, el furor que le dominaba cuando ellos lanzaban sus gritos agonizantes, y sobre todo, la intrepidez con que, según lo afirman, descendía a los subterráneos de Luis Vampa, de ese famoso bandido! ¡Ah! Desde luego, la justicia de Dios es infinitamente perfecta, y el hombre no puede escaparle, por más poderoso que sea, sería inútil.

Cuando Pastrini reflexionaba así, Benedetto paseaba muy satisfecho por su cuarto, murmurando entre dientes:

—Bien vamos, muchacho. Perdiendo aquel hombre en el concepto de Pastrini, tengo la seguridad de que en poco tiempo Roma entera sabrá cuanto acabo de decir y más aún todavía. Además, llegaré a saber quién es el misterioso vecino del primer piso y alejaré de mí las miradas de la justicia, si por casualidad me persiguiese aquí. Yo arrancaré los dientes del dragón que devoró a los ancianos, a los niños, a las vírgenes, para satisfacer su odio monstruoso. ¡Edmundo Dantés! Cuando me libraste del grillete en Tolón, bajo tu falsa apariencia de lord Wilmore, podías haber hecho de mí un hombre honrado; pero has preferido envolverme en tu drama infernal y me arrancaste la máscara cuando yo, confiado en ti, me juzgaba feliz... ¡Ah! ¡Necesitabas un príncipe de Cavalcanti para realizar un proyecto misterioso, que sólo tú comprendías, y por eso echaste mano del pobre forzado de Tolón, que cumplía resignado su sentencia!... ¡Maldito, mil veces maldito! Una venganza inexorable te perseguirá por todas partes. Sí, en mi pecho no hay sentimientos de humanidad que puedan detener mis pasos. Todavía me acuerdo de las palabras de mi padre pidiendo venganza contra el verdugo cruel y despiadado que al finalizar la obra maldita de su tortura, fue a gozarse en la desgracia de la víctima y a trastornarle su razón con el eco de su carcajada diabólica... ¡Oh!... ¿una familia entera para vengarte de un solo hombre? ¿Dónde estaba, pues, tu religión, tu Dios?... ¡en el mismo sitio que los míos... en ninguna parte del cielo o en la tierra! Mi alma se ha convertido en el deseo vehemente de una venganza completa, así como en otro tiempo no conocía más que la ambición. ¡Edmundo Dantés, tú me has dado el ejemplo, y tú llorarás un día la obra de tus manos asesinas!

Poco después, volvió Pastrini para anunciar la visita de un hombre que no quería dar su nombre; Benedetto se sonrió de este escrúpulo, y mandó introducir en su cuarto al misterioso visitante de marras.

—¡Bueno! —dijo entre sí Pastrini—, ¡recibe hombre sin nombre! Esto quiere decir alguna cosa, y creo que mi huésped no dejará de ser algún agente francés, que anda persiguiendo al famoso hechicero.

Al decir esto, hizo una señal con los dedos al portero del Teatro Argentino, y lo introdujo en el cuarto ocupado por Benedetto.

—¿Y por qué ocultáis vuestro nombre, mi querido barón Danglars? —le preguntó éste de un modo que pudiese ser oído por Pastrini, que se hallaba aún fuera de la puerta con el oído atento.

—¡Barón! —dijo Pastrini para sí—. Esto sí que envuelve misterio. Un barón en disfraz... He aquí un suceso más para los comentarios de esta noche. Retirémonos; no quiero que sospechen mi curiosidad; sería peligroso.

Y se encaminó al interior de su establecimiento, pensativo.

Entretanto, el portero del Teatro Argentino había permanecido atónito, con los ojos clavados en Benedetto, como si temiese pronunciar una palabra cualquiera que le hiciese repetir el nombre de Danglars y el título de barón.

—Querido señor —continuó Benedetto—, me parece que os habéis aturdido con el eco de vuestro nombre y de vuestro título de grandeza.

—¿Pues no os he repetido más de diez veces que ya no puede llamárseme así? Decidme ahora a vuestra vez: ¿gustaríais que os llamase príncipe de Cavalcanti? ¿Os agradaría?

—Ese nunca fue mi nombre.

—¿Nunca?... ¿Acaso lo ignoráis?

—Figuré con él en una comedia de Montecristo.

—¡Montecristo! —repitió Danglars con rabia y miedo, añadiendo luego—; y también es por su causa por lo que yo, no tengo hoy nombre. ¡Sí, por él!

—Habéis quedado como yo.

—¿Cómo? ¿No tenéis un nombre? ¿No sois Andrés? ¿Cómo es eso?

—No, señor barón.

—No entiendo eso. ¿Cómo vinisteis a Roma, entonces? ¿Cómo alcanzasteis pasaporte? ¿Por qué no sois franco?

—De un modo muy sencillo, mi amigo. Tengo en mi poder una reliquia robada al conde de Montecristo, por la cual alcanzo cuanto quiero. Era el secreto con que él se hacía superior a los otros hombres y los destruía para vengarse de ellos después.

—Entonces, ¿qué género de historia es esa? Espero no me haréis creer en la existencia de la varita de virtud, ni en los dientes de la Sibila de Cumas, ni los polvos mágicos...

—No, por cierto; mi reliquia es otra, y no tiene la fantasía de las que mencionasteis, ni la belleza de las que podríais mencionar. Vedla.

Al decir esto, Benedetto abrió un pequeño cofre, y Danglars retrocedió inmediatamente, palideciendo y murmurando con terror:

—¡La mano de un muerto! ¡Oh!...

—¡Silencio, imbécil! —dijo Benedetto cerrando el cofre y escondiéndolo—; es aquella mano la que me conduce en este mundo a un puerto determinado, donde he de llegar algún día. Vamos, ya conocéis mi reliquia, pedidme cuanto quisiereis. Consigo todo.

—¿Qué es eso... habláis serio? —preguntó Danglars abriendo mucho sus grandes ojos—. ¿Será posible?

—¡Ya lo dije! —contestó Benedetto sentándose con insolencia, y encendiendo un cigarro, con toda naturalidad.

—¡Oh! En este caso es preciso contaros cuanto me sucedió, para llegar a mi fin. Lo creo necesario.

—Perdéis vuestro tiempo, mi señor —dijo Benedetto—; os veo pobre, y según me parece, no estáis de acuerdo con vuestra familia; por consecuencia, formo una perfecta idea de lo que os sucede. Creo que lo sé todo.

—¿Quién sois?

—Sí; en París erais un hombre de bellas cualidades sociales, señor. Tuvisteis, sin duda, alguna pequeña dificultad de cuentas, y apurando los últimos fondos de vuestro comercio, dijisteis un adiós amable a vuestra encantadora mujer, así como vuestra hija, la varonil Eugenia, dijo a la casa paterna algunos días antes; esto es sencillo, mi caro amigo, muy sencillo.

—Muy bien —dijo Danglars con imperturbable sangre fría y audaz desprecio—. Lo que yo hice lo habría hecho cualquier otro hombre de mi clase en mi lugar, y en iguales condiciones. Ahora, lo que no sabéis es el resto. En las cercanías de Roma fui robado por los facinerosos, cuyo jefe resultó ser el tal conde de Montecristo; y quedé pobre como Job; esa es la verdad.

—¡Hola!, historias, mi caro amigo. Edmundo Dantés no tenía necesidad del robo. Él era riquísimo, y yo estoy inclinado a creer que vos le debíais alguna cuentecita atrasada de dinero o de acciones —dijo Benedetto con los ojos fijos en el rostro de Danglars, como para observar el menor gesto y poder confundirle si decía mentiras.

—Comprendo que sois un hombre bien singular, y hasta me parece que poseéis el don de adivinar las cosas que no se os revelan —respondió Danglars—. Es como decís; entre Edmundo Dantés y yo, había un pequeño saldo; pero esto es cosa pasada y no tiene remedio; tratemos del presente, si os place.

—Sea —repuso Benedetto.

—¿Sabéis algún secreto capaz de volverme amable a los ojos de mi hija, y a los de mi mujer? Una se halla en vías de hacer una fortuna en la bella carrera artística; la otra posee millón y medio. Ya podéis calcular que un hombre como yo, sin nombre y sin fortuna, no debe despreciar una familia de éstas.

—¡Oh, sois un bribón de buena clase, por mi alma! —dijo Benedetto, soltando una carcajada entre dientes, que hizo estremecer al pobre traficante.

—¿Y vos? —atrevióse a preguntar Danglars con gesto brutal.

—Tenéis razón; yo también no lo soy menos, y así viviré el resto de mi vida —respondió Benedetto, encendiendo un cigarro y balanceándose sobre la silla, displicente.

—El único medio de vivir bien en este mundo, donde la virtud no tiene un lugar cierto, caminando errante y avergonzada porque no la corresponden.

—En tal caso, concuerdo con vos; pero dejémonos de reflexiones y vamos a lo que importa... ¿queréis juntaros con vuestra hija? —preguntó Benedetto.

—Yo os diré. A juntar... no, porque... después de todo, ella tiene ridiculeces que me desagradan mucho. Sería mejor buscar un medio para volver a los brazos de mi mujer. ¡Oh!, pobre señora... cuando la abandoné poseía millón y medio; ahora, con su genio especulador, debe haber doblado el capital; y hoy, sin duda, posee tres millones. ¡Diablo!, es una buena suma en el corto espacio de tres años, os juro que los tres millones habían de producir el doble en mis manos. Os aseguro, mi caro señor, que nos podríamos acomodar, pero muy bien.

—¿Qué es eso? —interrumpió Benedetto, con cierto tono imperioso—. Todavía yo no he pedido nada.

—Entonces... —preguntó Danglars, sin comprender lo que le decía.

—Señor barón... ¿Me comprendéis?

—¡Mala porfía! Yo no soy barón sin dinero, no soy nadie.

—Le habéis de tener dentro de poco; yo tengo trazado mi plan, y donde no pueda llegar la mano de un vivo...

—¡Llegará la de Dios! ¿Verdad?

Benedetto soltó una carcajada estridente y sarcástica, espantosa.

—Mi amigo –dijo—; he visto a los hombres burlarse de Dios, de un modo tal, que he llegado a dudar de la existencia de ese Dios. Yo quise decir que donde no llega la mano de un vivo ha de llegar la de un muerto. ¿Entiendes?

Danglars se estremeció, y dijo:

—Es malo jugar con los muertos.

—¡Oh!, ¿sois cobarde y supersticioso?... Entonces, nada haremos.

—Al contrario; os aseguro que nos entenderemos perfectamente.

—Escuchad bien: juradme que en cualquier lugar que estéis, cuando llegue una orden mía la ejecutaréis sin vacilar, inmediatamente.

—Eso es mucho pedir.

—Por mi alma, estoy por echaros a puntapiés. ¡Os juro!...

—¡Hola!... —dijo el barón, retrocediendo por instinto de miedo.

—¿Queréis o no?, decidid pronto.

—Sea. ¿Y cuánto tiempo habré de esperar? ¿Puedo saberlo?

—Quince días.

—¡Ah!...

—Ahora, prestad aquí vuestro juramento de fidelidad.

—¿En dónde?

—¡Sobre la mano del muerto! —dijo Benedetto, abriendo el cofre donde estaba la mano de Villefort, mostrándola.

Danglars hizo un esfuerzo y extendió la diestra sobre ella, murmurando la palabra "juro". De pálido que estaba, parecía otro muerto.

## CAPÍTULO IX

# LOS ESPÍAS FRANCESES EN ACCIÓN

Tenía el maestro Pastrini fama de previsor y una calidad inherente a todos los de su oficio; esto es, la curiosidad elevada al último grado: así es que, cuando vio salir la visita del viajero francés, llamó a uno de los mozos de la casa, e indicándole el misterioso barón, le recomendó que le siguiese hasta conocer dónde residía. El mozo, ladino y sagaz como todos los vagos de Roma, cumplió a conciencia la orden de Pastrini, y de esto resultó que el pobre barón arruinado no daba un solo paso sin que Pastrini lo supiese de inmediato.

Después de haber así providenciado, trató de hacer señal para que subiese un hombre que constantemente paseaba en la calle, frente a la posada, desde las tres hasta las cuatro o cinco de la tarde; este hombre, reconociendo la señal de Pastrini, se embozó bien en la capa, se echó el sombrero sobre los ojos y subió la escalera, introduciéndose después en un cuarto, en el cual Pastrini había establecido su oficina.

El recién llegado se sentó, se quitó la capa, tiró el sombrero, y se dispuso a esperar; pero, entretanto, por aquella costumbre antigua del pueblo italiano, buscó en el bolsillo un rosario, y empezó a pasar las cuentas por los dedos como si rezase las estaciones.

—¡Hola! ¡Caro Pipino! —dijo Pastrini, entrando en el escritorio, cuya puerta cerró cautelosamente.

—¡*Per la Madonna!* —exclamó él, guardando su rosario—. Mi nombre ya va siendo demasiado conocido por aquí a la luz del sol, y será bueno que no lo pronuncies tan alto, no es necesario.

—Es verdad, es verdad; mas, ¿qué quieres si el regocijo lo exigió? —respondió Pastrini, alborozado.

—¿Y cuál es tu regocijo, o de qué es? —preguntó Pipino, interesado.

—Ya te lo dije —respondió Pastrini, tomando cierto aire de importancia, que llamó la atención de Pipino—. ¿Te acuerdas de una cuestión que tuvimos, cuando estuvo aquí aquel refinadísimo pícaro, hechicero y antropófago, llamado conde de Montecristo? ¿Recuerdas?

—¡Hola!, Pastrini, eso va tuerto así —dijo Pipino frunciendo el entrecejo—. Pues cuando hables de nuestro patrón, de nuestro salvador, has de decir el señor conde de Montecristo, si no quieres que quedemos mal, ¿entiendes?, el *signor* conde me salvó la vida, obteniendo en mi favor el perdón de Su Santidad, cuando yo ponía un pie ya en las gradas de la *mazzolata*, y protegía a mi jefe Luis Vampa, en lugar de entregarlo a la justicia, cuando por una casualidad ellos quedaron en sus manos; ahora debes conocer muy bien que ni yo, ni Luis Vampa, ni ninguno de nuestros guerrilleros, consentirá que un hombre como tú, hable sin cortesía respecto al *signor* conde. ¿Entiendes?

—Repito que es lástima que el Capitolio esté desusado, porque, de no ser así, obtendrías allí una corona de orador. ¿Qué importa hablar así del conde de Montecristo si yo trabajo en su favor? ¿Si él es mi jefe?

—¿En su favor? —preguntó Pipino.

—Es verdad —contestó Pastrini dándose importancia—. Sabrás, pues, que en Francia tu conde de Montecristo está mal visto, de tal modo, que es perseguido por los agentes del Gobierno francés por todas partes.

—¡También esa! —dijo Pipino burlándose—. Él, que tiene dinero suficiente para comprar la tolerancia de cuantos Gobiernos hay en el mundo, desde los Dardanelos hasta Magallanes.

—Sí; pero sus buenas obras son las que le pierden; hay cosas que ningún Gobierno puede consentir nunca.

—¿Cómo es eso, Pastrini?

—Mira, por ejemplo, divertirse en matar gente, apartar casados con sus intrigas y mañas... ¿eso es bueno, Pipino? Yo sé que hablo con un bandido romano; pero no has tenido todavía la osadía de descender a un sepulcro para insultar a los muertos y burlarte de su eterno descanso; vives con tu jefe, allá en las catacumbas de San Sebastián, es verdad; mas me consta que respetas los restos de los bienaventurados que allí reposan en su sueño final.

—¡Oh!, *per la Madonna*; con los muertos no quiero burlas, es fatal.

—Está visto; tú o cualquier otro bandido pueden hacer cualquier fechoría a un vivo, porque, en fin... él las habrá hecho a otros, y así se paga la regla; y Dios te perdona después de una pequeña penitencia de oración; pero reír de los muertos y burlarse, cuando sabemos que su alma está pagando lo que debe... esto es muy malo, Pipino.

—¡Sí, sí! —respondió el bandido—. ¡Los vivos nada tienen con los muertos, sino el deber de enterrarlos! Después, el cadáver es de la tierra, así como el alma es de Dios. Vamos, Pastrini; entonces el signor conde de Montecristo es perseguido por el Gobierno francés. ¿Es verdad eso? ¿No me engañas?

—Tan cierto, que para escapar a las pesquisas se vio obligado a mudar de forma y de nombre continuamente.

—¡Hola!... ¿Tenemos milagros? ¿Cómo es posible, pues, que un hombre mude de forma? ¿Es mago?

—¡Claro!... La ciencia es infinita. Parece que fue creada por Satanás para tentar a los hombres y perderlos en el momento en que ellos tuviesen la vanidad de creer que su ciencia les había hecho poderosos y omnipotentes como Dios. El conde de Montecristo es de los que tienen esa vanidad, porque por su mero juicio quiso proponer y disponer, como si tuviese la existencia del hombre y la existencia de Dios. Ahora, ¿crees que nuestro Gobierno dejará de perseguir a un hombre de éstos? ¡No! A estas horas los agentes de Francia se habrán puesto de acuerdo con nuestro ministerio, y mañana el famoso semidiós será perseguido, no sólo en Roma, sino en toda Italia y Austria.

—¿No me dijiste que había mudado de forma y de nombre? —preguntó Pipino, que comenzaba a creer lo que oía—. ¿Cómo, habiendo mudado de forma y de nombre, será reconocido por los agentes de Francia aquí en Italia?

Pastrini se sonrió como una persona que disculpa la ceguedad de otra en un negocio cualquiera.

—Caro Pipino —respondió, pegándole en la espalda—, aquí en mi casa está uno de esos agentes franceses, y éste desconfía ya mucho de un misterioso personaje que también está aquí. ¿Sabes?

—¡Qué dices! ¡El *signor* conde en Roma! —exclamó Pipino con precipitación—. ¿Será cierto?

—¿Qué conde, amigo? Ya te dije que no hay conde de Montecristo sino sencillamente un misterioso hechicero a quien la ley persigue, no sé por qué...

—¿Y tú crees en eso? —dijo Pipino moviendo la cabeza con aire de duda, pues la palabra "hechicería" la tenía por el más completo absurdo, no la aceptaba.

—¡Sí, creo! ¡Oh!... si tú vieras a mi huésped, macilento, bajo, flaco, trémulo, siempre envuelto en un largo capote, evitando mi encuentro y el de todos... y además habitando en los mismos cuartos que el conde habitaba...

—¿Pagando como él?...

—¡*Per Bacco!*, ni un real de menos; por eso lo sirvo y respeto, ejecutando exactamente todos sus caprichos y órdenes.

Pipino quedó algunos momentos pensativo; después, como si hubiese concertado un rápido plan, dijo:

—¿Alcanzará tu maña al punto de hacerme ver tu misterioso habitante de los cuartos del *signor* conde?

—¡Ah!, ¿y para qué? —dijo el posadero rápidamente.

—Yo sería capaz de reconocerlo.

—Escucha, amigo, toma el consejo de una mala cabeza; una vez que tu jefe Luis Vampa está sobremanera relacionado con el conde de Montecristo, anda a anunciarle sin demora su caída en la opinión de Europa. Esto le ha de ser ventajoso, para evitar cualquier sorpresa de la justicia, porque tú muy bien sabes, y yo lo mismo, que el bandido Luis Vampa debe la tolerancia de la justicia romana a la influencia del conde; de modo que rota esa influencia yo no doy medio rosario por la cabeza de Luis Vampa, esa es la verdad.

—¡Pastrini! —exclamó Pipino—, ya te dije que quiero ver a tu misterioso huésped, para prestarle el apoyo de Luis Vampa. Si al *signor* conde le son precisos nuestros puñales y carabinas, o nuestro servicio, podemos mostrarle todavía que somos los mismos, estando dispuestos a cumplir sus mandatos.

—Eres más cabezudo que un gallego —dijo Pastrini levantándose—. Mi huésped no recibe a nadie. Si él es en efecto el antiguo conde de Montecristo, debes respetar sus resoluciones, y trabajar por otro lado. Te convido para correr, y entretanto, meditarás un nuevo plan a seguir.

Se escuchó en ese momento una pequeña señal en la puerta, y Pastrini hizo un gesto de inteligencia a Pipino, que se fue luego a sentar en el rincón más oscuro del cuarto, a rezar su rosario. Pastrini abrió la puerta, y vio a la persona cuya llegada había presentido; esto es, el hombre que estaba encargado de seguir al supuesto agente francés. Este hombre dio perfecta cuenta de su misión, y recibió en recompensa el permiso de ir a comer en la cocina de Pastrini, en la cual se reunían todas las noches algunos malandrines, que empleaba él en el giro de su pequeña policía, y a los cuales alimentaba bajo el pretexto de simple caridad, pero en realidad eran sus cómplices.

—¡Por la sangre de Cristo! —exclamó Pipino, levantándose y tomando su capa, así que el espía hubo salido.

—¿Qué es eso? —preguntó Pastrini, notando que el bandido se disponía a salir—. ¿Y la comida? ¿No quieres comer?

—Después de contarme tan extraña historia de mi salvador, ¿quieres que me detenga, imbécil?... Hasta mañana, ahora voy a sorprender al agente francés, y enterarme de todo.

Diciendo esto, hizo ese gesto de enérgica resolución, tan propio de los bandidos romanos al frente de las más difíciles empresas, saliendo inmediatamente del pequeño escritorio de Pastrini, para dirigirse a la pobre habitación del barón arruinado, portero del Teatro Argentino, el antiguo aristócrata.

—¡Ah! —murmuró Pastrini viéndolo salir—. Yo dije siempre que un hombre tan rico y rodeado de tantas fantasías como el tal conde de Montecristo, no podía ser buen cristiano a pesar de su título. ¡Servido por un esclavo mudo! ¿Por qué había de ser mudo su criado particular? Cuando no se hacen cosas que el mundo acrimine, no es preciso tener un criado que no hable. Después su amante era una griega que no entendía ni el italiano, ni el francés, ni el inglés... Estaba en relación con los bandidos... ¿qué más se necesita para dar mucho que hablar al mundo? Yo por mí, iré hablando, y voy viendo que el hombre era un refinadísimo truhán.

—Vamos al cuarto del otro agente francés. Enterémosnos lo mejor que sea posible.

## CAPÍTULO X

# SORPRESA INAUDITA

**M**ientras se desarrollaba el anterior diálogo entre Pastrini y el bandido Pipino, Benedetto meditaba profundamente sobre el misterio en que parecía envuelto su vecino del primer piso; después, como si hubiese tomado una resolución definitiva, se sentó y preparó papel y plumas para escribir.

—¡Quiero, finalmente, saber quién es mi vecino! —dijo él triunfante—; mi plan es excelente, y desde ahora le aseguro un bello resultado; será inesperado.

En seguida escribió la siguiente carta:

"Una persona que aprecia y respeta mucho a Vuestra Excelencia, acaba de saber que su secreto está descubierto. Permítame vuestra excelencia que se lo avise, pues en manera alguna deseo que sufra el menor contratiempo.

"Vuestro afectísimo y S. S. S.

*"Conde de Montecristo"*.

—¡Esta idea es magnífica! —murmuró Benedetto al poner aquel título en la carta—. Este nombre es conocido por todas partes, y por todas las gentes, y el misterioso vecino dará más crédito al aviso que le envío. Si fuera alguien que quisiera ocultar su verdadero nombre, ha de temblar y agitarse; de lo contrario, tirará a un lado este papel, pero tomando por un intrigante a aquel noble señor.

Apareció en aquel momento Pastrini, que con toda cortesía pidió la competente venia antes de entrar en la sala.

—Entrad —respondió Benedetto, cerrando la carta inmediatamente.

—Aquí está el billete que V. E. me encomendó para el Teatro Argentino; mañana se cantará la ópera *Semíramis*, en que actuarán por segunda vez las señoritas de Armilly.

—Muy bien. ¿Algo más?

—¿Vuestra Excelencia quiere darme sus órdenes?

—Entregad esta carta sin demora, a vuestro huésped del primer piso. ¿Habéis entendido?

—¿Cómo, excelentísimo? Él no recibe cartas. ¡No la aceptará!

—¡Vamos! Pastrini, nada de bromas, cuando os digo que ha de ser entregada, es porque así lo quiero yo.

—Sí, excelentísimo —respondió Pastrini con toda finura, después de mirar la carta—; pero aquí no veo un nombre... y una carta sin nombre es una cosa tan rara... ¿cómo queréis que le haga saber que Vuestra Excelencia le dirige esta carta? ¡No veo la manera!...

—Sois muy porfiado, Pastrini, ¡no tenéis hoja de zinc, pergamino encerado o cualquiera otra cosa de este género, con la que envolváis esta carta, metiéndola después entre la pasta de un pastel por ejemplo?

Pastrini se rascó la cabeza, y dijo:

—¡Oh!, eso no es ni más ni menos que un abuso vergonzoso, que mancharía el crédito de mi cocina, desprestigiándome.

—Descansad; vuestro huésped no hablará de este suceso, y la fama de vuestra cocina quedará, por esta parte, sin mancilla. Vamos, Pastrini, me haréis creer, por vuestro escrúpulo, en la existencia de relaciones íntimas entre vos y vuestro extraño huésped. Yo que soy, como sabéis, un estudiante natural de Picardía, que viajo por instruirme en bellas artes, examinando minuciosamente los monumentos de arquitectura antigua y moderna, estoy acostumbrado a no tolerar misterios, ¿habéis entendido? A más de eso, os declaro que yo desconfío mucho de vuestro huésped, esto es, lo juzgo sabio en química y física, a más de ser uno de los mejores arquitectos de Europa, y quiero hablarle precisamente, ¿entendéis? Id, pues, Pastrini; tal vez ganéis una ocasión de hablar así a aquella especie de nigromántico, que sería capaz de adivinar el día de vuestra muerte, con su nigromancia infalible, categórica.

Pastrini, que se moría por hablar al huésped del primer piso, se contentó con lo que Benedetto le encargaba y se encargó de remitir la carta, tal cual se le indicó.

Pero sigamos a Pipino a casa del supuesto agente del gobierno francés.

Pipino, siguiendo la indicación de la casa donde vivía el pobre barón arruinado, actual portero del Teatro Argentino, llegó allí sin el menor incidente, después de haber ido en busca de su banquero (porque estos bandidos romanos se entienden siempre con usureros o banqueros), para pedirle cierta cantidad de florines. Como persona hábil en su oficio de bandido, observó la casa, la puerta y las ventanas; reconociendo que no sería posible introducirse allí por medios violentos, recurrió entonces a la astucia, y golpeó la puerta, muy despacio.

Al poco tiempo se oyó la voz de Danglars, a la cual Pipino respondió en estos términos:

—Yo no quiero más que daros una carta, excelentísimo, que tengo para vos.

—¡Hola! Me da el tratamiento de excelentísimo —observó Danglars consigo mismo, agregando después en alta voz:

—¿Decís que tenéis una carta, de quién? ¿Estáis seguro que es para mí?

—No sé, excelentísimo; lo que puedo aseguraros es que la carta viene por vía de Francia.

—¡De Francia! —dijo Danglars en voz baja, y sintiendo la frente bañársele de sudor—. Acaso estéis equivocado, amigo. ¿Quién me la envía?

Pipino se turbó algo con la respuesta; empero, concibiendo luego un pensamiento, dijo de pronto:

—Es un señor que habita en la posada de maese Pastrini, plaza de España, a quien conoce su excelencia.

—¡Vamos, es el tal Andrés de Cavalcanti! —pensó Danglars abriendo la puerta, ya más tranquilo.

Pipino subió al cuarto del pobre portero del Teatro Argentino, después de haber cerrado la puerta de la calle. En seguida, metiendo la mano en el seno, avanzó rápidamente hacia él, poniéndole en la garganta, la punta de un puñal, con ademán fiero.

—Si dais el más ligero grito, señor barón, os corto el cuello inmediatamente.

—Fue tanta la sorpresa del barón, que quedó sin hablar algunos momentos. Palideció, y le acometió un intenso temblor nervioso.

—Sosegaos, señor barón —le dijo Pipino con toda amabilidad—; esto no quiere decir que tendré la honra de cortaros el pescuezo. Es una simple advertencia, que no pasará de ahí, en el caso de que Vuestra Excelencia tenga a bien no gritar y ser dócil.

—Entonces, ¿qué queréis? —preguntó Danglars, esforzándose para vencer el miedo que le dominaba.

—Es bien sencillo, señor —respondió Pipino—. Conozco vuestro secreto y sé mejor que nadie el objeto de vuestra presencia en Roma ; pero aún existe en todo esto un pequeño misterio que quiero adquirir en nombre del señor Luis Vampa, en cuyas manos Vuestra Excelencia ya tuvo la bondad de entregar seis millones de francos. ¿Comprendéis?

—¡Brava ocurrencia! —dijo Danglars volviendo poco a poco de su sorpresa—. Habéis cometido un error imperdonable confundiendo así el verbo "robar" con el verbo "entregar". Si no fuera por ese error, habríais dicho "del señor Luis Vampa, cuyas manos le robaron seis millones de francos".

—Qué queréis, excelentísimo; nuestra ortografía es así, y ahora la seguiré sin hacerle alteración alguna; pero vamos al asunto: Vuestra Excelencia sufrió aquel revés que le reparó el señor conde de Montecristo, o por otro nombre, Sinbad el Marino, y quedasteis sin duda muy predispuesto en contra suya, lo que yo no censuro, porque el sentimiento es libre, señor barón. Muy bien: yo, por el contrario, estoy inclinado a su favor, y por esta circunstancia podéis comprender que caminamos en opuesto sentido. Vos jurasteis, sin duda, destruir la roca, y yo juré ampararla. Concluyamos, señor barón; Luis Vampa tiene el honor de proponer con franqueza a Vuestra Excelencia el siguiente contrato: Vuestra Excelencia. me ha de dar los nombres de sus socios, los ha de citar a una sesión misteriosa en el Coliseo, durante la noche, y recibirá mil florines; de los cuales yo puedo tener la honra de dejar aquí algunos a cuenta.

El discurso del bandido era más extravagante y singular de lo que podía esperar el barón Danglars, que abrió sus grandes ojos, y procuró convencerse de que no era víctima de un sueño. Pipino, que conoció esto, levantó la mano haciendo brillar la hoja de su puñal, y golpeó con la otra el dinero que traía en el bolsillo, cuyo sonido agradable produjo en el ánimo de Danglars una dulce sensación, animándolo.

—Señor —dijo él—, como habéis hablado de socios, deseo saber ¿dónde tengo esos socios? ¿Ignoráis que actualmente soy un portero del Teatro Argentino? ¡Yo no tengo negocios!...

—Historias, señor barón; eso es disfraz que no tiene valor alguno en este momento. Sabemos que sois agente del Gobierno francés y que trabajáis en la ruina del señor conde de Montecristo.

—¿Yo?... ¿Yo?... Todo lo que sé respecto de ese hombre, es una especie de fábula semejante a los dientes de la Sibila cumana, a Merlín y...

—Hablad, señor barón.

—Me enteré que el tal conde de Montecristo sufrió un robo importante que le dejó muy mal de recursos.

Pipino sonrió meneando la cabeza, como si dudase.

—¿Entonces, cuánto le robaron?

—No fue dinero, pero sí una cosa muy singular, por la cual alcanzaba cuanto quería, y satisfacía sus terribles venganzas...

—¡Tenemos novela! —dijo Pipino—. ¿Qué especie de talismán es ése?

—La mano de un muerto —repitió Danglars, con terror.

Pipino se estremeció y se puso pálido al escuchar esto.

—Se dice —continuó el barón—, que el noble conde de Montecristo, que por mucho tiempo produjo, gracias a su magnificencia y raros caprichos, la admiración de Europa, cayó en un extremado ridículo, desde que le robaron su talismán. Ved aquí todo lo que sé.

Pipino tenía cierto grado de superstición, peculiar a los italianos de la ínfima clase, y que constituye, por decirlo así, la religión de esos espíritus débiles, para los cuales cada palabra de la Biblia, cada ademán del sacerdote en el altar, son otros tantos misterios que ellos respetan solamente por una costumbre heredada con la sangre, pero no por que en realidad sientan la fe.

Era Pipino un bandido audaz y atrevido, que en su perfecto estado de razón y completa lucidez de espíritu, haría volar el cráneo de un hombre, en cuyo bolsillo hubiese alguna suma de oro, no tendría ánimo de pinchar con un alfiler el brazo de un cadáver; y se le veía arrodillarse con todo el respeto al lado de ese cadáver para murmurar una oración por el alma que le había animado; así, pues, el relato que acababa de oír, combinado con lo que le había dicho Pastrini, le produjo una viva impresión muy desfavorable al conde de Montecristo, a quien le debía la vida.

Los sentimientos de simpatía que ese hombre le había inspirado, por su ilimitado poder y por su modo de pensar desligado de todas las prevenciones sociales, fueron en breve ahogados en el pecho del bandido, apenas se convenció de que ese poder sin límites, que parecía el mayor talismán de aquel hombre extraordinario, se basaba en un hecho horroroso, como el de poseer la mano de un muerto, que sin duda él había cortado impíamente, profanando el recinto de los muertos, y perturbando el sosiego de la tumba. Pero todavía le quedaba la deuda de gratitud, y Pipino juró salvar la vida del conde, así como él le había salvado la suya.

—Bien, señor barón —dijo a Danglars—, aunque me parezca bien extraño cuanto acabáis de decir, no deshace lo que os he dicho respecto de vuestros socios.

—¡Más tenacidad! ¿Pero cuáles son entonces esos socios? Ya os he dicho que no tengo ninguna clase de negocios.

—Señor, no perdamos tiempo; os mataré sin lástima si rehusáis mi propuesta.

—Os juro que estáis engañado, y os informaron muy mal; yo no persigo al conde de Montecristo; es un error.

—Entonces, decidme quién fue el que le robó aquella extraña reliquia o talismán; os daré por ello mil florines.

Esta proposición no desagradó a Danglars, y lo inclinó a hablar.

—¿Y me podré fiar en vuestra discreción? ¿No me venderéis luego?

—¡Pues no, excelentísimo! —respondió Pipino—. ¡Confiad en mí!

—Muy bien; contad el dinero, si os place.

—Al momento —dijo Pipino, contando el dinero sobre las manos de Danglars—; ¡pero, señor barón, si Vuestra Excelencia no dijere francamente la verdad, pagará el engaño con la vida! Aquí está el dinero.

—Yo también diré la verdad —dijo Danglars continuando luego—: en la posada de Pastrini, en los cuartos del primer piso, puerta número 2, vive un hombre, natural de Francia que posee la reliquia robada, según él dice, al conde de Montecristo. Yo vi con mis propios ojos, guardada en un cofre de ébano con abrazaderas de acero pulimentado, la mano de un muerto, envuelta en un pequeño velo negro, y vi también en uno de los dedos de esta mano ya disecada, un anillo de oro, en el que me pareció distinguir un nombre grabado.

Y el barón guardó el dinero, muy maravillado de que tan corto número de palabras le hubiese valido aquella hermosa suma de hermosos florines.

—Ahora, señor barón —dijo Pipino—, si V. E. quisiere tomarse la molestia de continuar esclareciéndome acerca de aquel hombre que posee la mano del muerto, yo, Pipino, representante de Luis Vampa, os aseguro que triplicaré la cantidad que habéis recibido ahora; pero os prevengo que en el momento que faltéis a la verdad, pagaréis infaliblemente con vuestra vida tal engaño.

—Pero, yo nada más sé de ese hombre.

—Yo dije cuanto sé.

—Podéis saber mañana o después...

—De este modo sí: ¿dónde os encontraré? ¡Indicádmelo!

—No es preciso daros un punto de reunión, excelentísimo, porque en el momento que sepáis alguna cosa, podéis revelarla sin escrúpulo a un hombre que os diere esta seña: "Dedicación de Vampa y de Pipino".

—¿Y dónde hallaré a ese hombre?

—En todas partes.

—¿Y el dinero?

—Lo recibiréis de su propia mano.

Diciendo esto, el salteador se despidió de Danglars y se retiró muy satisfecho de su diligencia, contando con que la ambición de Danglars sería un buen motor de su espionaje. En efecto, Danglars estaba dispuesto a emprender aquel trabajo que le parecía reunir dos circunstancias muy difíciles de ligarse; esto es, poco trabajo y mucha ganancia. Luego formó el proyecto de renunciar a su empleo de portero del teatro Argentino, se sonrió brevemente halagado con la idea de un porvenir más risueño y se durmió en seguida tranquilamente, pues había logrado un favorable cambio en su situación.

## CAPÍTULO XI

# LA MADRE E HIJA

Después que la señora Danglars cuando salió de París, fue con el firme propósito de abandonar a Francia, porque para una señora hecha desde la infancia a los placeres, al lujo y a las etiquetas de una capital, las provincias no podían ofrecerle comodidad alguna, ni merecerle la menor simpatía, sino durante la corta estación de la primavera; y la señora Danglars no comprendía la posibilidad de su vida en una provincia de segundo orden. Así, pues, habiendo llegado a Lyon, se demoró allí mientras Debray le vendía su palacio de París, y le enviaba una orden para recibir el dinero; después, destinado este dinero para los gastos del viaje, se dirigió fuera de Francia y entró en ese pequeño brazo que parece haber lanzado la tierra con indolencia en las mansas aguas del Mediterráneo, y en que los hombres marcaron los Estados Pontificios y el reino de Nápoles.

Finalmente, la cúpula soberbia del edificio de San Pedro, dibujándose con majestad en el azulado cielo de Italia, se ofreció a la vista de la señora Danglars, cuyo pecho se dilató con placer, como si le hubiesen dado una nueva existencia.

Se trasladó al día siguiente y se instaló en la posada de Pastrini, de un modo singular, que le costaba el doble, pero que le convenía grandemente por algunos días, mientras no supiese con certeza si su hija y su marido estaban en aquella ciudad y con qué carácter vivían. Su pasaporte era de un joven de la familia Servieres, enfermo, que viajaba para distraerse, y bajo este nombre estaba en la posada, vistiéndose de mujer sólo para ir de noche a los teatros. En la segunda noche que estuvo en el Argentino, fue fatalmente obligada por la casualidad a presenciar el debut de su única hija, y desde entonces no volvió a aparecer en el teatro, ni salía de su cuarto en la posada, donde, movida aún por un resto de soberbia y de orgullo, empezó a trazar un plan para separar a Eugenia de su carrera artística, de inmediato.

Resolvió, pues, ir a verla; y, en efecto, al día siguiente de la exhibición de *Semíramis* por las jóvenes d'Armilly, la señora Danglars, dirigiéndose a la casa de una vieja, donde alquilaba un cuarto particular mediante una pequeña suma, hizo su transformación de joven enfermo en mujer robusta y bella, y se metió en un carruaje dando al cochero la indicación de la casa de las dos señoritas d'Armilly.

Las dos amigas acababan de recibir el obsequio del empresario y se abrazaban con amor y entusiasmo, cuando oyeron parar el carruaje, y luego el sonido de la campanilla en el patio.

—¡Ah! Con este llevamos contados veinticuatro —dijo Eugenia—. ¿No te parece esto enfadoso, amiga mía? ¡Veinticuatro carruajes en una puerta y en un mismo día! Podría decirse que vive aquí un ministro de Estado, un agente de alta política, o, en fin, un conde de Montecristo; pero no saben todos que eres tú, mi linda y buena amiga —continuó Eugenia abrazándola y besándola—. El Arsace de ayer no se olvidará tan pronto a los romanos, porque ellos conocen mejor que nadie el valor de la música, y la bella e inspirada expresión de tu fisonomía encantadora.

—Eugenia, ¿crees acaso que produje más efecto que tú en mi papel?

—No; pero creo que sin ti yo no habría representado con propiedad aquel difícil papel de *Semíramis*.

—¡Oh! Tienes una idea exagerada de mí y llevas tu loca generosidad a olvidarte de tu propio mérito. Eugenia, allí están tus coronas que no exceden a las mías ni en valor ni en número; lo que equivale a decir, no que tu mérito es igual al mío, sino que el pueblo de Italia, sin hacer distinción entre nosotras, nos premia y justifica imparcialmente a las dos.

Eugenia nada contestó; pero abrazó con respeto y amor a su maestra, amiga y compañera fiel.

En esto se abrió la puerta, de la sala y apareció una mujer de regular edad, que era la criada de las señoritas de Armilly, para anunciar.

—¿Qué es eso, Aspasia? —le preguntó Eugenia—. Me parece que os he encargado que no queríamos ser interrumpidas en el momento en que nos preparábamos para empezar nuestro estudio, del cual estamos obligadas.

—Disculpadme, señora —respondió Aspasia—; si vengo a interrumpiros no es por culpa mía, pues bien sé que a estas horas no queréis que os perturben; pero acaba de llegar una dama francesa, que, a pesar de haberle expuesto la orden recibida, quiere hablaros absolutamente, un solo instante.

—¡Quiere absolutamente! —replicó Eugenia, maravillada por la extraña pretensión de la tal señora francesa.

—Perdona, Eugenia —le dijo Luisa, y volviéndose después hacia Aspasia le preguntó—: ¿Dijisteis, señora Aspasia, que es una dama francesa?

—Sí, señora. Así me lo dijo.

—¡Oh! —dijo Eugenia—, ¿no tendría una tarjeta que enviarnos? Retiraos, Aspasia: no volváis y si os diera alguna tarjeta, juntadla a las que ya os han dado hoy, y ponedlas en mi tocador.

Eugenia dijo estas últimas palabras acompañadas de tan imperioso gesto, que la señora Aspasia se vio obligada a retirarse inmediatamente. Las dos amigas se pusieron al piano para hacer su ensayo, y un momento después tocaban el famoso dueto de *Semíramis*, cuando con grande indignación suya sintieron abrir la puerta y entrar la criada, nuevamente.

—¡Oh! —exclamó Eugenia enfadada—; ¡de este modo no podremos estudiar hoy! Aspasia, ¿habréis por ventura sido obligada a beber las aguas del Leteo? Dicen que producen un olvido total de sus deberes.

—Mil perdones, señora —respondió Aspasia—; la dama de quien os hablé ha querido positivamente que os entregase su tarjeta.

—¡Magnífica idea! —exclamó Eugenia—. Hará media hora que la dama decía querer absolutamente; ahora ha suavizado un poco el adverbio, y quiere positivamente. ¡Luego tal vez entre por aquí a viva fuerza! Esto es muy gracioso, sin duda...

—Mostradnos la tarjeta, señora Aspasia —dijo Luisa extendiendo la mano para recibirla.

Aspasia se adelantó, entregando un rico cartón, donde estaba grabado en letras de oro un nombre aristocrático de mujer.

—¡Será posible! —exclamó Luisa, pasándolo rápidamente a Eugenia.

—"La baronesa Danglars" —dijo ésta leyendo el billete y soltando una pequeña carcajada—. ¡Oh, amiga mía, tú palideces! ¿Crees que esta señora viene a visitarme? Yo, por mí, la conozco bien, y estoy inclinada a creer que viene apenas a cumplimentar a las dos d'Armilly. Introducid a la señora baronesa —dijo a la criada con perfecta indiferencia, haciéndola señal con la mano para que saliese inmediatamente,

Las dos quedaron pensativas por algunos momentos, con la vista fija en la tarjeta que había venido a perturbar la paz serena de sus almas. Eugenia corría de tiempo en tiempo el dedo sobre el teclado del famoso piano, y aquellos sonidos espontáneos, rápidos y consecutivos de escala en escala, disfrazaban un suspiro que huía del pecho de Eugenia, y el cual, la artista no quería que fuese oído por su amiga.

La baronesa Danglars no tardó en presentarse; venía esmeradamente vestida de terciopelo negro, con toda la elegancia acostumbrada en ella.

Eugenia caminó después a su encuentro, e inclinóse con respeto, como para besarle la mano; pero la señora Danglars permaneció inmóvil y Eugenia se puso colorada como una grana.

—Vamos, Eugenia —dijo al fin la señora Danglars—; te busco en Roma, bajo el nombre de Eugenia d'Armilly, y Eugenia d'Armilly no tiene deber alguno que la obligue al testimonio de respeto que tú quieres prestarme.

Diciendo esto, la señora Danglars lanzó una mirada oblicua a la amiga de su hija, que pareció haber comprendido la parte que le tocaba de aquellas palabras: después, como para empezar la escena dando una lección a su hija, miró en torno suyo, como si buscase una silla, con gran intención.

—¡Oh!, sentaos —le dijo vivamente Eugenia, en el momento en que la baronesa le decía también:

—No sé si entre las actrices hay las mismas costumbres de la sociedad en general; sin embargo, os advierto que no estoy acostumbrada a hablar de pie.

A estas palabras, pronunciadas de un modo que parecían nacidas del más profundo desprecio, Eugenia se puso lívida como un cadáver, y Luisa, que era de una constitución más nerviosa, se puso roja como la rosa de Turquía.

—¡Señora! —dijo Eugenia al fin, haciendo un esfuerzo para dar firmeza a sus palabras: —en casa de las actrices hay las mismas costumbres que entre el resto de las gentes y muy principalmente en Italia, donde debéis saber que la aristocracia del arte casi iguala a la del nacimiento.

—Así me parece que no sólo la iguala, como decís, sino que la excede también. De otro modo, creo que ella no os hubiera merecido una tan grande simpatía. ¡Oh!, ¡sólo Dios sabe cómo esto ha sucedido! Frecuentemente los malos consejos imperan de tal modo en las personas inexpertas, que las obligan a los más extravagantes disparates.

La baronesa volvió a lanzar una mirada oblicua sobre Luisa, como para observar el efecto de sus palabras.

Eugenia se estremeció de rabia y orgullo ofendido; iba a hablar, pero la voz de su madre le cortó la palabra.

—Eugenia, ¿pensábais tal vez preguntarme el objeto de mi visita? Os aseguro que no es difícil de suponer. Cuando se pertenece por nacimiento a una de esas clases distinguidas de la sociedad, no es posible seguir todos nuestros caprichos con la misma facilidad y desenvoltura que los hijos de familias plebeyas que nada tienen que perder y sí que ganar en el mundo. Sí, Eugenia; aunque habéis emprendido la carrera de artista, y ocultado vuestro nombre de familia bajo otro de menos consideración, no fuisteis bastante fuerte para mudar vuestra existencia toda, y seguís siendo a los ojos de los que os conocen, la misma Eugenia Servieres y Danglars. Pues bien; estos nombres no pueden en manera alguna pertenecer a una actriz, por muy noble que sea su estado, principalmente cuando yo, que soy vuestra madre, me considero todavía con el derecho de impedirlo.

—¡Qué decís! ¡Impedirlo, señora! —exclamó Eugenia con voz humilde y la mirada clavada en el suelo.

—¿Y por qué no, Eugenia?

—No os comprendo, madre mía.

—¡Oh! ¡En verdad es bien fácil!

Cuando he empleado la palabra impedir, quise decir cortar por mis consejos el loco desvarío de mi hija. Tal es mi deber, Eugenia, y si tú olvidaste cuánto me debías, no me sucede lo mismo a mí. Soy vuestra madre.

—Madre mía —murmuró Eugenia, en cuyos párpados asomaban dos lágrimas—, sois buena y generosa, y por eso esperé siempre vuestro noble perdón; pero no creáis que yo abandone mi noble carrera de artista por las etiquetas enfadosas y por la monotonía estúpida de una juventud vulgar. Sí; cuando yo concebí mi plan de fuga, cuando lo realicé con determinación y coraje, arrostrando muchos sinsabores y algunos peligros, no fue con la idea de volver después a la casa paterna como la niña arrepentida de haber cometido una falta. Yo os respeto y os estimo mucho... pero qué queréis... esta vida libre y laboriosa es toda mi ambición...

—Basta, Eugenia —dijo la baronesa levantándose—. Yo sé a quién debo tu desvarío, a quién debo el amargo sinsabor que sufrí en aquella noche fatal... ¡Oh! Si yo lo hubiese sospechado entonces... ¡no tendría ahora que ser la madre de una actriz!

—¡Señora!... ¡Esas palabras!

—Mas no lo seré por mucho tiempo, Eugenia —continuó la baronesa levantándose—. Tú no querrás matarme con este disgusto, ¿no es así?....

—¡Oh! Madre mía; ¡por piedad!... vos no comprendéis lo que supone decir a una actriz por espontánea y natural vocación: deja de ser artista y redúcete a tus proporciones de mujer vulgar, será mejor. ¡Imposible!

—¡Hermoso ejemplo! —interrumpió la baronesa con una sonrisa irónica—; tienes una alta idea de ti misma, Eugenia. ¿Y piensas tú acaso lo que es para una señora de buen nacimiento y de escogida sociedad, tener una hija sobre las inmundas tablas de un teatro? ¿Una hija a quien ella amaba, educada con cuidado y orgullo?... ¡Eugenia, esto es mil veces peor! ¡Oh! Una de nosotras ha de hacer el sacrificio, ¿entiendes, Eugenia? Yo no vengo aquí a hacer un debut de sentimentalismo, bajo el color que se disfrazan las actrices para brillar. Ellas a fuerza de fingir, a fuerza de adoptar lo que sus papeles necesitan, ya no pueden valorar el verdadero dolor o el verdadero placer que nos afecta, fingiéndolo todo.

—¡Madre mía! —gritó Eugenia estremeciéndose y rompiendo con los dientes su lindo pañuelo bordado.

—¡Por qué te impacientas! ¿No me has dicho que eres una actriz? Te hablo, pues, como hablaría a cualquiera otra. —Y volviéndose la señora Danglars hacia Luisa, le dirigió entonces directamente la palabra diciéndole—: Señorita Luisa d'Armilly, permitid que os agradezca el desvelo con que enseñásteis la música a mi hija Eugenia. En efecto, la discípula honra a la maestra, y aun sería hoy muy difícil distinguir cuál de las dos lo vale más.

Luisa lanzó una mirada suplicante a su amiga Eugenia, que inconscientemente dio un paso, colocándose entre la baronesa y ella, para responder:

—Hoy somos dos amigas íntimas, compañeras de trabajo, de estudio, de gloria y de fortuna —dijo Eugenia—. Somos un solo ser, completamente identificadas.

—Vos, madre mía, que por vuestro nacimiento jamás tuvistéis ocasión de trabajar y estudiar para compraros un nombre o alcanzar los medios de subsistencia, no sabéis lo que es esta amistad santa que nos une. Pues bien, respetadla al menos. En los salones de vuestra sociedad no hallaréis amistades como la nuestra; en los fastos de la nobleza no existe esta sencillez sublime. Es por ella por lo que yo desprecio el nombre de la ilustre familia de que desciendo; es por ella por lo que yo renuncie a la preciosa fortuna que me pertenecía... Sí, renuncio.

La baronesa se estremeció al oír estas terribles palabras.

—Es por ella, finalmente —continuó Eugenia abrazándose con Luisa—, por lo que os digo: madre mía, yo seré siempre vuestra hija, pero seré vuestra hija y seré artista; eso es todo.

La baronesa, comprendiendo que no tenía más qué hacer en aquella primera visita, pronunció algunas palabras enérgicas, y salió precipitadamente de la casa de las dos amigas. Para una señora como la baronesa, que no podía avenirse con la idea de retirarse de la sociedad en que había vivido, para una señora tan llena de aquella vanidad de familia, que por mero instinto de un orgullo mal entendido repudia la medianía social y las clases proletarias, nada había peor que la terrible vocación de Eugenia.

La Danglars tendría que salir de Roma, donde, dentro de poco, algún diarista, ávido de un artículo interesante, publicaría sin embarazo la vida de la nueva actriz y una de las dos d'Armilly sería en tal caso conocida por Eugenia Danglars. Un diario se lee en todos los sitios; en Francia lo transcribirían, en Londres lo estudiarían de memoria y, en poco tiempo, sería en todas las ciudades conocidísima la actriz Eugenia Danglars, que por una vocación sublime abandonaba madre, familia, honores y riquezas para seguir la difícil carrera de Talma, triunfando.

La baronesa tuvo un momento de meditación sobre la fatalidad que parecía perseguirla desde cierto tiempo. La fuga de su marido; la aparición de aquel desgraciado joven, a quien ella había dado el ser; la carta fatal, escrita por su amante al morir; la extravagancia de su hija Eugenia, todo parecía conjurado para abismarla. Pero la baronesa no era de esos espíritus débiles que se dejan aplanar por la fatalidad; su orgullo y amor propio se sublevaban ante esta idea, y le prescribían el camino que debía seguir. Ella juró impedir el paso de Eugenia, se dispuso a empezar aquel trabajo misterioso, en el cual empleaba toda su inteligencia y aguda perspicacia de mujer del gran mundo, a fin de salir con su deseo.

## CAPÍTULO XII

# CARTA DE BENEDETTO

En la visita que hizo la baronesa Danglars a su hija, dijimos nosotros, fue antes de Benedetto haberle escrito la carta con la firma falsa de Monte-Cristo; y por eso los acontecimientos que vamos a narrar, consecutivos a la mencionada visita, también se desarrollaron antes de la referida carta, cuyo resultado más tarde comprenderemos.

La baronesa Danglars tenía, como dijimos, un cuarto particular en casa de una mujer vieja donde hacía sus metamorfosis de joven enfermo en mujer sana y bella.

La señora Danglars, que por una exigua cantidad compraba el silencio de la vieja, aumentó dicha porción para tener el derecho de exigir secreto de mayor importancia; lo cual agradó mucho a la vieja; así, pues, la llamó y le dijo:

—¿No habrá en Roma un hombre decidido, que sea capaz de una empresa difícil, pero lucrativa? ¿Lo conocéis?

—Hay muchos.

—Lo más inteligente posible.

—Lo hallaré.

—¿Cuándo?

—Mañana mismo.

—Corriente; ese hombre habrá de frecuentar el teatro, como persona habituada a este género de espectáculos.

—¡Oh! Respondo por él.

—Habrá de llevar a cabo una especie de rapto, que será muy sonado.

—Uno o dos, cuantos quisiéreis.

—¿Y quién me responderá de su obediencia?

—Su propio interés. Os lo aseguro.

—¿Y de vuestra discreción?

—Lo que me garantiza la vuestra. Vinísteis aquí y creí que erais hombre; después vi que sois mujer como yo. Desde entonces frecuentáis mi casa, donde mudáis de ropa y de forma siempre que os place; no sé quién sois ni lo indago. Si fueseis criminal y os capturasen, espero que no hablaréis de mí. Esa es la condición.

La baronesa tuvo que sufrir este modo de razonar de la vieja, y esperó hasta la noche siguiente, con impaciencia, que apareciese el hombre necesario para consumar el rapto.

Cuando llegó la noche, el joven enfermo de la familia Servieres, salió embozado en su capa, y se dirigió a casa de la vieja donde, contra su costumbre, no quiso mudar de ropa, ni transformarse en baronesa Danglars.

—¿Y el hombre?

—Aquí está. Pasad.

—¿Quién es?

—¡Alto! Mi señora: que os sirva bien y páguelo su excelencia, y lo demás a *Dío* pertenece. ¿Para qué más?

—¡No le descubráis mi sexo!

—Descuidad. ¿Para qué?

—Ahora, poned la luz de aquel candelero de modo que me dé sombra y hacedle subir. Hablaré con él.

La vieja obedeció, y el supuesto joven de la familia Servieres se embozó en su capa, recostándose en una gran silla de hamaca.

Poco después, sintió los pasos de un hombre que subía la escalera y luego vio aparecer a este hombre, en cuya fisonomía se revelaba la astucia de la zorra y la valentía del león. Con una rápida mirada examinó el joven de Servieres a su nuevo interlocutor, y comprendió con quién tenía que tratar, antes que él pudiese sospechar nada de su aspecto y condición.

Pasáronse algunos momentos de silencio, durante los cuales el recién llegado se sacó políticamente el sombrero, y pasó la mano por su cabello para componerse el peinado.

—Me dicen que estáis dispuesto a desempeñar una comisión difícil —dijo Servieres con voz disfrazada.

—Sí, excelentísimo —respondió el hombre—. Mandad.

—¿Aun cuando la comisión que se tratase fuera un rapto?

El bandido se sonrió e hizo un gesto de indiferencia, como dando a entender que esperaba algo más difícil.

—Muy bien —continuó Servieres después de pensar un momento—. ¿Nos escuchará alguien?

—Estamos solos —respondió el bandido—. Podéis empezar.

—¿Acostumbráis a frecuentar los teatros? ¿Los conocéis?

—Cuantos hay en el reino de Italia.

—¡Ah! ¿Entonces habéis visto toda la Italia?

—Conozco este brazo de tierra desde Regio hasta Aosta, tanto del lado de Córcega, como del Adriático.

—Se trata del Teatro Argentino.

—Hablad. No tenéis más que decir.

—¿Conocéis a las nuevas cantantes?

—¿Quién no conoce ya en Roma a las señoritas d'Armilly?

—Me refiero a la más joven.

—¿Eugenia? ¡Bel canto!

—Sí. ¿La conocéis?

—Continuad, la conozco bien.

—Figuraos que hay un hombre que la ama con delirio. Con ese hondo sentimiento que hace olvidarlo todo para conseguir el objeto amado; que se fortalece con el frío desdén de la persona amada, y que, semejante al rayo que atraviesa las regiones del hielo, es preciso que venga a su punto determinado.

—Pues bien...

—Se trata de robar a la señorita Eugenia d'Armilly. Ese es mi deseo.

—Es muy sencillo.

—¿Cuándo podréis hacerlo?

—Indicad vos mismo la noche y la hora en que lo haga.

—¿Cómo?

—Excelentísimo, he oído decir que pagábais bien; por tanto, debo serviros bien; os repito pues, que indiquéis la noche y la hora para ejecutar el rapto, y todo será realizado.

—Antes de todo, quiero recomendaros una cosa —dijo Servieres vacilando, como si temiese cortar con ese golpe traidor la libertad de Eugenia.

—Decidla. Os escucho.

—El más profundo respeto...

—Desde luego. No paséis ciudado.

—La menor violencia posible.

—No tengáis duda.

—¿Y quién me asegura vuestra puntual obediencia?

—Me pagaréis después del trabajo, excelentísimo, y la señorita Eugenia dirá por su propia boca si le falté al respeto debido, excepto en el acto de apoderarme de su persona.

—¿Dónde os encontraré?

—¿Conocéis las catacumbas de San Sebastián?

—No —respondió Servieres, continuando después—. La misión es un poco más extensa. No basta el rapto; es necesario conducir a Eugenia hasta Nápoles. Fuera de aquí.

—Yo puedo encargarme de eso.

—Pues bien; ¿la conduciréis al convento que os indique?

—Eso sí, con tal que nos abran las puertas, se cumplirá vuestro deseo.

—Las abrirán.

—Indicadme, pues, la noche del rapto...

—La primera en que se represente *Semíramis*, antes de empezar la función.

—¿El convento?

—Os mandaré aquí el nombre de él mañana al medio día, sin falta.

—Entonces, como no he de tener el honor de volver a veros, pagadme ya. Servieres estaba prevenido, y sacando su bolsillo, contó al bandido el dinero que le pedía.

—Muy bien —dijo la señora Danglars así que le vio salir—. El convento curará tu delirio de una libertad que me compromete, Eugenia, y tú te arrepentirás un día de haber abandonado a tu madre.

En la noche del día siguiente, recibió la señora Danglars la carta que le dirigía Benedetto por conducto de Pastrini; esta carta estaba concebida en los siguientes términos:

"Una persona que aprecia y respeta mucho a Vuestra Excelencia, acaba de saber que su secreto está descubierto. Permítame vuestra excelencia que se lo avise, pues en manera alguna deseo que sufra el menor contratiempo.

"Vuestro afectísimo y S. S. S.

*"Conde de Montecristo".*

Si la cabeza de Medusa con sus serpientes en vez de cabellos, y con toda la horrible fealdad que le dio la vengativa Minerva, hubiese aparecido suspendida en el aire a los ojos de la baronesa, no quedaría por cierto más pasmada de lo que quedó al terminar la lectura de la carta, firmada con el nombre de conde de Montecristo.

¿Sería aquello un mal sueño?

Era ya la segunda que recibía.

Sin embargo, no veía más que la realidad de una carta en que se le decía que estaba descubierto en Roma su secreto. ¿Pero cuál sería ese secreto? ¿A qué hacían referencia aquellas palabras sino a su reciente secreto de rapto proyectado de Eugenia? Sí, era precisamente a esto a lo que se refería el conde de Montecristo; ¿y dónde estaba él? ¿De dónde le escribía? ¿Cómo podía saber que la señora Danglars estaba en Roma? ¿Cómo lo supo?

—¡Ah! —se dijo ella con amarga sonrisa—; ¡me olvidaba que ese hombre extraordinario tiene el poder de ver en las tinieblas, de prever el futuro y de adivinar el porvenir, mientras él vive cubierto con el tupido velo del misterio! ¡Para ese hombre no hay secretos en el mundo! Pero, ¿dónde estará él? Es preciso verle, quiero oírle... él es grande y poderoso y ha de socorrerme.

Diciendo esto, se sentó nerviosamente a su mesa y escribió; dobló el papel, le puso el sello y sobrescrito con estas palabras:

"Al Excmo. Sr. conde de Montecristo.

"Con mucha urgencia".

Cuando Pastrini recibió esta carta para darla al vecino del segundo piso, fue grande su sorpresa leyendo el sobre de ella. Estuvo para retroceder con el fin de objetar que semejante hombre no habitaba allí ni estaba en Roma; pero acordándose de las palabras de Benedetto, y reflexionando que éste le explicaría el enigma, subió con pies de lobo al segundo piso, y entró en la habitación de su huésped.

—Excelentísimo, vengo muy fatigado. ¡Estoy cansadísimo!

—¿Habrás caminado mucho?

—No, excelentísimo —respondió Pastrini suspirando—. Es otra cosa.

—¡O habrás subido corriendo la escalera!

—¡*Per la Madonna!* Vengo fatigado con el peso de una carta. ¡Es eso todo!

—¡Hola! Maese...

—¡Pues no creáis que no!... sobre todo cuando la carta tiene escrito un nombre como el de ésta.

—¿Qué nombre?

—¡Conde de Montecristo! —respondió Pastrini.

—Dádmela —dijo vivamente Benedetto, y antes que Pastrini tuviese tiempo de decir una palabra, la carta estaba ya en la mano temblorosa del famoso criminal.

—Pero, excelentísimo, vos no sois el conde... A no ser que...

—Es lo mismo, soy su secretario...

—¿Vos? —dijo Pastrini espantado—, ¿vos? ¿No habéis dicho que?...

—¡Ah! Pastrini, os declaro que no continuaré una hora más en vuestra casa, porque sois un curioso insoportable. Eso me molesta.

Pastrini no comprendía nada de lo que pasaba allí, desde algunos días, y se vio obligado a retirarse a su pequeño escritorio, donde esperó ocasión de hablar a Pipino, para contarle que estaba en Roma el secretario del famoso conde, y contarle quién era.

Benedetto salió de la hospedería de Pastrini, llevando su misterioso cofrecito y una pequeña valija de cuero que componía todo su equipaje, con el firme propósito de aprovecharse hábilmente del feliz descubrimiento que había hecho. Fue, pues, a casa del portero del Teatro Argentino, y golpeó con tanta insistencia la aldaba, que el pobre banquero dio cuatro saltos sobre la silla, a riesgo de quebrarla, por el susto.

—¡Hola, barón! —gritó Benedetto.

—¡Todavía la misma manía, señor! ¿Queréis comprometerme, sin duda?

—Amigo mío, cuando os llamo barón es porque estoy convencido de que rescataréis vuestra fortuna —respondió Benedetto subiendo y dejando a un lado su pequeña valija, pero conservando el cofre bajo el brazo.

—¿Qué es eso? —preguntó el barón—. ¿Vais a hacer algún viaje?

—¡Qué viaje! Cuando la gente se muda no debe dejar los trastos en la antigua casa. Me traslado.

—¿Entonces, os mudáis?

—Es verdad...

—Pero...

—Decidme, amigo mío, ¿no tenéis por aquí algún cuarto vacío?

—¡Por vida de!... ninguno —contestó el barón, asustado.

—¡Vaya, señor barón!... ¡Ah! Y ahora que me acuerdo... tengo que trabajar; dadme papel, pluma y tinta.

—Señor, os repito que no tengo cuarto vacío en esta casa, ved si no... la sala, el comedor y allí es la cocina.

—Señor, yo no quiero sacar el plano de vuestra casa; no pido apuntes, sino simplemente papel, pluma y tinta.

—¿Vais a escribir, entonces?

—Sí, respecto de vos...

—Eso es más serio; ¿a quién?

—A la baronesa Danglars —respondió Benedetto, mirándolo.

El barón dio un salto, como acometido por un violento ataque de nervios, al escuchar ese nombre.

—¡Escribir a la baronesa!

—¿Qué hay de extraño en ello, señor barón? ¿No os prometí devolvérosla con sus tres millones, una vez que tenéis queja de habérselos dejado? Pues bien; ella está en Roma, me ha escrito, y voy a contestarle ahora mismo.

—¿Os ha escrito?

—¿Conocéis su letra?

—Como la mía.

—¿Será ésta? ¡Miradla bien!

Y le enseñó la carta que la baronesa había dirigido al fingido conde de Montecristo.

—¡Ah! —dijo el barón al leer el sobre—. La letra es de ella; pero decís que ella os escribió, y yo leo aquí un nombre que no es el vuestro.

—¡No es el mío! —dijo Benedetto sonriéndose y agregando luego—. Mi querido barón, olvidáis mi reliquia milagrosa... con vuestro permiso, dejadme descansar del peso de este cofre; ¡no lo toquéis! ¡Contiene la mano del muerto!... ¡La mano fatídica!...

Danglars se estremeció a su pesar, y Benedetto continuó:

—Noches pasadas ordené a la baronesa que viniese a Roma, y que vendiese su palacio y su vajilla en París. Ella obedeció; espera mis órdenes, y vengo a consultaros sobre ello.

Por el tono decisivo con que Benedetto repitió estas palabras, admiró al pobre barón, que las escuchó con la boca abierta y los ojos asustados.

—Pero yo estoy soñando —murmuró él sin comprender la razón de por qué desde algunos días hasta las tejas de su tejado parecían gotearle dinero y fortuna, tal era el deseo que tenía de efectuar un cambio en su destino.

—Vamos, señor Barón, salid de vuestro estupor que de nada os sirve ahora. Voy a escribir a la baronesa anunciándole que iréis a visitarla muy pronto.

—¿Yo?... ¿Yo?... ¡Eso nunca! ¡Eso no!

—Comprendo; teméis que la baronesa os eche en cara vuestra conducta; pero os aseguro que no será así; por el contrario, la baronesa será la primera en lanzarse a vuestros brazos, deseosa.

—¡Vaya!... Cosa es que nunca hizo de buen grado, siempre fue reacia.

—¡Lo hará ahora!, dejadme hacer —dijo Benedetto con tono imperioso, y preparándose para escribir la siguiente carta:

"Señora baronesa; no estoy en el caso de daros consejos; pero mi parecer es que no os asustéis por cosas que no valen la pena, y confiéis.

"Acabo de almorzar con el señor barón Danglars, en su lindísima casa de campo, y allí me enseñó objetos de mucho precio y mucho gusto, entre los cuales noté un retrato vuestro, y al verlo no pude menos de murmurar: Bella baronesa, tenéis una mala índole, pero vuestra maldad agrada a cuantos os conocen y tratan.

"Di al señor barón la noticia de vuestra presencia en Roma, y estoy convencido de que él pretende daros mañana a la noche una sorpresa.

"En cuanto al rapto, contad con lo que os digo; no se efectuará porque fuisteis traicionada; pero vuestro cómplice nada revelará que os comprometa; eso es todo".

Así que concluyó de escribir, firmóse con el nombre de conde de Montecristo, y cerró la carta poniéndole el sobre a la señora baronesa Danglars.

—Ahora necesito alguno que conduzca la carta sin peligro.

—Eso es lo que no hay, quiero decir, eso es lo que no tengo —respondió el barón, que no había cesado de pasear por la habitación mientras Benedetto escribía, calculando el modo de hacer productivos los millones de la baronesa, una vez que se volviese a unir a ella, terminando de una vez las penas.

—¡Ah! La pobre señora desea grandemente tornar a vuestro lado, y vos sois hasta indolente cuando se trata del simple portador de una carta. ¡Vamos! Escuchad... acaban de golpear la puerta... sea quien fuere os servirá para esto.

El barón arrugó el entrecejo y preguntó quién era.

—¡Dedicación de!... ¡Ah!, diablo, señor barón, abrid, porque hay cosas que no se pueden decir así en la calle, ni en la ventana —dijo desde afuera una voz de hombre, con toda fuerza.

—¿Qué fenómeno es éste, querido? —preguntó Benedetto—. ¡Ya no soy yo sólo el que os llama barón!

—¡Por el amor de Dios!, retirad de aquí vuestro equipaje y pasad a aquel cuarto... o mejor a la cocina... o si no... será mejor que os retiréis del todo.

—¿Estáis loco, señor?

—¡Ah!... esto... esto... —exclamó el barón. La señal se repitió en la calle, y el barón saltaba como si pisara sobre ascuas. Estaba confundido.

Benedetto fue a la puerta y la abrió, mientras que Danglars, que no pudo evitar el movimiento, hizo un gesto de notable contrariedad y adoptó al instante una fisonomía que explicase bien el caso al recién llegado.

## CAPÍTULO XIII

# EL FINGIDO SECRETARIO DEL CONDE DE MONTECRISTO

No era otra la inesperada visita que se presentaba que Pipino, pues habiendo oído decir a Pastrini que estaba en Roma el secretario del conde de Montecristo, corría en busca del barón para saber de él algunos detalles; pues, como dijimos, los bandidos de la cuadrilla de Vampa profesaban un profundo cariño al conde, considerándole como jefe.

Danglars se hallaba en una posición dificilísima, y temblaba de su mal éxito.

Pipino subió lentamente la escalera y se presentó, aunque algo desconcertado por la presencia de un extraño.

Danglars le dirigió una mirada significativa y suplicante, como diciéndole: "sed prudente, no me comprometáis". En cuanto a Benedetto, quedó satisfecho notando por el traje de Pipino que era hombre de ganar, calculando que ya tenía un portador para su carta; así, pues, avanzó un paso y dijo:

—Amigo, ¿queréis tener la bondad de encargaros de una comisión?

—¿Qué es? —preguntó Pipino mirándole fijamente como por instinto.

—Una carta —dijo Benedetto, sosteniendo con estoica indiferencia la mirada penetrante del bandido—; una carta que deberá entregarse hoy mismo en la posada de Londres.

—¿A quién, *signore*?

Danglars hizo un gesto suplicante; pero Benedetto respondió sin el menor escrúpulo:

—A la baronesa Danglars. Deberéis entregarla a un huésped que habita los cuartos números 2, 3 y 4 del primer piso, y éste la recibirá. ¿Entendéis?

—No tengo dificultad alguna, iré; pero si me preguntasen quién la envía, ¿qué respondo?

—Diréis simplemente que es el secretario del conde de Montecristo.

Procurar describir los grados de sensación que se pintaron en la fisonomía del bandido al oír estas palabras, sería imposible. Retrocedió por un instinto de respeto; luego se estremeció a su pesar, poniéndose pálido, como si el nombre que había oído le trajese a la memoria un lúgubre recuerdo; después miró a Danglars con aquella mirada que le caracterizaba, y por segunda vez miró a Benedetto que se conservaba impasible. Dijo con respeto:

—Perdón, *signore*, ¿conocéis a ese de quien habláis?

—¿Al secretario o al conde?

—Uno y otro.

—Les conozco, porque uno de ellos soy yo. ¡Yo mismo!

—¿Sois, entonces, el señor conde?

—Ya os lo dije, mi amigo, y la insistencia de vuestra pregunta me hace creer que conocéis al conde muy poco.

Pipino bajó la cabeza.

—¿Lo habéis servido en algún tiempo?

—¡Oh! —dijo el bandido—. Fue Su Excelencia quien tuvo la bondad de servirnos.

—¿De servirnos? Hola... entonces ese "nos", quiere decir mucho, amigo mío, y me da deseos de hablar con vos en ocasión más oportuna.

—Estoy a vuestras órdenes, *signore*; pero debéis tener alguna señal.

—La tengo.

—¿Cuál es?

—Mi caro señor barón —dijo Benedetto a Danglars—, hacedme el favor de dejarme solo con este hombre.

El barón pasó a la pieza inmediata.

—Muy bien —continuó Benedetto—, ¿conocéis qué clase de hombre es el conde? ¡Hablad con confianza!

—Extraordinario.

—Como se puede deducir por esta señal que le guía su destino en este mundo, donde él camina esplendente como un rayo del sol. Vedla.

Abrió el pequeño cofre, y el bandido retrocedió lleno de espanto, llevando la mano a los ojos y murmurando:

—¡La mano de un muerto!

Benedetto ocultó luego la célebre reliquia, notando con placer el efecto que habían producido en Pipino esas palabras.

—De hoy en adelante esa será la palabra de orden. ¿Entendéis?

—¿Cuál orden, señor? ¡No hay entre nosotros palabras de tal naturaleza, ni nunca existió otra que no fuese el nombre de Su Excelencia! Yo os pedía una señal, un indicio, una palabra cualquiera, por la que me cerciorase del *signore* conde. Entretanto, voy creyendo que esta ridiculez no es propia de un hombre que parece superior a la vida y a la muerte, como el *signore* conde.

—¿Quién sois vos, entonces?

—Un hombre a quien S. E. salvó la vida, y que juró obedecerle en todo y por todo. ¿Os basta eso?

—Pero creo que perteneces a una asociación... porque has empleado el término "nosotros", cuando hablaste la primera vez del conde.

Pipino miró alrededor de sí, y por último, acercándose más a Benedetto, murmuró con cautela:

—Soy amigo de Luis Vampa.

—¡Ah!, es un hombre que conozco bien hace tiempo... por oírlo repetir al conde y a su criado Bertuccio.

—Bertuccio... lo conozco mucho.

—Pues bien; tengo algunas instrucciones para Luis Vampa.

—¡Ah!, ¿tenéis? Entonces podéis encontrarlo en el Coliseo; él irá allí si os place, para recibirlas.

—Bueno, y vos me acompañaréis para presentarme, pues ni le conozco ni me conoce. ¿Estamos de acuerdo?

—Pues nos reuniremos aquí pasado mañana; entretanto llevaréis esta carta a la baronesa Danglars, y os prevengo que no esperéis respuesta.

Pipino se inclinó y salió sin la menor réplica, para dirigirse corriendo a la *vía del Corso*.

—Barón... barón —gritó Benedetto. ¿Dónde estáis?

—¡Ah!, vos sois el diablo —dijo Danglars colocándose asombrado enfrente de Benedetto.

—Seré cuanto os plazca, amigo mío; pero decidme, ¿quién es ese hombre que acaba de salir?

—Es Pipino, el segundo jefe de la cuadrilla de Vampa.

Benedetto dio un grito de sorpresa.

—¿Qué es eso?

—Nada, barón... no es nada... quería decir que aquella mano del muerto no llegará muy tarde al punto que se dirige, porque debéis saber que la persona a quien pertenece, tenía una misión que cumplir sobre la tierra. Sí —continuó con exaltación—; allá desde el fondo de tu silencioso túmulo de mármol, la venganza levantará tu brazo justiciero a la faz de la tierra; ¡ánimo ánimo!... ¡tú llegarás... tú llegarás!

Diciendo esto, extasiado en su delirio, tomó del cofre la disecada mano y la besó con entusiasmo y respeto, derramando una lágrima.

Danglars le miraba con espanto y terror, porque no comprendía lo que encerraban aquellas palabras, ni aquel loco entusiasmo de Benedetto.

—Señor —le dijo éste, después de haber vuelto al cofre la preciosa reliquia que tanto horrorizaba a Danglars—; ¿qué clase de hombre es Luis Vampa? Deseo interiorizarme...

—¡Oh! Tengo motivos de conocerlo bien, pues, como sabéis, él fue quien me despojó de aquellos seis millones que me disponía a gastar en Roma.

—Sí, los millones que Montecristo tuvo el mal gusto de decir que no eran realmente vuestros.

—Había en esa frase algo inexacto... no me acuerdo cómo fue el hecho.

—Volvamos a Luis Vampa.

—Es un hombre que cumple su palabra, y a quien, según me pareció, obedecen ciegamente sus satélites.

—¿Es alto?

—No, mediano.

—¿Robusto?

—Regularmente; creo que poseerá la fuerza natural de otro cualquier hombre, ni más ni menos.

Benedetto parecía muy satisfecho con las respuestas de Danglars; y allá en su imaginación meditaba, sin duda, algún gigantesco proyecto, porque a veces su frente se nublaba, y su mirada tomaba aquella expresión sombría y siniestra, como en el tiempo en que planeaba la muerte de su carcelero, en la cárcel de la *Force* de París.

—Ahora, mi querido señor —le dijo Danglars, llevando su liberalidad al fabuloso extremo de sacar de su armario una botella de *lacrima-christi*, que es uno de los ramos preciosos del contrabando de Italia—: aquí tenéis con qué mojar la palabra, y puedo también ofreceros, para entretenerla, algunos buenos bizcochos de Marsella.

—¡Oh! Sois un excelente patrón... y me dais tentación de prolongar mi hospedaje. Felizmente no os incomodaréis con eso, porque no he de tardar un momento en que volváis a uniros con vuestra esposa, y entonces...

—¿De veras, querido?... ¡oh!, sois encantador... pero vuestro desinterés en todo es sublime.

Y agotó una copa de vino de un trago.

—Gracias, barón, pero este es mi carácter; gusto mucho de estas conmociones, y desde ahora me parece que me deleitará sobremanera la escena patética de nuestro encuentro con la interesante baronesa; después no me busquéis más; yo desapareceré a la manera de esas lindas aves, que ofuscan con el brillo de su plumaje, y encantan con la melodía de su voz... de esas aves de Juvenal a quienes se llama Fénix.

—¿Y adónde partís?

—¿Yo?... ¡Oh! ¡Preguntad al rayo de las tormentas el punto al que se dirige, cuando rasga el seno de las nubes, hiende el espacio, y se proyecta a nuestra visita, rápido y poderoso!... Iré a donde me lleve aquella descarnada mano. ¡Ese es mi destino!

—¡Por mi alma, señor! —replicó Danglars—, me disgusta esta historia; no tengo la menor simpatía por lo maravilloso y será difícil hacerme creer que vuestro camino es designado por la mano seca de un cadáver.

—¡Oh! ¡Es que vos no sabéis qué efectos produce en mí aquella reliquia! ¡Qué ideas despierta en mi cerebro abrasado por el fuego del sufrimiento y por la fiebre de la desesperación!... ¡Oh! Perdonad, señor —continuó Benedetto, mudando de tono y sonriéndose con ironía—, estas cosas nada os interesan... hablemos de otras, me molesta.

—Eso es justamente lo que nos conviene.

—Según me parece, tenéis relaciones con los bandidos de Vampa, mi querido barón, pero tranquilizaos, que el hábito no hace al monje; ¿qué importa que exista algún género de comercio entre vos y ellos?... por eso no dejaréis de ser barón y de poseer los tres millones de vuestra cara mitad.

—No, señor, yo no tengo relaciones con ellos... esto es... desde aquella célebre ocasión, he conocido a Pipino, y este bribón viene por aquí algunas veces a beber mis botellas de *lacrima-christi*, nada más que a eso.

Benedetto quedó bien convencido de que el bandido en lugar de ir allí con ese fin, desempeñaba el empleo de abastecedor de vinos a la casa del barón.

—¿Qué tal lo halláis?

—¡Magnífico!

—Muy bien; ahora explicadme alguna cosa sobre la visita que debo hacer a la baronesa... ya sabéis que estoy con los ojos cerrados en todo este negocio.

—Yo os los abriré —dijo Benedetto, después de meditar un instante, durante el cual vació, con indecible pena del barón, cuatro copas de vino, consumiendo casi todos los bizcochos que había en la bandeja—. Mañana, a las seis de la tarde, os presentaréis a la puerta del primer piso de la posada de Londres con vuestro título de barón Danglars. ¿Entendéis?

—¡Ah!... ¿mi esposa vive allí?... —preguntó ansiosamente Danglars de un modo que no escapó a Benedetto.

—No os he dicho que vivía allí; pero posee una habitación en la posada de Pastrini y nada más.

El barón suspiró, como si aquellas palabras matasen una idea despertada por las primeras.

—Bien —dijo sosegadamente—; vamos por partes. Llego y me anuncio con mi título; y ¿después?

—¡Qué estupidez! Después seréis recibido. ¡Nada más!

—Bueno, y...

Benedetto soltó una carcajada.

—Queréis pues que os enseñe todo lo que un hombre de tino debe hacer con una esposa, de quien estaba separado, y que posee tres millones de francos... En ese caso me veré obligado a deciros que sois tonto de remate, por no deciros algo peor.

## CAPÍTULO XIV

# ROBO

Mientras tanto, Benedetto se proporcionó una cama; metió bajo la cabecera su cofre y se puso a combinar bien sus proyectos para los trabajos del día siguiente, que serían grandísimos.

Ayudado por el destino, el hijo del antiguo procurador del Rey, parecía caminar sin dificultad en su carrera de crímenes. Así como la fortuna tiene a veces el capricho de hacer a un hombre su favorito, la desgracia echa mano de otro para convertirlo en su víctima y marcarlo con el hierro de la ignominia para toda su vida, desde su primer paso hasta su último suspiro; para este hombre no hay ni Dios, ni amor, ni patria; hijo del crimen, su herencia en este mundo es el crimen y la maldición, a través de la cual sólo alcanza la noche perpetua de la eternidad, la nada, el fin.

Benedetto parecía no ser otra cosa que uno de esos hombres hijo de la fatalidad, para quien los otros hombres no son hermanos, pues le habían arrojado al rostro con una carcajada sarcástica los lazos civiles y religiosos que los debían ligar en una misma familia.

Y, ¡cuántas veces suponemos que estos hombres, hijos de la Providencia como todos los otros, son por los misteriosos secretos del Eterno, excluidos de la comunidad de la virtud, para castigar con ellos a lo que, juzgándose gratuitamente los elegidos de Dios, abusan de la fuerza y del poder que ese Dios les había concedido, y se dejan conducir a impulsos de la pasión que los domina!

Benedetto perseguía a uno de estos hombres, que había abusado de su poder y de su fuerza, desmintiendo así en la tierra uno de los más bellos atributos del Eterno: ¡la misericordia! ¡Ah! ¡Criaturas mezquinas, que os juzgáis tan iluminadas como Dios, y tan poderosas como él; y al fin, ese fuego que sentís en vosotras, y que creéis la llama sagrada de la inspiración, no es más que el delirio excesivo de una pasión terrestre que os domina y arrastra!

Prostituís así con vuestra conducta la justicia infinita y la bondad sublime del Creador.

Así lanzáis la discordia, la muerte y el martirio en torno de vosotros, como la semilla de la maldición, ¡y decís que ésa es la justicia infinita y sublime de un Dios omnipotente que os inspira! ¡Oh, destino!

He ahí cómo el hombre que más justo se cree sobre la tierra, viene a poseer uno de los mayores defectos de la humanidad: ¡la vanidad!

Habiendo la baronesa Danglars recibido la carta que le enviara el supuesto conde de Montecristo por medio de su secretario, creía firmemente que el conde estaba en Roma, y que por uno de los muchos caprichos peculiares a ese hombre, quería conseguir su simpatía antes de presentársele. Pasado el estremecimiento que le produjo la primera carta en que aquél le comunicaba estar descubierto su secreto en Roma, volvió prontamente a su sosiego ordinario, apenas recibió la segunda en que le aseguraba que podía tranquilizarse y que su nombre no quedaría comprendido en el loco proyecto del rapto de Eugenia. Reflexionó, pues, con detenimiento sobre la conveniencia de unirse a su marido, cuya fortuna parecía favorable, en atención a que el sagaz

Benedetto había escrito en su segunda carta estas palabras: "Ayer almorcé en la bonita casa de campo del barón, donde me hizo ver objetos de mucho gusto y valor incalculable".

Estas palabras fueron estudiadas, analizadas y comentadas por la señora Danglars durante cuatro horas.

Era claro que para tener el barón una linda casa de campo con objetos de gran gusto y valor, que hubiesen merecido la atención de un hombre como el conde de Montecristo, debía estar rico el barón, y en tal caso la linda baronesa, que adolecía del defecto de la ostentación, no hallaba desventajoso olvidarse del pasado, después de un pequeño diálogo de recriminación, para unirse con aquél que al fin era su marido: era un deber.

Asentado este primer juicio, resulta que el porvenir empezaba a aclarársele gradualmente a manera de los teatros, que poco a poco se van levantando y nos muestran un paraíso enteramente nuevo para nosotros.

La baronesa vio la ciudad de Londres; pero no la vio sombría y triste como ella es; la vio llena de placer, de lujo y de representación, como se torna para aquéllos que la fortuna colocó en situación de respirar allí el aire de la sociedad distinguida y noble.

Esas leyes de la etiqueta que imperan en esta sociedad, son un poco más severas que en otros países; la crítica y la censura persiguen muy de cerca a cualquiera señora extranjera que no pueda presentarse en una posición bien definida, y ésta era la razón por la que la señora Danglars no se había dirigido a Londres cuando salió de París.

Tenía tres preguntas a este respecto, y todavía más que tres preguntas, tres respuestas que precisamente los críticos y los censores habían de buscar de noche y de día.

—¿Era casada?

—¿Era viuda?

—¿Era soltera?

Las respuestas a estas preguntas no eran de tal naturaleza que pudieran darse en plena sociedad.

Por ello la señora Danglars conocía bien el mundo y la sociedad de los distintos países; por esto prefirió dirigirse a Roma, donde, como hemos visto, se preparaba para unirse con el barón Danglars después de una especie de divorcio que había durado casi dos años.

A las cuatro de la tarde del día siguiente a la noche cuyos sucesos quedan narrados en el capítulo anterior, el misterioso joven Servieres, que vivía en el primer piso de la posada de Londres en la plaza de España, había terminado de comer y desapareció para ceder su lugar a una señora de majestuosa presencia, aristocráticamente pálida, vestida elegantemente, y que no era otra que la interesante baronesa.

Pastrini no conocía esta transformación, porque cuando ponía la comida en la mesa veía el comedor desierto, y cuando iba a levantar el servicio tampoco hallaba persona alguna; así, pues, acostumbrado ya a este género de vida, nunca preguntaba por su huésped; además de esto éste pagaba puntualmente sin la menor dificultad; por consecuencia, Pastrini, a pesar de las extrañas hablillas que circulaban ya, respecto al joven Servieres, se limitaba a decir que el tiempo había de aclarar aquel misterio. La señora Danglars estaba esperando la visita de su marido que le fue anunciada por el señor conde de Montecristo, cuando sintió la voz de Pastrini que le decía del lado de afuera del cuarto:

—*Signore, signore...*

—¿*Che cosa?* —preguntó la señora Danglars, engrosando la voz, y dándole aquella inflexión propia de la pronunciación italiana.

—¿*Permesso?*

—Entrad; ¿qué deseáis?

Pastrini, que siempre hacía aquella misma pregunta, y que obtenía por contestación una negativa formal, hallando entonces quitada la barrera que siempre le había inspirado curiosidad, abrió rápidamente la puerta y se presentó lanzando una mirada inquieta y perspicaz por toda la pieza.

—¡Sangre de Cristo! —dijo él para sí, notando la presencia de la señora Danglars—. ¡El joven Servieres tiene lindas joyas en su cuarto! Esto tal vez sea un excitante para sus ratos de mortal apatía.

—¿Qué es esto, Pastrini, qué queréis?

—*Signora...* yo buscaba... —dijo Pastrini mirando espantado por todos lados; pero la señora Danglars le interrumpió:

—Os entiendo; el señor Servieres ha salido; más si queréis anunciar alguna visita podéis hacerlo.

—¿Será esto una obra de encantamiento? —pensó Pastrini—. La voz de esta dama es muy parecida a la del joven Servieres. ¡Muy parecida!

—¿Qué queréis, pues?

—Ved este billete...

Y Pastrini le presentó una rica tarjeta, extendiendo mucho el brazo para evitar aproximarse a la señora Danglars. La baronesa tomó el billete y leyó: "El secretario del señor conde de Montecristo".

La baronesa hizo un movimiento de sorpresa; después, despidiendo con un gesto a Pastrini, salió éste.

Entretanto, un hombre parecía esperar a alguien en la sala de descanso del hotel. Pipino, que andaba siempre allí buscando noticias, vio a ese hombre, y sacándose respetuosamente el sombrero, fue a colocarse a su paso con la cabeza inclinada sobre el pecho.

—*Signore* —dijo, cuando Benedetto pasaba a poca distancia.

—¡Oh! ¿Sois vos, Pipino? ¿Qué queréis? ¿Es algo malo?

—Recibir vuestras órdenes.

Benedetto dio una vuelta más en la sala sin responderle, y finalmente se paró junto al bandido.

—Necesito un coche para servicio del señor conde, dentro de media hora, con buenos caballos, y situado a poca distancia de la posada. Es excusado recomendaros que el cochero debe ser discreto. ¡Muy discreto!

—¿Cómo un mudo y un sordo? —preguntó Pipino—. ¡Ah! Ya sé cómo gusta. Su Excelencia que le sirvan.

—Esperad —dijo Benedetto—. ¿Conocéis algún capitán de buque?

Pipino se sonrió.

—Bien sé que conocéis muchos —dijo Benedetto inmediatamente—. Su Excelencia me ha dicho que sois un hombre casi universal; pues bien; es necesario un pequeño lugre o pailebot, que pueda navegar para...

—¡Para la isla de Monte-Cristo, apuesto ya! —exclamó Pipino con aire de suficiencia.

Benedetto frunció el entrecejo y luego respondió como si comprendiese bien el asunto de que se hablaba como por casualidad.

—Habéis acertado, Pipino.

—Descuidad *signore*. Yo conozco en el puerto algunos hombres que no tendrán inconveniente en servir a S. E. y se considerarán muy satisfechos por la honra que reciben.

—Sois inteligente y bastará agregar que el buque debe estar dispuesto a hacerse a la vela de mañana en adelante, a la primera señal. ¿Comprendéis?

—Entiendo, *signore*, voy al puerto y, esta noche os llevaré el nombre del capitán...

—¿A dónde? —preguntó Benedetto con una sonrisa que quería decir "no sabéis a dónde", a lo que Pipino de nuevo se inclinó en señal de esperar la indicación del lugar. Benedetto se aproximó y le dijo dos palabras al oído, y él partió.

Pastrini apareció entonces.

—¡*Per la Madonna!* —exclamó el italiano, estrujando entre las manos su gorrito de pieles—. Os declaro que vi con mis ojos al joven Servieres, a quien vos buscáis, transformado en mujer.

—¡Sois un visionario, Pastrini! —contestó Benedetto, con un gesto de burla.

—*Signore*, juro que os habéis de admirar como yo mismo.

—Bueno, dejadme; sois un importuno... —replicó Benedetto, pasando delante de él y dirigiéndose a los cuartos de la señora Danglars, que esperaba sentada con toda gracia en un sofá, al secretario de Su Excelencia, habiendo estudiado para recibirle una de sus más agradables y finas sonrisas.

Benedetto entró con desenvoltura, y cerrando cautelosamente la puerta, e inclinándose ante la baronesa con muestras de profundo respeto:

—Tengo el honor de saludar a la señora baronesa Danglars.

—¡Dios mío! —gritó ella en el momento en que sus lindos ojos se fijaban en el rostro del pretendido secretario, en cuyos labios había una sonrisa burlona.

La baronesa quedó extática durante algunos instantes, más pálida aún que de costumbre y con la mirada clavada en aquel hombre, que la fatalidad había traído allí para hacerla sufrir.

—Señora baronesa —dijo Benedetto, fingiendo no prestar atención a la sorpresa de su interlocutora—, hace bastante tiempo que no tenía el placer de cumplimentaros. ¿Cómo lo pasáis?

—Perdón, señor —balbuceó la baronesa con esfuerzo—; me habían anunciado otra persona, y por eso me causó cierta sorpresa... cierto miedo de...

—No, señora; la persona que os anunciaron soy yo mismo.

—¿Cómo?... ¿el secretario de Montecristo?... —preguntó ella.

—¡Tal vez! —respondió Benedetto.

—Pero vos, señor, sois... el señor Andrés Cavalcanti —continuó la baronesa poniéndose lívida como un cadáver, al reconocerlo.

—Soy también a la vez Andrés Cavalcanti como decís —dijo Benedetto con audacia, y viendo con asombro que la baronesa se cubría el rostro con las manos, agregó—: soy Andrés Cavalcanti, que estuve a punto de casarme con vuestra bizarra hija Eugenia Danglars, que huyó de la casa paterna en la noche que debía firmarse el contrato interrumpido por la aparición del comisario de policía, que venía a prender a Andrés Cavalcanti, fugado de las cárceles de Tolón. ¡Al delincuente!

—Entonces... señor... —dijo la baronesa después de un corto silencio— debisteis hacer público el error del comisario, para justificaros...

—No era posible, señora, porque yo había, en efecto, huido de la cárcel —respondió con un descaro inaudito—. A más de eso, había asesinado a un hombre a las puertas del palacio que el conde de Montecristo ocupaba en los Campos Elíseos, en París. Por esto fue por lo que se me formó causa, y debía ser guillotinado. ¡Por eso no me defendí!

—¡En verdad, señor, que no os comprendo!

—No lo dudo, señora baronesa...

—Mas, ¿qué queréis de mí? —interrogó ella visiblemente contrariada.

—Quiero repetiros lo que tuve el gusto de deciros por escrito; esto es, que el señor barón vendrá hoy aquí.

—¡Oh, Dios mío!... —gritó la baronesa levantándose como impelida por un pensamiento oculto—. Confesádmelo francamente.. vos no sois el secretario del conde de Montecristo.

—¿Por qué? ¿Explicaos?

—¡Oh! —continuó ella con triste exaltación—, porque el conde no tomaría por su secretario privado un hombre fugado de la cárcel y acusado de un asesinato, desenmascarado por él mismo ante una numerosa sociedad en aquella noche terrible... ¡Dios mío!... qué fatalidad me oprime. Benedetto... ¿pesa tan bien sobre vos?...

—¿Benedetto? —gritó él—. ¿Cómo sabéis que me llamo Benedetto?

—¡Ni yo misma lo comprendo, señor! No me acuerdo cómo fue que me enteré de ello; pero os llamáis Benedetto y habéis sufrido mucho ¿no es verdad? Sólo eso me interesa.

—Señora baronesa, el estado de exaltación en que os veo, es bien extraño. Pero, ¿qué os importa lo que yo he sufrido? ¿Os hablé acaso de este sufrimiento? ¿De mis amarguras?

—¡Oh! Pero creo que cuando por casualidad hallamos una persona que parece condolerse de nosotros en vez de acriminarnos, no debemos responderle con la tibieza que demostráis, señor.

—¿Cuándo os he pedido yo que compartierais mi dolor, ni para qué hablamos de este modo, cuando el asunto que me conduce aquí es bien distinto?...

—¡El asunto que os conduce aquí! —repitió la baronesa con amargura—. ¿Pensáis acaso que lo ignoro, creyendo por más tiempo en una mentira artificiosa de que echásteis mano para descubrir lo que os convenía acerca de mí? No, ya no creo que seáis el secretario del conde; pero sí creo que sois lo que siempre fuisteis...

—Entonces, ¿qué he sido yo? —preguntó Benedetto admirado, y viendo que ella usaba reticencias.

—¡Oh! ¡Cuán desgraciado sois!... —murmuró la pobre señora, esforzándose por contener una lágrima.

—¿Y cuál, es el asunto que me trae aquí? Dijisteis que también lo conocíais.

—Bien lamentable es —contestó la baronesa.

—Señora... Os ruego, señora...

—¡Oh! Reparad que lo adivino todo. Alcanzásteis la libertad últimamente en París, pero...

—¿Pero, qué?

—¡Oh!, señor... tenéis alguna verdad tremenda que decirme, ¿no es así? —preguntó la baronesa con voz débil y sufriendo un terrible ataque de nervios.

—No entiendo el sentido de vuestra pregunta, señora baronesa, y hallo muy singular todo cuanto decís. No tengo revelación alguna que haceros, y os pido me digáis cuál es el asunto a que suponéis se debe mi presencia aquí, una vez que dijisteis os era conocido.

Y Benedetto metió una mano en el bolsillo de su frac, con decisión.

La baronesa tembló.

—¡Señor, vuestra estrella es harto fatal!, pero si encontráseis en el mundo un ente cualquiera que pudiera haceros feliz, esto es, proporcionaros un porvenir tranquilo en una honesta medianía, ¿abandonaríais esa vida errante que habéis llevado hasta hoy?

—¡Oh! No. Ya no se encuentran tales seres en el mundo. La caridad es una mentira irrisoria, o una impostura.

—No blasfeméis... Conteneos...

—He tenido pruebas. ¡Sí, las he tenido!

—Pero si lo que os digo sucediese, no por simple caridad, pero... por un deber, supongamos... que...

Benedetto soltó una carcajada, y después dijo:

—¿Deber? ¿Quién hay en el mundo que entienda el deber, y que lo entienda por inspiración? Señora baronesa, no hablemos de eso. Sabéis que mi estrella es mala, y lo ha de ser hasta el último momento de mi vida. Hijo de la desgracia, lanzado a la muerte y al infierno apenas llegué a la vida, ¿qué podré esperar de bueno en la tierra? El crimen, la desesperación, fueron los únicos padrinos de mi bautismo, y yo fui bautizado con sangre y lágrimas.

—Basta... basta... por piedad; ¡me matáis! —dijo la baronesa apretando el pecho con las manos y dejándose caer sobre el sofá.

—¡Ah! ¿Mis palabras os asustan? Eso es singular, porque os supuse de más coraje cuando supe que intentabais exponer a vuestra hija a los peligros de un rapto. Vamos, señora, llegamos a un estado de cosas que no había previsto cuando pensé venir aquí; hablemos, sin embargo, algunos instantes más y seré muy breve.

Y sacando del bolsillo un papel manuscrito, lo presentó a la baronesa.

—¿Podéis firmar ese papel?

—¿Qué es lo que contiene? —dijo la baronesa con voz alterada.

—¡Una cosa bien sencilla, por vida mía! Una orden pagadera a la vista contra vuestro banquero, cualquiera que él sea, por la cantidad de tres millones de francos.

—¡Oh! ¿Con qué derecho lo exigís?

—Con ninguno.

—Entonces puedo daros una negativa.

—Entonces os mataré —repuso Benedetto, con la mayor sangre fría, poniendo un puñal a la vista de la baronesa, y sentándose con rapidez a su lado—. Mirad que este puñal está envenenado, y la menor herida que os haga bastará para causaros la muerte en el corto espacio de cinco minutos.

—Pero no tendréis mi firma —dijo la señora Danglars haciendo un poderoso esfuerzo sobre sí misma y mostrando en la inmovilidad de su semblante señales de la más completa resignación.

—Es lo mismo; robaré lo que encuentre en vuestra habitación.

Hubo un momento de silencio.

—Benedetto. Yo no tengo banquero ni el crédito de tres millones de francos. Estoy pobre y creed que de ningún modo podré firmar ese papel sin engañaros.

—¡Historias, baronesa! Cuando os abandonó vuestro esposo os dejó millón y medio; vuestro genio emprendedor supo doblar el pequeño capital, y hoy debéis poseer tres millones de francos, fuera de otras varias cantidades. Ya veis que lo sé todo; y os advierto que tengo prisa. Firmad y os unís después al barón, que está riquísimo.

—¡Imposible! —murmuró ella.

—¿Queréis morir? ¡Bien sabéis qué poco me cuesta un crimen!

—¡Ah!, ¡éste sería un crimen que eclipsaría a todos los demás crímenes! —murmuró la pobre madre, dando libre curso a las lágrimas que no podía contener en los párpados—. Benedetto... seréis preso... sentenciado... otra vez...

—¡Os engañáis, señora! El barón llegará pronto; mientras que él espera que lo manden entrar, me retiro con velocidad en un coche que me aguarda en la calle; después, el barón, impaciente por la espera, vendrá hasta aquí, y en ese tiempo, mientras él se horroriza con la vista de un cadáver ensangrentado, entrará en este cuarto alguien que lo prenda y lo entregue a la justicia como vuestro asesino. Yo soy previsor, baronesa; vamos, firmad u os asesino en el acto, sin el menor reparo.

—¡Oh, Dios mío!... ¡Dios mío!... perdón...

—Excusad palabras y firmad.

—Benedetto... este robo es audaz, y ¡ojalá que después de consumado, entréis en el camino de la razón! Voy a daros cuanto poseo; me quedaré pobre, y tal vez mañana tenga que pedir una limosna a mi marido o a mi hija; ¡calculad cuánto me cuesta esto! Pero dejadme al menos los sesenta mil francos que os dio en París el procurador del Rey, eso sólo os pido.

Benedetto se estremeció, pero incapaz de un sentimiento de gratitud, respondió:

—Sin querer conocer el motivo que os movió a una dádiva reservada semejante, creo que lo hicisteis antes por capricho que por caridad, y estoy dispuesto a devolveros aquel dinero como si pagase una deuda. Eso sí lo haré.

—¡Pues bien! Aquí están las llaves de mi secretaría, robadme, ¡tal vez os arrepintáis!

—¿Yo?... —dijo Benedetto, con una sonrisa burlona—. ¿Y quién sois vos para hablar así? Cuando hasta hoy no ha entrado en mí el menor asomo de arrepentimiento, ¿esperáis vos despertármelo? ¿Vos que sois una mujer vulgar a quien no es extraña la intriga, ni el crimen mismo?... Si tenéis pasiones criminales, como por ejemplo el orgullo, la pobreza que os alcanzará en breve os servirá de castigo; y si pesa sobre vuestra existencia pasada algún crimen, el que hoy cometo es una retribución equitativa, en nombre de aquéllos que fueron vuestras víctimas. Vamos, señora, venid vos misma a abrir vuestra caja; porque hay algunas en que se corre el peligro de cierto secreto que dispara cuatro tiros sobre quien las abre desconociéndolos.

La baronesa, trémula y lívida, se acercó a su caja, la abrió y descubrió a los ojos de Benedetto una gran cantidad de dinero en papel y oro.

Momentos después, este dinero estaba en los bolsillos del asesino, y la baronesa apenas poseía los sesenta mil francos que en París había enviado al señor Beauchamp para Benedetto.

—Ahora, matadme. Bien veis que adivino esta última necesidad —dijo ella—. ¿Qué esperáis?

—Está lejos de mí tal idea en este momento; pero ya que sois tan complaciente me daréis el brazo y me acompañaréis a la sala inmediata, donde a estas horas estará el señor barón Danglars esperando.

Dieron las seis.

—En efecto... no me engañé. Vamos, señora baronesa, si se os ocurre acusarme con vuestros gritos cuando yo saliere de aquí, reflexionad que, a más de hacer un papel ridículo, nadie os daría crédito, porque no sois el tal joven Servieres, enfermo que viaja para distraerse y que habita estas piezas. Por otra parte, ese joven es una pura ficción, y este género de ficciones... son en extremo injuriosas para una señora como vos que puede todavía sostenerse a pesar de este pequeño robo. Venid. ¡Acompañadme!

—¡Ah! —exclamó ella—, dejadme quedar aquí, no me violentéis más. Partid, desgraciado, partid; os juro por Dios que no daré ni un grito contra vos.

—Partid; y el Cielo permita que ese dinero pueda hacer de vos un hombre de bien, que bastante falta tenéis de ello.

En este momento se oyó la voz de Pastrini que anunciaba, del lado de fuera, al señor barón Danglars.

La baronesa dio un suspiro y Benedetto salió de la habitación precipitadamente, todo le había salido según sus deseos.

En el corredor se encontró con el barón, que quiso detenerlo para hablarle, pero le dijo que no podía perder un solo minuto, pues iba mandar alquilar en nombre de la baronesa, uno de los palacios de la calle del Corso, donde ella pretendía dar un gran baile.

—Os recomiendo silencio, señor barón, y os doy mil parabienes desde ahora, por la felicidad que os espera. La baronesa está riquísima.

—¡Con mil diablos!, ¿pero qué papel representáis cerca de ella? —preguntó el barón, algo inquieto.

Benedetto no le contestó; le apretó la mano y desapareció con rapidez, mientras el barón caminaba hacia el interior de la posada; después, viendo un coche parado a corta distancia, hizo señal al cochero, subió a él, y se alejó rápidamente, para continuar sus grandes intrigas, con temeridad, sin la menor contemplación.

# CAPÍTULO XV

# SE ENCUENTRAN MARIDO Y MUJER

El barón Danglars volvió una vez más su cabeza achatada como la de la raposa para decir una palabra a Benedetto, pero el famoso ladrón, bajando la escalera a saltos, salió con rapidez.

Viéndose solo, Danglars empezó a caminar hacia el cuarto de la baronesa, en cuya puerta halló a Pastrini a quien se dirigió, diciéndole:

—¿Anunciasteis ya mi visita?

—V. E. —dijo el italiano—, sin duda quiere decir si ya anuncié vuestro nombre.

—¡Oh!, no hagamos cuestiones de palabras, posadero —dijo Danglars, haciendo un gesto de aristocracia ofendida.

—Os ruego perdón, excelentísimo; pero la cosa no es tan insignificante como parece. Pero yo tengo el honor de anunciar vuestra visita, debía ser precisamente a alguien.

—¿Y entonces? Explicaos.

—Ese alguien es el que falta.

—¿Cómo?

—¿Creo que V. E. busca a mi huésped?, ¿no es así?

El barón hizo un movimiento.

—¿El joven Servieres?...

—¿Pero estáis loco, maestro? El nombre de Servieres debe pertenecer a una dama, pues yo conozco bien esa familia y sé que no hay ningún descendiente varón de ella. Bien, pues a esa dama es a la que busco aquí, precisamente.

Pastrini movió la cabeza.

—Pero esa dama no reside en mi posada —dijo él—; en estos cuartos está un joven de la familia de Servieres y la dama creo que será visita de él, pues se halla aquí desde esta mañana.

—¡Os repito que estáis loco y muy loco! El nombre de Servieres no puede pertenecer hoy a un hombre, y la dama a quien busco sé que es vuestra huésped. Es una señora simpática —continuó el barón, ensayando una sonrisa interesante para presentarse a la baronesa—; vamos, maestro, dejad que entre, no seais así.

—¡Sangre de Cristo! —gritó Pastrini, osando detener al barón—. Una palabra más, excelentísimo.

El barón Danglars lanzó una mirada colérica que parecía querer preguntarle: "¿Con qué derecho detenía el paso de un marido en la puerta del cuarto de su mujer?", pero contuvo su mal humor, e hizo una seña como si quisiese decir, "hablad y sed breve".

—Bien, señor barón, ¿vuecencia tiene la certeza de que la dama en cuestión es desde luego una mujer?

—¡Vaya esa! —exclamó el barón, retrocediendo un paso como maravillado de la pregunta, tan insólita.

Pastrini no desmayó:

—¡*Per la Madonna!*, excelentísimo; respondedme: ¿sabéis con seguridad que es una mujer? ¿Lo sabéis?

—¿Pues yo no he de saber eso? ¿Yo? —objetó el barón, más maravillado todavía.

—¡Ah!, señor... —murmuró Pastrini, poniéndose pálido y temblando—. Casi os puedo yo dar un consejo... ¡no entréis! ¡Os ruego que no entréis!

—¿Y por qué? Decidme la causa.

—Os declaro que mi huésped no puede ser cosa buena.

—¿Qué diablos decís?

—Tiene amistad con un hombre que posee dentro de un cofre la mano de un muerto. ¡De un cadáver!...

El barón dio un salto a pesar suyo.

—¿Y ese hombre? —preguntó él.

—Dicen que es brujo, mago...

—¿Y la dama?

—La sospechan de adepta, también.

—Vaya, nuestro posadero; parecéis un recién llegado de la aldea, y que no tenéis un día de ciudad.

—Entonces, ¡qué queréis, excelentísimo!, nosotros hemos visto cosas tan célebres, que no podemos sustraernos a ciertas creencias antiguas. Os juro que este cuarto estará vacío mañana a estas horas, o yo dejaré de ser Pastrini.

El barón se encogió de hombros, transpuso la puerta, y atravesando la primera sala fue a presentarse en el gabinete donde estaba la señora Danglars.

Ocupábase la baronesa en componer una de sus lindas madejas de cabellos frente a un lindo espejo, y en su rostro nadie habría podido notar el menor indicio de la emoción que la agitaba poco antes. Sus ojos negros y expresivos, cerrados bajo una sola arruga, en que se le diseñaban las sobrecejas, expresaban aquella firmeza de carácter más común en las mujeres italianas que en las francesas, y que es, sin embargo, el tipo de muchas familias nobles de Francia, sostenido por la sangre en todas sus ramas. Sus labios, cerrados con altivez, no dejaban escapar de aquel pecho agitado por el dolor el más leve gemido de angustia; en una palabra, sus brazos firmes, sus brazos ágiles y flexibles, acababan de presentar a la señora de Servieres, baronesa Danglars, tal como siempre había sido a los ojos del mundo, esto es: firme de carácter, altiva y noble, en todo.

Por ello, antes que el barón pudiese verle el rostro, ya ella le había reconocido, viéndole reproducido en el espejo; y la señora Danglars pudo darse cuenta del aire cortado con que el barón se presentaba, aunque hacía un gran esfuerzo para sobreponerse a su embarazo. Haciendo tiempo intencionadamente, la baronesa terminó de componerse el cabello para dirigirse a su escritorio, sobre el que hizo sonar dinero haciendo como que lo cerraba; después dio algunas vueltas más y se sentó.

—¡Ah!, ¿sois vos, señor? —exclamó ella, como si hubiese visto a su marido el día anterior—. Se diría que os disponéis a salir de nuevo, pues, según me parece, no habéis hecho ademán de necesitar una silla, ¿verdad?

Estas palabras produjeron su efecto: el barón se animó, y avanzando algunos pasos, fue a sentarse en la misma silla en que estuvo Benedetto antes.

—¡Se siente hoy bastante frío! —dijo él abrochando su casaca, algo nervioso.

—No he tenido tiempo de pensar semejante cosa; creo que la acción de escribir y de pensar nos calienta en sumo grado.

—¡Ah!, ¿entonces, habéis escrito mucho? ¿Cómo es eso?

—Terminé hace poco ocho o nueve cartas para diferentes plazas; encargando en unas las remesas de mis capitales, y en otras el cumplimiento de ciertas órdenes imperiosas...

Un sudor copioso inundó la frente del barón Danglars.

—No sé cómo pasáis sin una de esas máquinas de copiar que se llaman secretarios, señora baronesa.

—¡Oh!, desde que tengo el gusto de vivir sola, no quiero nada que pueda hacer desconfiar un momento, señor barón.

Hubo un instante de profundo silencio, que la baronesa cortó, hablando en esta forma:

—Ya que habéis tenido la intención de venir a saludarme... ¿acaso podré seros útil en alguna cosa? —preguntó.

—¡Señora!, ¿me juzgáis de tal modo egoísta? ¡No, por favor!...

—Nada tendría de extraño —dijo ella riendo—; un banquero... perdonad... no sé si continuáis en Roma vuestro oficio de París, pero creo que vuestros seis millones no habrán permanecido cerrados en la caja. ¡Ah!, a propósito de París... ¿no habéis vuelto más allá?... ¡Os gustaba tanto aquella ciudad!...

—Me han retenido en Roma negocios importantes —contestó el barón, tartamudeando y sintiendo seca la lengua a punto de no prestarse con facilidad a pronunciar las frases.

—¿Creo que el clima de Italia os sienta bien? —continuó ella.

—Lo pasaba bien en Francia... —respondió el barón—; pero ahora creería pasarlo mejor en Roma, esto es, si vos pensáis permanecer aquí.

—¡Oh!, no... pienso partir a Civita-Vechia —se apresuró a responder la baronesa, fingiendo no haber entendido el sentido de las palabras del barón, que suspiró hondamente.

—¡Habéis adquirido nuevas costumbres, señor barón! En París nunca os vi suspirar; ¿cómo es eso?

—Entonces, señora... en París yo no sufría... Ahora es distinto...

—¿Y padecéis, acaso, en Roma?...

—¡Oh!

—¿No hay buenos médicos aquí? Creo que Italia es más fecunda en sus cantores.

—Es que, señora, mi mal es superior a la inteligencia de cuantos médicos hay, no sólo en Roma, sino en toda Europa —dijo el barón Danglars, recalcando mucho las palabras, como para llamar sobre ellas la atención de la baronesa, que preguntó interesada:

—Entonces, ¿cuál es vuestro mal? ¿Nervioso, tal vez? Es la enfermedad del día, está de moda.

—Nervioso... sí, señora; disteis con la palabra —respondió él—. El exceso de sensación produce esa dolencia que llaman de un modo muy vago.

—¡Cuidado!, eso lo encuentro más serio, barón. Tenéis sensaciones intensas... y eso es malo... ¡muy malo!...

—Suponeos... el recuerdo —dijo el barón, acompañando la palabra con uno de sus más profundos improvisados suspiros.

La baronesa arrugó el entrecejo, como si le hubiesen dicho una cosa fuera del alcance de su inteligencia, en forma impremeditada.

—¿El recuerdo? —repitió ella—. ¿Recuerdo de qué? ¡No os entiendo!

—¡Oh!, señora baronesa... ¿recuerdo de qué?

—¿Perdisteis tal vez algunos fondos?

—Perdí más que eso. ¡Mucho más!

—Me parece que no entiendo; ¿alguna joya de gran valor y estimación?

—Todavía más.

—Pues no acierto... Sed más explícito.

—¡Ah!, perdí... esto es... quiero decir que hubo un tiempo en que perdí algo grande.

—Acabad de una vez, os lo ruego.

—Os perdí, señora —dijo por fin el barón, haciendo un desgraciadísimo gesto cómico que hizo reír a la baronesa, con aquella risa estudiada, seca y temible, que tanto la caracterizaba.

—¡Qué tal! —dijo ella—, ¿y no os acordasteis de poner avisos? Creo que siempre lo esperasteis todo del tiempo y de la paciencia, mi querido barón.

—¡Oh!, sí, lo esperé todo porque vos sois un ángel, y descendiendo un poco a la tierra, sois una mujer como hay pocas, y vuestra inteligencia llega a lo maravilloso, a lo sublime.

—Vos sois un hombre harto amable —dijo la baronesa, continuando al cabo de una breve pausa—; ¿sabéis que me ha gustado hablar con vos?

—Dejemos eso; pero creo que me habéis dicho que pensabais partir para Civita-Vechia, ¿verdad?

—Tal vez lo dijera... pero ya desisto de hacerlo; viajar sola es muy triste.

—Ciertamente, baronesa, es muy triste. Yo detesto el aislamiento, y una vez que de este modo convenimos en nuestros gustos, yo llevo mi atrevimiento hasta el punto de ofreceros una compañía, con toda humildad...

—Eso es tan vago...

—La mía, si es que vale algo.

—¿Es de veras? ¡Sois encantador! Yo la acepto, barón, la acepto con interés, con todo interés.

—¡Oh!, baronesa... —exclamó él levantándose y abriendo los brazos como si tratase de abrazarla. Ella hizo lo mismo, pero deteniéndose con rapidez retrocedió un paso y volvió a sentarse con toda calma, tal como si nada sucediese.

Fue esta frialdad una puñalada para el pobre barón, que estuvo a punto de abrazar nada menos que tres millones de francos.

—Esperad, señor —dijo la baronesa con pasmosa sangre fría—. Si el sentimiento del recuerdo os produce tan fuerte sensación como la que me confesasteis, yo sufro en este momento otro no menos poderoso que el vuestro; es producido por el recuerdo de un hecho pasado, el simple hecho de una carta.

Esas palabras eran una especie de estocada seca e imprevista, que el barón no pudo evitar, y que le hizo palidecer intensamente.

—Cuando salisteis de París, recibí una carta con vuestra firma; esa carta contenía frases memorables que acaso recordéis aún. ¿Sabéis?

—¡Oh!, creo que no.

—Pues bien, he aquí la carta.

Diciendo esto, sacó del bolsillo una cartera de marfil y de ella una carta que desdobló y se dispuso a leerla en voz alta.

—Escuchad, barón; esta carta me hace dudar de muchas cosas y entre ellas de vuestra existencia, escuchad con atención:

"Mi señora y fidelísima esposa: Cuando recibáis esta carta ya no tendréis marido... ¡Oh!, no os asustéis, no tendréis marido del mismo modo que ya no tenéis hija; quiero decir, me encontraré recorriendo alguno de los caminos por donde se sale de Francia. Os debo explicaciones, y como sois mujer capaz de entenderlas bien, voy a dároslas. Oídme, pues... Esta mañana me fue presentada una letra a la vista de cinco millones que satisfacer; pero se presentó luego otra de igual suma cuyo abono prometí para el día siguiente. Ahora lo entenderéis bien, ¿no es así, mi querida y fidelísima esposa? Y de cierto que me entendéis, porque os halláis tan al corriente de mis negocios como yo mismo o tal vez mejor. ¿No os ha admirado, señora, la rapidez de mi caída y evaporación repentina de mi fortuna? En cuanto a mí, declaro que sólo he visto el fuego que la derritió; espero que habréis recogido algún oro de las cenizas. Con esta consoladora esperanza, me retiro, mi discretísima esposa, sin que mi conciencia me acuse de abandonaros desde que os restan amigos, las cenizas que he dicho, y por cúmulo de ventura, la libertad que os restituyo.

"Con todo, señora, es ahora el momento de colocar en este párrafo dos palabras de explicación confidencial. Mientras esperé que trabajaseis en el aumento de nuestra casa, y de la fortuna de nuestra hija, cerré filosóficamente los ojos; mas, como convertirteis la casa en una vasta ruina, no quiero servir de base a la fortuna ajena.

"Os tomé rica, pero poco honrada... Perdonad que me explique con esta franqueza. Aumenté nuestra fortuna, que por espacio de quince años fue siempre en progreso, hasta el momento en que desconocidos accidentes vinieron a derrumbarla, sin haber yo contribuido a ello. Vos, en tanto, señora, que habéis solamente trabajado en aumentar vuestros haberes, en lo que estoy convencido habréis logrado buen suceso. Os dejo, pues, como os recibí, rica y poco honrada.

"¡Adiós! Yo voy también desde hoy a trabajar por mi cuenta. Creed que os estoy grato por el ejemplo que me disteis, y que voy a poner en práctica.

"Vuestro afectísimo esposo,

*"Barón Danglars".*

Durante el tiempo que duró la lectura de esta carta, el barón mudó de color repetidas veces, y por instinto miró dos o tres veces hacia el aposento. La baronesa no quitaba la mirada fría y penetrante del rostro de su pobre marido, que empezaba a comprender cuán triste era la figura que representaba allí.

Con la confusión y embarazo del antiguo capitalista, saboreaba muy lentamente su próxima venganza.

—Señor barón —dijo ella, riendo a carcajadas—; ¿cómo, siendo yo poco honrada, según vuestra confesión, os ofrecéis para acompañarme ahora?

—Baronesa —contestó él, buscando una sonrisa rebelde en la extremidad de sus labios gruesos y ennegrecidos—, creed que esta carta fue simplemente hija de un fatal momento de alucinación... ¡yo me veía perdido!, y vos que sois, como ya tuve el gusto de deciros, muy superior en inteligencia a la generalidad de las mujeres, ya deberíais haber comprendido todo eso.

—¿Desearíais, entonces, que os perdonase la locura de esta carta? —preguntó ella con malicia.

—¡Oh!, señora, os confieso que es ése mi ardiente deseo —exclamó el barón, sintiendo un nuevo rayo de esperanza.

—¿Podré creerlo?

—¡Oh!, sí señora; yo os ofendí... os pido perdón —dijo el señor Danglars, teniendo la feliz idea de poner una rodilla en la alfombra y de inclinar la frente casi a los pies de su mujer. Fue en este momento que la baronesa parecía haber gozado su mejor triunfo; retrocedió rápidamente dos pasos y soltó una carcajada, cuyo eco vibró por mucho tiempo en el pecho del barón.

—¡Hombre vil y despreciable! —gritó la señora Danglars—; ¡aquí estás finalmente humillado a mis pies, y solicitando con tus labios el perdón de tus expresiones groseras! ¡Yo, empero, no te perdono, porque también soy culpable!... Levantaos, señor... ¡idos!... ¡vuestra fortuna está acabada y aniquilada para siempre en la tierra! Veo que no tenéis un ochavo, porque solicitasteis uniros conmigo, suponiendo que yo poseía todavía los fondos que me dejasteis en París... ¡Ah! ¡Estoy pobre, y sólo puedo entrever un futuro de mediocridad... o tal vez de completa miseria! Id, señor barón Danglars; aun cuando así no fuese, jamás os convendría la mujer que os deshonró y a la cual abandonasteis; no os acrimino por este abandono, pero os desprecio por vuestro procedimiento de hoy, que me revela no existir en vos el menor sentimiento de pundonor y probidad.

La baronesa soltó una nueva carcajada, convulsiva y delirante.

El barón estaba desolado.

—Dios o algún hombre extraordinario juró la ruina total de vuestra casa, y vuestra casa se derrumbó piedra por piedra —continuó ella, dejando ver en su mirada ardiente y vaga el fuego de un delirio súbito y terrible—. ¡Y ese hombre ha jurado también mi vergüenza y mi miseria! Retiraos, Danglars, que nuestros hálitos nos envenenan mutuamente, como si se combinasen para producir en el aire un veneno terrible... ¡Ah! ¡Miseria!... ¡miseria con todos sus horrores y envilecimientos, tú me descubres el fantasma pálido y amenazador que la opulencia ocultaba a mis ojos!, y ese fantasma es la conciencia... ¡el remordimiento! ¡Sí, eso!

La baronesa ocultó el rostro entre las manos y permaneció así, en pie, durante mucho tiempo, con el cuerpo inclinado. Cuando volvió en sí, tenía la fuerza convulsiva que el fuego de la fiebre presta a los delirantes. Miró con calma por el aposento, deteniendo la vista sobre cada objeto como para fijarlo en su recuerdo, y se dirigió a su escritorio, donde se sentó abatida reuniendo el dinero que Benedetto le había dejado. El barón, aprovechando el estado de estupor en que parecía haber caído su mujer, había tomado el sombrero y salió sin hacer el menor ruido, completamente confundido. ¡Era una mujer difícil de luchar con ella!

## CAPÍTULO XVI

# EL SALTEADOR ROMANO Y EL LADRÓN PARISIENSE

Luego de cometido el robo por Benedetto en la posada de Londres, ¿qué otra cosa quedaba a la señora Danglars que una vida de miseria?

Había reunido sus fondos y los guardaba con el firme propósito de colocarlos en alguna casa romana para vivir de sus rentas, que le proporcionasen un porvenir opulento; pero este proyecto quedaba destruido por aquel hecho, incluso antes de realizarse, y la desdichada se veía sin el menor recurso, apenas se le acabasen los sesenta mil francos de que hemos hablado. La baronesa no era mujer para humillarse recurriendo a su hija, sobre todo después de la visita que le había hecho. Así, pues, tomó el único partido que en aquel momento le era posible; esto es: hizo una pequeña limosna a un convento pobre y pidió que la admitiesen bajo las bóvedas sagradas del claustro en calidad de recogida provisional.

Allí en la soledad y el silencio, meditó sobre su extraordinario pasado, conociendo los errores en que había incurrido y viendo en el presente un benigno castigo. ¡Altiva y orgullosa, en otro tiempo, toda su altivez y orgullo se habían sepultado ahora en la humilde sencillez de un claustro! Allí vertía amargas lágrimas sobre aquel hijo de su criminal amor y de sus adúlteras relaciones con el señor de Villefort; de aquel hijo de la corrupción y del crimen a quien el cielo parecía haber negado su bendición en el mundo, como se la negaron sus padres. El porvenir de ese joven la hacía temblar; y adivinando instintivamente el fin de aquella existencia criminal y agitada, se preguntaba a sí misma, al claustro y a Dios, si estaría destinada a arrastrarse de miseria en miseria hasta llegar a recoger al pie del cadalso la cabeza ensangrentada del desgraciado a quien ella había dado el ser y la infelicidad al nacer.

Cuando un golpe repentino e inesperado derriba el edificio de nuestra fortuna o de nuestras pasiones, que, por decirlo así, constituía nuestra alma social, es cuando nos acordamos de que hay en nosotros, además de ese principio que nos dirige en el mundo, otro más positivo, cuya influencia sobre nuestro ser, sólo la muerte puede destruir, aniquilando nuestro cuerpo. A esa influencia del principio divino, que recibimos cuando por primera vez aspiramos el aire de la vida, debemos ese sentimiento superior que se llama arrepentimiento, y por él creemos en la existencia de un Dios lleno de bondad y de justicia, a quien habíamos olvidado en el laberinto de nuestra vida agitada. Era, pues, el nombre de ese Dios omnipotente la palabra que sin cesar repetían los labios de la baronesa, y cuyo poder sentía con más vehemencia su corazón desde que había experimentado el golpe que le privó de su fortuna, haciéndola buscar en la soledad del claustro el único calmante para sus dolores: la oración, el rezo.

Aunque el barón Danglars había tratado de encontrar de nuevo a Benedetto, no pudo conseguirlo; el famoso ladrón, ayudado por el poder de cerca de tres millones de francos, supo substraerse tan bien a las pesquisas del barón, que éste hubo de conformarse con la idea de solicitar nuevamente su empleo de portero del Teatro Argentino, con el pensamiento en la única tabla de salvación que se le ofrecía; esto es, el amparo de Eugenia d'Armilly.

Si bien Benedetto poseía una fortuna casi igual a la que había robado a la baronesa Danglars, no por eso se detuvo en su carrera de crímenes, sino que muy pronto combinó un nuevo golpe, con cuyo motivo empezó a planearlo desde luego. Habiendo tenido noticia del premio que el Gobierno de Su Santidad ofrecía por la cabeza del célebre Luis Vampa, bandido cuya caverna se ignoraba aún, y que asolaba con asombrosa audacia los suburbios de Roma, dispúsose a hacer una misteriosa visita al intendente de policía; pero, reflexionando mejor el hecho, y viendo que la baronesa Danglars no lo hacía perseguir, quizá por haber perdido su pista, ordenó a Pipino que hiciese demorar el buque algunos días más, y esperó él mismo también una ocasión más propicia de trabajar con buen éxito.

La entrevista acordada en el Coliseo, realizóse, y Luis Vampa creyó como Pipino, que Benedetto hablaba de ese hombre a quien un destino fatal le había ligado (como él decía), influyendo ella tanto en el bandido romano, que fue gradualmente debilitando el prestigio del conde entre aquella gente, que, como ya lo hemos dicho, era sumamente supersticiosa a pesar de su terrible oficio de asesinos.

Llevó Benedetto su audacia hasta dejar entrever al bandido Vampa el vivo deseo que tenía de librarse del poder del conde de Montecristo, apoderándose de ciertos secretos que él poseía en la nigromancia; y el bandido empezó a meditar seriamente las conveniencias que le resultarían de someter al conde a su voluntad, en vez de estar él plegado a la del conde como un esclavo.

Era Vampa ambicioso como todos los de su especie; las riquezas de Montecristo le daban envidia, y la conspiración no tardó en tramarse, guiada y dirigida por la traviesa imaginación de Benedetto, vale decir, por el interesado.

—¡Oh!, el poder del conde —les decía a Luis Vampa y a Pipino—, está en mi mano; haciendo un pequeño paréntesis de tolerancia a vuestro sistema religioso, guardaremos aquella preciosa reliquia, que constituye todo el poder del conde; seremos terribles.

Esa mano del muerto le indicó el secreto que cubría el camino que lo llevó a sus minas de inagotables tesoros... Yo debería salir de Roma para ir a hacer entrega al conde, mi señor, del precioso cofre que le ha sido robado; pero si vos queréis ayudarme, me quedaré en Roma y trabajaré por el interés general, partiendo las utilidades.

Vampa y Pipino admitieron la proposición de Benedetto, quien a su vez, por lo que ellos le dijeron, supo que Montecristo estaba en Oriente.

Pero entretanto, el hijo de Villefort trabajaba para entregar a las autoridades al temible salteador romano, y acechaba una ocasión segura de lucrar en esta pequeña transacción con la justicia. Benedetto observaba, admirado profundamente, que el bandido, lejos de ocultarse, se dejaba ver frecuentemente en los espectáculos públicos, y especialmente en el teatro; y de eso dedujo que Luis Vampa tenía gran confianza en sí mismo o en los policías. Luego, admitiendo este segundo caso como más probable, érale necesaria una gran sutileza en su premeditada traición para que aquél no tuviese aviso de alguno de esos mismos agentes, a quienes sin duda él hacía por su generosidad las diligencias en favor de su libertad.

Benedetto espiaba con cuidado hasta el menor movimiento y gesto de Vampa; de modo que a las tres o cuatro noches de asistir con él al Teatro Argentino, conoció que Vampa no era insensible a los encantos de la señorita Eugenia d'Armilly, la cantante.

En realidad, Luis Vampa se sentía impresionado en extremo por el aire varonil y arrogante de la joven d'Armilly; su impresión se trocó rápidamente en un fuerte sentimiento que agitaba noche y día el corazón del bandido; y devorado por aquel fuego violento de su carácter resuelto y audaz, emprendió la posesión de esa mujer que lo fascinaba desde el palco escénico del Teatro Argentino, como un seductor.

Una sonrisa de triunfo vagó en los labios de Benedetto cuando leyó en la ardiente mirada de Luis Vampa la pasión que le dominaba, devorándolo.

Fue entonces cuando él espió sus menores movimientos, siguiéndole paso a paso por todas partes, hasta que, al cabo de alguno días, lo vio entrar en una casa de pobre apariencia, en que vivía aquella anciana mujer que favorecía las antiguas metamorfosis del supuesto joven Servieres. Benedetto, después de averiguar quien era esta mujer, comprendió sin dificultad el objeto de las visitas de Vampa, y combinando en seguida todas sus ideas, se trazó en el acto un plan que pasó a poner en práctica, seguro del éxito.

Cuando Benedetto se halló al siguiente día con el bandido Luis Vampa, entró con él en una taberna poco frecuentada, y se sentaron allí en un oscuro rincón, como dos hombres que tienen que tratar sobre cosas muy misteriosas. Benedetto permaneció un momento pensativo, y luego se expresó de esta manera:

—¿Sabéis, señor, que acabo de encontrar y reconocer en Roma una mujer francesa que huyó de París con su padre después de robar a un príncipe Cavalcanti con quien había convenido casarse? ¿Sabéis la historia esa?

—¿Y qué me importa eso? —preguntó Luis Vampa recostando su mano en la silla con aire indiferente.

—¡Oh!, es que ignoráis dos hechos de grande importancia en todo este negocio: el príncipe de Cavalcanti era riquísimo; y el conde de Montecristo era íntimo amigo del príncipe, que hoy está en la mayor desgracia.

—¿Queréis decir robado?

—¡Es lo mismo! —replicó Benedetto.

—Pues bien; ¿qué me importa que el príncipe haya sido riquísimo y muy amigo suyo el conde? No comprendo.

—Voy a explicároslo, señor —dijo Benedetto continuando con aire de importancia—. Primero: siendo el príncipe de Cavalcanti riquísimo, comprenderéis que el robo fue muy considerable. Segundo: siendo el conde muy amigo del príncipe, me ha dado el nombre de la que le ha robado, encargándome que la hiciese prender dondequiera que la encontrase, pues que él ha jurado rehabilitar al pobre Cavalcanti. Y ahora os prevengo que esa mujer está en Roma con su padre; y yo en vez de acudir a la justicia de los tribunales delatándola, vengo a proponeros este pequeño negocio. Será un éxito.

—¿Cómo se llama la mujer? —preguntó Vampa, en cuya fisonomía se notaba cierto principio de interés despertado por las últimas palabras de Benedetto. ¡La codicia del oro!...

—¡Oh!, su nombre... —replicó éste con calma— no es nombre oscuro y plebeyo. Pertenece a la familia de los Servieres por parte de madre, y a la de Danglars por su padre, aquel célebre barón, a quien robasteis seis millones de francos por orden del conde de Montecristo. Se llama Eugenia Danglars, por concluir de una vez, y es conocida hoy en Roma por el nombre de Eugenia d'Armilly. Eso es todo.

Vampa se estremeció a causa de la sorpresa que procuró disimular en seguida con la inmovilidad de su semblante y de su cuerpo. Benedetto aparentó no haber observado el movimiento de Vampa, y continuó con toda jovialidad la información.

—Y la tal joven es ni más ni menos que la hermosa cantatriz del Argentino; ésa que admiramos allí con su candidez de paloma, engañando al pueblo romano... ¿qué os parece?

—¡Pero en qué lo engaña!, veamos —dijo Vampa con la voz demudada.

—¡Oh!, en nada, señor —respondió Benedetto—; yo quería deciros únicamente que al verla nadie sería capaz de creer que ella concibiese y ejecutase tal hecho con sutileza y coraje.

Vampa quedó un momento en silencio, hondamente preocupado.

—¿Y quién es su padre? —preguntó luego—. Me habéis dicho que también estaba en Roma, según creo...

—¡Oh!, su padre es un viejo pícaro y taimado, capaz de todo. Lo hallé días pasados en un pequeño paseo que hice a la ciudadela de Acqua Pendente, cerca de la que posee una casa con un jardín de recreo, lujosísima.

—¿Vive en inteligencia con su hija?

—¿Y qué os importa eso? —preguntó a su vez Benedetto, con sorna.

—¡Cómo no! —dijo el bandido, simulando una sonrisa forzada—; tuvisteis la idea de proponerme este pequeño negocio ¿y os admiráis de que os pida detalles? ¡Vamos, camarada!...

—¡Ah! ¿Entonces aceptáis la propuesta? ¿Quiere decir eso?

—Explicádmela y veremos.

—¿Es posible que vos necesitéis de explicaciones? Pero ya que lo deseáis, yo os las daré. Vos podríais perderme y hacerme caer en desgracia el día que quisieseis contar al conde, mi amo, la poca fidelidad con que le sirvo en Roma; y yo también podría agarrarme de vos y gritar bien alto *¡ecce-homo!* Pero ni vos ni yo haremos tal cosa, porque nos entendemos a las mil maravillas. Pues bien, mi proyecto es de común interés para los dos. ¿Entendéis?

Es claro que habiendo la señorita Eugenia d'Armilly robado al príncipe Cavalcanti, con quien estaba a punto de casarse, deberá poseer hoy ese no pequeño capital. Y bien; en este caso se hace una ligera violencia a la libertad de la señorita Eugenia d'Armilly, y se le propone un rescate equivalente a lo que ella vale, y después arreglaremos cuentas, capitán. ¿Os conviene?

—¡Oh! ¡A Eugenia d'Armilly! —gritó súbitamente Vampa, golpeando con su puño cerrado sobre la mesa que se estremeció por la violencia del choque.

—¡Hola! ¿Qué es eso? —preguntó Benedetto, sorprendido.

—¿Queréis trabajar de acuerdo conmigo? —preguntó a su vez Luis Vampa.

—Quiero. ¡Esa es mi respuesta!

—Pues bien —agregó aquél, alargándole la mano—; mañana a estas horas en el Coliseo. ¡Nada más!

—¡En el Coliseo! —repitió Benedetto apretando la mano de Vampa.

—Al pie de la cuarta columna del pórtico interior, en las galerías.

—No faltaré.

—Solo. Completamente solo.

—Hasta mañana, pues, capitán.

Benedetto y Vampa, que a este tiempo salían ya de la taberna, se alejaron con rapidez por rumbos opuestos.

—¡Oh! —murmuró Vampa, viéndole alejarse—; traicionaste al que servías y me traicionarás también a mí cuando te convenga. Tendrás, pues, el fin del traidor, luego que hayas servido de escalón, para mis deseos.

Esta amenaza, lanzada por el temible salteador romano, habría hecho estremecer a Benedetto si hubiese observado el gesto inteligente y audaz que la acompañara, pero nada pudo presentir.

## CAPÍTULO XVII

# LA CORONA

Los enormes fueros de las clases aristocráticas no se compaginan con la imaginación libre de un artista cualquiera, en quien se agita el sentimiento noble de una elevada inspiración. Así, pues, era un abismo el que separaba a Eugenia Danglars de la autora de sus días.

La niña, por otra parte, jamás había conocido ese tierno cuidado, ese cariño maternal, gracias al que una hija adquiere para con su madre una deuda más sagrada aún que la del nacimiento. La palabra madre no significaba para ella desde muy niña otra cosa que el ser a quien debía su existencia, y nada más. Luego, ¿cuál sería la poderosa fuerza de simpatía que la obligase a echarse en brazos de esa mujer que se mofaba del más íntimo de los votos de su alma? Ninguna.

Eugenia apartó los ojos del pasado entre cuyas sombras se perdían ambas personas que le habían dado el ser, obedeciendo sólo a la simple ley de reproducción, para dirigirlos al presente a la mujer a quien debía la instrucción y la amistad; abarcaba con aspecto risueño el inmenso porvenir que tenía a sus ojos, en el que le parecía vislumbrar en lontananza, escritas con letras de fuego, estas sencillas palabras: "El arte y la gloria, por encima de todo".

Pocos días más tarde, o sea después del diálogo entre Vampa y Benedetto en el lugar ya indicado, se notaba en Eugenia d'Armilly un pensamiento que dibujaba sobre su frente una leve nube de tristeza. Varias veces había advertido Luisa que Eugenia, contra su habitual costumbre, buscaba la soledad y el aislamiento; en esos momentos, una lágrima se deslizaba por las mejillas de la artista, como prueba evidente de un grande y secreto acontecimiento en su vida íntima, y Luisa intentaba en vano enjugar con un beso esa lágrima furtiva; porque después de esta corría otra como para dar a comprender a la desinteresada amiga de Eugenia, que la causa que las hacía brotar no podía ser destruída por los halagos y caricias de una mujer, si no algo más hondo.

Una tarde en que Eugenia, huyendo de la compañía de Luisa, se había sentado triste y pensativa frente a la ventana de su cuarto, mirando tranquila los últimos rayos del sol que poco a poco iban subiendo al cimborio del majestuoso edificio de San Pedro, envolviendo así en sombras la metrópoli del mundo cristiano; un imperceptible gemido salía del pecho de Eugenia, y dos lágrimas temblaban entre las espesas y negras pestañas de sus lindos ojos, como dos perlas de rocío en las hojas de una flor. Luisa había entrado sin ser sentida por Eugenia, y la contemplaba con interés hacía algunos instantes, adivinando en la languidez de su semblante lo que ya había sospechado desde algunos días; así, pues, se acercó a Eugenia, apoyándose ligeramente en su hombro, y le dio un beso en la mejilla murmurando

—¡Pobre amiga mía! ¡Qué triste estás!

—Luisa —respondió Eugenia sin sobresalto, pero ruborizándose.

—Ved cómo al cabo venís a respirar en el aire de Italia el dulce veneno de Corma y del Tasso... ¿no es verdad, mi querida amiga? —preguntó Luisa.

—¡Oh! ¿Debo yo por ventura tener secretos contigo, Luisa, cuando tengo la seguridad de que no es una simple ilusión lo que experimento?...

—¡Acaso te daña este sentimiento que no es una simple ilusión... porque él es superior a tu voluntad, y cubre con una nube de tristeza tu rostro, animado y enérgico en otro tiempo, mi querida Eugenia! ¡Qué contraste!...

—Es verdad, Luisa... Esto es superior a mi voluntad, como yo fui superior a cualquier sentimiento que pudiera dominarme. ¡Oh! ¿No te acuerdas cuando me burlaba de esas locas protestas de un repentino y profundo amor, cuyas confesiones menudeaban en torno de nosotras, y a las que yo respondía con una sonrisa incrédula a pesar de los suspiros que acompañaban las miradas apasionadas que se nos dirían? ¿Te acuerdas de ese tiempo exento de pesares, en que mi alma se creía libre del tributo a que todas están sujetas en el mundo? ¡Y al cabo soy como todas las mujeres; empiezo a padecer... porque empiezo a amar!

—En lo que atañe a tu sufrimiento, amiga mía, yo te ofrezco un pecho cariñoso a quien confiar tus penas y secretos.

—Lo acepto, Luisa mía, lo acepto —respondió Eugenia, oprimiéndole las manos y besándola—. Yo no me sentía con valor para confesarte este sentimiento que me domina; escúchame, puesto que lo has adivinado.

Y guardó silencio un rato, como si coordinase sus ideas para empezar la narración.

—Tú me habías aconsejado que jamás detuviese mis ojos en un solo hombre cuando subiese al proscenio, sino que pasase siempre la vista por toda la platea sin procurar distinguir ni conocer a nadie, como si toda la concurrencia estuviese a gran distancia de mí. Así lo hice siempre; veía ante mis ojos un inmenso auditorio, pero no lo veía sino como se ve una oscura nube que pasa a nuestros pies cuando nos hallamos en la cumbre de una elevada montaña. Pero una noche, sin embargo, había allí un hombre que se elevaba entre aquella masa viva e indefinida; su rostro radiaba en expresiva belleza y brillaban en él apasionadas miradas que me devoraban, me abrasaban... ¡Sí, me enloquecían! Cuando el auditorio rompió en aplausos, aquel hombre siguió inmóvil, y expresaba más con su vista de lo que pudieran decir mil labios delirantes que me llamaban al proscenio. ¡Desde esa noche aquella figura aparecía siempre a mis ojos en el mismo lugar, con la misma expresión y la misma mirada de fuego que me arrebataba, Luisa!

—¿Quién es él?

Qué importa... es un hombre a quien amo; un hombre que me inspira una pasión profunda y verdadera, que no soy dueña de dominar.

Sucedió otro instante de silencio, durante el cual la joven ocultó el rostro entre sus manos, sollozando. Luisa lanzaba una mirada inquieta sobre su amiga, y sus labios se agitaban blandamente, como si murmurasen la palabra "desgraciada"...

—¿Y tú conoces a ese hombre, mi querida Eugenia? —le preguntó.

—¡No! Unicamente sé que es el dueño de mi pensamiento desde la primera noche que le he visto! ¡Quién sabe cuánto tiempo ha que me sigue sin que yo lo haya notado! ¡Ah! Luisa, mi buena Luisa; yo que me burlaba de esa palabra inventada por los hombres para bautizar con ella sus locuras; de esa palabra amor, adorno perpetuo de los labios de todos los hombres y mujeres de moda, ¡veme aquí teniendo no sólo en mis labios, sino también en mi corazón, el sentimiento que esa palabra produce! Heme aquí vulgar como una joven cualquiera de mi edad, enamorada completamente.

—Creo que te engañas, Eugenia, una joven de tus años no sabría sentir como tú sientes ahora. Esa pasión profunda que se desenvuelve en tu pecho, bajo la mirada inflamada de un hombre, te dará más poesía, más encanto, porque te elevará sobre ti misma si eso puede decirse. Todo puede ser considerado por su buena o mala faz; pero acuérdate que el solo hecho de dejar conocer a un hombre el imperio que ejerce sobre el ánimo de una mujer, antes que ella conozca el fondo de su carácter, puede acarrear grandes desgracias, Eugenia.

—¡Pero no temas! —dijo ella—; jamás conocerá el alcance de la pasión que me inspira; sabré guardarla.

—Tal vez —murmuró Luisa.

En el mismo instante la señora Aspasia penetró a anunciarles la llegada del carruaje que debía conducirlas al teatro, como de costumbre.

Eugenia enjugó sus ojos húmedos aún por el dulcísimo llanto que el amor le hacía derramar por uno de sus locos caprichos sobre las frescas rosas de su virginal semblante, después echó sobre sus hombros un chal, y en compañía de Luisa bajó la escalera y subió al carruaje que partió de inmediato.

Cuando entraron al proscenio, Eugenia se detuvo un instante frente al telón de boca que por el momento las ocultaba a las miradas de la platea, y pareció querer dominar el deseo que la impelía a examinar el patio por los agujeros del telón; pero no pudo vencerse y avanzó. Luisa la seguía, y se puso a su lado muda e inmóvil, contemplándola.

Un ligero estremecimiento agitó el cuerpo de Eugenia, se dilató su pecho y se entreabrieron sus labios, dejando escapar un profundo suspiro.

—¡Allí está! —exclamó Eugenia—. ¡Oh! Siempre, siempre superior a la platea, puesto de pie en la galería, y pronto a lanzar sobre mí su mirada ardiente y expresiva, dominadora.

—¿Y no es esto una locura, amiga mía? —continuó diciendo a Luisa—. ¿Dejarme dominar por la mirada de un hombre, de un hombre a quien no conozco, a quien no he visto apenas y de quien aún no he oído el sonido de su voz? ¡Ah! ¡Pero él es efectivamente hermoso! En su trigueño semblante, en su barba negra como el ébano, se retrata el tipo de la fuerza; sus ojos rasgados y llenos de inteligencia, manifiestan la nobleza y la altivez de su carácter. ¡Míralo, Luisa, qué noble y hermoso es, cómo parece mirar con desdén y frialdad esa platea que lo cerca, pero como si existiera lejos de él, indiferente!

Iba a contestarle Luisa, pero el silbato del escenario hizo señal de desocupar la escena, y le impidió que tuviese tiempo de examinar al hombre que Eugenia le describía con entusiasmo. Las dos amigas se retiraron pausadamente entre bastidores, y escucharon con cierta emoción las primeras armonías de la orquesta que comenzaba la sinfonía de obertura, preparándose.

Aquella noche era la última en que se daba la *Semíramis*, y el teatro se hallaba completamente atestado. Los *diletanti* no querían perder la última de esas embriagadoras noches de *Arsace* y de *Semíramis*, en que la voz y el semblante de las jóvenes d'Armilly parecían resucitar del polvo de los siglos aquellos dos personajes, con las mismas sensaciones que los agitaban en el amor y en el crimen.

Eugenia cantó esa noche como nunca; pero su mirada que paseaba otras veces impávida por la platea, sin corresponder aún a los que procuraban sorprenderla, parecía fijarse en alguien para dejar conocer que ése era el elegido de su alma enamorada.

Luego, al final del último acto, una corona magnífica, arrojada repentinamente por una mano invisible, cruzó el espacio, yendo a caer a los pies de Eugenia, que la levantó y besó como de costumbre, dominándose.

Cayó el telón al estrépito de repetidos aplausos y bravos, que se extinguían a proporción que el entusiasmo iba cediendo el lugar a los fríos comentarios de los críticos.

La corona que Eugenia acababa de recoger, y en la que parecía haberse olvidado el nombre de Luisa, era la más espléndida y rica de cuantas le habían sido ofrecidas durante el acto.

—En efecto —dijo Luisa, examinando la corona sin la más leve muestra de envidia, antes bien, poseída de un sincero placer—, sólo a un príncipe podría ocurrírsele regalarte esta corona, en que el oro y los brillantes resplandecen sin cesar, maravillosamente.

—Tal vez sea el obsequio de una nueva sociedad de esas que es costumbre organizar con este objeto —murmuró Eugenia, que sin embargo, creía otra cosa bien distinta de lo que decía; porque apenas se vio sola, besó con entusiasmo las cintas y las flores, buscando con mano trémula y agitada un objeto cuya presencia adivinaba.

Así era en verdad; un pequeño papel cuidadosamente doblado y sujeto entre las flores llamó la atención de Eugenia, que se apoderó inmediatamente de él disponiéndose a leerlo. Un ligero rubor coloreó sus mejillas, y los brazos le cayeron, sin fuerza para osar llevar a la altura de sus ojos la amorosa carta; pero la ansiedad del alma venció el temor de la virgen, y pudo leer.

He aquí el contenido:

"Señorita. ¡Divina musa!:

"Desde la primera noche que os he visto, me sentí preso y fascinado como todo el auditorio ante el cual aparecíais, por la expresión enérgica de vuestros ojos, de vuestro genio. Creyendo que esa sensación no pasase de la que generalmente me habéis producido hasta hoy, hice esfuerzos por evitarla y aun olvidarla; pero vuestra evocación me seguía siempre, y conocí que en mi corazón se abrigaba algo real y positivo que despertaba con él, el recuerdo de vuestra divina imagen. Hoy no vivo ni pienso sino por vos, y llega mi pasión al punto de haceros una declaración, como tantas que habréis aceptado; pero que no es como aquéllas, dictadas por las palabras. ¡Entre las sombras y el silencio existe un hombre poderoso que os adora con lo más puro y fiero de su corazón, todo aquello más íntimo de su alma, y que sufrirá una eternidad de tormentos, por una sola palabra de vuestros labios, tan bellos y encantadores, y que tanto dominaron mi afecto".

## CAPÍTULO XVIII

# APARECE DE NUEVO EL BANQUERO RETIRADO

Al día siguiente, luego que las jóvenes d'Armilly concluyeron su estudio, entró en la sala la señora Aspasia, y anunció un nombre que hizo temblar a Luisa, y que habría hecho soltar una carcajada a Eugenia, si no se sintiese herida por la profunda sensación que la conmovía en ese momento.

Este hombre era el del barón Danglars. Eugenia ya había conocido los cumplimientos con que su madre saludó su carrera de artista; y calculó desde luego que su padre presentaría el contraste de aquel orgullo de estirpe que alimentaba la baronesa Danglars y señora de Servieres, esto es, la hija de una de las más nobles familias de Francia. Volvióse, pues, hacia Luisa, diciéndole con una ligera sonrisa en los labios:

—No temas, mi buena amiga; conozco bastante al señor Danglars, y te aseguro que su visita será más agradable que la de mi madre. Vas a convencerte de ello.

En seguida hizo señal a la señora Aspasia para que introdujese al barón Danglars, que penetró poco después en la sala.

Vestía el barón con seriedad y cierto cuidado que dejaba conocer bien hallarse en buenas circunstancias. En su tosca fisonomía se retrataba el placer, expresando claramente la ambición de su alma avara, dominada por el afán del dinero.

—¡Hija mía! —exclamó con voz de falsete acompañada de un ademán de estudiada importancia—. ¡Oh! ¡Inútil sería preguntaros cómo estáis, porque, la salud y la felicidad forman en vuestro rostro un bello cuadro de animación, superior a la de las antiguas escuelas de Miguel Angel y Leonardo!

Eugenia cambió rápidamente con su amiga una mirada de inteligencia.

—Aunque yo padeciese, padre mío —dijo ella besándole la mano—, no lo podríais advertir porque en mi rostro sólo dejaría traslucir la sensación que experimento al saludaros. A más de él, el placer que siempre he tenido en estar al lado de mi querida Luisa d'Armilly, y el estudio del arte que profesamos, es un poderoso estímulo para animarme siempre.

—Permitid que os presente mis cumplimientos, señorita d'Armilly, y que os felicite por los desvelos con que formasteis el alma de vuestra interesante discípula —dijo afectadamente el barón, inclinándose ante Luisa d'Armilly.

—Tomad asiento, padre mío —dijo Eugenia señalándole una silla y sentándose ella al lado de su amiga.

Hubo un momento de silencio, durante el cual el barón Danglars se entretuvo en pasarse la mano por los cabellos, mirando con inquietud alrededor de sí como para reconocer bien la posición en que se había colocado súbitamente su presa, pues sentía se le iba de entre las manos, sin poder evitarlo.

—Bien, padre mío, ¿hace mucho tiempo que permanecéis en Roma? —preguntó Eugenia con marcada curiosidad, deseando investigar.

—Sí, hace algún tiempo, pero vivo un poco retirado... quiero decir, retirado de Roma, y aun del comercio. Felizmente, vi ayer con gran placer la bella *Semíramis* que ha entusiasmado a toda la población, como nunca sucediera en otras veladas. ¡Habéis estado formidable!...

—Perdonad, padre mío, pero entonces no podéis menos de haber visto también a mi amiga Luisa, ¿verdad?

—Así es, pero yo soy padre, Eugenia, y en mi corazón no había otro sentimiento que no fuese por vos, aun cuando a primera vista reconociese el talento de la señorita d'Armilly.

Luisa inclinó levemente la cabeza, y el barón, correspondiéndole, prosiguió a continuación:

—Pero como los ojos de un padre cariñoso son dotados de extraordinaria vista cuando se trata de sus hijos, me fue fácil conocer bajo la diadema de la reina de los asirios a la hija a quien siempre he idolatrado en lo íntimo de mi corazón. Formad ahora una idea de lo que sentiría, Eugenia, cuando oí a la sociedad de Roma aplaudir con entusiasmo delirante el genio elevado de mi hija. ¡Ah! Es imposible dejar de sentir cierto orgullo, sobre todo en un padre.

—¿Y cómo está mi madre? —preguntó Eugenia repentinamente, sin dejar de observar el sobresalto que el barón experimentó al escuchar tal pregunta. Eugenia notó que su madre no le hablara del barón, ni éste de la baronesa, y suponiendo que ellos estaban distanciados, quiso cerciorarse bien.

—Pues la baronesa —respondió el barón Danglars, acordándose de fingir un pequeño ataque de tos que le afectaba desde algún tiempo en ciertas ocasiones—; la baronesa viaja, sí, viaja...

—Es un bello pasatiempo —observó la señorita d'Armilly—. ¡Muy bello!...

—¿Y cómo no la habéis acompañado? —preguntó Eugenia, de pronto.

—Yo aprecio, antes que todo, el sosiego, mi querida Eugenia —respondió el barón—; estoy cansado y no doy importancia a los placeres que se gozan en los viajes, a trueque de grandes incomodidades. ¡Oh! —agregó tosiendo mucho—, yo no me avengo con los viajes, eso me fastidia enormemente.

—¿Me habéis dicho que vivíais algo retirado de Roma? ¿No es así?

—Es verdad; vivo cerca de la pequeña ciudad de Aqua Pendente, donde tengo una muy reducida vivienda que ahora pongo a vuestra disposición.

—Os lo agradecemos, padre mío; pero, por desgracia, no podré aprovecharme de vuestro obsequio, pues los trabajos consecutivos a que estamos obligadas por los contratos nos lo impiden, será más adelante.

—¡Oh! —interrumpió el barón—; mas yo espero al menos que me daréis el placer de una pequeñísima visita...

—¿Os interesa tanto esa visita?...

—¡Qué pregunta! —exclamó el barón—. ¡Voy a esperarla con gran interés!, y desde ahora confío en que no tardaréis en ir, acompañada de vuestra interesante profesora y amiga, a hacer una escala en mi pequeña propiedad, que también estará a vuestras órdenes, desde hoy en adelante, y a llenar de júbilo mi corazón de padre que os idolatra.

—Sois muy amable, padre mío.

—Os aseguro que no encontraréis aquellos enormes libros, aquellos interminables guarismos que tanto os incomodaban en mi gabinete de París. Ya me he retirado del comercio, felizmente.

—Os felicito —dijo Eugenia—. En los guarismos no existe la menor poesía.

—Se hacen abominables —dijo Luisa.

—Pero creo que no dejaréis de sacrificarles algunos momentos... por ejemplo, cuando recibáis el precio de vuestros contratos... que no debe ser pequeña cantidad; ¿no es así?

—Por quien soy, padre mío —exclamó Eugenia—; yo creo en la buena fe de los empresarios; y además, ¿qué valen diez o doce piastras de menos? ¡Nada!

El barón frunció las cejas y dijo:

—Pero esa falta, repetida diez veces, hace la suma de cien piastras, que con otras cien, hacen doscientas, y multiplicándolas en periodos sucesivos, mucho más.

—Nada importa —respondió Eugenia con toda la indiferencia posible para hacer ver al barón que las circunstancias económicas eran buenas, y por eso ella no tendría necesidad de aceptarle cosa alguna ni él tendría ocasión de ofrecerle nada.

—Muy bien, hija mía, yo respeto los diferentes modos de pensar. Ahora, lo que me resta, después de haberos abrazado, es daros las señas de mi casa, pues estoy cierto de vuestra delicadeza para que me atreva a dudar un solo instante, que me daréis el alegrón de abrazaros de nuevo con toda brevedad.

Diciendo esto sacó de su cartera una tarjeta riquísima y la entregó a Eugenia, que la tomó, interesada.

—Espero, señorita Luisa d'Armilly —añadió con una sonrisa que se esforzó en aparentar gentil—, que no rehusaréis acompañar a vuestra amiga.

—¡Oh! Jamás nos separamos, señor barón —contestó Luisa.

El barón se despidió de Eugenia, saludó a Luisa y se retiró satisfecho de la manera cómo se había ganado las simpatías de la primera, que era su deseo.

—Y bien, amiga mía —preguntó Eugenia, apenas el barón se hubo retirado—, ¿no ha estado mi padre extremadamente amable?

—Pero no comprendo yo bien esta diferencia —respondió Luisa—. En París era muy económico en sus palabras; y jamás se escuchaban de sus labios esas expresiones de ternura para con su hija, como acaba de usar hace poco.

—¡Oh! Es porque en París estaba en carácter.

—¿Cómo!

—Era banquero.

—¿Y qué importa?

—Un banquero no tiene hija, ni mujer, ni amigos... tiene guarismos nada más, toda la cabeza llena de ellos.

Es conveniente ahora que expliquemos nosotros el modo singular cómo el barón Danglars pasó rápidamente de su extremada penuria a poseer una pequeña casa cerca de Aqua Pendente; porque nuestros lectores deben tener curiosidad de saber cómo se operó esta metamorfosis, tan repentinamente.

Luego que el barón Danglars salió de casa de su hija Eugenia, se dirigió con rapidez a la plaza de España, que atravesó introduciéndose en la vía Frattina, luego pasó por entre los palacios Fiano y Róspoli, y siguiendo siempre con igual rapidez su camino se halló, por último, frente a la plaza del Pópolo, por la que extendió sus miradas como procurando distinguir algún conocido, pues siempre podría haberlos.

Un momento después vio dirigirse hacia él un hombre que atravesaba pausadamente el lugar donde se acostumbraba a colocar la tarima para las ejecuciones; ese hombre era Benedetto.

—¡Hola, señor barón! ¡Pronto habéis concluido la visita a vuestra hija Eugenia! Creía que tardaríais algo de más tiempo en abrazar a una hija que no habíais visto desde hace algunos años; tanto más cuanto que pienso que no faltaréis a los deberes de un buen padre, cariñoso y condescendiente.

—Sí, la vi, la abracé, y le he hablado —contestó el barón—; nada más tenía que hacer. ¿Os parece poco?

—¡Pero ni siquiera le habéis hecho el ofrecimiento de vuestra casa?

—¡Oh!, eso sí.

—Creo que no aceptaría vuestra oferta. ¿Verdad?

—Al contrario.

—¡Oh!, entonces os felicito, señor pues sería bien triste que entre un padre y una hija tan dignos uno de otro, no reinase la más perfecta armonía. Andando, señor barón, el carruaje nos espera y yo quiero instalaros en vuestra nueva estancia, pues tengo prisa en cumplir las órdenes de la baronesa, vuestra esposa.

—Sois muy amable, señor —dijo el barón, pasando a su lado—. Yo hago la justicia debida a vuestros méritos; pero tenéis un pequeñísimo defecto. Sois poco expresivo en vuestras palabras... esto es, habláis siempre en un sentido difuso... de manera que no conozco bien aún el verdadero rol que desempeñáis ante mí. Creo que sois un poco reservado, mi querido señor Andrés Cavalcanti.

—Sí y vos sois una cosa semejante al cántaro de las Danaides, respecto del cual la forma parece cumplir el voto a que ellas se habían sujetado por su castigo.

—No os comprendo —dijo el barón, abriendo desmesuradamente los ojos.

—Os quiero decir que cuando más os prodiga la fortuna sus favores, tanto menos contento os mostráis —dijo Benedetto—. Estabais pobre y casi miserable en Roma, viviendo apenas con el mezquino salario de portero de un teatro; os procuré una entrevista con vuestra mujer y os habéis mostrado tan estúpido, o tan sin arte, que ni aun supisteis abogar por vuestra causa.

—Os aseguro que hice todo cuanto pude —exclamó el barón—, pero la baronesa estaba inflamable como la pólvora, y aunque quise detener su terrible explosión, sin saber cómo sucedió, no pude evitar el gran desastre.

—Pues bien; supongamos eso —dijo Benedetto continuando el camino—. Hace ocho días que fui nuevamente a buscaros y os comuniqué las intenciones de la señora Danglars, de tal modo que os convencí de vuestra nueva independencia, ¡y todavía osáis decir que no comprendéis cuál es el papel que yo represento con vos! ¡Esto es ser más que tenaz, señor barón, demasiado tenaz!...

Mientras esto hablaban, habían llegado a un pequeño carruaje que había parado en la plazoleta de cierta calle próxima a una de las puertas de la ciudad; Benedetto hizo una señal al cochero, y abriendo la portezuela, invitó a su compañero a que subiese, y subió él en seguida, sentándose bruscamente al lado del barón, que se sobresaltó.

Acto continuo el carruaje se puso en marcha y a poco rato andaba por un camino que los alejaba de Roma.

Todo el viaje, el barón, abismado en la meditación de sus proyectos, no habló una sola palabra con Benedetto, y éste, tejiendo bien el hilo del enredo que había premeditado, tampoco interrumpió a su compañero de viaje.

Después de algunas horas, el coche, en vez de seguir el camino que se dirigía a Aqua Pendente, dobló a la izquierda y entró en una especie de senda a la derecha de la que se alzaban las ruinas de unos de esos famosos acueductos que abundan en las cercanías de Roma, y que, como ya lo hemos dicho al principio, se asemejan a disformes fantasmas petrificados en su carrera. Las piedras que el tiempo había arrancado de aquellas enormes masas de granito, rodaron por la campiña; y sus fragmentos, aquí y allí esparcidos o hacinados, obstruían el camino.

El carruaje empezó a caminar un poco más despacio, y el barón, asomándose a la portezuela, pudo distinguir perfectamente los objetos que le rodeaban; a corta distancia blanqueaban las paredes de una reducida vivienda, medio arruinada, y que parecía encajada en un reducido jardín inculto, en que la maleza y el musgo habían crecido por todas partes, libremente.

Al poco rato detúvose el carruaje frente a la puerta con gradas del jardín, donde se apearon el barón y Benedetto en seguida.

Seguro que en otro tiempo, el barón Danglars habría clasificado sin dilación la escuela a que pertenecían dos enormes estatuas de piedra que se elevaban sobre sus pedestales a los lados de la puerta; pero en ese momento se contentó con hacer notar el abandono con que se había dejado que el musgo y las malezas revistiesen sus contornos, debidos, sin duda, al cincel de algún hábil escultor.

—Entrad, barón —dijo Benedetto—, y dejaos de advertir abandonos, porque esta propiedad está sin habitar hace largo tiempo, y nadie pudo cuidarla.

Atravesaron la inculta alameda del jardín, subiendo luego la pequeña escalera de piedra cuyos escalones estaban tapizados de musgo; esta escalera conducía a una pequeña plataforma que tenía dos puertas a la casa. Allí se paró el barón un momento, dirigiendo una mirada triste que abarcó el jardín que le rodeaba. Por entre el boj crecido de las calles y la hierba espigada que abundaba en las piedras, se elevaban estatuas de mármol de diferentes tamaños, y todas muy deterioradas; había además un lago, en cuyas fangosas aguas se oían los saltos, zambullidos de una multitud de batracios que se escondían apresurados, huyendo del sonido de la voz y del ruido de los pasos del barón y de Benedetto. Todo era ruina, soledad y desolación.

Benedetto abrió una de las puertas de la plataforma y apareció a la vista de Danglars una sala cuyas paredes estaban forradas de raso en el que había tejidos algunos pasajes de la Mitología; tales como la caída de Faetonte, el suplicio de Prometeo, el rapto de Europa, el juicio de Paris y la vida de Helena.

Los muebles de esta sala eran riquísimos, y no presentaban aquel aspecto de ruina que se advertía en el jardín, aunque estuviesen cubiertos de una espesa capa de polvo y envueltos en las sutiles telas de esos insectos laboriosos, a que se llama arañas, y que parece fueron criadas por la Naturaleza para ofrecer constantemente al hombre la perspectiva de la utilidad que él puede sacar del trabajo diario de sus manos. En las ventanas colgaban cortinas de terciopelo descoloridas por la acción del sol; la estufa indicaba no haberse usado hacía mucho tiempo, y las tenazas, cubiertas de orín, estaban arrojadas en desorden lejos de allí, atestiguando el movimiento brusco de la última persona que las había usado, antes de marchar.

El barón, después de observar atentamente el aspecto de felicidad que le ofrecía este recinto, se aproximó a Benedetto, y osó interrumpir la meditación profunda a que parecía encontrarse frente a uno de los cuadros que se dibujaban en el tapiz de las paredes.

—Ved aquí —dijo Benedetto, sin fijar su atención en el barón—, ¡ved aquí representado el tribunal incorruptible que nunca juzga los hechos por los hombres, sino a los hombres por sus acciones! ¡Allí no había ni amigos, ni dinero; solamente había la ley que rige al Universo, y ante la cual se colocaba la corona o la espada sobre la cabeza del culpable, aunque éste fuese omnipotente como el mismo Dios!

En seguida soltó una carcajada.

—¡Un tribunal así, solamente podía existir en la fábula, y los hombres le dieron el lugar correspondiente después de reconocerse imperfectos en su justicia! ¡La vida real se encarga de hacernos comprender la fantasía de los artistas!

—¡Hola! Señor Andrés —exclamó el barón Danglars, maravillado de escuchar el lenguaje de Benedetto—; parece que os dedicáis al estudio de la moral de los hombres, y sus costumbres.

—Estudio un poco de todo, señor barón, porque mi camino en el mundo es harto difícil, y es preciso llegar al término de mi viaje. Dejemos entretanto las reflexiones a un lado, y vamos a lo que nos atañe. Esta casa os pertenece desde hoy; aquí tenéis vuestros títulos de posesión, están en orden.

Le entregó un papel, que el señor Danglars examinó con avidez, haciendo después un gesto de agradecimiento, completamente dominado.

# CAPÍTULO XIX

# LA VIA APPIA

Benedetto explicó al barón por medio de una de sus ingeniosas invenciones, de un modo tal la conducta de la baronesa, que éste creyó ciegamente cuanto le dijo de ella.

He aquí cómo:

La baronesa, afectada por un pesar oculto, determinó dejar la sociedad; pero no obstante, considerando la estrecha pobreza de su marido, quiso asegurarle cierto bienestar, y por lo mismo había comisionado a Benedetto de traspasarle los títulos de posesión de aquella propiedad, a los que la buena señora añadía un regular peculio que en las especuladoras manos de Danglars podía proporcionarle una renta suficiente para los gastos diarios de un banquero retirado. Resta ahora conocer las supuestas relaciones entre Benedetto y la señora Danglars; pero el barón conocía bien los caprichos de la interesante baronesa, y le importaban poco tales circunstancias una vez que ella había servido de causa para su mediana fortuna; así, pues, nada preguntó a Benedetto sobre ese punto, y sólo quiso saber algo sobre su nuevo estado.

Benedetto lo ejecutó lo mejor que pudo, y el barón Danglars se admiraba cada vez más de lo que acaecía, y sólo encontraba como una cosa muy extraordinaria el que se hubiese elegido una casa tan lejos de Roma. Pero entregado a sus nuevos proyectos de banquero retirado, olvidó en breve lo que en un principio le extrañó tanto.

Pasada una semana, ya la propiedad tenía alguna apariencia de confortable; esto es, el jardín estaba limpio, el polvo de los muebles sacudido, las estufas tenían calor, y dos criados servían con todo respeto al nuevo propietario.

Benedetto visitaba algunas veces al barón, que le recibía con el mejor agrado; en una de esas visitas halló al señor Danglars muy entretenido en los arreglos de su casa, y el ex banquero le anunció que al día siguiente le visitaría su hija Eugenia, tal como prometiera.

—¡Ah!, señor Andrés... yo no sé si debo o no pediros que me acompañéis... aquel suceso de París... Quién sabe si os será agradable encontraros con mi hija y os desagrade su presencia...

—De ningún modo puedo disponer mañana del día, señor barón —respondió Benedetto—; pero puedo daros un consejo que os servirá de más que mi presencia, mucho más.

—¿Cuál?

—Haced arreglar esto como para que pueda recibirse por una o dos noches a una señora. ¿Comprendéis?

—¡Y para qué!... —exclamó el barón estupefacto—. Una señora... ¡buen huésped por vida mía! ¿Quién es la señora? ¿Si no os explicáis?

—Vuestra hija, seguramente.

—¡Es posible!

—Ya os lo he dicho, barón.

—¿Tenéis, pues, el don de adivinar?

—Quizá. Nada os extrañe.

—Será tal vez debido a aquella célebre reliquia: la mano del muerto...

—Señor —exclamó Benedetto con un gesto imperioso que hizo helar en los labios del barón la risa burlona que a ellos asomaba—; ¡si pudiérais entender bien de lo que es capaz la mano del muerto, alzada aún sobre la tierra que le cubre... os estremeceríais con la misión horrible y misteriosa que tiene que realizar! ¡Señor, la justicia no debe ser un fantasma vano como los hombres se la figuran, ya refiriéndose a la ley del cielo o a la de la tierra! Para patentizar estas verdades... existió un poder absoluto, una voluntad superior y omnipotente que alzó del sepulcro la mano del muerto sobre el vivo, soberbio y orgulloso —al decir esto, Benedetto salió precipitadamente de la sala, dejando al barón impresionado por la rápida transformación que parecía haberse operado en el espíritu de aquel hombre

Salió Benedetto de la casa del barón, montó a caballo y se dirigió a toda prisa hacia la ciudad; pero en vez de atravesar la puerta continuó su camino extramuros y entró en la clásica vía Appia, yendo a pararse frente al circo de Caracalla, en las ruinas.

Ya era de noche; la luna acababa de salir lanzando los rayos de su pálida e incierta luz en aquella inmensa excavación circular que se presentaba a los pies de Benedetto, y en la que un alma timorata hubiera creído ver una procesión de fantasmas blancos, repitiendo entre los suspiros de la brisa los horrores que nos trae a la memoria el nombre del famoso tirano, pavor de Roma.

Benedetto, sin embargo, no prestaba la menor atención a estas ilusiones, y trataba de distinguir allí la presencia de una persona a quien buscaba, en ese lugar.

Al poco rato apareció; era un hombre embozado en una oscura capa y seguido de otros dos que se alejaron rápidamente a una señal misteriosa que les hizo, mientras él caminó en dirección a la vía Appia.

Benedetto salió a su encuentro y le dijo, acercándose:

—¡Pipino! ¿Eres tú?

—¡Excelentísimo! —respondió éste deteniéndose y mirando a su alrededor hasta que reconoció a Benedetto.

—¿Y las instrucciones que te di?

—Veamos. ¿Qué hace Luis Vampa?

—Dominado por una pasión misteriosa que le arrebata, hace ocho días con sus noches que no va por las catacumbas de San Sebastián, donde habitualmente está nuestro cuartel general. Nuestros valientes se quejan de este abandono; algunos de ellos, temerosos de que su jefe les haya traicionado, han huido. Yo, que en ausencia de Vampa, estoy al frente de la cuadrilla, apenas cuento con ocho hombres, que están más bien decididos a retirarse si Luis Vampa no se deja ver en breve; están confundidos.

—¡Bravo! —murmuró Benedetto—. ¿Y te has olvidado quizá de aumentar las sospechas de tus salteadores contra Luis Vampa? ¿Qué contestas?

—Al contrario. Ya les indiqué la idea de hacer particiones... pero las arcas están vacías, porque Vampa tuvo cuidado de limpiarlas, antes de marcharse.

—Eso no debe preocuparte, Pipino.

—Es verdad, excelentísimo; sobre todo desde que me habéis asegurado mi independencia —respondió aquél.

—¿Y el buque? ¿Qué hay de esto?

—Está fletado y pronto a la primera señal que me déis.

—¿La tripulación?

—Es de confianza y arrojo.

—¿El capitán?

—¡Oh! Excelentísimo —repitió Pipino suspirando—, me habéis dicho que el buque no debería tener más que piloto para dirigir la maniobra.

—Es verdad —replicó Benedetto—; ejecuta, pues, con cuidado lo que voy a encargarte ahora.

Pipino hizo un gesto de afirmación, y Benedetto prosiguió con cautela.

—Mira, pasado mañana, a las cinco de la mañana, te embarcarás; el buque me esperará hasta las seis. Abandona las catacumbas, y tus subordinados que busquen su vida...

—¡Oh! Excelentísimo —interrumpió Pipino al instante—; si los conocieseis... acaso los utilizaríais, porque todos son hombres de gran experiencia. Os advierto que este momento es el más oportuno para ganarles su afecto.

—No os comprendo —dijo Benedetto con aire imperioso—. ¿Por qué eso?

—Quiero decir que os dignéis bajar conmigo a las catacumbas donde ellos os esperan, en virtud de haberles ofrecido yo vuestra protección y apoyo.

—¡Eso es una locura! Podrían sorprendernos...

—Mirad, señor —contestó Pipino señalando en direcciones opuestas dos bultos que se distinguían a lo lejos por entre los monumentos de la vía

Appia—, allí están los centinelas que no dejarán aproximarse a nadie, ni al mismo Vampa si intentase volver a este sitio.

—¿Y de qué me servirían tus hombres?

—¡Oh! Son ocho; y estos ocho fueron elegidos por mí para tripular el buque; entre ellos hay cuatro que fueron marinos y conocen todos los puertos del Mediterráneo como todos los puertos de Italia. Os acompañarán a todas partes; y cuando ya no necesitéis de ellos ni de mí, arbolaremos bandera de corsarios en el mar Negro y el Archipiélago, donde se realizan buenas ganancias, sin mayores peligros.

—Veo que eres hombre de talento, Pipino —y después de un breve silencio agregó—. Camina, que yo te sigo, veo que tienes razón.

El bandido romano echó a andar delante de Benedetto, dirigiéndose por un camino en declive que conducía a una abertura practicada en el terreno y a cuya entrada estaba apostado un hombre de centinela.

Benedetto, siguiendo siempre al bandido, bajó una escalera deteriorada que se hallaba en una oscurísima bóveda.

Al final de una galería brillaba un hachón resinoso, cuya rojiza llama agitada por el viento, esparcía sus trémulos rayos en los muros del subterráneo. Benedetto observó que había en éstos muchas excavaciones que parecían hechas como para colocar en cada una un féretro, suponiendo que fuera un cementerio.

Al fin de la galería había una preciosa sala, y sobre un altar de granito estaba colocado el hachón; frente al altar se veía una mesa de mármol negro que parecía haber servido en otro tiempo de soporte a los cajones de los bienaventurados que allí se depositaban, pero que entonces actuaba de tabernáculo al festín de algunos hombres en cuyas fisonomías coloreadas por el reflejo de la llama y por el vino se retrataba el sello de sus vidas criminales.

Estos hombres cantaban a coro una canción grosera, cuyas últimas palabras eran: _la vendetta, la vendetta, la vendetta_, repetidas con énfasis y entusiasmo. Pipino se detuvo, y sonriéndose dijo en voz baja a su compañero:

—Dejemos que terminen. Juran vengarse de Vampa. ¡Esa es la canción!

Después se adelantó al centro del espacioso subterráneo, y sacando del cinto una pistola y un puñal, gritó:

—Amigos míos, levantaos: ¡he aquí nuestro jefe! Preparémosle la bóveda fuerte para demostrarle que puede estar seguro con nosotros, sin peligro.

Los bandidos no chistaron, se levantaron con rapidez, y colocándose unos en frente de otros, alzaron los brazos armados de pistolas y puñales, formándose entre sí un camino por el que Pipino condujo a Benedetto.

Entonces Benedetto atravesó con firmeza bajo el terrible arco formado por las pistolas y puñales de los salteadores; ceremonia bien común, y que se ejecutó entonces por un simple instinto de aquellos hombres, que querían así patentizar a su jefe el apoyo de sus brazos y de sus armas para defenderle la vida en cualquier momento.

—Amigos —dijo Benedetto, volviéndose hacia los bandoleros—; puesto que os fiáis de mí, yo me fío de vosotros.

—Sí, sí; mandad y obedeceremos.

—Luis Vampa acaba de traicionaros, y dentro de poco seréis perseguidos aquí por la justicia; es, pues, necesario huir para siempre de este lugar. Pipino tiene ya mis instrucciones sobre este punto; podéis seguirlo.

—¿Pero y nuestra venganza? —replicó uno de los bandidos—. No saldremos de aquí sin vengarnos de Vampa.

—Perded cuidado —contestó Benedetto—; Vampa recibirá su castigo, y la sentencia que vosotros pronunciéis contra él, será realizada por la policía de Roma, que ya está prevenida y se dispone a sorprender al traidor y condenarlo debidamente. De hoy en adelante, serés vosotros mi única familia, y yo me encargo de conduciros a donde lo demanden vuestros deseos. Pipino —continuó Benedetto—, dame una copa de vino, quiero beber con estos valientes camaradas en cuyos pechos laten más nobles sentimientos que en los de muchos hombres que muestran sin recelo su rostro a la claridad del sol.

Presentó Pipino una copa llena de vino a Benedetto, y todos los salteadores se dispusieron con entusiasmo a este brindis como una alianza pavorosa a sus deseos. El hijo de Villefort lanzó un grito y elevó la copa, vaciándola en seguida de un solo trago; los bandidos siguieron su ejemplo. Concluido el brindis, Benedetto arrojó su copa contra los peñascos del subterráneo exclamando con ferocidad.

—¡Amigos míos! Que sea ésta vuestra despedida a las catacumbas de San Sebastián, a Roma y a Italia, puesto que un porvenir delicioso nos espera lejos de aquí. ¿Queréis oro? Lo tendréis en abundancia; ¿sangre?, la veréis derramar sin misericordia; ¡adelante!, ¡adelante!, que un genio vengador me llama a las playas de Oriente, donde prepara los altares para los sacrificios de una venganza justa e inexorable, por encima de todo.

Los salteadores acogieron con feroz alegría las palabras de Benedetto, y momentos después se hallaban desiertas las catacumbas de San Sebastián.

El hachón olvidado sobre el altar, ardió hasta consumirse, y con el último y rápido resplandor, pareció repetir el triste adiós de los bandidos al recinto que tanto tiempo habían profanado sin miramiento.

Benedetto buscó su caballo que había dejado atado a uno de los monumentos de la vía Appia, y montando de un salto, se encaminó al galope hacia Roma, a continuar su terrible obra de venganza.

—¡Aprisa! ¡Corre! ¡Corre! —murmuraba desapareciendo entre los monumentos como una sombra siniestra—. Un demonio conduce mis pasos, me inspira y me favorece con su inteligencia maldita. Mañana tendré en mi poder el oro de Luis Vampa, el precio de muchas lágrimas y angustias de sus víctimas, y el premio de su cabeza de bandido; y todo esto será empleado también como obra de lágrimas y de angustia. Edmundo Dantés: el triste ludibrio de tu horrible venganza y de tu pasión maldita, se presentará a tus ojos después de haberte hecho sentir los disgustos y aflicciones que has causado con tu mano poderosa en el pecho de mi pobre padre. No has sabido perdonar... en vano solicitarás, pues, que te perdone. Tuviste el orgullo de creerte omnipotente, como Dios, y tu orgullo se romperá entre mis manos como un juguete de vidrio entre las de un niño. Edmundo Dantés: el rayo que rasga la nube y atraviesa el espacio, no respeta los edificios elevados, sino que los hiere con mayor furia.

Poco después, Benedetto llegó a las cercanías del magnífico edificio de Flavio Vespasiano.

Apeóse y, en seguida, se halló rodeado por seis u ocho de esos industriosos sin industria que abundan en Roma al pie de los templos, teatros, monumentos y ruinas, cuyo método de vida consiste en repetir a los oídos del extranjero el origen, fundación y destino de esos famosos restos de la antigüedad, que son, por decirlo así, el libro de los siglos. Uno de los *ciceroni* tomó la brida del caballo, por ser quizá aprendiz en el oficio de enseñar, en tanto que sus compañeros asediaban a Benedetto, diciéndole con toda cortesía:

—Excelentísimo, la noche es bellísima, podéis seguirme, os mostraré algo importante, seguidme.

—¿Para qué?

—Para ver el monumento de Flavio, el más célebre de Italia y de toda la Europa, donde podían, holgadamente, situarse ochenta mil espectadores. Venid, os enseñaré el circo de las fieras y os explicaré con precisión las medidas que entonces se adoptaban para impedir que aquéllas se lanzasen contra los espectadores, acuciadas por el hambre.

Benedetto respondió con un gesto de profundo desprecio a la solicitud de los *ciceroni*, y pasó por entre ellos internándose en las famosas ruinas, conocedor del terreno.

## CAPÍTULO XX

# EL COLISEO

Fue este célebre anfiteatro, en otro tiempo el suplicio de los cristianos, y servía de recreo a los romanos. Parece tomar el nombre que desde algunos siglos se le da, de una estatua colosal de Nerón colocada en él. Luego de concluida su construcción, aquel vasto edificio, que tan maravillosamente expresa el orgullo salvaje de los antiguos romanos, tuvo tres diferentes y sucesivas denominaciones: La plaza de Flavio, Circo Romano y Circo de las Fieras.

El último nombre duró poco, y hoy todos ellos han cedido su lugar al sencillo de Coliseo, que proviene de la palabra Coloso.

Benedetto subió las escaleras que conducen a los restos de la Tribuna Imperial, y desde allí tendió su vista por el vasto anfiteatro, como si su mirada pudiese vencer las sombras que la noche esparcía a la manera del tiempo, en los restos de la pompa romana, antaño tan terrible y grandiosa.

En algunos de los sitios menos iluminados por la luna se destacaban diversos hachones en el centro de pequeños grupos de curiosos, a los cuales un *cicerone* explicaba la construcción del famoso edificio en ruinas. El hijo de Villefort bajó la escalera que le había conducido a la Tribuna Imperial, y rehuyendo el encuentro con aquellos pequeños grupos de investigadores, caminó por el centro de las ruinas en dirección al denominado circo de fieras, que entonces parecía desierto; el ruido de pasos le hizo detener un instante, y se ocultó en la sombra de una de aquellas enormes columnas que sostienen el famoso techo de los pórticos, ocultándole.

Poco después, apareció un hombre envuelto en una capa oscura, iluminado por uno de esos rayos tristes de la luna. Aquel hombre miraba la llama roja y trémula de uno de los hachones de los *ciceroni* que brillaban a poca distancia.

—¡Sí; es ella! —murmuró el desconocido, siempre con la mirada inquieta, examinando los movimientos de la llama—. ¡Es ella!... esa mujer a quien yo no puedo olvidar ni un momento. ¡Infeliz de mí!, impulsado por este amor loco ¿a dónde iré? ¡Oh! ¡Eugenia... Eugenia... tú serás mía! ¡Mía!

—Es Vampa —exclamó Benedetto, en el momento en que el célebre bandido, mirando inquieto en derredor de sí, dejó bañarse el rostro por los rayos de la luna, en la dirección en que Benedetto estaba oculto, espiándole.

La luz del hachón que brillaba en esta parte de las ruinas, se acercó al circo de las fieras, y Vampa se estremeció, dirigiéndose a la columna en que se había ocultado Benedetto.

En este momento aparecieron a la entrada del circo dos mujeres precedidas por el incansable *cicerone*, que extendió el brazo con la tea, cuya luz agitada lanzó sus inciertos rayos a las profundidas del circo, en que las dos mujeres trataban de hacer penetrar su curiosa mirada, indagándolo todo.

—Ved —dijo el *cicerone*—. Allí era el circo de las fieras donde lanzaban sus gritos de rabia y de hambre, antes de ser llevados a la plaza; y donde después se recogían hartas de carnicería, bañadas en sangre y con la mirada rabiosa. Allá —prosiguió el *cicerone*, designando un lugar iluminado por la luna— era la puerta por donde entraban las víctimas, para no volver a salir jamás. Más allá era la tribuna donde los emperadores venían a contemplar la rabia de las fieras y a escuchar con desprecio las súplicas de los cristianos y de los esclavos destinados a los juegos bélicos, sin importarles nada.

El *cicerone* calló, conservando el brazo elevado con la luz, mientras ellas, apoyadas en el brazo una de la otra, se entregaban a las sensaciones que les despertaban el lugar y las explicaciones dadas por el *cicerone*.

—Luisa —dijo la más joven—: tengo deseo de bajar al lugar en que muchas víctimas agonizaron, bajo las garras de esas fieras terribles del Asia y del África; quiero meditar allí; sobre aquel suelo regado por la sangre y por las lágrimas de tantas mujeres que abrazaban por última vez a una hija, a una compañera, queriendo así defenderlas de la saña de los monstruos. Venid, Luisa... venid, amiga mía, os lo ruego.

El *cicerone* echó una mirada investigadora o inteligente sobre las dos mujeres y se conservó inmóvil, aguardando que le hiciesen alguna señal para bajar también; pero las dos amigas nada le dijeron, y él, familiarizado ya con estos caprichos de los visitantes, se limitó a alumbrar los escalones de la escalera con el hachón; después, arrimando éste a las piedras, esperó con calma que ellas regresaran, aprovechando el tiempo en pasar por los dedos de la mano derecha las cuentas de un rosario, y en fumar un cigarro con la izquierda, mecánicamente.

Eugenia Danglars y Luisa d'Armilly llegaron al circo, en cuya extensión paseó la primera su mirada enérgica, y la segunda aquel trémulo y breve mirar que la caracterizaba fuera de la escena, singularizándola.

—Amiga mía —dijo Eugenia—, ¿tiemblas? ¿Y por qué?... ¿no ves que estamos las dos solas?... ¿Te contristan, por ventura, los tristes recuerdos que este lugar despierta? Confieso que hice mal en indicaros irreflexivamente esta visita al Coliseo. ¡Yo te juzgaba menos impresionable! ¡Oh!... ¡pues quién había de comprender que la sombra de la noche y un montón de ruinas tenían el poder de amedrentar tu alma!... este silencio maravilloso y solemne, estas sombras majestuosas que proyectan las gigantescas columnas de todo este edificio que los siglos han mirado siempre con admiración... los recuerdos que despiertan cada una de estas ruinas, este suelo, teatro verdadero en que el despotismo y el sufrimiento tendían sus lazos horribles... todo esto lo comprende perfectamente mi alma. ¡Oh! Luisa, si hubieses amado tú una vez como yo amo... si hubieses alguna vez dedicado exclusivamente tu pensamiento a un ser que el destino aprisionó por un capricho a nuestro ser, y que constituye, por decirlo así, una parte esencial de nosotros mismos... ¡Oh! ¡Entonces tú amarías la sombra, el silencio y el aislamiento!

Vampa oía las palabras de Eugenia. Benedetto oía distintamente los latidos violentos del corazón del salteador romano, pues, como ya dijimos, la columna en que Benedetto se había ocultado, era la misma en que el famoso bandido se había apoyado, pero sin verse.

—Eugenia —dijo Luisa—, yo comprendo bien lo que te inspira este silencio, esta sombra y este aislamiento en que tu alma libre de otras imágenes, se entrega libremente a la contemplación de aquello que hoy más de cerca la afecta... yo que no experimento la misma impresión de ese sentimiento excesivo que domina y absorbe tu pensamiento; yo, que no poseo la energía y la fuerza de tu carácter, vacilo y sufro al oír la menor vibración, y el aspecto de cada una de esas piedras me asusta; me parece ver elevarse un lúgubre fantasma que nos lanza su mirada siniestra y terrible, como la de las fieras, ¿qué quieres?... soy tímida, soy débil... soy como todas las mujeres... y sólo tengo una diferencia de todas ellas: no amo, soy indiferente.

Eugenia, sin oír a su amiga, caminaba triste y pensativa por el circo. Luisa se vio obligada a seguirla.

—¡Eugenia, Eugenia! —dijo repentinamente Luisa, asiendo con su mano trémula el brazo de Eugenia.

—¿Te aflige alguna visión, amiga mía? —preguntó Eugenia deteniéndose.

—¡Oh!, no... no es simple visión —respondió Luisa, después de una breve pausa y esforzándose para hablar.

—Tu mano está fría —dijo Eugenia—; ¿tienes miedo? ¿Habla?

—Quisiera no tenerlo, mas... no lo puedo remediar —replicó Luisa.

—Veamos: ¿qué te asusta? ¡Contesta!

—Mira —dijo Luisa, casi sofocada, indicándole una de las columnas—. Allí está un hombre, lo he visto.

—¿En dónde? ¡Yo no lo veo!

—Allí, más allá.

—No lo veo. Deben ser alucinaciones.

—Se habrá ocultado, tal vez. ¡Oh!, yo he visto allí la figura de un hombre, lo he podido ver bien.

—Veamos; quizá una ilusión, la sombra de una columna; ¡apuesto a que era un hombre gigante!

—¡Eugenia, Eugenia!... ¡vámonos!...

Luisa, dando el brazo a Eugenia, se disponía a volver hacia la escalera para retirarse, pero retrocedió rápidamente dando un leve grito ahogado por el terror. En efecto, era un hombre.

—¡Dios mío! —murmuró Eugenia.

Luis Vampa se hallaba delante de las dos mujeres, con gesto terrorífico.

Inmóvil como una estatua, el bandido permaneció con su mirada fina y penetrante puesta en el rostro de Eugenia, y esa mirada parecía decir más de lo que los labios serían capaces de expresar, en su energía.

En fin, la situación necesitaba algunas explicaciones, puesto que Luis Vampa parecía disputar el paso a las dos amigas. Así, pues, se quitó el sombrero dejando caer la capa y habló:

—Señora, bien os dije yo, que en las sombras y en el silencio de la noche existía un hombre que sufriría una eternidad de torturas por una simple palabra de vuestros labios. Buscasteis la sombra y el silencio de la noche y... me encontrásteis... Ahora, ¡deberé esperar esa palabra, o un futuro de tormentos para mi alma! Hablad, os lo ruego.

El susto le había producido a Luisa d'Armilly un ligero desmayo, como ocurre a las personas nerviosas, y la pobre joven, apoyada en una de las piedras de aquellas ruinas, con el rostro oculto entre las manos, ni veía ni oía al bandido. Eugenia, por el contrario, lo veía y oía, no con temor, sino con una mezcla inexplicable de miedo y de placer; porque ella había reconocido en el hombre del Coliseo, al misterioso espectador del Teatro Argentino, su pasión.

—Señor —murmuró ella—, aprovecho únicamente en esta hora inesperada para daros las gracias por el obsequio que nos mandásteis en la última representación de *Semíramis*; quien quiera que seáis, creed en mi profundo reconocimiento, os lo digo con toda franqueza.

—¿Y nada más? —preguntó Vampa con la voz demudada y el gesto sombrío, temblando de pasión.

—Creo que es cuanto puedo deciros...

Eugenia retrocedió un paso para despertar a Luisa; pero Vampa avanzó otro, y arrodillándose rápidamente le tomó la mano y dijo con voz cálida:

—¡Señora, señora! ¡Oh! ¡Qué mal pagáis el sentimiento profundo que me habéis inspirado!... ¿Merezco acaso esto?

—Olvidadlo —murmuró Eugenia queriendo retirar la mano de los labios de Vampa; pero le faltaban las fuerzas para el sacrificio, no podía...

—¡Oh! ¡Imposible... imposible!... —continuó Vampa—. ¿Sabéis qué palabra habéis pronunciado ahora?... ¡Olvidaros! ¡Oh!... no, no puedo...

—Levantaos... idos... —dijo Eugenia— el impulso momentáneo de ese sentimiento que me confesáis, puede ser clasificado como locura, si lo prolongáis, es mejor que os retiréis.

—Al menos una sola palabra de esperanza, un poco de consuelo.

—¿Y qué derecho tenéis para exigírmela? —preguntó Eugenia.

—¡Os lo suplico!... ¡Por caridad!

—Señor... esto no pasará de una de esas raras aventuras de algunas novelas... Espero que la rapidez del pensamiento la deje olvidada en estas sombras y en estas ruinas que nos cercan, donde sin duda, habrán resonado ya palabras parecidas a las vuestras, y que no serían repetidas fuera de este recinto. Mañana os reiréis de vos mismo... pero no de mí, no lo consentiría.

—¡Oh! ¡Os comprendo! —dijo Vampa con una sonrisa mezclada de amargura—. ¡Sólo podríais creer en mis palabras cuando os convencieseis de que el tiempo no las desmiente!

—Bien lo veis... —replicó Eugenia— ni siquiera os conozco.

Ante estas palabras, el bandido se levantó y su fisonomía se cubrió de una espesa nube de tristeza. Su mirada ardiente y apasionada se clavó fijamente en el rostro de Eugenia, fanatizado.

—¡Tenéis razón!... Pero no me impediréis que os siga a todas partes, como un perro.

Dicho esto, levantó la capa, se envolvió en ella y se alejó por entre las ruinas. Benedetto, que había presenciado toda la escena, salió también de su escondrijo, y siguió las pisadas de Vampa, murmurando:

—Estoy progresando en mi estudio arqueológico; conozco que el Coliseo es el lugar seguro de encuentros amorosos; y tan cierto, que los interesados ya no tienen necesidad de designarlo. Anotaremos este descubrimiento bajo la clasificación de costumbres romanas características del Coliseo, entre otras.

—¡Amiga mía! Mi Luisa... —dijo Eugenia moviendo el cuerpo de su amiga, que todavía estaba desmayada.

—¡Ah! El susto me ha helado —murmuró ella momentos después.

—Te aseguro que fuisteis víctima de un terror espantoso, me asustasteis a mí.

—¿Y el hombre? —preguntó Luisa muy trémula, ¿dónde está?

—¿Cuál? —replicó Eugenia—. Bien lo ves... aquí no hay hombre; hay solamente noche, sombras, aislamiento. Vamos, parece que te encuentras mal.

Las dos amigas subieron la escalera al término de la cual las esperaba el fiel *cicerone*, que se levantó para recibirlas con una sonrisa encantadora que le valió por parte de Eugenia el doble de la paga estipulada para la explicación del monumento de Flavio Vespasiano, pero se encontraba feliz.

Benedetto apresuró el paso, y alcanzó en breve a Luis Vampa.

—¡Ah! ¡Ya me cansaba de esperar! —dijo Benedetto con estudiado enojo—. Y en verdad, creía que hubierais ido primero a cumplir alguna entrevista amorosa, como buen enamorado.

—Disculpadme —murmuró Vampa—. Vagaba entre las ruinas y nos hemos despistado, eso es todo, ¡es esto tan grande!

—Pero me parece que no teníais mucha prisa de este encuentro.

—Por el contrario. Lo esperaba con interés, pues creo que habéis convenido conmigo en darme los esclarecimientos necesarios, que me son precisos.

—Sí voy a darlos. Recibí de vuestra mano ocho mil piastras para comprar con ellas el buen humor de aquel bribonazo barón de Danglars; el hombre recibió el dinero, y os ha de recibir con toda caballerosidad, ocultando vuestro verdadero nombre. Ahora podéis presentaros en casa de vuestro antiguo huésped de las catacumbas. Eugenia, su hija, debe visitarlo mañana.

El salteador se estremeció de placer al oír estas últimas palabras.

Benedetto continuó:

—Estamos, pues, de acuerdo. Efectuaréis el rapto de Eugenia, y le propondréis el rescate en proporción con el capital que le suponemos. Después, haremos cuentas, capitán Vampa.

—Me parece bien —dijo el salteador, reflexionando un momento, durante el cual Benedetto no perdió uno solo de sus movimientos—. Muy bien; voy a ir a casa del barón, y entretanto es necesario dar algunas órdenes a

Pipino; lo que sólo podrá ser hecho por persona de confianza. ¿Queréis desempeñar esta comisión? ¿No tenéis inconveniente?

—Sin duda. ¿Dónde encontraré a Pipino? ¿Lo sabéis?

—En las catacumbas de San Sebastián —replicó el salteador—. Ya no debo tener secretos con vos. Sabed, pues, que continuando a lo largo de la vía Appia, encontraréis a vuestra izquierda la excavación profunda del circo de Caracalla; allí veréis un camino tortuoso que desciende por entre la roca; al principiar dicha senda, sobre vuestra derecha, está la entrada misteriosa de las catacumbas, y allí mis hombres.

—Pero allí habrá algún centinela que me estorbe el paso, si no sé la consigna...

—Le daréis una contraseña y pasaréis adelante.

—Dádmela entonces.

—*¡Al suo comodo!* —respondió Vampa. ¡No la olvidéis!

—¿Y las instrucciones para Pipino?

—Aquí están escritas.

—Contad con mi eficacia.

Benedetto se retiró rápidamente, y salió del Coliseo, mientras Vampa lo seguía con una mirada siniestra, murmurando con odio:

—¡Ve, que no volverás! Mi secreto morirá contigo, es necesario...

## CAPÍTULO XXI

# BUENA COMEDIA

Supondrá el lector naturalmente que Benedetto no se dirigió a las catacumbas de San Sebastián, a pesar de la recomendación de Luis Vampa; y sin embargo, Vampa, el célebre salteador que desde hace muchos años asolaba los alrededores de Roma, aquel terrible bandido, protegido misteriosamente por las autoridades civiles, aquel hombre de una tan vasta cuan fatal inteligencia, creyó ciegamente que sus planes estaban de tal modo combinados, que podría lograr impunemente sus deseos, mientras que Benedetto moriría a manos de los bandidos a la entrada de las catacumbas en cuanto saliese de sus labios la falsa contraseña que le había dado, premeditadamente.

Vampa estaba dominado por el delirio de esa pasión que lo arrebataba. Su sangre enardecida por la fiebre le ofuscaba la razón; su mirar inflamado no veía ni conocía ya a los hombres y a las cosas con aquella perspicacia superior que le caracterizaba siempre. El delirio del bandido se parecía mucho al delirio fatal que precede a la muerte y que poco a poco se extingue dejando al ser en un entorpecimiento brutal, sin dolor ni sufrimiento, y durante el cual se verifica la separación eterna entre el alma y el cuerpo.

Benedetto, por el contrario, sin la menor pasión que le ofuscase, combinaba en perfecta calma sus ideas, calculaba con exactitud el punto hasta donde debería avanzar, sin peligro de caer en Scila por huir de Caribdis; esto es, sin concluir a manos de Vampa, o descubrirse a los ojos de la justicia implacable.

Uno de estos peligros se había salvado ya. Vampa, suponiendo que lo asesinarían en el momento de presentarse a la entrada de las catacumbas, no pensó más en Benedetto; y Benedetto, que había de antemano visitado al intendente de policía, nada temía por esta parte, pues todo estaba en orden.

Vampa salió, pues, del Coliseo, media hora después que las actrices, y bien embozado en su capa, dirigióse a la posada de Londres, en la plaza de España, seguro de su éxito.

Buscó a maese Pastrini, que lo recibió misteriosamente en el pequeño cuarto que le servía de escritorio.

—¡Ah, *signore Luiggi!* —exclamó aquél—: ¡cuánto tiempo hace que no tengo el gusto de veros! *¿Che cosa?*

—Un carruaje con todo lo necesario para ser perfectamente servido —respondió el bandido de inmediato.

—¡Oh!, creo que el último que os proporcioné, llenó todos vuestros deseos, *signore Luiggi*; aunque hace mucho tiempo, todavía me acuerdo; el carruaje salió de aquí conduciendo a un francés que llevaba en su cartera una suma enorme, recibida de la casa Thomson y French, haría media hora. El carruaje siguió velozmente hasta las proximidades de Aqua Pendente, donde mudó caballos; volvió después por otro camino en dirección de Roma y fue a dar al camino de... a ver si recuerdo...

—¿Al camino de qué?... —preguntó rápidamente Vampa, que había escuchado todo esto con inquietud.

—¡Precisamente!... este es el secreto que os pertenece y que el postillón no revela por miedo de su pellejo —respondió Pastrini.

—Muy bien, maese Pastrini... es mejor que no llevéis vuestra curiosidad hasta el punto de querer conocer cosas que no os interesan.

—¡Por la sangre de Cristo! —exclamó Pastrini—. Decís una verdad como un puño, *signore Luiggi*.

—Preparadme, pues, un carruaje como ése a que os habéis referido, y un postillón tan inteligente como el que condujo al francés a su palacio.

—Carruaje y postillón pueden ser los mismos que os he citado.

—Eso sería lo mejor.

—¿Para cuándo lo queréis?

—En el instante, si ello fuera posible.

—¡Oh! Andáis muy de prisa, *signore Luiggi*.

—Os he dicho que en el momento —repitió imperiosamente Vampa, impacientándose.

—Pero me daréis, no obstante, tiempo para deciros dos palabras acerca de este negocio, porque lo creo muy urgente, y es preciso que lo sepáis todo.

—¡Hablad!

—En primer lugar —dijo maese Pastrini—, sabed que vuestro teniente Pipino no ha aparecido por aquí más.

—Habría faltado a mis órdenes si abandonase un momento nuestro "cuartel general" —respondió con enojo Vampa—. ¿Eso es todo?

—Ahora bien; aunque no apareciese Pipino, he recibido un importante aviso confidencial de un agente particular de la casa Thompson y French, que, como sabéis, tiene mucho interés en vuestra seguridad personal.

—¡Tal vez! —murmuró Vampa—. Muchas veces hice retornar a sus cajas, como un pequeño lucro, los capitales que sus recomendados venían a extraerle aquí. La casa Thompson y French no pierde conmigo nada.

—Es, pues, el caso —continuó Pastrini—, que el agente particular de que os hablé, ha venido ayer en busca de Pipino para notificarle que un desconocido, natural de Francia, se había presentado al intendente de policía para recibir el precio enorme ofrecido por vuestra cabeza... Estad, pues, alerta.

—¡Hola! ¿Y ese hombre habrá conseguido ya mi cabeza? —preguntó con entera sangre fría el bandido.

—Espera, sin embargo, conseguirla; porque ya pidió auxilio de fuerza armada, prometiendo guiarla él mismo a vuestro encuentro para capturaros.

—¿En qué punto? —preguntó Luis Vampa, interesado ya.

—Ese es el secreto del traidor.

—¿Y su nombre? ¿Lo sabéis?

—Sólo él y la policía lo saben.

—¿Y cuándo debe efectuarse la captura? ¿Estáis enterado?

—Prontamente, *signore Luiggi*; así que no debéis descuidaros. Mirad que la cabeza no es cosa que se deja perder por un puñado de piastras, más o menos.

Vampa soltó una carcajada estridente, cuyo valor no comprendió Pastrini.

—¡Ah! El traidor ya habrá recibido a la fecha el premio —exclamó Vampa—. Vamos, maese; os he dicho que necesito un buen carruaje y un postillón inteligente; complacédme.

—Pero. ¿Y lo que os he dicho?... —preguntó asustado Pastrini.

—Nada temo. ¡Soy fatalista!

—¡Cómo! ¡Por favor, prudencia!

—Pastrini —gritó Vampa—, sois curioso en demasía, y esto es muy malo, porque me desagrada.

Pastrini murmuró una disculpa y giró sobre sus talones, saliendo con rapidez de su pequeño escritorio, donde el salteador romano quedó esperando la llegada del carruaje pedido.

Media hora después, Vampa salía de la posada de Londres, y subía a un carruaje de magníficos caballos, mientras Pastrini decía al postillón a media voz:

—Afuera de las barreras, con paso lento; su excelencia os dirá lo demás.

Y en seguida se retiró, temeroso.

El postillón fustigó a los caballos, y el carruaje partió a lo largo de la vía del Corso, al galope.

Eran las nueve y media de la noche.

Ya a las diez, habían dejado atrás las murallas de Roma, que quedaban ya a alguna distancia. El postillón se encontró frente a los tres caminos que conducían a diversos rumbos, y así sujetó los caballos, esperando las órdenes del viajero, para continuar la marcha.

Vampa asomó la cabeza por la ventanilla y le dijo con energía.

—Por el camino de Aqua Pendente.

El carruaje volvió a rodar con mayor velocidad que antes.

Mientras Luis Vampa se dirigía a las cercanías de la pequeña ciudadela, el barón Danglars, seguido de un criado, que tenía en la mano un candelero con una vela encendida, acababa de inspeccionar la nueva propiedad desde las bodegas hasta los techos. El barón había ordenado hacer una limpieza general en el edificio ante la idea de recibir al siguiente día a la señorita Eugenia y a su amiga d'Armilly. Por esto examinaba escrupulosamente el trabajo de sus dos criados, del que por cierto se mostraba poco satisfecho.

—¡Vamos! —dijo entrando en la sala tapizada de raso y sentándose "a lo banquero" en un enorme sillón de madera dorada con relieves y forrado de terciopelo rojo, mueble que por su gusto y estado de vejez, indicaba su origen remoto—, vamos, debo advertiros que mis órdenes fueron ejecutadas, ¡pero mal ejecutadas! ¡Muy mal!

—Se hizo cuanto era posible, excelentísimo —respondió el criado—; pero por muy limpias que estén estas habitaciones siempre han de parecer empolvadas por el mal aspecto de los muebles viejos y de las paredes llenas de figurones. Si todo se hubiese mudado como las cortinas de las ventanas, veríais cómo lucían más las salas.

—Sois un ignorante —gritó el barón—, de otro modo daríais su verdadero valor a estos antiquísimos muebles, únicos restos del apogeo de alguna ilustre familia romana. En cuanto a las paredes, os diré que presentan un soberbio cuadro de toda la Mitología. ¿Sabéis, por ventura, lo que es Mitología? No; pues bien, sabed que la Mitología es una estupenda cosa.

—¡Oh! Vuecelencia posee muy profundos conocimientos —repuso el criado—, y por esto no me extraña que apreciéis tanto estos restos de la antigüedad, que para mí, nada valen.

—¡Oh! No será difícil que se remonten a la época de Alejandro VII. Ya veis, por tanto, que estos muebles, estas sillas, donde quizá se habrá sentado alguna vez... un Borgia por ejemplo, un descendiente de esta familia de príncipes, cuya riqueza se ha hecho proverbial por largos años en Italia, estas sillas son de inapreciable valor. ¡Ah! ¿Se han deteriorado sus dorados? ¿Su terciopelo se ha ajado?... Mejor, eso aumenta su mérito y jerarquía.

Vamos, sólo me falta saber si habéis cumplido mi encargo referente a una mujer de regular edad que pueda servir de criada a mi hija, durante los días que permanezca aquí, en esta casa.

—Ella ya ha venido, excelentísimo. Es una buena mujer de la villa próxima; os respondo de ella como de mí mismo.

—Está bien; menos mal que no tenéis el defecto de ser olvidadizo.

—Me esfuerzo en complaceros.

—Alumbradme; la cena debe estar en la mesa, tengo apetito.

—Iba a preveniros eso mismo.

—Vamos, pues, andando.

El barón, siguiendo al criado que le alumbraba el camino, salió de la sala, y recorriendo un pequeño pasillo, entró en el comedor donde lo esperaba otro criado cerca del aparador.

La cena estaba en la mesa.

Tomó el barón asiento frente al único servicio de mesa, y dirigió en torno suyo una mirada satisfecha acompañada de un profundo suspiro.

—¡Ea, Danglars!... —se dijo entre sí—, estás solo; pero estás bien y podrás mejorar de posición en poco tiempo. Decididamente existe algo bueno en el mundo, a cuya influencia yo debo grandes beneficios. Creí por un instante que ese algo fuese mi esposa para darme así la compensación del tiempo que fue mala; pero ya pasó la ilusión... y ahora juzgo que...

El agudo sonido de la campanilla del portón del jardín, interrumpió de pronto el raciocinio del barón. Los criados hicieron un movimiento; pero se detuvieron mirando indecisos al ilustre banquero retirado, que ordenase.

Antes que pudiera decir una palabra, el sonido se repitió por segunda vez con tal violencia, que todos creyeron que la campanilla había sido arrancada de las barras de hierro de la puerta.

—Y bien; ¿qué es esto? —exclamó el barón, levantándose y volviéndose a sentar con un solo movimiento.

—Llaman... —respondieron los criados. ¿No lo habéis sentido?

—Llaman —repitió el barón—, y llaman de tal modo, que harían huir las sombras de Leteo. Y vuelven a la carga por tercera vez sin el menor miramiento. ¡Ah! Corred en el acto, ¡imbéciles! —continuó el barón como asaltado de súbito por alguna idea nueva—. Mañana os pondré a todos en la calle. ¡Están llamando hace una hora, y aún os quedáis ahí como estatuas!... ¡Oh! ¿No sabéis que es sin duda mi hija, la señorita Danglars, que aprovechó la belleza de la noche para despertar mañana en mi casa? ¡Oh!, ¡qué sorpresa tan grata! ¡Ea!, ligero; dos cubiertos más para la mesa; encended las velas de aquel candelabro, aproximad sillas. ¡Oh!, ¡yo le probaré que el corazón de un padre es tierno siempre para con su hija única! ¡Cada vez más dulce y tierno!

El barón se paseaba agitado por el comedor, y examinaba el modo cómo el criado ejecutaba sus órdenes.

Entretanto, se oyó el rechinar de la puerta del jardín y el rodar de un carruaje que se detuvo al pie de la escalera que conducía a la sala de los tapices de raso. Danglars dio algunos pasos hacia ella, a tiempo que se encontró con el criado que regresaba.

—¿Quién es?

—Excelentísimo: es un caballero que se presenta como persona de toda vuestra intimidad, y que mandó imperiosamente entrar el carruaje en el jardín, apenas abrí la puerta.

—¡Un caballero! —dijo el barón—. Al menos, creo que os habrá dicho su nombre, su calidad y nobleza.

—No, excelentísimo, nada dijo.

—¡Estos miserables! ¡Nunca pasaréis de un criado de aldea! Esto es insoportable... ¡Ah! Es raro; un caballero que se dice de toda mi intimidad... Sin embargo... traedme un traje más a propósito que éste... ¡pronto! Hacedle subir... poned luces en la sala... ¡Cáfila de pícaros!... Yo os enseñaré vuestro deber...

Y al decir esto, Danglars se había sacado ya una manga de su ropón, y estaba a punto de desnudarse de la otra, cuando el caballero en cuestión se dejó ver súbitamente a la puerta del comedor, diciendo con marcada ironía:

—Despacio... despacio, señor barón; el hábito no hace al monje, sabedlo.

—¡Qué es esto! —exclamó Danglars retrocediendo y cambiando de color bruscamente, mientras hasta se olvidaba de vestir el nuevo traje o desnudarse totalmente del que aún tenía, tal era su confusión.

Mas el recién llegado se sonrió, y adelantándose con toda confianza se sentó a la mesa frente al nuevo servicio colocado. El barón apenas podía tenerse en pie, y retrocedió aún más para apoyarse en la pared, completamente confundido.

—Pero señor Danglars —dijo aquél—, tomad una resolución definitiva; esto es, vestid vuestro ropón del que parece os habéis olvidado; es necesario que deis ciertas órdenes a los criados, y espero que no se las haréis esperar, fuera de que, de otro modo, tendremos el disgusto de tomar la cena fría, y eso no es razonable.

—Es verdad... tendremos ese disgusto —repitió el barón, con la voz ahogada en la garganta, palideciendo.

—Señor barón, ¡dad las órdenes convenientes!... ¡Tenéis todo el aspecto de un imbécil! ¡Animaos!

—Sí, señor... es decir... ¿qué yo debo ordenar algo?... No comprendo bien.

—¡Oh! Ordenad que guarden mi carruaje, tenéis una pequeña cochera al lado del jardín... Vaya... no quiero que se resfríen mis caballos, valen más que vos.

—Así, pues... vos conocéis bien esta casa, ¿no es verdad? —preguntó el barón, asombrado, mirando con asustados ojos al recién llegado, y sus gestos audaces.

—Creo que sí, señor barón. Pero estáis perdiendo tiempo sin necesidad alguna. La cena se enfría, y si no os decidís a dar vuestras órdenes, iré yo mismo y veréis que pronto todo se arregla.

—Acomodad el carruaje y los caballos de...

—¡Ah! Eso basta. ¿Oyes? —continuó el huésped, dirigiéndose al criado que iba a salir; que vuelva el postillón a cenar contigo; después dale una linterna y algún cobertor para abrigarse mientras duerme, se quedará aquí.

Y volviéndose al otro criado, le dijo:

—Puedes retirarte... el señor barón nada necesita. ¿Entiendes?

El criado, viendo que el barón no le contradecía, se inclinó y salió lentamente.

Ambos quedaron solos.

Un silencio angustioso por parte del barón que se hacía más difícil de cortarlo.

—Yo me persuado —dijo Danglars, con visible esfuerzo—, que no nos comprendemos bien; sin duda que vos estáis sufriendo un engaño inexplicable.

—Puede ser... ¿Y en qué?

—Opino que... en todo, sí en todo.

—Al contrario; yo soy el que no os entiendo, mi querido barón; pero cenemos entretanto, pues os confieso que lo necesito, tengo bastante apetito.

El barón hubiera dejado de cenar sin el menor disgusto, pero era necesario aparecer con energía; así pues, caminando arrimado a la pared, se sentó a la mesa, dejando entre sí y su improvisado compañero un cubierto y una silla de por medio.

—Pues por lo que veo, o no contábais solamente conmigo o creíais que viniese acompañado de otra persona...

—A deciros la verdad, yo no aguardaba una cosa ni contaba con la otra; esto es, creía que esta noche cenaría solo, pero al sentir llamar...

—Y en cambio a mí me ocurrió lo contrario por el placer que tengo de viajar de noche.

—¡Y está efectivamente bella!, aunque algo calurosa... ¿no es verdad? —preguntó el barón, enjugándose con el pañuelo el sudor de la frente.

—¡Ah! Señor barón... mirad que habéis metido vuestro pañuelo en el plato, en vez de ponerlo en el bolsillo.

El barón quedó como una grana, y se apresuró a guardarlo de inmediato.

—Hace mucho tiempo que no nos veíamos, señor Danglars; si mal no recuerdo, desde aquella última noche en que tuve el placer de hospedaros en mi pequeño palacio. ¿Recordáis?

—¡Bello palacio, por vida mía! —murmuró el barón—. Estos malditos salteadores romanos tienen la manía de llamar palacios a las cuevas en que se esconden, para escapar de los policías.

—Sufristeis allí aquel ligero chasco que os jugó el conde de Montecristo; pero al fin debéis confesar que os servimos una buena cena, señor barón.

¡Pero!, ¿qué vale el pasado que no tiene remedio? El porvenir no nos pertenece... tratemos, pues, del presente que es nuestro. Yo deseo que mi cama esta noche esté en vuestro cuarto. ¿Sabéis?

Al oír esto, él barón sintió erizársele los cabellos en su cabeza y correrle un frío excesivo a lo largo de la espina dorsal, haciéndole temblar.

—¡Vuestra cama!... —exclamó—. ¡Vuestra cama!... ¡Conmigo!...

—Y bien, ¿qué hay en eso de extraño? ¿Será costumbre no dormir en vuestra casa? ¡Qué difícil sois, barón!

—Es costumbre, sí, señor; pero lo que no es costumbre... es... en fin...

—¿Es qué?

—Todo aquello que fuere extraordinario —respondió al fin el barón arrojando con despecho el tenedor y el cuchillo sobre el plato, sin poder contenerse.

—Convenido —dijo Vampa—, pero debíais esperar que yo durmiese en vuestra casa, señor barón.

—¡Yo... nunca! —respondió él sonriéndose.

—¡Vaya!, mi querido señor Danglars, os comprendo muy bien.

—¡Vos! ¿Qué me comprendéis?

—¡Cómo lo oís! Ahora os entiendo y sabré desvanecer vuestros escrúpulos. Y antes no sería malo que nos recogiésemos... teniendo como tenemos necesidad de descansar... ¡Os lo ruego!...

—¡Ah! ¡Matadme de una vez! —exclamó Danglars levantándose todo trémulo—. Matadme... pero creed que no hallaréis en mi casa una cantidad igual a aquélla que ya me robásteis en vuestra cueva, no hace mucho.

—¿Qué es eso? Señor barón, estáis en un crasísimo error —dijo Vampa levantándose también—. Ya os olvidasteis de lo que se os ha entregado...

—¡Y bien... proseguid! ¿Qué nueva idea será la vuestra? ¡Hablad!

—¡Ah! Tenéis poca memoria, señor barón, y voy a recordaros lo que ocurrió. Llegó aquí un hombre compatriota vuestro, llamado Benedetto. Este hombre, después de hablar con vos algún tiempo, tuvo la bondad de pasar a vuestras manos alguna cosa de gran valor. No sé si papel o metálico; quizá ambas cosas, no lo recuerdo bien...

—¿Y después? —preguntó el barón, cambiando alternativamente de color.

—¡Después?... ¡Diablo! ¡Qué olvidadizo sois, señor Danglars! El hombre de que os hablo, aquel bondadoso Benedetto, os habló de mí... y vedme aquí, tal como tenía que ser.

—Pero, al cabo... —dijo el barón— ¿qué hay en esto de común entre vos y Benedetto? ¿Es un complot?

—¡Pchs! Nada... —respondió Vampa, desdeñosamente—. Nada, nada...

—¿Qué queréis, pues, de mí?

—El cumplimiento de vuestro compromiso, sólo eso.

—¿Y en qué compromiso he convenido yo?... ¡Cada vez entiendo menos!

—Acabemos de una vez, señor barón —dijo Vampa, que empezaba a impacientarse—. Habéis quizá creído poco el dinero que se os ha dado y reflexionásteis sin duda, que mi visita podría proporcionaros más; yo no hago cuestión de semejante bagatela, porque nunca fui banquero como vos. Tomad, pues, mi bolsillo, señor Danglars, pero sed discreto, muy discreto.

Vampa colocó entonces el bolsillo sobre la mesa, y enfrente del barón, que cada vez parecía más admirado de lo que sucedía.

—¡Eh! —continuó el salteador, viendo que el barón dudaba aún—. Os aseguro que contiene tal vez el doble de la cantidad qua ya habéis recibido. Es el bolsillo de un bandido romano —agregó con orgullo salvaje, extendiendo el oro a la vista de Danglars—. ¡Mirad!...

—¿Estamos ahora de acuerdo?

—¿Qué queréis, entonces... señor Vampa? ¡Contestad!

—Una cosa bien sencilla: hospedaje por hoy y mañana, nada más.

El barón se estremeció; pero sus manos se hallaban ya en contacto con el oro del bandido, y la influencia de aquel metal calmó el espíritu agitado de Danglars, por la avaricia.

—Pues que el diablo me lleve si entiendo palabra de todo este enredo —pensó el barón, guardando el dinero—. Me haré cuenta, sin embargo, de que fui esta noche a la Comedia de París, y que no he visto más que el segundo acto, quedando, por lo tanto, en ayunas respecto al principio de su argumento.

—Estoy a vuestras órdenes, señor Vampa —agregó en alta voz, acompañando sus palabras de la más amable sonrisa. Habíase transformado.

—Yo espero las vuestras, señor barón —le replicó Luis.

—Tendré el placer de cederos mi misma cama, y yo me arreglaré sobre un antiquísimo sofá que tengo ahí en mi cuarto, y donde suelo dormir durante el día, en las horas de la siesta.

—¡Oh!, vais a incomodaros así...

—Al contrario, señor; me acostaré más tarde... puesto que tengo que escribir algunas cartas para Francia.

El barón llamó a sus criados; mandó poner luz en el cuarto y preparar la cama. Poco después, él y Vampa abandonaban el comedor para retirarse a dormir, cada uno a su lugar.

Vampa no se desnudó; se envolvió en la ropa de la cama y veló toda la noche, espiando los pasos del barón, que estaba sentado revolviendo varios papeles, y muy ocupado en escribir una carta, al parecer muy extensa.

Luego que la hubo terminado, se recostó en la silla y meditó largo rato.

—Esta visita extraña de Vampa, trastorna el placer que me prometía gozar mañana. Pero, al cabo... cuatro mil piastras valen la pena de un sacrificio... y Eugenia, prevenida por esta carta de que un pequeño negocio me llama lejos de aquí... aplazará su visita para cualquier otro día, total, lo mismo da.

—¡Oh! —continuó—, creo que ahora he adivinado el primer acto de la comedia. Las autoridades romanas, cansadas de tolerar las fechorías de Vampa, le seguirán la pista, y el terrible bandido, obligado a ocultarse... he aquí que busca un asilo en mi casa... Vamos... ¡no he cobrado muy caro el hospedaje de un salteador temible... de un salteador a cuya cabeza se ha puesto un precio considerable! Decididamente Danglars, la fortuna te protege, bueno es que sepas aprovecharla.

## CAPÍTULO XXII

# LA COMEDIA SE COMPLICA CADA VEZ MÁS

Cuando amaneció el día siguiente, y uno de los criados del barón atravesaba el jardín de la quinta, con objeto de cumplir una orden de aquél, cuando la voz de Luis Vampa le detuvo diciéndole:

—¡Hola! ¿Podéis hacerme un pequeño servicio? ¡Seréis recompensado!

—El que gustéis, excelencia.

—A lo que parece váis a pasar al lado de la cochera; golpead con fuerza hasta que consigáis despertar a ese tunante de postillón, que todavía duerme a pierna suelta, y le entregaréis ese dinero para que pueda atender a su estómago en cualquier mesón.

—Está bien, excelencia.

Partió el criado después de haber recibido una pequeña moneda de plata. Vampa subió la escalera y entró en la sala tapizada de raso, donde encontró al barón que lo buscaba, inquieto.

—No puedo soportar la mañana en la cama —dijo Luis Vampa—. La brisa matutina me sienta muy bien.

—Enteramente igual que a mí, señor Vampa, apenas luce la aurora me levanto y salgo al jardín.

—Es, sin embargo, una costumbre impropia de millonario, según tengo entendido.

—¡Oh! Es que yo ya no soy millonario, señor Vampa —dijo suspirando el barón—. ¡Todo pasó!

Mientras tanto el criado golpeaba estrepitosamente la puerta cochera, y cinco minutos después, el postillón, despertando sobresaltado, corrió a abrirla.

—¿Qué se os ofrece? —preguntó.

—Vuestro patrón me envía este dinero, amigo, para que ahuyentéis el frío de la mañana, tomando algo.

El postillón recibió el dinero y se sonrió picarescamente, lanzándole una mirada que lo medía de pies a cabeza.

—Esperaos, compañero —dijo abrochándose su capote y poniéndose el sombrero—. Ya que sois el portador, desearía obsequiaros con una parte de mi almuerzo, como buenos camaradas.

—Gracias... tengo mucha prisa.

—Tonterías. ¡Los patrones siempre hacen esa recomendación! Y nosotros debemos calcular el tiempo de modo que nos quede algo libre para echar un trago. Venid conmigo, no os neguéis.

—Gracias, gracias... ya os dije que no puedo, me es imposible.

—¿A dónde váis, pues? Cuando menos lleváis alguna carta, lo adivino por la prisa que tenéis...

—Estáis acertado; voy a la ciudad... que es un buen viaje.

—¿Váis a pie?

—Sí; y tengo cuatro horas para llegar allá, aunque quizá no necesite ir precisamente hasta Roma.

—¿Y por qué? —explícate.

—Porque puedo hallar en el camino la persona a quien va dirigida esta carta del barón.

—Carísimo; ved que habéis hecho bien en ser franco, porque así yo puedo seros más útil de lo que creéis.

—¿Cómo? ¿En qué forma?

—Pues yo tengo que ir a la ciudad; y en este caso, como mis caballos andan más que las piernas de cualquier cochero, tendremos tiempo de sobra para remojar el gaznate; después subís a la trasera del carruaje y hacéis el camino a gusto, sin molestarte gran cosa.

—He ahí un buen arreglo que os agradezco. ¡Eso sí lo encuentro bien!

—Pues entonces, ¡andando! —gritó el postillón, tomándole del brazo y corriendo con él hacia una pequeña venta que quedaba a corta distancia.

Pasaban las horas en tanto. A las siete, el barón Danglars almorzaba con la mejor voluntad en compañía de Vampa cuando vieron por la ventana que había frente a la mesa, que entraba en el jardín un carruaje que, como el de Vampa en la noche antes, fue a detenerse al pie de la escalera que conducía a la sala tapizada.

El barón se estremeció, y Vampa conservó su fisonomía impasible, diciendo únicamente:

—¿Esperáis alguna visita, barón?

—¿Yo?... ¡Ah! Os aseguro que... ¿mas qué será? No puedo adivinar.

—Ahí viene vuestro criado... que os sacará de dudas; él os informará.

—En efecto... pero, ¿cómo es posible?... yo no esperaba... es decir...

—La señorita Eugenia Danglars y la señorita Luisa d'Armilly —dijo el criado abriendo la puerta.

—¡Cómo! —exclamó el barón, cual si un rayo hubiera caído a sus pies, ante esa noticia.

—¿Si no me engaño, la señorita Danglars será hija vuestra, verdad?

—Es... sí... es decir... no hay duda... ¡Oh! Vaya un lance diabólico —agregó el barón entre sí—. Señor, estoy pensando que acaso no tengáis por conveniente dejaros ver... y en este caso permitidme que... os marcharéis...

—¡Al contrario, señor! Tendré el mayor placer en presentar mis respetos a la señorita Danglars, encantado.

—Pero... ¿y vuestro nombre? —dijo el barón en voz baja y temblando como un azogado—. ¡Vuestro nombre es tan conocido!... ¡Ah! Se me ocurre una idea... adoptad por el momento un nombre supuesto, será mejor.

Vampa se sonrió, respondiendo:

—Convenido, señor barón; dádmelo vos mismo; es igual.

—El de una familia ilustre... por ejemplo... ¡un Spada! ¡Eso, eso, un Spada!...

—¡Sea! —contestó Vampa, cuyo semblante se nubló súbitamente.

—Así todo se arreglará —continuó el barón prepararándose a salir y haciendo señal a Vampa, que se quedó sentado, al parecer indiferente.

La señorita Danglars y su amiga Luisa esperaban en la sala de la tapicería y examinaban con curiosidad los antiguos muebles que decoraban su sombrío recinto, elogiándolos.

—Pues, amiga mía —dijo la primera—, te presagio un agradable día; mi padre es un *bon vivant* y nos hará reír mucho con sus originales ideas. Conozco que este día nos hará un gran bien, y por eso me he apresurado a venir.

Apenas había pronunciado estas palabras, cuando el barón se presentó en la sala. La fisonomía de Danglars, si bien expresaba el más completo regocijo, revelaba algún sobresalto e inquietud, que no escapó a los ojos de Luisa. Eugenia corrió a besarle la mano, y aquélla le saludó con gentil cortesía.

—Bueno, padre mío —le dijo Eugenia—; ved cómo os pago sin demora vuestra visita; y no creáis que es únicamente por mera etiqueta... no, nada de eso.

El barón iba a responder; pero como si le asaltase una nueva idea, preguntó de improviso.

—¿No habéis recibido una carta mía que os mandé?

—¡Una carta! No, en verdad, padre mío. ¡Nada ha llegado!

—¡Pues yo os la había escrito y enviado! —dijo el barón—. ¡Ah! Felizmente el conductor debió cruzarse con vuestro carruaje, eso ha sido...

—¿Cuál era el objeto de la carta?

—No vale la pena... dejemos eso... os daba únicamente un consejo.

—¿Un consejo? Los vuestros siempre los recibo y los cumplo con mucho agrado.

—Gracias, hija mía —exclamó el barón abrazándola—. ¡Ah! Señorita d'Armilly... ¿qué os parece mi pequeña casa?... Todo lo que véis lo he comprado en pésimo estado, como podéis observar... y he creído una profanación cambiarla por la novedad de la moda.

—¡Oh!, señor; más estimables son estas reliquias de los siglos —respondió la joven d'Armilly—, y pienso que Eugenia es de mi parecer. ¿Verdad?

—Muy reconocido —dijo el barón, siempre inquieto, y mirando al largo corredor que conducía al comedor, en donde veía la siniestra figura de Vampa sentado a la mesa, sobre la que apoyaba los codos, escondido su rostro entre las manos. Danglars hizo al cabo un esfuerzo sobre sí mismo, y tomando a Eugenia de la mano, le dijo, en tono resuelto.

—Hija mía, mi visita no es de etiqueta... y por lo mismo no la encontráis en esta sala. El almuerzo está en la mesa, venid y tendré el gusto de presentároslo; acompañadme.

—¡No os entiendo, padre mío! —dijo Eugenia, poniendo su atención en el modo con que éste confundía las palabras almuerzo y visita; de manera que no era posible comprender a cuál de los dos hacía referencia cuando había usado el verbo presentar, extrañándole.

—Habéis hablado de una visita de confianza —agregó Luisa—, y celebro mucho, señor barón, que ello sea así.

—No, Luisa —dijo Eugenia—, mi padre no se refiere a nuestra visita... Sin embargo, si no nos trata con confianza... en verdad que no dejaré de admirarme. ¿De quién habláis, padre mío? ¡Explicáos!

—¡Pues qué! ¿No os he dicho todavía que tengo un, sí... un huésped?

—No, señor. Nada nos dijo.

—¿Quién es? ¿Lo conocemos?

—¡Oh! Es descendiente de príncipes —respondió el señor Danglars sudando a mares—. Es... figuraos... por ejemplo... un Romanelli Spada...

El barón quedó sin fuerzas apenas terminó su improvisación.

—No me es conocido —dijo Luisa.

El barón bajó la cabeza y se dirigió con Eugenia al comedor. Luisa, accediendo a la invitación que aquél le hizo por un ademán, les precedía en su marcha, silenciosamente.

Cuando llegaron a la extremidad del corredor, Luis Vampa se levantó como esperando el momento de ser presentado a la señorita Danglars.

—Mi querida hija, vos, señorita d'Armilly, tengo el honor de presentaros... al señor Romanelli Spada.

Eugenia dirigió su mirada al rostro de Vampa y se impresionó hasta el punto de tener que apoyarse en el brazo del barón, que notó con inquietud la emoción de su hija.

—¡Oh! —se dijo para sí—. ¡Esto se complica! ¿Si se conocerán por ventura? ¿Estarían de acuerdo?

Eugenia, comprendiendo la difícil situación en que se hallaba, se revistió de toda su presencia de ánimo y saludó al supuesto Spada, con una sonrisa llena de dulzura y galantería.

Jamás la joven Danglars había pasado más agradable mañana. Estaba al lado de su padre, que parecía haber perdido todo el rigorismo antiguo adquirido en el árido contacto con los guarismos de que se ocupaba; al lado de su amiga querida, por quien sentía la más sublime amistad; y ante sus ojos tenía al hombre que le inspiraba ese amor intenso que sólo una vez podemos sentir en la vida.

Fueron las horas, esas hermanas inseparables que vuelan constantemente sobre la tierra, tan lentas cuando conducen en sus alas el dolor y las penalidades y a alegría... las horas corrían rápidas como el pensamiento de los hombres, y Eugenia con desasosiego veía huir aquella felicidad, aquel día, que era para ella el más bello de toda su vida, pues había logrado estar al lado de la persona tan amada.

## CAPÍTULO XXIII

# EL RAPTO DE LA JOVEN

A pesar de que Eugenia no dijo a Luisa una sola palabra acerca del huésped del barón, ésta conoció bien que aquél era el hombre que inspiraba a su amiga la pasión que le había confesado. Luisa se sonreía dulcemente cuando en el decurso del día reclinaba Eugenia la abrasadora frente en su pecho, o la oprimía con transporte contra su agitado corazón. Y en aquella blanda sonrisa de mujer a mujer, en aquellas miradas cariñosas que se cambiaban entre sí, había más razones y verdad que cuanto pudiera inventar la palabra.

Vampa permaneció siempre triste y sombrío; en su frente de criminal estaba estampado el sello de los brutales sentimientos que lo dominaban. Su impúdica mirada se hundía con ansia en el seno palpitante de Eugenia, y allí tomaba el poderoso fuego que le devoraba. Eugenia se sentía atraída por el influjo fatal de su mirada, que no podía resistir. Sus fuerzas no eran suficientes para disfrazar la conmoción que le causaba, y Vampa, triunfante, conocía todo el poder de la pasión que inspiraba a Eugenia, y crecía en sus ansias.

—¡Oh! ¡Me ama! ¡Sí, me ama! —exclama delirante en el jardín completamente solo—. ¡Ya no puede ocultarlo! ¡Su vanidad de mujer, su orgullo de aplaudida actriz, todo, todo cede y sucumbe al peso de la mirada con que la fascino y la devoro! ¡Oh, es mía, mía!...

Vampa cruzó los brazos sobre su pecho y permaneció ensimismado largo rato; su arrugada y sombría frente parecía meditar algún crimen; su torva e incierta mirada, revelaba la fiera entregada al deseo brutal que la enardecía, violentamente.

El barón de Danglars paseaba entre tanto con las dos cantatrices en la sala tapizada de raso, cuyas puertas abiertas permitían ver el jardín, con sus estatuas de piedra y sus estanques circulares. El sol derramaba sobre aquel verde amarillento del otoño sus últimos rayos; esos rayos que atravesando el Asia y el Mediterráneo, parecían llegar a decir a Roma su adiós hasta la nueva aurora presentida.

Eugenia acababa de manifestar a su padre deseos de pasar la noche allí y que partiría a las tres de la tarde del día siguiente. Danglars, viendo que se cumplía la prevención de Benedetto, empezó a reflexionar detenidamente sobre aquella comedia, cuyo argumento se convenció de no haber entendido aún, como lo había creído la noche anterior, y esto lo dejó preocupadísimo.

No había visto al salteador desde la comida, y esta ausencia le inquietaba entonces a modo de que se echó a recorrer la casa y el jardín buscándolo. El barón pidió que le disculpasen un momento, pretextando que tenía algunas órdenes que dar para que preparasen las habitaciones de Eugenia y Luisa; y salió de la sala subiendo apresuradamente a su cuarto para registrar los cajones de su escritorio, como guíado de un recelo vago o instinto casi sobrenatural, temeroso de un robo.

Eugenia, al verse sola con Luisa, le dio su brazo y fueron al jardín, en cuyas alamedas se internaron.

Un pensamiento inexplicable como el recelo del Barón, condujo a Eugenia por entre aquellos sombríos y solitarios caminos. Las hojas amarillentas que alfombraban el suelo crujían bajo sus pies y algunas que la brisa de la tarde desprendía sin vida de las ramas sin savia, caían sobre su cabeza como si quisieran darle un aviso misterioso.

Algunas lágrimas involuntarias temblaban en los hermosos párpados de Eugenia, y secábanse luego en el fuego de sus mejillas. Luisa no se atrevía a despertar a su amiga del sueño lánguido en que se adormecía; caminando silenciosamente a su lado, contestaba apenas con una hechicera sonrisa cuando Eugenia le dirigía una mirada tierna y suplicante.

Repentinamente, al doblar un ángulo de la alameda, Luisa tembló viendo a poca distancia la figura melancólica de Vampa; su mirada, llena de fuego, brillaba en la sombra que empezaba a envolver parte del jardín, en esa hora.

Eugenia lo había visto también.

Hubo un momento de indecisión y silencio entre ellos.

Retroceder sería un desaire manifiesto a un hombre cuyos modales y nombre lo presentaban como un perfecto caballero; así, pues, Luisa siguió su camino con Eugenia, y Vampa se adelantó a decirles, con galantería.

—¡Ah! Qué balsámico aire se respira en este jardín. En verdad que debo felicitarme de haber venido a disfrutarlo, toda vez que vos también lo habéis buscado, señorita, ¿no os parece?

—Es cierto, señor —respondió Luisa—; pero la tarde se va poniendo fresca, y las noches de otoño más bien brindan a la atmósfera templada del salón que al aire libre de un jardín.

Eugenia le dirigió una mirada suplicante, ansiosa de marcharse.

—Me permitiréis el honor de acompañaros —dijo Vampa.

Eugenia hubiera preferido aquel aire fresco y vivificante del jardín, mejor que la atmósfera templada del salón, pero no tuvo valor para pronunciar una palabra y se dejó conducir por su amiga.

Vampa paseaba a su lado.

Al llegar cerca de la escalera, él dejó subir primero a Luisa; cuando Eugenia se disponía a seguirla, le dirigió la palabra:

—Señorita; permitidme antes que os dirija mi adiós —díjole con voz trémula y profunda, mirándola intensamente.

Eugenia se detuvo y volviéndose:

—¿Nos dejáis? —le preguntó.

—¡Quizá para siempre! ¡Me marcho!

—¿Qué decís?... ¿será posible?

—Italia me mata, me aniquila...

—¿Y qué buscaréis fuera de ella?

—Olvidar, si me fuera posible, una pasión irresistible que me avasalla. ¡En Italia no podría conseguirlo!...

—¿Qué motivos tenéis para desear tal olvido? —dijo Eugenia.

—¡Oh! —replicó Vampa con amarga sonrisa—. Cuando se sufre y se ama como yo, no hay más que dos puntos extremos en la escala de nuestras sensaciones. ¡La recompensa de tanto amor y de tanto sufrimiento... o un olvido absoluto para mitigar el sufrimiento!

—Según eso... ¿preferís más bien esto último? ¿Verdad?

—¡Y vos me lo preguntáis!

—¿Y qué... nadie podría haceros cambiar de resolución?

—¡Oh!... Sí... con una sola palabra... ¡Una sola, y sería feliz!...

—Que feliz podría considerarse esta persona —balbuceó Eugenia.

—¡Lo que yo puedo afirmaros es que sólo Dios y yo seríamos capaces de comprender la ventura que experimentaría en el instante que oyese una sola palabra tan honda y positiva que encerrase en sí fuerza bastaste para cambiar mi triste resolución!... ¡Ah! ¡Figuraos un hombre que después de los horrores de la muerte, si la muerte no es la destrucción completa del alma y del cuerpo, volviese repentinamente a la vida sembrada de placeres inexplicables? ¡Qué sensaciones experimentaría!... ¿Podría concebirlo alguien? ¡Oh, lo sé!

—Ved, señor, que traspasáis los límites de lo verosímil... Un amor profundo como los hombres lo sienten, se cree con facilidad, por una simple palabra; pero el amor que nos pintan los idilios de una imaginación sutil o exaltada... ¿quién puede creerlo?...

—Tenéis razón... —replicó Vampa— ¡Nadie lo cree... y es una locura exponerlo a la indiscreta risa del mundo! Vos hacéis lo que todos... ¡os mofáis también de la pasión que os confesé cobardemente! ¡Eso es hacerme padecer!

—¡Oh! ¿Mas cómo queréis que la crea?... ¿qué pruebas me dáis?

—Desearías, acaso, un año de esas ridículas y sucesivas pruebas, hijas siempre del cálculo y de la afectación. ¡Ah! No pasaré... dejadme partir...

Vampa dio un paso, dispuesto a marcharse.

Eugenia lo siguió fascinada.

—Esperad... —le dijo involuntariamente—, no os marchéis.

—¿Qué queréis de mí... señora? —preguntó Vampa con aire sombrío.

—¡Oh! Disculpadme. Reflexionando bien, ¿qué cosa habrá capaz de deteneros al lado de quien os es indiferente? Hablad.

—¡Señora! —dijo Vampa—, ¡no os burléis así de la pasión que os he declarado, pues sería escarnecer la obra más grande de la Naturaleza!... Yo os amo... mi ambición y felicidad se cifran en esa hermosa mano, de quien depende la ventura o la desgracia que deba herirme... hasta matarme...

Y Vampa imprimió un beso de fuego en la mano de Eugenia.

—¡Loco de mí!... —continuó—. Vuestro genio altivo y soberano no cede a la confesión simple de un amor puro, que no será para vuestros ojos más que un capricho... ¡Oh!... adiós, Eugenia... adiós para siempre... os he visto una vez más... respiré un día entero el mismo aire que vos... he sido feliz un solo día... ahora, ¡que venga el infortunio! ¡Así es mi vida!...

Vampa le tendió rápidamente su mano y dio algunos pasos en dirección a la puerta del jardín, con tono decidido.

Eugenia lo siguió aún, como movida por un misterioso impulso, fascinada por aquel hombre.

—¡Pero... no... no partiréis sin que yo sepa el día que habéis de volver!...

—¡Ah! ¡Qué de ilusiones en un solo día!... —continuó Vampa, parándose un instante y tomándole nuevamente la mano con dulzura.

—¡Qué de ilusiones en un solo día!... ¡Ah!, pero son ilusiones... ¡ilusiones no más!, ¡qué importan ellas ahora que la desgracia me abruma! Eugenia... Eugenia, no os olvidéis del hombre que os quiso como se quiere una sola vez en la vida.

Y Vampa abrió precipitadamente la puerta del jardín y dio dos pasos fuera de ella. Eugenia no le soltaba su mano, y permanecía a su lado trémula, respirando apenas, y vencida por un sentimiento poderoso que aumentaba gradualmente, abrasándole sus venas y produciéndole la fiebre del delirio incontenible.

Él, miró alrededor de sí, como persona acostumbrada a ver en la oscuridad, y vio a poca distancia un bulto que conoció ser el carruaje.

—Y bien, señorita —dijo—, ved que estamos fuera del jardín... volveos, y esta puerta nos separará para siempre. Mañana acaso ya no os acordaréis de mí. Volveos... os lo ruego...

—¡Ah!... ¡yo os amo... yo os amo... y vos no me abandonaréis!...

—¡No! —dijo Vampa, rodeándole la cintura con su robusto brazo y corriendo en dirección del carruaje.

Eugenia lanzó un agudísimo grito, mezcla incomprensible de placer y de miedo, deseo y terror.

Mientras esta escena tenía lugar, el barón Danglars concluía de pasar revista a los cajones de su escritorio, y de convencerse que las cerraduras se hallaban intactas; y se volvía a la sala donde ya el criado había puesto luces, y viendo a la señorita d'Armilly, le preguntó por Eugenia, preocupado.

—Eugenia se paseaba en este instante en aquel terraplén... Pero la noche avanza, y voy a rogarle que deje su paseo, eso podría hacerle mal.

—Yo os acompañaré, señorita —dijo el barón—, es peligroso ir sola.

Luisa, inquieta con su tardanza, caminó apresurada y bajó la escalera, donde presumía que estaría Eugenia escuchando las amantes palabras del fingido príncipe Spada; pero se sorprendió de no hallar en ella a nadie.

—¿Y Eugenia?... —preguntó sobresaltado el barón, bajando a su vez la escalera—. ¿Dónde está mi hija?

—¡Ah! Quizá se paseaba en la alameda que conduce al lado.

—¡Eugenia! —gritó el barón—. Nada... no responde... caminemos algo más. ¡Eugenia! ¡Eugenia!

Luisa y Danglars siguieron por la calle que partía de la escalera. Se habían acercado apenas a la puerta del jardín, cuando el agudo grito de Eugenia llegó a sus oídos.

—¡Dios mío!... —dijo Luisa corriendo a la puerta—. ¡Pronto, ese grito!...

El barón quedó como petrificado.

—¡Dios mío, Dios mío! ¡Acudid, señor Danglars, acudid... aquí sucede alguna desgracia... acabo de reconocer perfectamente la voz de Eugenia!

El barón abrió la puerta movido por los ruegos de Luisa, y dio un paso; pero se detuvo para no ser aplastado por los cascos de dos briosos caballos que arrastraban un carruaje al galope.

—¡Ah! Señor... señor —dijo Luisa temblando y aproximándose a él amedrentada—. ¡Eugenia no aparece... y ese carruaje!... ¡Ah, Dios mío... amparadnos! ¡Qué tragedia!...

—Señorita —dijo el barón—, por piedad, explicadme lo que sucede, pues no os comprendo.

—¿Yo? ¿Qué puedo saber yo?

—Sí... ¡vos! Eugenia os acompañaba en el jardín... y no era solamente con el objeto de gozar del ambiente de la noche... no, no era eso...

—¿Qué decís, señor?

—Lo que oís... y ahora, decidme: ¿Eugenia estaba sola? ¡Hablad!

—¡Oh, Dios mío! La dejé con el príncipe Spada. Ella me rogó.

—¡Infame bandido! —gritó el barón—. ¡Todo fue tramado!

—¡Explicaos, por favor! —dijo Luisa aterrada y asiéndose al brazo del barón, que estaba furioso.

—Señorita d'Armilly —continuó éste—: ¡hace días que se empezó en mi casa un drama terrible!... El desenlace... es el que veis... ¡Ahora lo comprendo! ¡Pero, ya es tarde!...

—¿Cuál? ¡Explicaos!

—¡Un rapto... un rapto... miserable de mí! ¡Un rapto en mi casa!

—¡Eugenia de mi alma!, ¡mi querida Eugenia! —exclamó Luisa cayendo de rodillas—. ¡Amiga, ven, ven!...

Entonces el barón cruzó los brazos sobre su pecho, y miró con penosa ansiedad en la dirección de aquel camino por donde se sentía el rodar del carruaje del salteador romano, exclamando:

—¡Ah! ¡Si yo lo hubiera adivinado! ¡Pero no importa, ya llegará mi revancha!...

## CAPÍTULO XXIV

# CONTINUACIÓN DE LO MISMO

Ya era de noche cuando el carruaje de Vampa entrando en la vía Appia, fue a detenerse frente al circo de Caracalla, lugar pavoroso a causa de las fábulas que de él se referían, y del terrible nombre de Vampa, que en el silencio de la noche y la hora del crimen, resonaba amenazador en aquellas sombrías bóvedas de piedra.

Vampa, fascinado por el sentimiento que lo dominaba, no se había apercibido de que ni un solo centinela le había pedido la consigna desde que su carruaje caminaba por entre los monumentos de la vía Appia; tomó en sus poderosos brazos el débil cuerpo de Eugenia, y cual un nuevo Plutón, descendió con su dulce carga por entre las sombras de la noche hasta la entrada de su tenebroso subterráneo, donde tenía la guarida.

Se detuvo a descansar un momento. Ni una voz humana llegaba a su oído. En derredor volaban sólo despavoridos murciélagos, cuyas duras y ásperas alas azotábanle a veces sus mejillas abrasadas por la fiebre. Ninguna luz lo guiaba a lo largo de aquella bóveda subterránea; y sin embargo, caminó con paso firme hasta el anchuroso lugar en que existían las ruinas del antiguo altar y la mesa que servía en otro tiempo de tabernáculo y ahora para los festines bacanales de los bandidos. Vampa, que sabía su dirección, se dirigió a ella, y colocó allí el cuerpo de Eugenia.

Ni uno solo de sus famosos satélites venía a él alzando en su brazo una luz con qué alumbrar aquel cuadro de violencia, ni a pedirle en nombre de sus compañeros, la parte que les correspondía de aquel crimen.

—¡Atrás! —gritó Vampa— Esta mujer será mía... Y ¡ay del que osare disputármela! ¡Lo mataría!

Y apretaba con una de sus trémulas manos las de Eugenia, mientras la otra descansaba amenazadora sobre la culata de una pistola que adornaba su cinto, con fiero ademán.

—¡*Rooca Priori!* (así se llamaba Pipino) —gritó, oyendo como única respuesta el eco nocturno de las bóvedas, sombríamente.

—¡*Rocca Priori!* —continuó Vampa, alzando aún más la voz—. ¿Será tan pesado vuestro sueño, que no logre despertaros la voz de vuestro jefe?... ¡Perros que os dejáis vencer por el sueño olvidando la vigilancia de vuestro único asilo!... ¡Ea! ¡Recobraos... recordaos!... ¡Pronto, voto a!...

Vampa sacó la pistola y disparó uno tras otro sus dos tiros, cuya claridad momentánea se reflejó en el rostro de Eugenia, tendida aún sobre la fatal mesa de mármol.

Las detonaciones poco a poco fueron extinguiéndose. Vampa, con el oído atento, escuchó hasta el último sonido que sucede al eco de las rocas cuando repiten el estampido rápido y fuerte de un tiro.

El salteador, conociendo que estaba solo, se estremeció de súbito, y su mano temblorosa y fría apretaba convulsivamente la culata de la pistola descargada. ¡Se había desarmado!

El presentimiento de un vago temor se apoderó de él. Un sudor frío le inundaba la frente; era la primera vez que Luis Vampa conocía el miedo; su cuerpo se helaba, sentía pánico.

—¡Pipino! —murmuró—. ¡Me habrá traicionado! ¡Seré quizá víctima de alguna imprevista celada! ¡Ah!... no... ¡eso sería increíble! Habrá salido acaso con los demás a hacer alguna buena presa, creyendo que yo no regresaría tan pronto... Pero... las catacumbas están desiertas...

Pipino no debiera haber salido sin dejar aquí dos centinelas; mi cabeza está hace tiempo puesta a precio; y aunque hay personas interesadas en mi seguridad... tengo también innumerables enemigos.

Por fortuna, la policía ignora aún la misteriosa entrada de las catacumbas; y no se atreve a investigarla porque ya muchas veces sus torpes espías han quedado tendidos en las profundidades del circo de Caracalla, o en la vía Appia.

Esperemos, pues; Pipino volverá.

Vampa sentóse al lado de Eugenia, halagado aún por ese último rayo de esperanza que su imaginación concebía, como sucede a todos los hombres débiles y pusilánimes que no saben comprender la fuerza de estas palabras: "todo está concluido".

Vampa lo esperaba todo, menos su ruina, eso era inconcebible.

Las horas corrían entretanto veloces, y el salteador esperaba inútilmente el regreso de Pipino. Su pensamiento repelido por el tiempo y la realidad, de ilusión en ilusión, llegó a la última, que fue gradualmente matando las otras.

Vampa lanzó un grito salvaje.

Había notado por primera vez el sueño profundo que parecía haberse apoderado de Eugenia. Aquel cuerpo que allí yacía tendido sobre la mesa en que antiguamente se colocaban los muertos, sobre aquel mármol que él y sus bandidos habían profanado con sus bacanales, le horrorizó. Levantó su brazo en ademán de despertar a Eugenia, pero el brazo no tocó el cuerpo de la víctima, y una sonrisa amarga contrajo los labios del verdugo.

—¡Despertarla!... —se dijo—. ¿De qué serviría despertarla? ¡Sus gritos y sus lamentos resonarían luego en estas bóvedas desiertas y tenebrosas, como para aumentar el pavor que aún ahora me causan! ¡Oh! ¡Si este sueño que pesa sobre sus párpados fuese el de la muerte!... ¡si yo estuviese al lado de un cadáver!... No... no, yo siento aquí su corazón que late bajo mi mano. Vive... pero duerme fatigada... ¡Que duerma... que ya despertará mañana!... ¡Mejor así!

Momentos después, prosiguió:

—¡Ah! ¡Esta noche... esta noche interminable!... ¡Parece que estoy condenado para siempre a las tinieblas y al horror!... ¿Se complacerá acaso algún genio infernal en darme por compañera eterna esta mujer, que duerme como si estuviera muerta?...

La tierra también encierra tesoros, y tú serás de hoy en adelante el más valioso que ella esconda a los ojos de los hombres. Pero ¿qué importa tu belleza, si ésta fuese eterna? ¿Cómo podré mirarte y embriagarme con tu llanto de placer?

¡Oh, desesperación!... ¡Venga la muerte, en buena hora, pero venga la luz aunque sea por un solo instante! ...Las tinieblas me ahogan... ¡Esta atmósfera húmeda como la del sepulcro, me hiela la sangre en las venas!...

Ahora han vuelto a ser estas bóvedas lo que siempre fueron... un cementerio, y para mayor verdad, ahí duermen los esqueletos su sueño eterno en esas paredes. ¡Cuántas veces el reposo augusto de estos muertos ha sido turbado con el bullicio de mis orgías y de mis delitos!... ¡Y vedme aún turbándolo con el último de mis crímenes!... ¡El último! —repitió como reflexionando lo que había dicho—. ¿Y por qué será el último? ¡Ah!... sí; ¡hace mucho tiempo que pienso abandonar el hierro homicida que hasta hoy he empuñado! ¡Hagámoslo, pues!

Y arrojó lejos de sí la pistola descargada que aún conservaba en la mano.

—¡Adiós para siempre, arma fatal y homicida! Y ahora Eugenia... Eugenia mía... despierta para concederme la verdadera felicidad...

¡Insensato! ¿Y quién podría repetir sin rabia y horror el nombre del bandido que durante algún tiempo robó, asesinó y estupró, inmolando sin piedad ancianos, niños y mujeres, para satisfacer su ambición o sus brutales deseos? No... mi condenación es eterna. ¡Infeliz! ¡Espero en vano que esta mujer despierte, que sus labios me dirijan la palabra, que me miren sus ojos, sin ver que su primera mirada, su primer grito, será de sorpresa y maldición! ¡Eugenia... Eugenia mía!... perdóname... ¡Perdóname, amada!...

Vampa cayó de rodillas al lado de la mesa, ocultando el rostro entre sus manos.

Pocos instantes después, un rayo de roja luz que brillaba en la galería subterránea, vino a sorprenderle.

Alzóse enérgicamente, y respirando como si una nueva vitalidad se le hubiese comunicado:

—¡Pipino!... ¡Ven, Pipino!...

Nadie le contestó, y la luz avanzaba.

—¡Pipino! —repitió todavía; y el mismo silencio continuaba.

Entonces tembló, porque se hallaba desarmado y solo, y así no podía hacer frente a ninguna sorpresa. La idea de ocultarse acudió instantáneamente a su imaginación. Conocía perfectamente el subterráneo y podría esconderse en una de sus profundas cavernas. Pero, de pronto, un hombre que apareció a la entrada de la galería, lo detuvo con estas palabras misteriosas:

—¡Te he reconocido, y es inútil todo esfuerzo! ¡No trates de escapar!

La luz del hachón que traía iluminó el lúgubre recinto.

Vampa quedó inmóvil, aterrorizado.

Avanzó el desconocido; en su mano derecha brillaba la llave y el cañón de una pistola de largo alcance.

—¡Benedetto! —murmuró Vampa, retrocediendo lleno de asombro y horror—. ¡Eres tú, miserable!...

—¡Silencio, Vampa, o mueres! —contestó éste apuntándole con la pistola y elevando sobre su cabeza la antorcha para distinguir mejor el cuerpo del bandido y tenerlo a tiro.

—¡Por ventura se levantan hoy los muertos para atormentarme! —pensó Vampa.

—Has saciado tu ruin pasión —dijo Benedetto—, pues yo vengo a recibir la parte que me corresponde.

—Pipino me ha vendido —murmuró Vampa, agregando luego en voz alta:

—¡Ah! Si vienes con ese objeto... ¡Te cedo el puesto! Acabo de consumar el rapto; y en cuanto al rescate lo obtendrás más tarde.

—Pues, a pesar de todo, necesito hoy mismo el dinero.

—Es imposible. Eso no puede ser.

—No tanto como aseguras.

—¿Cómo? Indica la forma.

—Porque lo exijo ahora mismo.

—¿Y qué me importa?

—¡Importará a tu vida, amigo Vampa! Yo soy tan pronto en mis actos como en mis palabras. Ya ves que estoy armado...

—¿Y yo? ¿Acaso yo no lo estoy?

—¡Bien sabes que no!

—¡Me has espiado! —murmuró Vampa con rabia, aparentando, sin embargo, la mayor calma, aunque en aquel momento se acordaba del aviso terrible que maese Pastrini le había dado en nombre de la casa Thompson y French.

—¿Y qué me importa estar desarmado —continuó—, cuando no me faltan armas contra ti, puesto que al más leve grito mío, correrían a mi socorro veinte hombres prontos a ejecutar mis órdenes? ¡Soy el jefe!

Benedetto movió la cabeza con aire de desprecio y respondió:

—¡Haz la prueba! ¡Pruébalo!

Vampa se estremeció a pesar suyo; pero recobrando luego su energía gritó con audacia:

—¡Miserable! ¡Canalla!

Benedetto soltó una carcajada burlona, como quien se mofa de la rabia impotente de un niño.

—¡El miserable eres tú! —le dijo—. ¡Tú, que te has dejado arrastrar por una brutal pasión, mirando sin ver, y oyendo sin escuchar! Vampa, ¿ignoras que lo sé todo? Estás desarmado y solo en estos subterráneos, teniendo por única compañera la víctima de tu pasión violenta. Desde que supe que venías aquí, conocí que descendías a tu sepulcro; y esperé ocasión de presentarme, como buen sepulturero, a despojarte de tu mortaja; oí los tiros que disparaste, y entonces bajé porque el dragón ya no tenía dientes; acaso te queda la daga; pero yo tengo esta pistola con hermosas balas para dejarte tendido. Vamos, amigo Vampa; ahórrame al menos el trabajo de desnudarte por mis propias manos, lo que equivale a aprovecharte de un poco de vida que encierras aún en tu pecho.

Sé que has extraído todo el dinero que había en las arcas de la cuadrilla, y es eso lo que reclamo. Dame tu cinto Vampa, si no quieres morir a mis manos enseguida.

—¡Traidor! —gritó éste.

—Tú comprendes mejor que yo el valor de esa palabra. ¡Ea! Yo no hago más que lo que tú hiciste: robo. No pierdas tiempo, Vampa; o la bolsa o la vida... ¡Rápido!

—¡Yo nada tengo!... ¡Nada!...

—Vampa... ¡vamos!... ¡Date prisa!

—Espera —dijo Vampa, mirando con desesperación suprema en derredor de sí—; ¿tú eres el francés que prometió mi cabeza a la policía romana? ¡Bien ves que también sé yo tu secreto!

—No llegué a tanto, te equivocas.

—¡Benedetto! ¿Quieres robarme y venderme? ¿Dónde está, pues, tu fe? ¿Cuál es la nueva escuela de tus crímenes? ¿De dónde has salido, demonio de la traición, tan audaz como emprendedor? ¡Oh!... Acuérdate de que he robado siempre a los viajeros, asesiné también a algunos, pero, ¡nunca vendí la cabeza de nadie!...

—Tu historia me fastidia... y aún más tu panegírico... porque no sé quién te hizo comprender que me había acordado de vender tu cabeza. Yo no soy traficante de cabezas, no lo fui jamás.

Luego añadió:

—Vamos; resígnate con tu suerte, puesto que tú mismo la has dedicido. Arrastrado por el delirio insensato de tu pasión, llegaste a este lugar llamado "Campilugentes", que la fábula nos pinta; ahora deja correr tus lágrimas por este suelo fatal; sufre y padece; porque llegó tu vez, así como yo tuve también la mía; pero no perdamos tiempo, Vampa, ¡o tu bolsa o tu vida! Tú conoces bien la fuerza de esta frase porque eres famoso maestro en el oficio.

—¿Y quién me asegura que no me asesinarás después que te dé mi dinero?... ¿Acaso no digo la verdad?

—¡Ya podía haberlo hecho; y lo haré si te detienes un solo minuto más!

—Pues bien; acércate...

—No... colócalo en esa mesa de mármol, junto a tu víctima, y retírate en seguida, pero pronto.

—¡Pobre Eugenia!... —continuó Benedetto con severo ademán—. ¡También tú has sufrido la mano del infortunio! ¡Tú... que rechazaste la protección de tú madre y te lanzaste sola en el mundo... mientras los demás desearían esa protección amante, esos cariños delicados que tú has despreciado!... Eugenia... si tu sueño no es el de la muerte, ¡sufre, que bien lo has merecido!

Vampa había dejado entretanto su cinto sobre la mesa, y retrocedió algunos pasos. Benedetto examinó y guardó el dinero con rapidez.

Aunque el salteador romano había observado atentamente los movimientos de Benedetto, dispuesto a sorprenderlo súbitamente, éste se condujo con tal astucia, que no dejó de tener un solo instante la cabeza de Vampa bajo la puntería de su pistola. Así que hubo tomado el dinero, Benedetto retrocedió hasta la entrada de la galería, llevando consigo la luz y dejando de nuevo al salteador entregado a la oscuridad y al sufrimiento, más triste que antes.

Vampa se dejó caer al lado de la mesa, agarrándose los cabellos.

El hijo de Villefort llegó al final de la galería, y pasando por la abertura practicada en la roca se encontró con un grupo formado de diez o doce hombres, entre los que se percibía el sonido de las armas. A alguna distancia se veía un piquete de caballería.

—Señor —dijo Benedetto a uno de esos hombres—, el salteador está solo.

—¿Acabáis de verlo?

—Sí. Completamente solo.

Ambos se retiraron entonces misteriosamente a un ángulo del camino, donde continuaron su conversación.

—Señor —agregó Benedetto, —yo hago sin duda un importante servicio a Roma entera; y sin embargo, pienso que no me dejaréis retirar sin ser acompañado por alguno de vuestros soldados aunque nada tenga la policía que desconfiar de mí. Entretanto ya he recibido el precio ofrecido por la cabeza del salteador, y esto basta; ¿verdad?

—¿Qué queréis decir?...

—Tomad la cuarta parte y decid que yo huí por algún oculto pasaje de las catacumbas; será mejor.

—¡Ah! Vuestro recelo no será quizás infundado; pero en fin... vos que no deseáis poneros en contacto con la policía, sabréis lo que os pesa en la conciencia. Dadme, pues, la cuarta parte del premio que habéis recibido, no por el hecho de que deje de ejecutar las órdenes que se me hayan dado, sino porque os dejo partir después de lo que me habéis dicho. Tenía orden de dejaros en libertad, luego que nos apoderásemos del bandido Vampa.

Benedetto hizo un movimiento de sorpresa, y pasó un pequeño rollo de papel a las manos del jefe de los agentes de policía, con misterio.

—¿Es oro?

—¡Vedlo!

—Pues bien, estamos conformes; ahora esperad sólo un momento hasta que mis soldados se apoderen de Vampa, y partiréis en seguida, sin complicaciones.

El jefe se dirigió al grupo y gritó:

—Encended los hachones y bajemos. ¡Ea, camaradas, venid!... ¡Pronto!

Las luces brillaron en seguida y el piquete de caballería se aproximó rápidamente a la entrada de las catacumbas; las espadas salieron de sus vainas, y los agentes entraron a buscar a Vampa, con mucho sigilo.

Un grito desesperado, loco, frenético, y que expresaba la más profunda rabia, resonó poco después en el interior de la bóveda subterránea.

—¡Oís! ¡Parece loco!

—Sí... realmente.

—Es el grito del león que cae para no levantarse jamás. Es el famoso Luis Vampa., que está en poder de la justicia romana.

—Idos, pues; ¡estáis libre!

Y el hijo de Villefort desapareció en las tinieblas de la noche, feliz, pues su venganza salía tal como era su deseo.

## CAPÍTULO XXV

# LA JUSTICIA DIVINA ES PERFECTA

El salteador que por tanto tiempo había asolado los arrabales de Roma, cayó por fin en poder de la justicia, y en breve recibiría el premio debido a sus repetidos crímenes, con su cabeza.

Ni una voz había en Roma que se elevase a su favor; y el hombre que fue siempre mudo a las súplicas de sus víctimas, e indiferente a la agonía de los infelices, vio con terror elevarse antes sus ojos el terrible tablado para su suplicio, sin notar entre los curiosos espectadores ni uno cuya fisonomía pudiese expresar la más leve señal de compasión. El silencio, la indiferencia que él siempre usó a vista de sus víctimas, era lo único que recogía, como si Dios le quisiese hacer comprender cuánto cuesta el último momento de la existencia humana, cuando no es mitigado por las palabras sublimes de una amistad verdadera, o por el bálsamo consolador de una religión pura.

Cuando los agentes de policía habían penetrado en las subterráneas bóvedas de las catacumbas de San Sebastián, Vampa, al lanzar aquel grito feroz, a que Benedetto contestó con una carcajada, intentó aún una defensa desesperada, pero comprendiendo luego la imposibilidad de luchar inerme contra ocho hombres armados y decididos, se sometió a la prisión que estos le intimaban, por la fuerza.

Vampa conoció entonces la suerte que le esperaba... el cadalso y el verdugo con su larga maza de hierro se le aparecían en el centro de la plaza del Pópolo, y el salteador se esforzaba en vano por alejar de su imaginación el lúgubre y aterrador aspecto de su próximo suplicio, infalible.

¿Qué podría salvarlo?

¿Amigos? No tenía uno siquiera.

¿Dinero? Se lo habían robado.

Su rostro siniestro se volvió todavía una vez más para contemplar a Eugenia; una sonrisa amarga vagó en sus labios, y su mirada asolada, como si saliera de un horrible sueño, inexplicable y opresor, parecía maldecir la hora en que se le había aparecido aquella mujer, la causa de su ruina.

Cuando el bandido era llevado a la ciudad, entre la escolta de caballería, el hijo de Villefort, envuelto en su larga capa, acababa de bajarse de un caballo a la puerta de la pequeña propiedad del barón Danglars.

Buscó el cordón de la campanilla, y tiró con violencia, hasta que un criado vino a indagar la causa de tan inesperado ruido.

Apenas asomaba el día.

—Decid al señor barón Danglars que vengo a comunicarle una cosa de grande importancia. Y daos prisa para que no me tengáis mucho tiempo en la calle.

—Disculpad; pero yo tengo orden positiva de no abrir sino a persona conocida; y aún creo que su excelencia no recibirá ahora a ningún extraño. Así, pues, no haríais mal en darme vuestro nombre, sería mejor.

—Aunque os dé mi nombre estoy seguro de que no dejaré de pasar por un extraño; pero decid al señor barón que soy un agente de policía que pretende obtener algunos esclarecimientos acerca de una catástrofe sucedida esta noche a una persona que debe sin duda interesarle mucho, con eso basta.

El criado se retiró y Benedetto esperó, con impaciencia.

Luisa d'Armilly, que durante aquella noche fatal no había podido conciliar el sueño, temblando al menor ruido y creyendo oír los gritos de su amiga, mezclados con la brisa de la noche, se sentó agitada sobre el sofá en que se hallaba reclinada en el momento en que oyó sonar con violencia la campanilla de la puerta.

Mil ideas extravagantes se le presentaban confusamente; su corazón latía violentamente como ocurre al que sufre un ataque en todo el sistema nervioso; y su voz expiraba en la garganta, con desaliento.

El barón Danglars, aunque en extremo contristado por el rapto de su hija, no puedo substraerse a aquel peso que la noche parece colocar en nuestros párpados, obligándolos a cerrarse a pesar nuestro. Danglars dormía hacía algunas horas, habiéndose acostado vestido sobre la cama. Fue, pues, la señorita d'Armilly la que primero supo quién era el desconocido que se presentaba allí tan temprano, en tales condiciones.

La palabra "agente de policía", pronunciada por el criado, fue para Luisa un presentimiento, y calculó que los gritos de su amiga habrían llamado la atención de los extraños, y que el carruaje del supuesto amante había sido detenido por la policía, siempre vigilante en rondar, donde no dejan de ser frecuentes estos casos de violencia.

Ella misma fue al cuarto del barón y le despertó precipitadamente, después de haber dado orden al criado para introducir en la sala al agente de policía.

El barón despertó sobresaltado, y habiéndose impuesto del objeto de aquella inesperada cuanto feliz visita, se preparaba a bajar.

Luisa, saliendo del cuarto del barón, corrió a ocultarse detrás de una puerta, con la intención de no perder ni una palabra que saliese de los labios del agente; pero en vano y admirada lo buscó con la vista por la sala... la sala estaba desierta. Volvió sobre sus pasos, preguntó si el recién venido había sido introducido en la sala; el criado le contestó afirmativamente; y entonces, creyéndose presa de una ilusión, se volvió a la sala, abrió la puerta, entró, habló... pero nadie le respondía. La sala continuaba desierta.

Entretanto, el barón Danglars iba a bajar cuando una voz que no le era desconocida le dijo con mofa:

—La verdad es, señor barón, que siempre sois pesado en vuestros movimientos.

El barón se volvió rápidamente, como si procurase desmentir aquella acusación, y soltó un grito de espanto:

—¿Vos aquí? —dijo—. ¿Por dónde os habéis introducido? ¡El cuarto no tiene más que esa puerta!

—¡Oh! ¿Os olvidáis que la mano del muerto sabe encontrar en las sombras la puerta que otra mano no podría abrir?

—Dejaos de burlas, señor, y explicadme... por dónde entrasteis... qué razón os asiste para atropellar así mi domicilio... ¡hablad o gritaré!...

—No gritéis, porque no tenéis motivo para hacerlo. Si yo no viniese aquí con buen fin, tiempo he tenido para haber logrado mi objeto.

—Mas, ¿qué queréis?... ¿Por dónde habéis entrado? —volvió a preguntar el barón siempre inquieto.

—Responderé sólo a vuestra primera pregunta y, espero que nos arreglaremos convenientemente; cerrad bien esa puerta, señor barón; así no podrán venir a incomodarnos, será mejor.

—¡Ah!... ¡Pero soy esperado allá abajo!... ignoráis acaso... ¡oh! No lo debéis ignorar...

—Nada ignoro; ¡os han robado a vuestra Eugenia!, ni más ni menos... ¡Cosas de vuestro amigo Vampa!

—¿Amigo mío?... ¡No lo es!

—Os dio dinero y lo aceptasteis.

—¡Yo!...

—Sí; y ¿qué esperábais entonces, recibiendo dinero de las manos de un bandido, y teniendo en casa a vuestra, hija? ¡Me parece que comprendéis mejor los guarismos que los hombres!

—Lo que yo no sé comprender, son los hombres que no se explican... por ejemplo, como vos... siempre con misterio...

—Voy a satisfaceros; cerrad primero esa puerta.

—Bajad antes conmigo, y esperad mientras yo hablo a un cierto agente de policía que viene a buscarme... que viene a comunicarme, sin duda, que está preso el famoso raptor y que se espera mi declaración para saberse quién es. ¡Ah! ¡La vida del señor Vampa está ahora en mis manos!

—¡Delirios!, señor barón; si sois hombre de algún tino, evitad el encuentro con el agente de policía.

—¿Y por qué?

—Aunque no sea más que por precaución.

—¿Qué queréis decir?...

El barón se puso intensamente pálido, y con mano agitada dio rápidamente una vuelta a la llave de la puerta, temeroso de que se escucharan esas palabras.

—Muy bien, señor barón. Ahora; acercaos y escuchad.

En este momento llamaron a la puerta y se oyó la voz de la señorita d'Armilly.

—¿Señor Danglars?

El barón iba a contestar, pero Benedetto, le impuso silencio con un gesto.

—¡Señor Danglars!... ¡Oh! ¿Qué misterio hay aquí, Dios mío?... esto me asusta —dijo la señorita d'Armilly, volviendo a bajar, y escuchándose a poco su voz que llamaba a un criado.

—Señor barón —dijo Benedetto—, yo lo sé todo. Vampa acaba de ser preso; declaró que estuvo aquí, y dio vuestro nombre; ahora podéis comprender que la justicia no dejará libre a un hombre en cuya casa pernoctó el salteador Luis Vampa.

El sudor caía gota a gota de la frente espaciosa de Danglars.

—¿Y bien?... —preguntó éste asustado, y mirando inquieto hacia la puerta, con sumo temor.

—¡Vaya!, el caso es bien sencillo —respondió Benedetto con calma—, y apenas supe la noticia, corrí a avisaros.

—¿Pero qué haré?... —preguntó de nuevo el barón, preso de la mayor agitación, todo tembloroso.

—¡Qué torpe sois!

—¡Oh!... tenéis razón, amigo mío; pero hay ciertas cosas tan imprevistas, que producen en mí un efecto extraño. Sin embargo, conozco que no hay tiempo que perder.

—¿Qué hicísteis en París cuando comprendisteis la gravedad de vuestra posición, y la enormidad del déficit de vuestros libros de caja?

—¡Ah!... mientras el procurador de las huérfanas y viudas esperaba su limosna de cinco millones, me evadí.

—¿Qué más queréis? Mientras el agente de policía espera en la sala el momento de echaros la garra, dad a vuestra casa el último adiós, y haceos a la vela, pero inmediatamente.

—Eso mismo estaba pensando ahora, mi amigo; pero, ¿por dónde huyo? ¿No me aprisionarán?

—Yo os guiaré.

—¿Me lo prometéis? —preguntó el barón con ademán suplicante.

—Puedo jurarlo; vaya, preparaos; dentro de un momento vendrá a echar abajo la puerta... el día va clareando y entonces no podréis huir, sería inútil.

—¡Ah, ah!... ¡maldito Vampa! —murmuró el barón dirigiéndose a su secretaría, y examinando a la luz de la lámpara el rincón en que tenía el dinero, con avaricia.

—Dejad esa niñería —le dijo Benedetto—, yo tengo aquí dinero y os prestaré alguno, no temáis.

—¿Qué decís? ¿Dejar lo que tengo para que la justicia se aproveche de todo? —respondió el barón, metiendo en el bolsillo cuanto dinero y cuantos valores encontró en la secretaría—. No es tanta la prisa que no pueda aprovechar dos o tres minutos, en recoger una no despreciable suma. Estoy pronto... huyamos.

A estas palabras, Benedetto hizo uso del resorte del cuadro ya mencionado que decoraba una de las paredes, y el cuadro giró inmediatamente sobre uno de sus pies, dejando ver una escalera, que se perdía en la sombra por lo interior de la pared.

—¡Por aquí, señor! —dijo Benedetto—, y mucho cuidado porque la escalera es en espiral, y sus escalones están resbaladizos por la humedad, y podríais romperos la cabeza.

—¡Ah! ¡Qué bueno sois! —respondió el barón dejándose conducir y viendo con placer que el cuadro volvía a ocupar su lugar en la pared—. Yo ni por el diablo habría dado con este maravilloso secreto.

Luisa d'Armilly había vuelto entretanto a llamar al barón Danglars acompañada de los criados. La puerta seguía cerrada, y ninguna voz respondía a sus gritos. Entonces mil pensamientos extravagantes la asaltaron, de los que sólo uno parecía posible a los criados; era que el barón Danglars hubiese sido atacado de alguna enfermedad que no le diese tiempo de abrir la puerta; pero Luisa ya había estado en la habitación del barón, y no comprendía por qué hubiera tenido que cerrar la puerta. Los criados decidieron echarla abajo. Luisa los detuvo unos instantes más, llamando fuertemente al barón; y viendo que sus gritos no obtenían la menor respuesta, hizo señal a los criados de que comenzasen su tarea.

Después de algunos esfuerzos la cerradura y los goznes saltaron de su sitio, y la puerta cayó a lo largo del pavimento.

Luisa penetró en la habitación, iluminada aún por la débil luz de la lámpara puesta sobre el escritorio y miró con espanto alrededor de sí.

El cuarto estaba desierto.

El terror la dominó entonces; su rostro se puso intensamente pálido, y su pecho palpitaba con violencia.

Había entrado en casa un hombre, que se decía agente de policía, y ese hombre desapareció como por encanto. El barón no estaba en su cuarto, y éste se hallaba cerrado, advirtiéndose la llave puesta del lado interior de la puerta, sin salida.

¿Cómo podrían explicarse estos dos accidentes extraordinarios, y especialmente el último?

—¡Oh! —dijo la joven haciendo un esfuerzo para no dar a conocer a los criados el miedo que la agitaba—: creo que el señor barón ha salido y es necesario buscarlo, mas...

—Pero señorita... ¿por dónde queréis que haya salido? —dijo uno de los criados—; ¡a no ser por la ventana, y ésa está atrancada!

—No lo sé —respondió Luisa—; pero hay que suponerlo así. Decid entretanto al postillón que prepare el carruaje, y cuando vuelva el señor barón hacedle presente que le ruego que me dispense por haberme retirado sin esperarlo, en la necesidad que tengo de no continuar mis tiempo lejos del teatro, donde se me espera.

Los criados obedecieron, y poco después Luisa d'Armilly, helada de susto, temblaba en el fondo del carruaje que la conducía a la ciudad.

Cuando llegó a su casa, la señora Aspasia corrió a prevenirla que su amiga Eugenia había llegado en la madrugada, y que sintiéndose algo indispuesta, no había podido esperarla sino en cama, pues tenía realmente fiebre.

Luisa, a pesar del aviso, corrió con lágrimas en los ojos al dormitorio de Eugenia, y arrojándose sobre su lecho, la abrazó con la expresión más franca de una profunda amistad, ante ese dolor.

Las dos amigas cambiaron con entusiasmo sus besos y confundieron sus lágrimas.

Eugenia ocultó su rostro en el pecho amigo que le ofrecía Luisa, sin otro sentimiento extraño a la pasión que desde mucho tiempo las unía.

Mientras las dos amigas se abrazaban, y Eugenia, arrepentida de la afección insensata que había dejado la dominase, procuraba borrar de su memoria cualquier recuerdo que no fuera el de su Luisa, el barón Danglars conocía la crítica posición en que se hallaba, temblando de rabia y de desesperación, enfrente de Benedetto.

Estaban ambos al pie de la escalera tortuosa, por la que el barón creyó salvarse guiado por el hijo de Villefort.

Enfrente de ellos había una puerta que comunicaba con una casa al nivel de tierra. La luz de la mañana entraba por las rendijas de una pequeña abertura, practicada a manera de ventana en una grande altura de la pared.

Cuando Benedetto llegó a aquel lugar, se volvió rápidamente hacia su compañero y le presentó la boca helada de una pistola, pidiéndole en tono imperioso cuanto dinero y valores llevaba consigo.

El barón se detuvo súbitamente, y con la voz embargada, pero haciendo un gran esfuerzo, consiguió decir estas palabras:

—¡Ea! Dejaos de burlas conmigo, mi querido señor... ¡Ah!... ¡ah!... ya conozco bien vuestro genio...

—Debéis saber entonces que os mataré sin escrúpulo y sin la menor dificultad si no me entregáis el dinero que trajisteis. Vamos, señor barón, ese estado de asombro en que os ha dejado la sorpresa, sería muy conveniente si yo fuese capaz de horrorizarme con la idea de matar a un hombre para robarlo....

—¡Señor!... —balbuceó el barón—, por cierto que queréis divertiros a mi costa... ¡Oh! El momento no es el más a propósito.

—Habéis dicho la verdad, porque pueden cercar la casa, descubrir este camino misterioso y prenderos.

—¡Es que entonces os prenderán también a vos!... —se apresuró a decir el barón, apoyándose más muerto que vivo en el quicio de la puerta.

—Vuestras palabras son las de un buen profeta, señor Danglars; pero voy a finalizar este asunto —respondió Benedetto con una sarcástica sonrisa, amartillando al mismo tiempo su pistola, con siniestro ademán.

—¡Oh! ¡Queréis entonces robarme! —murmuró el barón desesperado y arrancándose los cabellos—. ¡Sois un traidor! ¡Un canalla!...

—¡Hola! —replicó Benedetto—, ¿y vos qué sois?, ¿qué fuisteis?, ¿qué seréis siempre?

—¿Yo?... no lo he sido jamás... ¿qué mal os hice nunca...?

—No os he preguntado eso, ni os lo preguntaré. ¡Barón Danglars: o la bolsa o la vida!

—¿Luego sois un ladrón?

—Ya lo sabéis, mi querido barón.

—Sí; ya lo sabía; ¡pero me olvidé de que lo sabía! —respondió Danglars desesperado—, y no sé cómo pude cegarme hasta este punto... ¡Ah! ¡Fatalidad... fatalidad...!

—No, señor; yo os explicaré vuestra ceguedad. Desde que pude seros útil en algo; desde que el tiempo redobló mis servicios, y conocisteis no ser del todo mala la posición en que os he colocado de vivir sin trabajar, tuvisteis la flaqueza natural de olvidar mis pequeñas faltas, y de llamar amigo a un hombre que no vino a este mundo para ser amigo de persona alguna. Tuvisteis aquella debilidad porque vuestra conciencia nunca estuvo limpia. ¡Ah!, ¡y no era posible que lo estuviese la conciencia de un hombre que se atrevió a robar el dinero sagrado de las viudas y de las huérfanas! ¡La conciencia de un hombre que después de insultar a su mujer, tiene la audacia de presentársele para gozar de algunos bienes que le supone duplicados desde algún tiempo, no se sabe cómo!... ¡La conciencia de un hombre que aloja en su casa al más terrible salteador romano, aceptando dinero de su mano criminal, sin tomarse la pena de conocer bien el objeto de tan extraña generosidad! ¿Comprendéis ahora cuál fue la venda que os cubrió los ojos, señor barón? ¿Lo comprendéis?

—¡Ah!, y vos que me hacéis tales cargos... ¿quién, sois?, ¿de dónde habéis venido?, ¿qué pretendéis?...

—Pues bien: tres preguntas, tres respuestas. Soy un hombre sin nombre, sin familia, sin Dios, sin religión, sin patria y sin amigos. Salí de una tumba en una noche fatal, trayendo en el pecho la llama maldita de la desesperación, la maldición en la boca y en la diestra una reliquia singular: la mano que pretendió ahogarme cuando absorbí el primer soplo de la vida en este mundo; la mano que después me bendijo; la mano que yo besé y regué con mis lágrimas... Ahora, señor, me falta deciros lo que pretendo... ¡Ah! ¡Pretendo una venganza justa e implacable!

—¿Y cuándo os he ofendido yo? —preguntó Danglars, sintiendo doblársele las piernas, con desfallecimiento.

—Nunca.

—¡Oh!, y entretanto me robáis sin piedad.

—Barón: yo robo porque el camino que he de seguir es difícil y costoso. El hombre a quien me dirijo es poderoso, ¡para combatirlo necesito oro! Robo por necesidad absoluta; pero no sacrifico a esta necesidad a las personas que yo juzgo extrañas al crimen y al latrocinio. Señor, el tiempo corre, vuestra situación es irremediable; escoged, pues, entre el oro o la vida.

Diciendo esto, Benedetto extendió la mano izquierda, y fue recibiendo y guardando las cantidades que el barón Danglars le entregaba, acompañadas de largos suspiros.

El barón Danglars volvió a llamarse simplemente Danglars, porque estaba más pobre que nunca.

Hubo un momento de silencio, durante el cual Benedetto guardó la pistola, y fue a examinar el exterior por una rendija de la puerta.

—Nadie —murmuró—. Partamos.

El barón, pálido y agitado, caminó arrimado a la pared hasta reunirse a Benedetto, y le detuvo el paso con un ademán suplicante:

—Por piedad... —le dijo— soy un pobre anciano, y mis cabellos blancos deben mereceros alguna compasión; ¿qué queréis que haga ahora?, ¿a dónde queréis que vaya a ganar mi alimento?... Bien comprenderéis que al menor paso que dé en Roma seré preso.

—Tendréis la casa franca. ¿Qué mal halláis en eso? —respondió Benedetto con la mayor indiferencia, disponiéndose a abrir la puerta.

—¡Socorredme, por amor de Dios!...

Benedetto se detuvo, clavando en Danglars una mirada investigadora.

—¡Caramba, os vais volviendo místico, buen viejo! —exclamó—; la miseria es hermana bastarda de la devoción; jamás la abandona aparentemente.

—Al menos por la honra de vuestro oficio —repitió Danglars.

—¡Ahí está lo que es más inteligible! ¿Qué queréis, pues, de mí?

—Que me compadezcáis.

—¿En qué?

—¡Ah!, en todo, en todo... salvadme... protegedme... ayudadme...

—¿Queréis también que os lleve al cuello, viejo impertinente? Yo voy a salir de Italia; un buque me espera en el puerto, no puedo detenerme un solo instante más.

—¡Un buque! —repitió Danglars, respirando con más libertad y enderezando el cuerpo, como si recibiese una nueva existencia.

—Y bien, ¿qué os importa eso? —dijo Benedetto, que notó el gesto de Danglars, metiendo resueltamente la mano en el bolsillo para empuñar la pistola.

—Dijisteis que teníais un buque y que os aguarda en el puerto.

—Sí.

—¿Tenéis piloto?

—Sin duda.

—¡Ah!

—Continuad.

—Yo os pedía ese lugar.

—¿Vos?

—¡Sí, yo! Porque ya que os disponéis a viajar, iréis sin duda a comerciar; tomaréis tal vez efectos de contrabando en el Mediterráneo; y en ese caso me ofrezco para sobrecargo.

—¡Qué prodigio!... ¿entendéis, pues, de marinería y de los intereses mercantiles de la marina?

—¡Sí, señor! He crecido en el mar y entre los fardos que cargaban el buque, y eso es para mí facilísimo.

—¿Qué decís? ¿Y vuestros blasones?... ¿y el nombre de vuestros antepasados?...

—Empecé de marinero... ascendí, me elevé, llegué a lo que fui, ahora desciendo y voy a acabar en el punto de donde he partido, ése será mi mérito.

—¿Me aseguráis por vuestra vida que decís la verdad?

—Sí.

—Mirad que puestos en el mar y reconocida que sea vuestra incapacidad... tendréis una fosa digna de vos, el vientre de un tiburón.

—Respondo de mí...

—Vamos, guardad, pues, vuestros títulos en el bolsillo y venid conmigo, pero mucho ojo con lo que hacéis.

—¡Vuestra historia me parece bien interesante! Me la contaréis cuando estemos en el mar. Os aseguro que nadie sería capaz de reconocer ahí, debajo de vuestro vestido de rico paño, la corteza ordinaria y grosera del marino... ¡Miserias del mundo!

## CAPÍTULO XXVI

# NOCHE EN EL MEDITERRÁNEO

Cuando un hombre sin posición social llega a elevarse y a crear un nombre enteramente suyo, a fuerza de un trabajo laudable, y de un estudio adecuado a la clase a que ansía llegar un día; ¿quién puede echarle en rostro para vilipendiarlo, el oscuro estado en que haya nacido? Pero si ese hombre de la oscuridad social se eleva por la intriga o por el crimen, justo es aplaudir la irrisoria caída del que baja de la cumbre de sus éxitos, hasta confundirse en el polvo a que debe su origen.

En realidad que esa bella teoría no es la que se practica en el mundo, ni representa el carácter de la sociedad en sus diversas variedades; porque la intriga, la cábala y con frecuencia el crimen, se estiman en ella como la ciencia, el estudio y la virtud. Aquellos alcanzan con su ambición el puesto a que aspiraban, y una vez en él, lo defienden con obstinada persistencia. Estos reciben su posición más bien como limosna que como recompensa, y se conservan en ella sin pretensiones, en tanto que no se la envidiaran.

Pues que la justicia de los hombres, contradictoria y absurda en casi todos sus actos, no llena ni llenará jamás esta idea que ellos mismos conciben, pero no se explican, de una justicia divina y perfecta, a que llaman justicia de Dios.

¡Cuántas veces este título sublime cubre un acto de violencia y de latrocinio! ¡Cuántas el hombre en su ceguedad de topo, destroza y aniquila las evidentes pruebas de esa justicia divina, que se nos revela por una singular e inexplicable combinación de acontecimientos, conducentes al único fin de castigar al impostor, al malvado que se nos presenta bajo la máscara de hipócrita resignación!

Así el barón Danglars recibía uno de esos golpes tremendos que hieren para siempre, y reducen al hombre a la necesidad de pensar en todo su criminal pasado. Hasta entonces ninguno había tenido poder para descargar tal golpe; porque nadie había tomado interés en preparar las situaciones y combinar los hechos para hacerlo caer de escalón en escalón hasta el fango de donde había salido. Existía en ello una voluntad superior a la de los hombres que lo había impulsado a su caída; había en ello una inteligencia divina que lo condenaba, juzgando con calma las acciones de su vida; había un brazo omnipotente que lo hería siempre...

Hombre despreciable, surgido de la nada, empezó por la traición, llegó al latrocinio y a la intriga, y se encontró grande y orgulloso de lo que era, olvidándose de lo que había sido.

Lo traicionaron entonces, y fue más tarde víctima del robo y de la intriga; esto es: descendió los mismos escalones por donde había subido, y que lo empujaban de nuevo en su descenso a la nada que le diera origen.

¡Era esto la justicia santa!

Danglars acompañó a Benedetto, y al día siguiente se encontraba a bordo del yate que navegaba con rumbo a Córcega, después de haber salido del Tíber. La tripulación de aquel buque no parecía desconocida a Danglars; su segundo era Pipino y éste conocía a Danglars hacía algún tiempo, lo bastante...

El yate, hinchadas sus velas latinas por la brisa de la tarde, inclinaba con coquetería su armadura sobre la blanca espuma de las pacíficas aguas que hendía, apartándose con rapidez de Italia. Luego de verificada la maniobra, recogidos los cables y concluídas sus faenas, los ocho marineros que lo tripulaban pasaron a barlovento, y se recostaron indolentemente sobre el convés, preparando sus pipas para fumar.

Pipino estaba en pie junto al palo de proa, arropado con su camiseta de bayeta y miraba con aire de curiosidad al timonel, que no desviaba su vista ya del cataviento, ya de la brújula.

Benedetto, envuelto en la capa, permanecía al lado de este hombre, como si examinase la dirección que daba al buque, con suma atención.

La brisa refrescaba al anochecer, y el yate, que podía aprovechar mejor el viento, empezó a marchar con doble velocidad para ganar tiempo.

Al advertirlo el timonel, dijo a Benedetto:

—Ved que la noche refresca; vamos a entrar en la línea del viento, y creo que no sería malo navegar sólo con los trinquetes y aferrar las latinas.

—Me estáis hablando en griego, y sólo tuve un abuelo muy afecto a ese idioma, maese Danglars —respondió Benedetto—, pero llamaré a quien os entienda. ¡Hola! *Rocca Priori*, llamad al piloto. ¡Presto!

—¡Listo! —gritó al momento un hombre que se levantó con ligereza del círculo de los marineros, y se dirigió a popa rápidamente.

—Maese Danglars quiere aferrar las latinas —dijo Benedetto.

El piloto sonrió despreciativamente, lanzando sobre Danglars una mirada, y agregando con ironía:

—¿Para qué?

—Vamos a entrar en la fuerza del viento, y correremos bastante con sólo el trinquete —respondió Danglars.

—Y qué, ¿pensáis no dejar descansar los brazos de los marineros? ¿Para que entráis en la línea del viento?

—¿Pero no conocéis la situación de la isla de Elba, y no veis que refresca el sudoeste, y eso es peligroso?

Y el yate, cuanto más recibía de popa el viento, caminaba menos, porque iba dejando la bolina atrás.

Entonces el piloto, visto esto, se encogió de hombros murmurando algunas palabras al oído de Benedetto, de las que Danglars pudo entender estas:

—Yo no entiendo este modo de gobernar... aunque no necesito entenderlo... porque me parece que este pobre diablo tiene miedo de ir a la bolina.

—¡Vamos! —dijo Benedetto—: a sus puestos, muchachos; maese Danglars va a dirigir la maniobra.

Después, acercándose a éste, le dijo:

—¡Mirad lo que hacéis!, y acordaos que en el momento en que yo me aperciba de vuestra nulidad a bordo, os enviaré de regalo a los peces. Ya os he dicho que no me apuro por llegar a la isla de Montecristo; estad prevenido.

—Perded cuidado —replicó Danglars con calma—; conozco bien el Mediterráneo, y aunque no sepa la situación de la isla, hemos de dar con ella.

La tripulación estaba lista.

Unos tomaban las cargaderas, otros las escotas y las drizas de la cangreja de popa, y se aprestaron a las órdenes.

Danglars miró la brújula, cerró el timón a la banda y cuando el buque daba la popa al viento, mandó con voz clara y fuerte:

—¡Arrea y carga! ¡Presto! Y después:

—¡Larga, trinquete y amura! ¡Rápido!

El yate elevó su costado de entre las aguas, la vela tomó viento en seguida, mientras el foque y la latina de proa empezaba a flamear, con velocidad.

—¡Carga latina de proa! ¡Arrea foque y amarra! Y basta por ahora...

Y al decir esto, Danglars miró a Benedetto, que parecía estar satisfecho.

El piloto empezó a pasearse, mirando con torvo gesto a maese Danglars.

El yate surcaba las aguas viento en popa y no preocupó ya más a Benedetto, que dejó escapar un profundo gemido, respirando en seguida con avidez el aire libre del mar. Los marineros reunidos a proa, entonaban un estribillo en tono acompasado y monótono, contestando a las coplas que Pipino cantaba en su centro. El acorde de estas voces parecía distraer la imaginación de Benedetto, que sentía gran necesidad de estar a solas, y de escuchar a su derredor el silbido del viento en el cordaje del buque, y el susurrar de las aguas cortadas por su quilla. Después de una vida de agitación, y a presencia de una empresa difícil y arriesgada; sintiendo en su alma la desesperación, acaso el remordimiento y una sed horrible de venganza; puesto sobre un abismo y teniendo ante sus ojos la inmensidad del espacio, quería reconcentrarse en sí mismo, y meditar en la legalidad y la razón de la causa que lo arrastraba a una obra de martirios, de lágrimas y de sangre, sin compadecerse.

Llamó, pues, a Pipino, y le ordenó que hiciese recogerse a la tripulación, sin dividirla en guardias, porque él se encargaba de vigilar el buque durante las primeras horas de la noche.

—¿Entonces tenéis confianza en la inteligencia de Danglars? —preguntó Pipino con intención.

—¿Y por qué no? —dijo Benedetto—. Yo no soy tan lerdo en el oficio, y puedo asegurarte que si el viento no cambia andaremos unas seis millas y media por hora, y mañana al nacer el día estaremos próximos a doblar la isla de Elba, según vamos.

—¡Déjame, Pipino! —dijo Benedetto.

Pipino obedeció, y poco después la tripulación se había retirado.

Sólo dos personas quedaron sobre cubierta, Benedetto y Danglars.

Los dos parecían meditar profundamente; puesto el primero de pie con los brazos cruzados sobre el pecho, y la frente descubierta, clavaba los ojos en ese mar que se agitaba y hervía en torno suyo, bajo el oscuro manto de la noche; y el segundo, con el brazo derecho apoyado en la caña del timón, y la izquierda metida entre el pecho y su camiseta, dejaba conocer en su fisonomía la expresión clara del que recuerda los hechos de su vida. Uno pensaba en el porvenir; el otro pensaba en el pasado, en su terrible pasado.

Benedetto se dirigió a paso lento hacia Danglars; y contemplándolo algunos instantes, le tocó ligeramente con la mano en el hombro.

—No hay novedad —dijo Danglars vivamente, estremeciéndose y mirando luego hacia la brújula—; el buque sigue con viento favorable...

—Bien lejos estábamos ahora los dos de pensar en el buque —dijo Benedetto, sin dejarle terminar.

—Os aseguro...

—¡Basta!... —replicó Benedetto—. ¿Qué importa el buque ni el mar a cualquiera de nosotros, en este momento de soledad y de tinieblas? Yo meditaba sobre el porvenir... y vos... sin duda recordabais el pasado. ¡Nada más natural!, uno de nosotros debe entregarse en cuerpo y alma a perseguir a un sujeto, de quien juró vengarse a su padre moribundo. El otro debe meditar los actos de toda su vida pasada para inquirir de cuál de ellos procede la fatalidad que le agobia hace algún tiempo. Hablad, señor, hablad... necesito oír a alguien que haya cometido crímenes, quiero analizar el crimen en todas sus fases... quiero saber bien los diversos modos de hacer sufrir a un hombre en este mundo. Hablad... ¡Ah!, yo quiero extinguir lentamente y una a una todas las caras afecciones de un hombre; quiero inventar martirios y suplicios hasta arrancarle del pecho dolorosísimos gemidos... ¡Ay de mí si yerro el golpe! ¡Si mi brazo cayese inerme, si mi inteligencia se agotase! ¡Ah, padre mío... tú no serías entonces vengado! ¡Sería imposible!

Danglars escuchaba atónito a Benedetto; jamás le había oído semejante lenguaje; jamás había escuchado su voz entrecortada por los sollozos de amargo llanto.

Unos instantes de silencio, durante el que Benedetto dio libre curso a sus lágrimas, paseándose por el buque con agitación febril, hasta que se detuvo de nuevo ante Danglars.

—Decidme —preguntó éste—: ¿quién era, de dónde surgió poderoso, vengativo y sin piedad ese hombre a quien llaman el conde de Montecristo, o Edmundo Dantés?...

Danglars se estremeció.

—¡Cómo podré revelaros un secreto que permanece sepultado entre Dios y ese hombre!... ¿Cómo?...

—¿Y por qué no decís más bien entre él y el infierno? —exclamó Benedetto.

—¡Ah! Porque empiezo a creer en un principio sublime, del que dimana la verdadera justicia.

—¿Creéis entonces que Edmundo Dantés era inspirado por ese principio sublime de que habláis?... —preguntó Benedetto con una sonrisa impía y escarnecedora, martirizándole.

—¡Con toda mi alma!

—¿Vos?...

—Sí... y os lo probaré, si queréis oírme.

—Hablad. Os lo ruego.

Danglars reunió por un momento sus ideas, y prosiguió:

—Había a principios de 1815 en Marsella un pequeño buque de propiedad de la casa Morrel e hijo, y yo era su sobrecargo. En febrero de dicho año murió el capitán del buque a la altura de Porte Ferrajo, y el 25 del mismo mes llegaba al puerto de Marsella mandado por un joven marinero, en quien el capitán había depositado su confianza. Ya podéis suponeros que la vacante dejada por la muerte de éste despertó la ambición en algunos pechos; yo era uno de esos hombres, y en consecuencia empecé a trabajar para conseguir la plaza de capitán. Mi antigüedad a bordo y mi experiencia marítima, todo debía concurrir en mi abono; pero la fatalidad quiso que el joven marino fuese preferido. Entonces juré perderlo. Ese joven era Edmundo Dantés; adoraba a una muchacha catalana, y el amor que ésta le concedía, a despecho de un paisano suyo, despertaba los violentos celos de éste. Conociendo bien yo el carácter del catalán, y calculando hasta dónde podía arrebatarlo la llama que le abrasaba, traté de atizarla de un modo que resultase fatal para Edmundo Dantés.

—¿Y cómo lo conseguisteis? —preguntó Benedetto con la voz grave y el sombrío gesto del que aprecia y juzga los hechos por las palabras que escucha.

—Valiéndome de una coincidencia del viaje, denuncié por medio de anónimo a Edmundo Dantés, diciendo que de regreso a Marsella había tocado en la isla de Elba, donde había desembarcado. Puesta la denuncia en manos de la autoridad, Edmundo Dantés fue preso por bonapartista, precisamente cuando se sentaba a la mesa para celebrar sus desposorios con la hermosa catalana.

Desde ese día desapareció de la faz del mundo el hombre que me hacía sombra... pero reparad bien, señor, que yo no pude lograr el puesto de capitán del buque. Fue imposible.

Quince años transcurrieron, y al fin de ellos, la catalana, que se había casado con el rival de Edmundo, era condesa de Morcef, mientras yo, que me había casado con la viuda del señor de Nargone, tenía mi título de barón de Danglars y una buena porción de millones de francos.

Mas he aquí que un día surge, no sé de dónde, si del seno de la tierra o de la profundidad de los mares, un hombre inmensamente rico y poderoso; este hombre era el conde de Montecristo. Desde entonces la fatalidad empezó a oprimirme. Comprometido por el crédito ilimitado que él consiguió sobre mi casa, tuve que abandonar París, huyendo para salvar el resto de mi fortuna. La condesa de Morcef, esa mujer que en otro tiempo había sido su novia, sintió la pesada mano de la desgracia derrumbar todo el edificio de su felicidad; la ruina, el dolor y la miseria la alcanzaron en breve.

—¡Esperad! —dijo repentinamente Benedetto—. ¿Y por qué motivo Edmundo Dantés quiso reducir a la miseria y la desgracia a la mujer misma a quien tanto había amado? ¿Cuál era su crimen para merecer el terrible castigo que hizo descender sobre su cabeza ese hombre que se decía inspirado por Dios? ¿Pretendía acaso Edmundo Dantés que esa mujer hubiese quedado para siempre sujeta a los votos que su larga ausencia había destruido? ¿Pretendería que el celibato perpetuo fuese el estado de la infeliz mujer que aún no era suya por los vínculos del matrimonio? ¡Ah! ¡He aquí tu primera falta, Edmundo Dantés!... ¡He aquí tu manifiesta ceguedad!...

—¡Ah! ¿Pero os olvidáis de que Edmundo Dantés necesitaba vengarse del conde de Morcef?... —dijo Danglars, con cautela.

—Acaso ese hombre que se juzga superior a los demás, aquel hombre que se creía justo como Dios, ¿no conoció que la misericordia es el más bello atributo de la divinidad cristiana? —replicó Benedetto—. ¡Ved el modo cómo su inteligencia comprendía la justicia! ¡Sacrificando a una venganza terrible la pobre mujer que lo había amado, y que daría tal vez la vida por él!... ¡Insensato en el foco de tu mentida gloria! ¡Miserable en el apogeo de tu soñada grandeza!, ¡hipócrita en el cumplimiento de la voluntad de Dios!

—¡Oh, no!... —murmuró Danglars, trémulo y agitado— Dios le había dado poder para castigar el crimen... yo creo en ese ministerio.

—¡Si la justicia divina fuese como nos la reveló Edmundo Dantés, reniego de tu Dios, cualquiera que éste sea! —gritó Benedetto, alzando al cielo sus crispados puños.

Danglars le detuvo con el brazo izquierdo.

—¡Qué habláis! Cuando nos encontramos sobre el abismo, entregados al capricho de las aguas y de los vientos... ¡así os atrevéis a renegar de la única esperanza del marino! ¡Sois un insensato, que no calculáis los hechos ni veis en su correlación perfecta la mano de ese Dios poderoso que existe sobre nosotros! Yo que fui millonario y que me creía a cubierto de la miseria en que había nacido, he visto mis caudales desvanecerse como las nubes de polvo impelidas por el soplo de los vientos; ¡y vedme ahora tal como estaba cuando di el primer paso en la carrera del crimen! ¡Oh!, sí... existe un Dios omnipotente... en quien creo en lo íntimo de mi alma, a pesar de todo.

—Así será, si os place —dijo Benedetto, después de un momento de silencio—; ¡yo también quiero creer en Dios! ¡Sí; debe haber un Dios justo y omnipotente, porque él es sin duda quien me envía para herir al hombre que se burlaba de su misericordia infinita, negándola a todos sobre la tierra!... Sí, necesito creer en ese Dios poderoso, porque me siento débil y sin fuerza por mí mismo solamente; porque me reconozco pequeño y miserable en el centro de la inmensidad del espacio que nos rodea. Necesito creer en Dios, porque siento en mí un principio superior a la materia terrestre, que ésta no podría destruir. ¡Oh, Dios... Dios mío!... ¡si mis sentimientos son criminales en este instante, si la venganza que he jurado no es enteramente justa, sepultadme para siempre en este abismo que se agita bajo mis pies!

Y Benedetto, por la primera vez de su vida, cayó de rodillas elevando sus ojos al cielo.

Una calma repentina empezó a dejarse sentir; la superficie de las aguas se asemejaba a un vasto y bruñido espejo; y antes que Benedetto tuviese tiempo de llamar a los marinos para la maniobra, antes que Danglars pudiese terminar ésta, una cinta roja, que rasgaba velozmente el cielo, seguida de un estampido aterrador, anunció súbitamente una de esas tormentas secas, tan frecuentes en el Mediterráneo, pero sin consecuencias.

De los cuatro puntos opuestos del horizonte, parecía abrirse el cielo para vomitar terribles rayos que venían a sumergirse en las aguas alrededor del pequeño yate, inmóvil sobre ellas. Los truenos, rugiendo impetuosamente, se sucedían con pequeños intervalos; y a poco rato el firmamento ofrecía el aterrador aspecto de un vasto incendio, a la vez temible y maravilloso.

## CAPÍTULO XXVII

# EL NAUFRAGIO

Pero de pronto, aterrada por este inesperado incidente, toda la tripulación del buque subió apresuradamente sobre cubierta. Danglars, sujetando con sus trémulas y frías manos la caña del timón, miraba con terror a Benedetto, que puesto en pie y con los brazos cruzados sobre el pecho, destacaba su figura siniestra en el horizonte de fuego que parecía amenazarlo, surgido de improviso.

El piloto se aprovechó de este suceso para perder a Danglars a los ojos del patrón del buque. Hombre habituado a sostener aquellas luchas terribles de los elementos, no tenía, ni perdía la esperanza hasta el último momento. Corrió, pues, con audacia hacia el timón, y arrancando bruscamente la caña de las manos de Danglars, gritó con toda la fuerza de sus pulmones:

—¡Ánimo, muchachos, y a sus puestos! ¡Este bellaco tiembla de miedo, y va a perdernos! ¡Atención!

—¡Misericordia!... —exclamó Danglars, que advertía, aterrorizado, que para su completo castigo, hasta había allí mismo un hombre que le disputaba el puesto como él había disputado el de Edmundo Dantés.

—¡Oh!, ¿conque pides ahora misericordia?... —replicó el piloto sacando su puñal y abandonando el timón.

—¡Piedad, piedad, Dios mío! —balbuceaba aún Danglars, retrocediendo despavorido ante la amenazadora figura de su adversario, que lo cercaba.

—¡A él, muchachos, a él!, que quiere amedrentarnos con sus intempestivos gritos —continuó el piloto—. ¡A él!, que tiembla como un perro, de ver saltar el agua alrededor de sí...

Ante estas insinuaciones del piloto, Pipino, echando mano de un machete, arremetió contra Danglars.

En medio de la lucha de los elementos, comenzó entonces otra lucha
parcial, tan terrible como la primera.

En el fulgor no interrumpido de los relámpagos, percibíase un hombre en
el mayor grado de desesperación, subiéndose a la amura del buque, mientras
con la mano izquierda se asía a las jarcias y con la derecha, armada de un
machete, se defendía de los golpes que le asestaban dos hombres, uno de los
cuales era el piloto y el otro Pipino, o sea *Rocca Priori*.

La tripulación corría desordenadamente de uno a otro costado del buque
clamando piedad y abandonándose irreflexiva al miedo que le habían inspirado las palabras de Danglars.

El yate zozobraba, sin gobierno sobre las aguas, mientras duró aquella
escena de confusión entre todos.

Por último, un grito agudísimo, que expresaba una extrema angustia,
resonó sobre todos los demás gritos.

Después, todas las voces se extinguieron a bordo, escuchándose sólo al
poco rato la del piloto, que decía:

—¡A la maniobra, muchachos! ¡A tomar rizos al trinquete! Pues es probable que el huracán no tarde en llegar.

—¡Animo! Que esto no es nada, y quien está al timón es un verdadero
marino, sin temor a nada.

La tripulación obedeció, y el buque, dirigido por una mano hábil, se mantuvo a la capa durante la tormenta, pues no podía huir por falta de viento.

Benedetto permanecía aún en el mismo lugar, como si una voluntad poderosa lo hubiese detenido allí. En torno suyo había ocurrido alguna cosa
terrible que él sospechaba, aunque no comprendía bien; pero su espíritu, en
armonía con la tempestad, absorbía su pensamiento en una sola idea.

—¡Oh, Dios mío! —murmuraba Benedetto—. ¡Yo me inclino ante el
poder sin límites de tu voluntad que revuelve los elementos desde el fondo
de los abismos hasta la altura de los cielos! ¡Jamás había presenciado el
espectáculo magnífico y terrible a la vez, con que reveláis la fuerza de vuestro brazo! ¡Perdonadme, Señor, si en mi ignorancia he negado a veces la
existencia de vuestro ser sobrehumano! Ahora, Señor, si no condenáis aún al
hombre a quien persigo, si él merece tu protección a pesar de la inocente
sangre con que manchó sus manos... despedazad y destruid para siempre
este frágil leño en que me elevo sobre las profundidades del Triar!... ¡Ah!,

pero estos rayos de fuego que se sepultan en las ondas en torno mío parecen respetarme, y me hacen creer que soy el elegido terrible de vuestra justiciera voluntad, para castigar sin misericordia al impío que os ha ultrajado en la persona de un niño; que es la más débil criatura de la tierra, como tú eres el más poderoso de los cielos... ¡Eduardo!... ¡Eduardo!... hermano mío; yo no pude conocerte jamás... pero tu sangre era mi sangre y pide venganza... y Dios no consentirá que el asesino quede impune, no, no podrá hacerlo.

Cuando Benedetto volvió de su éxtasis, y observó los objetos que le rodeaban, había ocurrido otro incidente.

Como lo había supuesto el piloto, el viento, revolviendo y agitando las aguas, había aumentado el horror de la tormenta.

El yate, tomados todos los rizos en su pequeño trinquete, bailaba sobre montañas de agua que se agitaban bajo su quilla, haciéndola avanzar y retroceder alternativamente, como un juguete de los furores de la tempestad.

El piloto, inmóvil en su puesto, hacía algún tiempo que escuchaba con intranquilidad ciertos gemidos y gritos que las ráfagas del huracán parecían traer de lo lejos; débiles unas veces y apenas ininteligibles, se asemejaban a los gemidos de un hombre en la agonía; fuertes, agudos y penetrantes otras, daban a conocer entonces la desesperación extremada del que pide por última vez un socorro a los hombres, antes de solicitarlo de Dios, con desconsuelo.

El oído fino y atento del piloto, recogía los menores sonidos que pudiesen indicarle la dirección positiva de la catástrofe, pues comprendía bien que era algún buque que se veía en peligro.

Clavando en la brújula su inteligente mirada, mandó bracear un poco el trinquete por sotavento, y aguardó con profunda atención que el yate obedeciese al timón.

De pronto, los gritos que había oído se repitieron más fuertes y expresivos a barlovento del yate, y el piloto reconoció inmediatamente por el movimiento de su barco, la proximidad de un enorme buque.

Efectivamente, a la claridad de un relámpago, todos vieron con espanto una masa negra que una poderosa ola elevaba sobre su dorso ondulante, a una gran altura sobre el pequeño yate, dejando en medio de ambos un abismo a que éste descendía agitándose con violencia de popa a proa.

Entonces se escucharon numerosas y agonizantes voces pidiendo socorro.

Benedetto, agarrado al mástil de su yate, percibió con interés un grito que dominaba a todos los demás; una voz que decía con el eco de la más profunda aflicción estas palabras:

"¡Pobre madre mía!... Dios no permite que nos abracemos".

Tuvo esta frase un eco doloroso en el pecho de Benedetto; la palabra "madre" le hizo estremecer. Era, quizá, el lamento de un hijo que luego de una larga separación volvía a los brazos de su tierna madre, y tal vez al término de su viaje veía prepararse sobre su cabeza el golpe fatal que había de herirlo.

—¡Oh, tampoco el destino permitió que yo viese a la mujer a quien debo la existencia! —murmuró—. Y Dios permita que yo no muera sin conocerla, aunque sea por un instante. ¡Oh! ¡Si yo pudiera arrancar a ese infeliz de la suerte que le amenaza!

Con todo el sosiego y presencia de espíritu, característico del marino acostumbrado a luchar constantemente con el peligro, el piloto, reconociendo la imposibilidad de salvar a la gente del próximo naufragio, trató de evitar el choque de las dos embarcaciones, por medio de una hábil maniobra, ejecutada con presteza; mas fue, sin embargo, inútil, pues el buque, que elevaban las olas sobre el yate, hundióse de inmediato en el abismo formado por la separación de aquellas móviles montañas, que se despeñaron luego con estrépito sobre el frágil leño, merced del destino.

Después del último grito de todos aquellos infelices, ninguna otra voz humana oyóse en el espacio durante algunos minutos.

Cada cual parecía entregarse en silencio a las tristes reflexiones que sugería aquel cuadro de horrores, cuando la voz imperiosa y audaz de Benedetto, sacó a los marinos del estupor en que los había sumergido la presencia de la desgracia inevitable.

—¡Al mar la lancha! —gritaba, cortando precipitadamente con su mano los cables que la sostenían.

—¿Al mar la lancha? —repitió el piloto con burlona sonrisa—. ¿Pero no veis el furor de las olas?...

—¿Quién se atreve a contradecirme? —preguntó Benedetto, con amenazador semblante, y volviendo la cabeza en la dirección en que se había oído hablar—. ¡Ea, Pipino! —continuó después de un momento de silencio—, ahora es tiempo de probar el valor de tu gente. Quien se crea hombre de bríos, salte en esta lancha y reme con denuedo. ¡Eh, gente miserable y sin coraje! Pues bien; yo bajaré, yo; porque el mar no me da miedo, ni me asustan las tinieblas. *Rocca Priori*, acompáñame y bajemos... ¡Ahí escucho aún la voz desfallecida de un hombre que pide socorro! ¡Pronto, a ver quién es!

Pipino saltó sin demora dentro de la lancha con su jefe, que mandó arriar los cabos, empuñando los remos con que pretendía triunfar de las alboratadas olas, que cernían la lancha.

La tripulación vio desaparecer la pequeña lancha con los dos hombres, sin acordarse de pensar en su vuelta, pues el mar estaba agitadísimo, y el piloto aseguraba ser una muerte cierta semejante audacia de socorro.

Incansable y lleno de coraje, Benedetto remó, auxiliado por Pipino, en la dirección donde parecían escucharse los gritos sofocados de un hombre que pedía socorro.

Ni el fuego que las nubes lanzaban estrepitosamente de sus preñados senos, ni los torrentes de lluvia, ni el mar embravecido y furioso, atemorizaban a Benedetto, a pesar de verse casi aislado en medio del temporal.

Pipino, admirado de la intrepidez de aquel hombre, sentíase reanimado y fortalecido para luchar con energía contra los elementos...

Elevados a la cumbre de las espumosas olas, sepultados en las profundidades del abismo, vedlos remando sin cesar dirigiéndose hacia el lugar en que se oían los lamentos que cada vez se tornaban más inteligibles.

Benedetto respondió con un grito potente al infeliz que suplicaba protección:

—¡Animo... que Dios os envía un socorro! ¡Tened confianza!

## CAPÍTULO XXVIII

# LA MUJER SIN NOMBRE

Bien, dejemos a Benedetto luchar con el mar, el viento y los rayos, respondiendo con sus gritos al clamor de un desgraciado, como si fuera el ángel de la salvación que Dios le enviaba, y relatemos algunos sucesos que tenían lugar mientras relatábamos las últimas escenas de este terrible drama.

En uno de los más apartados puntos de las playas de Marsella, de esa pequeña cuanto interesante ciudad comercial, cuyos buques surcan continuamente las aguas del Mediterráneo, desde Túnez a Venecia, y desde Málaga a Constantinopla, sobre un pequeño promontorio de granito que las aguas del mar bordaban con sus algas, había desde largo tiempo construida una reducida vivienda, cuyas paredes, vistas del lado de la ciudad, se destacaban claramente en el horizonte azul.

En torno de esa casucha, besada por la suave brisa del Mediterráneo, podría advertir el observador los restos o más bien las señales de otras frágiles habitaciones, semejantes a las pobres cabañas de esos hombres que nacen y mueren entre el cielo y el mar, ajenos a todo el sentimiento que no sea el de ganar la subsistencia diaria de su familia, y a quienes se da el nombre de pescadores, o de viejos marinos.

Es que en otro tiempo, ante del Imperio de los cien días, era aquel lugar la residencia de una miserable colonia de pescadores que, semejante a una bandada de aves de emigración, había desembarcado un día en aquellas playas, sin saberse de dónde, hablando un extraño dialecto que no era ni francés ni español, ni de ninguna de las dos naciones.

La colonia, que había obtenido permiso de las autoridades de Marsella para construir allí sus viviendas, vegetaba a costa de su mezquino trabajo, conociéndose con el nombre de los catalanes, que les daban los marselleses. Pero cuando Napoleón dejó la isla de Elba y entró de nuevo en la península, llamando a las armas a todos los hombres sin distinción de clase, los catalanes, obligados a seguir las banderas del intrépido corso, huyeron de sus míseros albergues.

Desde entonces quedó desierta la pequeña aldea de los catalanes, y de aquella tribu errante y misteriosa, apenas existe hoy un pequeño recuerdo, que nos recuerda el lugar donde se detuvo un momento al frente de las aguas.

Era en ese mismo lugar donde se elevaba la casita aislada de que hemos hablado al principio de este capítulo, y que era habitada por una mujer.

Con una cama grosera, un banco, dos sillas y un enorme crucifijo con la imagen del Redentor, tallada en marfil, se completaba el menaje de su vivienda. Frente a su lecho había una gran ventana, por la que aun acostado en cama, podían verse las aguas del Mediterráneo, y contarse las velas que lo cruzaban. Inmediata a esa habitación había otra, con su cama preparada, una mesa y una silla. Seguía luego el comedor, después una pequeña cocina, y ved aquí todo el plano de la casa.

En cuanto a la mujer que la habitaba, circulaban, entre los curiosos de Marsella, diferentes anécdotas más o menos verosímiles. Decíase que era aquella una noble señora, cuya desgracia en su fortuna la había obligado a buscar la soledad, el silencio y el olvido de su antiguo esplendor, y aseguraban haber reconocido en su semblante el surco profundo de un amargo llanto, afirmando que era víctima de una gran desgracia, más terrible que la completa ruina de su bienestar, puesto que este solo acontecimiento nunca podría afectar de tal modo el alma de una mujer, especialmente cuando esa mujer tuviese todavía un nombre ilustre y sin mancha de ninguna especie.

De esta última hipótesis, establecida por los analizadores que más se acercaban a la razón, formaban otros su raciocinio del modo siguiente:

—Esa mujer que lloraba sin cesar en la soledad absoluta a que se había entregado, no lamentaba de cierto una de esas desgracias que el tiempo nos trae, y cuyo recuerdo amargo se lleva consigo el tiempo mismo; luego había otra causa que producía aquel constante llanto; pero, ¿qué podía ser?... ¿Qué hay en esta vida que no puede gastar y destruir el tiempo... y qué cosa, que lejos de extinguirse en nosotros, se aumente, se fortifique y crezca, sino el remordimiento?

Aquellos que habían escuchado el timbre melodioso y tierno de su voz, o sentido la blanda impresión de su mirada franca y resignada, no podían creer que el remordimiento agitase el pecho de aquella mujer misteriosa.

Los autores del raciocinio antes citado, combatían esta incredulidad diciendo, que el arrepentimiento es un bálsamo que destruye las heridas del remordimiento, restituyendo la calma a la persona y la pureza al alma que se nos revela en la voz y en la mirada; pero esto era a su vez contestado por los que comprenden algo de nuestra alma, y del influjo que ella experimenta por medio de las diversas sensaciones que nos afectan; porque el arrepentimiento realizado, decían, seca hasta las lágrimas en nuestros ojos, y pone en nuestros labios aquella bella sonrisa de una esperanza inefable e infinita como la bondad infinita que atribuimos al Creador, en su grandiosidad.

Sobre tales controversias se fundaban los diversos rumores referentes a la señora de la aldea de los catalanes; y como no era posible obtener de cuanto se decía resultado alguno positivo, contentábanse todos con llamarla la mujer sin nombre.

Cómo aquélla infeliz vivía, era bien notorio de todos: sentada unas veces enfrente de una de las ventanas, abierta, miraba al mar con amargura dejando correr libremente sus lágrimas; otras, recostada sobre la roca, a cuyos pies venían a deshacer las ondas sus encajes de espuma, parecía recoger con atención aquel vago arrullo de las aguas, que para un oído indiferente no expresa nada, pero que los desgraciados entienden y traducen como si se contestase a la voz misteriosa de su alma. Cuando el sol empezaba a teñir con su magnífica púrpura las nubes del espacio, ella alzaba al cielo sus ojos inundados de llanto, y sus labios, agitándose blandamente, parecían murmurar una plegaria; después, cuando los últimos destellos del astro del día se ocultaban tras la superficie de las aguas; cuando la Naturaleza se cubría con su pesado manto de tinieblas para descansar, un gemido doloroso se escapaba del pecho de la infeliz, como la expresión sincera de una esperanza fallida, irremediablemente.

¡Y esto sucedía todos los días engañándose, sin embargo, durante las noches con la ilusión de ver realizada al siguiente la esperanza que no se había cumplido en la víspera! Llegaba en tanto el día, y silencioso y triste como los anteriores, pasaba monótono y sin otro consuelo para ella. Llegaba después la noche, y con su sombra nuevas ilusiones a que se sucedían esperanzas nuevas, llenando de consuelo el ánimo.

Y la infeliz esperaba en vano; porque parecía que la mano de hierro de la desgracia, se había empeñado en prolongar su martirio hasta llevarla a la desesperación.

La desesperación no se hizo esperar.

Sintió ella entonces la necesidad de oír la voz consoladora de alguien que le hablase de Dios y de su bondad infinita. Escribió algunas líneas que dirigió a Marsella.

Una hora después, llegaba a la pequeña aldea de los catalanes un anciano religioso, en cuya fisonomía se veía el sello innegable de la abnegación y de la caridad, y se dirigió a la única habitación de la aldea. Viendo que la puerta de aquélla estaba abierta, entró después de haber golpeado, con insistencia.

Nadie respondía. Insistió.

Esperó un momento, y mirando por casualidad a la ventana, distinguió en la extremidad de la roca una mujer puesta de rodillas, con los brazos extendidos hacia el mar, y los ojos clavados en el cielo, con meditación.

Después el buen religioso estaba a su lado, sin osar interrumpirla, y escuchando con interés las palabras que profería entrecortadas por un amargo llanto.

—¡Oh, ya no le veré más! —decía ella—. ¡Quiere el destino que yo apure hasta las heces este cáliz de tormentos que hace muchos años no se aparta de mis labios! ¡Alberto!... ¡Alberto!... muerto o vivo, recibe este cariñoso abrazo, porque siento que la muerte se aproxima. ¡Oh, no! ¡Yo no moriré... yo no quiero, yo no debo morir sin estrecharte contra mi pecho! ¡Sería imposible que en mi postrera hora Dios me permitiese dudar de su existencia consoladora! ¡Dios mío... Dios de los afligidos!... ¡Consuelo de los tristes!...

—¡Eso nunca, señora! —gritó por fin el religioso alzando al cielo su brazo para indicárselo a la infeliz mujer, que soltó un sofocado grito al reparar en la majestuosa presencia de aquel hombre, sereno, frío...

—¡Hay un Dios omnipotente que, si bien reside en el cielo invisible a nuestros ojos, lo concibe nuestra inteligencia! —continuó él—. ¿Queréis dudar de Dios? Dudad primero, si podéis, de vos misma. ¡Os lo ruego!

—¡Oh, padre mío! —exclamó ella—, pero mi sufrimiento no tiene límites... ¡es imposible!...

—No ha mucho que hablabais de la muerte, que es un término fatal para el sufrimiento físico...

—¡Qué decís!... ¡ah!... la muerte... sin ver por última vez a mi hijo... Vos no sabéis lo que es el amor de una madre. Vos ignoráis que separada de mi hijo, que era mi única afección en la tierra, hace años que lo espero, día por día, hora por hora, minuto por minuto... ¡y siempre en vano! ¡Vos ignoráis lo que padezco, y no podéis suponer todo mi dolor!

—He venido para conocerlo, y estoy dispuesto a sostener vuestra fe después que os haya oído. Hablad.

—Venid, padre... ¡yo también necesito escucharos, porque siento que decae mi fe, al peso de una horrible fatalidad! ¡De un gran dolor!

El religioso siguió silencioso a aquella mujer misteriosa hasta la reducida habitación en que vivía aislada.

Ella entró en su cuarto, y sentándose junto al balcón, miró aún al Mediterráneo, cuyas aguas se extendían hasta perderse de vista en el horizonte; después, volvió resignada sus ojos al hermoso crucifijo pendiente de la pared, y parecía como que oraba, con fe.

—Padre —dijo al poco rato—, permitidme que os oculte los sucesos de los primeros años de mi vida. Existe en ellos un secreto entre Dios, yo y un hombre a quien no he de ver jamás.

Luego hizo aquí una pequeña pausa para murmurar el nombre de Edmundo Dantés, continuando luego:

—Víctima de una venganza terrible, recibí el rudo golpe de una desgracia repentina. Viuda y pobre, teniendo por todo amparo a un hijo único, quiso aún la fatalidad que éste fuese obligado a dejarme por algunos años, como si yo debiera así llorar en completa soledad, un yerro involuntario de mi vida pasada. Hoy, hoy que soy madre... no lloro, no debo llorar ese yerro... que consistía únicamente en haberme olvidado de un hombre a quien había consagrado mi amor. Después de haber esperado durante muchos años su vuelta, derramé sobre su supuesta sepultura la última lágrima de amante, y al siguiente día, mi mano de esposa se enlazaba con la de su antiguo rival, entonces mi único sostén en el mundo.

Hoy lloro como véis; pero lloro la prolongada ausencia de ese hijo querido... ¡lloro porque siento que mi existencia se acaba antes de que mi hijo vuelva a mis brazos!... ¡Oh!, ¡si él volviese, conozco que yo no moriría!

—Esperad, señora; la bondad de Dios es infinita.

—¡Esperad!... ¿y qué otra cosa hice después de muchos años?... —dijo ella con una sonrisa rebosando de angustia—. ¡Esperad!... ¡Oh! ¡Vos no reflexionáis lo que importa esta palabra repetida al presente, pero a quien ha esperado siempre en vano la bondad de Dios!... ¿Habré sido por ventura olvidada por ese Dios supremo... y arrojada en la desgracia acá en la tierra?...

—¡Oh!, ¡no blasfeméis!... ¡Dios no olvida jamás a sus criaturas! —murmuró el religioso con persuasivo tono.

—¿Por qué entonces, no me concede el sublime y único placer que le suplico de abrazar a mi hijo?... Cuando ha creado este sentimiento íntimo y perfecto que un hijo despierta en el corazón de una madre, ¿no ve que es el mayor de los martirios el que yo estoy sufriendo?... ¿Hablad?

Una dulce sonrisa vagó en los labios del anciano, al oír estas palabras de aflicción y de tortura.

—¡Pensad vos también cuál habrá sido el cruel martirio de María, cuando sus brazos sostenían el cuerpo exánime del Redentor del mundo, su única esperanza y consuelo! Meditad, si tenéis valor para ello, esa noche perpetua de dolor que surgió a los divinos ojos de la sacrosanta madre... ¡Y todavía ella, alimentando en su pecho la fe y una resignación profunda, cuando ya no pudiera ser la esperanza, era la primera en consolar a las piadosas mujeres que la rodeaban!...

—Sí, padre mío... el ejemplo es sublime y yo soy débil, porque me faltan las fuerzas.

—La Virgen os sostendrá... creed entretanto, y esperad en su infinita misericordia... y cuando llegue el último momento, en que el Eterno os llame a sí, antes de abrazar a vuestro hijo...

—¡Y bien, padre!... cuando ese momento llegare —exclamó con febril exaltación—, cuando ese momento llegare... ¿queréis todavía que tenga fe... y que alimente esperanzas aun más allá de la tumba?... ¿Será posible?

—Sí... sí... debéis resignaros entonces, y sacrificar vuestro dolor, ante la felicidad eterna que os espera.

—Padre, rogad por mí —murmuró la infeliz—. Empiezo a ver la tierra en medio de ese mar de sufrimientos.

—¿Creéis en la justicia de Dios?...

—¿Qué queréis que os responda?...

—Señora, es infinita y tan perfecta, que nosotros no podemos llegar a ella.

—¡Oh!, tenéis razón; tampoco yo la comprendo.

—¡Por piedad! —exclamó el sacerdote levantándose y extendiendo el brazo en dirección del crucifijo—. Fijad los ojos en el sacrosanto madero de nuestra redención, y dudad si podéis de la justicia y de la bondad infinita de aquel mártir, que quiso sacrificarse por nosotros. ¡He aquí su imagen! ¡He ahí su sangre, que parece manar aún de su pecho, como precio de vuestro perdón!... ¡Ved esa frente soberana, humildemente inclinada, bajo la corona del martirio, es la frente donde bulló el pensamiento generoso y sublime de la regeneración de los pueblos! ¡De rodillas, señora, de rodillas!... ¡Sólo Él puede perdonaros!...

Cayó la infeliz de rodillas en el suelo, frente al crucifijo, y derramando gruesas lágrimas que resbalaban por sus pálidas mejillas.

—¡Ah, Dios de bondad!...—exclamó—. ¿Cuál ha sido mi culpa para que me impongáis tan duro castigo?

Siguió un momento de silencio, durante el cual se escuchaba la débil voz del sacerdote que rezaba una plegaria. La pobre mujer se levantó; en su fisonomía se pintaba la resignación; sus lágrimas habían cesado de correr; y en su mirada serena se leía el sentimiento íntimo de esa resignación profunda.

La fe estaba en su corazón. ¡En lo más recóndito de su conciencia!

Fueron transcurriendo muchos días, durante los que el buen religioso repetía sus piadosas visitas a la habitadora de la aldea de los catalanes, y parecía más tranquilo el espíritu de aquélla, esperando resignada la voluntad del cielo. Pero en medio de todos sus males apareció súbitamente otro, que no tenía remedio, bajo esa fatalidad.

Había concluido todo su dinero; no le quedaba otro recurso que la caridad pública, en plena indigencia.

Pero, sin embargo, se decidió firmemente a no recurrir a ella, aunque hubiera de morir de miseria, antes que ser el blanco de la curiosidad de Marsella, pidiendo de puerta en puerta el pan de su sustento diario, para poder vivir.

Sonriéndose amargamente, dispuso de su última moneda para comprar alimento; en vano había disminuído gradualmente sus comidas diarias... los días pasaban, y no le quedaba ya más que la mitad de un pan y alguna fruta seca.

Estas escasas provisiones fueron divididas aún de modo que pudiesen durarle para ocho días, durante los que esperó un socorro cualquiera.

Los ocho días transcurrieron como los anteriores y el socorro fue esperado en vano.

¡Ella experimentó el primer día de hambre! ¡Terrible día que le trajo en cada una de sus lentas horas, amargos recuerdos de un pasado que en vano trataba de olvidar! Al segundo día, sintióse débil y abatida; su pecho se levantaba con violencia, y el calor de una fiebre lenta le producía desmayos y vértigos.

El delirio no podía tardar.

En uno de esos momentos de excitación, se levantó y fue a recoger con sus labios, las migajas de pan que habían quedado aún esparcidas sobre el banco; no tardaría acaso el momento en que las buscase en el sueño. Y, sin embargo, estaba decidida a dejarse morir de necesidad.

¡Proyecto loco!... Al fin del cuarto día de hambre, sintió, por decirlo así, un rayo de esperanza en su pecho.

—¿Quién sabe —se dijo— si de aquí a ocho días llegará mi hijo?... ¡Y de aquí a ocho días habré muerto de hambre!... ¡Ah!... No... no... Esperemos aún estos ocho días... ¡Esperemos! ¡Esperemos!

La infeliz señora, saliendo guiada por un pensamiento vago, empezó a caminar hacia el puerto de Marsella.

Detúvose muchas veces para descansar y tomar aliento; y entonces extendía su diestra a los viajeros que pasaban a su lado; pero sus labios quedaban inmóviles, y su mirada se clavaba en el suelo, con pesadumbre.

Así fue hasta la ciudad sin recibir una limosna. Entretanto, el hambre aumentaba, y bebía agua que redoblaba aún más esa terrible necesidad que la devoraba. Su mirar debilitado distinguía apenas los objetos a distancia; un velo como de polvo la cercaba, y las personas que pasaban a su lado, parecíale que se moviesen y girasen rápidamente, trastornando su razón.

Por un instinto natural se encaminó al muelle; se adelantó hasta el parapeto, mirando sin distinguir y oyendo sin entender lo que decían.

Preguntó máquinalmente si ya era de noche, y obtuvo una carcajada burlona por toda respuesta, pues el sol brillaba en su cenit.

Ya no veía ni conocía nada; tenía sólo hambre, tenía el poderoso instinto de todo animal, que lo arrastra al último extremo de la desesperación, con el fin de llenar una voluntad única. Dio algunos pasos precipitados, y cayendo arrodillada frente a dos hombres que acababan de desembarcar, gritó con extremada agonía:

—¡Me muero de hambre!... ¡Socorredme por el amor de Dios!...

Era su primer grito, pidiendo una limosna, grito llegado de lo más profundo de su ser.

## CAPÍTULO XXIX

# LLEGA EL AUXILIO DEL CIELO

Estos dos hombres que al desembarcar de un pequeño bote oyeron el grito supremo de la miseria, detuviéronse frente a la pobre mujer que les pedía limosna por el suelo.

Sacó uno de ellos de su bolsillo una pequeña moneda, y dirigiéndose a la mendiga, le dijo:

—Levantaos, señora, aquí tenéis un pequeño socorro, no puedo daros más.

El dinero cayó en la mano de la mendiga, que se conservó de rodillas, y los dos hombres siguieron su camino; pero uno de ellos, el que parecía más joven, se detuvo, para contemplarla.

—Perdonadme, señor —dijo a su compañero, mirando en dirección a la pordiosera—, no quiero dejar de cumplir mi deber.

—¿Qué deber? ¡No os entiendo!

—Al primer paso que doy en tierra, después del naufragio horrible de que me habéis salvado, como si fueseis un ángel enviado por Dios, creo que no debo escuchar con indiferencia el grito de la miseria.

—¿Qué queréis hacer, entonces?

—Repartir con esa desgraciada el poco dinero que pude salvar en mi bolsillo, esto me parece justo, es más, lo creo digno.

—No quiero contradeciros, caballero; antes bien, aplaudo vuestra idea, porque siempre la voz de la miseria me afecta profundamente.

Al decir esto, los dos recién llegados volvieron sobre sus pasos, acercándose a la mendiga, que estaba de rodillas aún.

El más joven inclinóse hasta ella y le dijo:

—Y bien, señora... ¿qué esperáis aquí?

—¡Espero al hijo de mis entrañas! —murmuró la infeliz, alzando el rostro.

—¡Oh!... ¡madre mía!... ¡madre de mi alma!... ¡Oh!, ¡esto es una ilusión! ¡Decidme si estoy loco!... —exclamó él, levantando entre sus brazos a la mendiga, en cuyos cárdenos labios vagaba una dulce sonrisa, como única contestación a las palabras del joven.

—¿Qué decís, señor de Morcef? —interrumpió su compañero.

—¡Oh!, venid, venid, caballero, y transportemos a esta infeliz! Amigo mío... el Cielo me hiere sin piedad... ¡Ésta es mi madre!... ¡Sí, mi madre!

El joven no pudo continuar; abrazando a la mendiga, unía sus húmedos labios a los ardientes y tostados de su madre, como si quisiera reanimarla con sus besos y sus caricias.

Benedetto contempló durante algunos momentos aquel cuadro enternecedor, que le llegaba al alma.

Luego, hizo algunas diligencias necesarias para conducir a la mendiga hasta una casa cercana, impidiendo que los curiosos la siguiesen hasta el lecho en que la colocaron.

Pasadas algunas horas, y gracias a los desvelos de una caritativa mujer, abrió los ojos y dio señales de vida. Alberto quería hablarle, quería besarla quería llamarla repetidas veces *madre mía* con aquel sentimiento sublime e inexplicable que los recuerdos y el placer nace en el alma; pero Benedetto, haciéndole comprender que la infeliz no podría resistir a la conmoción de tan fuerte sensación, por su estado mismo de abatimiento y de debilidad logró que Alberto esperase el tiempo necesario para su completo restablecimiento, que llegaría lentamente.

Alberto, pues éste era el nombre del joven que acompañaba a Benedetto, no abandonaba un instante la puerta del cuarto de su madre. Un médico que acababa de verla le aseguró que no corría peligro, y que el restablecimiento de aquella señora podría alcanzarse al cabo de pocos días, con tal que hubiese en torno de ella el más perfecto silencio y reposo.

Alberto pareció animado por las seguridades del facultativo, y lanzando una mirada inquieta al interior de la habitación, fue en seguida al encuentro de Benedetto, a quien halló dando algunas órdenes a *Rocca Priori,* su segundo en el pequeño yate.

—Amigo mío —le dijo Alberto, apretándole la mano—, el médico acaba de asegurarme que no debo tener recelo en cuanto a la salud de mi madre.

¡Oh, Dios mío!... ¡yo os agradezco! —murmuró, elevando al cielo una de aquellas miradas puras en que el alma dirige todo su profundo reconocimiento a su Creador.

—¡Oh!, podéis creer, caballero, que me congratulo vivamente de ello. Ahora mismo acabo de dar órdenes a mi segundo, para que carguen provisiones y hagan aguada sin demora...

—¿Y por qué? ¿Pensáis dejarnos, por ventura? —preguntó Alberto, interrumpiéndole precipitadamente.

—¿Y qué queréis que haga? —contestó Benedetto—. Mi misión está cumplida en lo que os respecta. Os dejo en tierra al lado de vuestra madre... sois ya feliz y creo que puedo marchar.

—¡Tan pronto! —replicó Alberto, clavando su mirada melancólica en el suelo, y estrechando con interés la mano de Benedetto—. Yo querría —continuó Alberto— que mi madre os viese para que pudiera también agradeceros vuestra noble conducta, buscándome en medio de la tempestad para salvarme.

—Pues no os he salvado yo, caballero —dijo Benedetto—; fue la mano de Dios que os arrancó de las olas y os suspendió sobre el abismo. Os he repetido muchas veces esta verdad, que no debéis olvidar jamás. ¡Qué interés, si no, podría haber despertado en mí vuestro agonizante grito, hasta el punto de hacerme despreciar mi misma vida, para acudir a salvar la vuestra? ¿Qué instinto me habría guiado en medio del fuego y del agua, al lugar en que vuestros brazos extenuados luchaban en vano por sostener vuestro cuerpo sobre las olas, si Dios no me hubiese guiado a cuanto ejecuté?... Nada me debéis, pues. Vuestra vida, marcada en el libro del destino, no había llegado aún a su última y fatal página.

—Dignaos, sin embargo, esperar algunos días más; la delicadeza con que os habéis excusado de hacerme pregunta alguna sobre mi vida, me obliga a hacérosla conocer. ¡Oh!, yo no me creo con el menor derecho a vuestra estimación, porque al cabo, para vos no soy más que un extraño... pero, quedaos...

Una sonrisa irónica asomó a los labios de Benedetto, apenas oyó esta última palabra.

—¿Ignoráis, entonces, que mis momentos están contados, y que no debo pararme en el camino que sigo?...

—Siempre la misma respuesta, que no puedo entender, pero que me revela algo terrible en vuestra existencia... acaso algún acerbo disgusto que os atormenta; y si en alguna ocasión me hubiérais dirigido la menor pregunta, yo no insistiría ahora en preguntaros con interés, cuál es ese disgusto; yo sé medir con precisión eso que se llama profundo pesar —dijo Alberto, suspirando con melancolía.

Benedetto dirigió una escudriñadora mirada, como si tratase de leer en su fisonomía algún sentimiento, escrito en un surco o en una arruga cualquiera.

—El camino que yo sigo —dijo después de una breve pausa—, no es un secreto. Corro en busca de un hombre, cuyo paradero ignoro.

—¿Seré indiscreto preguntándoos quién puede entonces guiaros a su encuentro?

—¡Oh! Es muy sencillo: ¡la mano del muerto! —respondió con frialdad Benedetto.

Alberto lo miró con inquietud, pues creía que tales palabras sólo podían ser efecto de un delirio.

—Perdonad, señor —le dijo—, pero vuestras palabras terribles incitan más aún mi curiosidad; y en este momento en que me ha herido, como habéis visto, el golpe violento de la desgracia, producen en mí un efecto singular.

—Pues bien, amigo mío; no me creáis loco al aseguraros que sobre la mejilla de los vivos se halla levantada la mano del muerto, temblando aún con la rabia que no ha podido morir con él.

—¡Oh! ¡Debe ser terrible el hombre hacia quien os guía tan extraño conductor!

Benedetto miró alrededor de sí, como para cerciorarse de que nadie los escuchaba, y tomando a Alberto del brazo, le dijo en voz baja:

—¿No habéis oído jamás hablar del conde de Montecristo?

A este nombre, pronunciado con feroz expresión por Benedetto, Alberto retrocedió un paso, tornándose pálido como un cadáver; después, juntando las manos y elevándolas sobre su cabeza, dejó caer los brazos con violencia, gritando al mismo tiempo:

—¡Maldición sobre él!

Benedetto respondió con un ademán inexplicable a aquella maldición proferida contra Edmundo Dantés.

—¿Conocéis a ese hombre?... —preguntó con marcado interés, aproximándose a Alberto.

—¡Preguntad a la víctima si conoce a su verdugo! —respondió éste—. Alzándose del polvo aquel espectro poderoso, vedlo arrojando la fatalidad sobre mi familia. ¡Oh! ¡Maldito... maldito sea mil veces!

Y Alberto enjugó una lágrima murmurando con tristeza:

—¡Oh! Madre mía, perdón si no puedo respetar como vos la memoria de aquel hombre, cuya maldita y aciaga conducta es todavía un misterio para mí.

Benedetto enjugó el sudor frío que se deslizaba en gruesas gotas por su frente.

—¡Oh, Dios mío!... él también; ¡aun aquí se oye un grito que condena a ese hombre singular! Su sentencia está, pues, escrita en todas partes por tu mano poderosa.

Hubo un momento de silencio.

Benedetto advirtió por la exaltación de Alberto que éste conocía de cerca al conde de Montecristo; y así se dispuso a averiguar con exactitud la causa de aquel grito de maldición que había escuchado.

—Amigo mío —dijo dirigiéndose a Alberto, que parecía sufrir aún el singular efecto que le produjo el nombre de Edmundo Dantés—; perdonad mi indiscreción si os pregunto qué género de relaciones ha existido entre vos y el conde de Montecristo, porque entre él y yo existe una deuda de sangre, y necesito conocer bien al hombre a quien me dirijo, para no confundirme.

—Voy a complaceros, señor —respondió Alberto—; permitidme primero conocer el estado de mi madre, pues deseo hacerla trasladar cuanto antes de aquí.

—Id; pero os doy por consejo que no penséis todavía causarle la más leve emoción. Podéis deteneros en esta posada hasta su total restablecimiento.

Alberto dirigióse, sin responderle, al cuarto de su madre, y se acercó de puntillas hasta el lecho en que dormía, la observó por algunos instantes, diole un beso en la frente, y volvió después a la sala donde le esperaba Benedetto.

—Héme aquí, caballero y voy ahora a manifestaros el odio que me inspira ese hombre llamado el conde de Montecristo. Me habéis confesado que entre vos y él existía una deuda de sangre, en la que figuráis como acreedor, pues bien, la deuda que hay entre nosotros, no es menos terrible que la vuestra. He hecho, sin embargo, un juramento solemne de no vengarme.

—¿Y quién os ha exigido ese juramento?

—¡Mi madre! —respondió Alberto, respetuosamente, pero con energía.

—Empezad, pues, señor.

A esta indicación, Alberto cruzó los brazos sobre el pecho, arrellanóse en la silla, y expresó en estos términos su narración:

# CAPÍTULO XXX

# LA SERPIENTE

Residía en Francia, en el año 1838, una pequeña familia, cuyo jefe era el conde de Morcef, mi padre. Esta familia componíase exclusivamente de mi madre y yo. Yo, que pertenecía entonces, como toda mi familia, a la llamada sociedad escogida de París, decidí ir a pasar el carnaval de ese año en Roma, con mi amigo Franz de Epiuay, y partí para Florencia, donde debíamos encontrarnos. Fue en Roma donde conocí al conde de Montecristo, estando mi amigo y yo en una difícil situación de la que nos sacó el Conde, cediéndonos su carruaje para el primer día del carnaval, el 22 de febrero, lo recuerdo bien.

Aquel hombre a quien Franz conocía ya por haber estado con él en la famosa gruta de Montecristo.

A estas palabras, Benedetto arrugó las cejas y preguntó con aire de incredulidad, como dudando:

—¿Y habéis creído vos alguna vez en la existencia de esa fabulosa gruta?...

—Franz me ha jurado que la vio —respondió Alberto—; así como yo os juro haber sido hospedado en ella por el conde.

—Continuad, pues...

Alberto prosiguió:

—Mis relaciones con el conde de Montecristo, datan del 22 de febrero de 1838. Suponed una amistad sincera; tan sincera como pueda serlo la más extremada; tal era la que simulaba aquel hombre fatal que yo le había inspirado. Como yo sabía que él pensaba ir a París desde Roma, me apresuré a ofrecerle la casa de mi padre, y a servirle de *cicerone* romano, no sólo en la capital, sino también en los círculos de la alta sociedad, de que yo formaba parte según os he dicho.

"El conde aceptó mi oferta.

"Poco tiempo después, pude conocer el modo cómo comprendía el conde la exactitud, con motivo del día y hora señalados para presentarse en mi casa. El reloj señalaba apenas la hora designada; y cuando los amigos que estaban reunidos en mis habitaciones se impacientaban por la demora en el almuerzo con que yo quería obsequiar a aquél, apareció el conde a la puerta de mi gabinete...

"Había terminado el almuerzo, lo presenté a mi familia... El seguía demostrándome siempre y en todas ocasiones la mayor amistad y gentileza.

"¡Ah!, muchas veces mi pobre madre, al conocer aquella ceguedad que me ofuscaba, me decía con los ojos llorosos y una triste sonrisa en los labios, si aquel hombre era realmente mi amigo... ¡Y muchas también, pobre joven inexperto... poco conocedor del mundo y de los hombres, le aseguraba la franca amistad del conde! ¡Pero el malvado poseía la astucia de la serpiente, y el poder magnético que hay en la fascinadora mirada de ese reptil traidor, que se arrastra a nuestros pies para erguirse más tarde y herirnos en el corazón!... ¡Despiadadamente!

"Durante algunos meses fui el compañero favorito del conde de Montecristo. ¡Parecíame que aquel hombre no tenía secretos para mí, y que en sus horas de melancolía, me abría todo su corazón lleno de bondad y de justicia!

"¡Oh!... ¡Pero el desengaño... el término de mi lusión llegó en breve, terrible y fatal!

"Fue una acusación traidora hecha públicamente en un diario contra mi padre, acababa de mancillar a mi familia. ¡París no tenía ya entonces el menor encanto para mí, al ver menoscabado un nombre que era el mío, y que hasta entonces constituía mi orgullo!

"Tal era mi estado de abatimiento. Vino aún en mi auxilio el hombre que yo tenía por mi mejor amigo, aunque mi madre constantemente me repitiese con misterio que el conde no podía ser conmigo tan sincero como creía.

"Él instó, sin embargo, y se esforzaba en obligarme a que le acompañase en un pequeño viaje de placer. Abracé a mi pobre madre y partí con él.

"Nada dejó de hacer el conde para procurarme distracciones: la caza, la pesca, las correrías a caballo; ¡a todo me llevaba con la sonrisa del traidor en su semblante hipócrita!

"Pasados algunos días, recibí una carta de un amigo mío, notificándome que se había descubierto el autor de la acusación contra el honor de mi padre.

"Parto, dejando al conde de Montecristo, y corro a París.

"En efecto, ¡todo se había aclarado! ¡Yo leí los papeles que probaban el pasado crimen de mi padre! ¡Vi el brillo de su nombre y el mío, deshecho, manchado para siempre, ante la sarcástica risa de nuestros enemigos! ¡Vi las puertas de los salones de la sociedad selecta de París, cerradas para mi madre y para mí!... ¡Para mí... para mí... que creía llevar un distinguido nombre, ennoblecido por el valor de un guerrero... para mí, que pensaba poder mirar cara a cara, a los que se decían hijos de los más nobles y honrados caballeros!

¡Ah!, y me fue forzoso reducirme a las proporciones de un hombre que no tiene el menor título para merecer la consideración social.

"Loco... abrumado bajo el peso formidable de la vergüenza, escuché los tristes sollozos de mi madre y la exánime voz de mi padre, rogándome que le vengase, sin contemplaciones.

"Me dispuse entonces a herir a aquel mortal enemigo, que sin compasión alguna llevaba al escándalo público un delito de mi padre, ¡sin acordarse de que mi padre estaba ligado a una respetable señora, y que tenía un hijo inocente de ese delito! ¡A aquel desnaturalizado enemigo que por herir a un hombre, castigaba también a la mujer y al hijo de ese hombre!

"Pregunté entonces quién era el autor de mi desgracia... ¡Ah!, ¡figuraos cuál sería el nombre que me repitieron! '¡El conde de Montecristo!' —dijo Alberto, alzándose amenazador, como si viera delante de sí en aquel instante al mismo cuyo nombre acababa de pronunciar, con terror.

"Yo no podía creerlo —prosiguió poco después—; pero aquel nombre estaba firmado al pie de los papeles que yo examinaba.

"¡Oh! ¡Ved de qué modo el traidor abusaba del sentimiento que me fingía después de tanto tiempo! ¡Ved cómo su fin correspondía a la sincera amistad que siempre le había profesado!... ¡Traidor... mil veces traidor! ¡Si hay un Dios en el cielo tan justo y bondadoso como yo lo concibo, el crimen que has cometido no te será perdonado jamás! ¡Desde el primer día en que tu mano estrechó la mía, en que compartiste conmigo mi mesa, y me convidaste a participar de la tuya, y en que me hablabas y recibías con un cariño falaz que venciese mis temores... tú combinabas la traición que has ejecutado!...

"Señor —continuó Alberto, haciendo una breve pausa, y llevando a la frente su trémula mano—: yo no podía ya rehabilitar el honor de mi padre, pero podía vengarlo.

"Busqué, pues, al conde.

"Hallábase en un palco de la Ópera y allí me presenté para insultarlo, comprendiendo que sólo así conseguiría que se batiese conmigo.

"El malvado me recibió aún con su aire protector y lleno de dulzura, y esta hipocresía villana encendió aún más la llama que me consumía. Le expuse el objeto de mi visita, y recibí por toda respuesta una carcajada. Ambos nos hicimos el blanco de las miradas de toda la platea. Y como el escándalo había sido público, quise también que el desagravio, si era posible, fuese del mismo modo.

"Mi guante casi azotó la mejilla del conde de Montecristo.

"A los pocos días debía tener lugar el duelo".

—¿Y acaso fue vuestro brazo tan débil y poco firme que no supo sostener la puntería? —preguntó con interés Benedetto.

—¡No! —dijo Alberto con resignación—. Fui desarmado en el lugar del duelo, y allí, en presencia de los testigos, me he visto obligado a dar satisfacción al conde de Montecristo, y a apretarle su mano.

—¡Miserable! —gritó Benedetto, levantándose y mirando con expresión de disgusto a Alberto, que se conservó inmóvil. Después, como arrepentido de la palabra que había empleado, tornó a sentarse y le preguntó con voz suave y conmovida, con dulzura...

—¿Pero os habíais vuelto loco?... ¿Será posible?

—¡No! —murmuró Alberto.

—¿Y entonces? ¿Qué sucedió?

—Hubo una persona que entró en mi cuarto la víspera del día del duelo, a exigirme el juramento de no tirar al conde de Montecristo.

—¿Y quién tuvo poder sobre vos hasta haceros contraer tal compromiso?... ¿Hablad?

—¡Una mujer a quien yo amaba de un modo como nadie es capaz de suponerlo ni comprenderlo! ¡Una mujer cuya felicidad de una hora compraría por un año de tormentos en mi vida!... ¡Una mujer cuyas lágrimas me destrozaban el corazón... y esa mujer era mi madre!... ¡Sí, mi madre!...

## CAPÍTULO XXXI

# DOS VÍCTIMAS INOCENTES DE UNA VENGANZA TERRIBLE, FATAL

Al terminar Alberto la primera parte de su historia, quedó conmovido a punto de no poder continuar.

Se puso de pie y fue a ver a su madre, observando con inexplicable contento que su respiración era más libre y su sueño menos agitado; luego volvió a la sala, y comió en compañía de Benedetto, que parecía resuelto a quedarse en Marsella el tiempo necesario para el completo restablecimiento de la madre de Alberto, ya casi bien del todo.

Sin pretender averiguar la causa productiva del procedimiento del hombre a quien había perseguido Montecristo, el hijo de Villefort concebía que no podía haber raciocinio alguno, del que pudiera deducirse la justicia de llevar la venganza hasta el extremo de atraer la desgracia sobre personas que jamás nos ofendieron.

¿Acaso tendría el conde de Montecristo una necesidad absoluta de vengarse de una afrenta, de un robo, de una crueldad cualquiera realizada contra él o contra alguien de su familia? ¡Enhorabuena! ¡Mejor que mejor!

La mayor virtud de un verdadero cristiano consiste en saber perdonar las injurias; y aunque el conde de Montecristo no tuviese, como la mayoría de los hombres no tienen, esta virtud sublime de la que el Salvador nos dio magnífico ejemplo sobre la cruz de su martirio, quedábale, al menos, la filosofía para contener el exceso de una pasión vehemente de la que estaba dominado.

Vengarse un hombre de otro hombre que le infiere un agravio, es un hecho que el mundo no extraña ya en virtud de la costumbre; pero sacrificar a esa venganza a aquellos que jamás lo ofendieron; inundarlos sin miramiento y sin piedad, robándoles el padre, el protector y el amigo, aplastándolos con el peso de una vergüenza perdurable, de una desgracia eterna, ésta es una conducta incalificable en el mundo civilizado. ¿Qué habría, pues, en la tierra capaz de librar a Edmundo Dantés de su enorme y monstruosa culpa? ¿Cuántas buenas acciones sería necesario echar en la balanza del juicio final para equilibrarla con su peso?... Aunque Edmundo Dantés viviese mil años dedicado a la práctica de las virtudes, no es de creer que obtuviese el perdón de tan graves errores, cometidos en el corto espacio de seis meses, que constituye apenas un imperceptible instante de la eternidad.

Benedetto, que manifestó un vivo interés por la narración de Alberto, fue el primero que al siguiente día invitó a éste para que la terminase.

Alberto, después de enterado de la salud de su madre, reanudó el hilo de su historia, sentándose, como en la víspera, al lado de Benedetto, en uno de los cuartos que ocupaba en la posada de la Campana y la Botella.

Al cabo de un momento de silencio en que Alberto parecía coordinar sus ideas, prosiguió así:

—Cuando me retiré del campo destinado al duelo, volví a casa dejando con mi proceder, motivo para las más graves murmuraciones de parte de los que habían sido mis amigos.

"Mi plan estaba trazado. ¡Era infalible!

"Reuní todo mi dinero, dispuse de los muebles que me pertenecían en la casa paterna, y cuando todo lo había arreglado para mi partida, fui a los aposentos de mi madre. Ella había hecho otro tanto; todo su dinero estaba en una cartera, y se hallaba dispuesta a partir conmigo. Había adivinado mi resolución así como yo había previsto la suya. Media hora más tarde, se apoyaba en mi brazo, descendiendo las escaleras de aquel palacio, que había sido el teatro de su felicidad y de su desgracia, para no volver más a él".

—¿Y vuestro padre? —preguntó Benedetto—. ¿Vuestro padre fue tal vez abandonado así por su esposa y por su hijo... sin darle al menos el último adiós?

—Mi padre —continuó Alberto—, no era hombre que considerase un bien ese doloroso adiós a que os referís.

"Él se encargó de advertírnoslo... un tiro de pistola resonó en el vestíbulo de la escalera, en el momento en que mi madre y yo montábamos en el coche de viaje.

"El conde de Morcef se había hecho justicia por su mano".

Alberto se detuvo un momento.

Benedetto cruzó los brazos sobre el pecho, mirando con interés al joven que le narraba aquella terrible historia.

—Era yo el único apoyo de mi madre —continuó Alberto—. ¡Yo que, sin embargo, no tenía ni fortuna ni nombre! ¡Yo tan lleno aún de las costumbres de mi pasada aristocracia, que ni siquiera podría pedir una limosna, cuando el tiempo lo hiciese necesario! ¡Y era preciso meditar bien el porvenir; adoptar un modo de vivir y escoger una posición, porque el tiempo corría con velocidad y la miseria no podría tardar!

"Entonces adoptamos un partido.

"Yo corrí a engancharme para el servicio militar, y aumentando con aquel pequeño producto de mi sudor nuestro exiguo capital, me dispuse a partir a África con el vivo deseo de demostrar alguna vez a todo París que los delitos morales no son hereditarios en la familia de Morcef.

"¡Oh, disculpadme!... —se interrumpió con prontitud—; yo dejé de usar ese apellido, y adopté otro más sencillo, más oscuro, más popular... me llamé desde que senté plaza, Alberto de Mondego..."

—Podríais adoptar algún apellido de la nobleza materna —le observó Benedetto.

Alberto se sonrió desdeñosamente, y contestó:

—Mi madre era hija de pobres pescadores. Un mes después de haber sentado plaza —continuó él—, partí para África, donde he estado hasta ahora, aumentando en mi alma este dulce recuerdo por la única persona a quien amo... ¡por mi madre! ¡Oh!, y cuando volvía placentero a abrazarla, olvidando por este sólo placer todos mis pesares y pasadas fatigas, ¡he ahí que el destino me hirió tan sin piedad, como si aún no se hubiese llenado la copa de mi desgracia! ¡Mi pobre madre sufrió la miseria y el hambre! ¡Mi buena y querida madre se vio precisada a extender su mano demandando un pedazo de pan! Sí... ¡y esto, Dios no ha podido quererlo! Es algún demonio que nos abrasa con su aliento maldito... Es la fatalidad que nos persigue...

Ocultó Alberto el rostro entre sus manos, para que las lágrimas que surcaban sus mejillas tostadas por el sol del África no se viesen.

Benedetto lo contemplaba aún en silencio, como si no tuviera energía bastante para interrumpirle en aquel recogimiento solemne de un hijo que lloraba las desgracias de su madre.

—Ahora, señor —continuó Alberto—, ya sabéis qué género de relaciones existían entre el conde de Montecristo y yo; sabéis también quien soy; que me llamo Alberto Mondego y que soy hijo de Mercedes. No poseo ningunos bienes; el pequeño capital que traje de África, lo he perdido casi todo en el terrible naufragio de que me habéis salvado, no tengo amigos ni relaciones en Marsella; ¡pero si en algo puedo seros útil, contad conmigo!

Y Alberto tendió su mano a Benedetto, que la apretó con interés.

—¡Vuestra narración me ha conmovido! —le dijo éste—. El amor que sentís por vuestra madre, conozco que es una de aquellas raras afecciones que pueden contribuir a formar la felicidad de un hijo. ¡Cuántos hay a quienes no es dado siquiera verter las lágrimas de los recuerdos sobre el regazo de una madre!...

—¿Cómo? —preguntó Alberto.

—Por ejemplo, ¡cuando el hombre no ha conocido a la que le dio el ser!...

—¡Ah!... ¿Será posible?

—¡Cuando sabe que le abandonaron en el momento de nacer!... Creedme, caballero, ¡hay hombres más infelices que vos! ¡Hay desgracias más terribles que la vuestra!

—¡Tal vez! —murmuró Alberto.

Benedetto soltó una carcajada irónica, exclamando luego:

—¿Sabéis acaso vos lo que es una existencia de proscrito... pero proscrito sin familia, sin patria, sin una esperanza siquiera en el alma? ¿Sabéis lo que es la rabia, la desesperación, la venganza? ¡Ah!... —continuó aún más despacio—. ¿Habéis visto el negro aspecto del cielo en la noche de tempestad; aquellas revueltas y agitadas olas; aquellos rayos de fuego rasgando sin cesar las gruesas masas de las nubes? ¿Os acordáis de la aflicción que sentíais cuando erais el juguete de las olas? ¿Tenéis bien presente lo terrible que sonaba el bramido espantoso de los truenos?... ¡Ah! Allí hubo un momento en que habíais perdido toda esperanza de vida... y os veíais en brazos de la muerte; pero no era la virgen silenciosa y triste que os estrechaba poco a poco contra su helado seno... ¡era la desenvuelta furia que os oprimía en sus brazos de hierro, y os arrancaba cada esperanza de vuestra alma en cada respiración de vuestro pecho!... Pues figuraos ahora que semejante situación fuese larga como el suplicio de Prometeo, y decidme entonces, si el mártir que lo sufriese de este modo, no sería más desgraciado que vos.

—¿Pero existe, por ventura, ese mártir fuera de la fábula?

—¡Existe ante vos! —gritó Benedetto—. Carezco de amigos, de protectores y de padres, porque éstos me sepultaron vivo aún, después de mi nacimiento, y hoy no existen. Mi herencia es la proscripción; mi legado la venganza... ¡Ah! La venganza... que voy a saborear lentamente ensayando suplicios nuevos para arrancar del pecho de un hombre gemidos tan dolorosos como los ecos no habrán repetido jamás.

—¡Cómo! —dijo Alberto—. ¡Os he oído hablar de Dios, y no puedo imaginarme, cómo vos, que creéis en ese Dios poderoso y magnánimo, os dejáis dominar de tan abominable sentimiento de venganza!

—Es porque no os he dicho, acaso, que el hombre que me lo inspira, no ha sabido perdonar jamás; y ha sacrificado a una venganza particular, hasta a los que eran inocentes del crimen que él quiso castigar. ¡Y entonces es necesario que yo sienta en mi pecho toda la rabia que me domina, y me vuelva feroz, porque tengo la convicción de que Dios me ha elegido para castigar la soberbia con que ese hombre quiso conducirse en la Tierra, creyéndose inspirado y justo, cuando no era más que el ludibrio de una pasión predominante de su existencia; y cuando su poder sobre los hombres se fundaba en sus inmensas riquezas! Maldición eterna sobre él... Sí, llamad conmigo la maldición sin tregua sobre él, ¡porque él era el conde de Montecristo!

Después de estas palabras un grito de desesperación y locura resonó en la sala; Alberto y Benedetto quedaron estáticos por un momento, sin saber a qué obedecía.

## CAPÍTULO XXXII

# DONDE APARECE LA POSADA DE LA CAMPANA Y LA BOTELLA

Mercedes estaba en el umbral de la puerta, como si hubiese escuchado todo.

En la palidez de su rostro resaltaban los colores de la fiebre, su mirada inflamada y vaga revelaba el delirio, que la consumía.

Fue despertada de su languidez por el exceso de la fiebre, animada por la fuerza inexplicable de ese estado de exaltación de la sangre, movida por un pensamiento vago y confuso, se arrojó fuera del lecho envuelta en las ropas de la cama. Una bata mal ceñida a la cintura, una camisa cubriendo apenas su seno palpitante, el cabello suelto sobre los hombros y la mirada incierta; todo daba a su fisonomía el terrible aspecto de la locura.

Habiendo caminado hasta la puerta de la sala, escuchó durante algunos momentos las frases de Benedetto, soltando un grito agudísimo al pronunciar éste el nombre del conde de Montecristo.

Alberto, pasado el primer momento de sorpresa, corrió hacia su madre, que lo repelió, llegando hasta el centro del aposento y echando en derredor una mirada vaga y delirante.

—¡Edmundo! —dijo ella con una dolorosa sonrisa—. ¿Eres tú quien ha asesinado a mi hijo? ¿Eres tú quien me ha lanzado a la viudez, a la miseria, al sufrimiento y al hambre?... ¡Ah!... ¡Qué mal has pagado las abundantes lágrimas vertidas por el hombre a quien amé!... ¿Dónde está ese hombre? ¡Ah!... Que no venga, porque me acriminaría el abrazo, el beso que yo guardo para mi único hijo...

Se siguió un momento de silencio. Alberto se encontraba de rodillas con los ojos fijos en su madre, con los labios entreabiertos, como si el exceso de la sorpresa y del pesar le hubiesen sorprendido a estas palabras: ¡madre mía, aquí estoy!

Benedetto, con los brazos cruzados sobre el pecho, escuchaba con atención las palabras de Mercedes:

—¡Oh, yo te amé mucho! —prosiguió ella—. ¡Yo te amé mucho, Edmundo; te amé tanto como una mujer puede amar!... y tú no volviste nunca en busca de tu desposada, te fuiste en la hora de nuestras nupcias, y se pasaron quince años, quince siglos... quince veces la eternidad... ¡y tú siempre ausente!... ¡cuántas angustias sufrí, cuántas lágrimas derramé!... ¡Interroga a la Roca de los Catalanes y ella te hablará de mí y de mi sufrimiento! ¡Pregunta a la corona que me ciñó la frente en la hora de mi casamiento; verás allí una lágrima que yo te consagraba!... ¡Escucha mi lecho matrimonial, y él repetirá todavía los gemidos que la esposa criminal dedicaba a la memoria de un hombre que no era su marido!... ¡Ese hombre eres tú!... ¿Y por qué merezco la desgracia? ¿Qué mal te hizo mi hijo? Edmundo... ¡la justicia de Dios no fue la tuya! ¡Escuchemos!... ¡Oh!, allá viene mi hijo... mi hijo... que el alma espera ansiosamente... ¡Ven!... ¡oh, ven... ven!...

Pronunció Mercedes estas últimas palabras con anhelo y abrió los brazos, como si esperase en aquel momento unir a su pecho al hijo a quien llamaba.

En efecto, Alberto levantándose con rapidez, se precipitó en los brazos de Mercedes exclamando:

—¡Vedme aquí, madre mía!

Un beso y un abrazo loco, frenético, fue la única respuesta de Mercedes.

A esto siguió un profundo silencio, durante el cual mil caricias apenas concebidas, se cambiaron entre la madre y el hijo. Mercedes parecía más sosegada a consecuencia de haber disminuído el acceso de la fiebre; pero sus ideas todavía imperfectas, su pensamiento poco determinado, se revelaban en su mirada que corría despavorida por cuanto la rodeaba.

Apretaba repetidas veces la mano de Alberto, reclinando su abrasada frente en el seno de su hijo, en cuyos ojos brillaba el llanto, provocado por los sentimientos simultáneos del pesar y del placer que estaba dominada.

—¡Alberto!... —dijo al fin Mercedes—; ¿eres tú realmente mi hijo? Sí, yo sé que eres el hijo que se vendió para alimentarme... el hijo por quien yo daría siempre mi vida... ¿Y tú no volverás a dejarme ahora? ¡No! ¡No me dejarás más!

—Calmaos, madre mía, yo viviré siempre con vos —respondió Alberto.

—¿Y si aquel hombre poderoso y vengativo viene otra vez a separarnos? ¡Ah!, ¡tú no sabes que circula en tus venas la sangre del rival de Edmundo, y que Edmundo no siente sin contrariedad estos besos que te doy!

—No, no —dijo Alberto con fuerza—. Edmundo está lejos. ¡Edmundo dejó de querernos mal!... ¡Oh, Dios mío!... —continuó él consigo mismo—. ¡Ten piedad de mi madre!...

—Pero dime, Alberto... ¿dónde estamos nosotros? —preguntó Mercedes, mirando siempre azorada alrededor de sí.

—En Marsella —respondió él—, ¿no os acordáis de Marsella?

—Sí... ¿y esta casa?...

—Esta casa es la posada de la Campana y la Botella.

—¿Qué? —exclamó Mercedes asiéndole el brazo y estremeciéndose.

Alberto repitió la denominación de la posada.

—¡Ah! —dijo Mercedes como si sintiese un agudo dolor—. ¡Qué escena terrible la que ocurrió aquí! —continuó ella—. Aquí... aquí en esta sala... sí... yo veo allí la mesa en que preparaba el festín de mi casamiento... veo allí el rostro apasionado de Edmundo; más acá la fisonomía celosa y traidora de Fernando Mondego.

—¡Madre mía! —gritó Alberto con aflicción. ¡Pobre madre mía!

—Escucha... escucha... —continuó ella arrugando la frente y conduciendo a Alberto a una de las ventanas, por la que se distinguía la plaza—. ¿Tú no oyes las campanas que repican?... Es para un casamiento. ¿No ves aquella mujer vestida de blanco, adornada su frente con una hermosa corona de flores? Es la joven que fue a buscar allí su anillo de desposada. Ella viene al lado de Edmundo, cuya mirada luminosa revela el sentimiento puro que hay en aquel pecho. Pero en pos de los esposos. ¿No ves un joven que camina con la cabeza baja, siniestra la mirada y la frente arrugada, como meditando la traición?

—¿Adónde está toda esa gente alegre y holgazana que te mostré atravesando la plaza?... ¡Míralos en la mesa de la posada de la Campana y la Botella! El novio al lado de la novia, ¡y el traidor devorándolos, abrasado de celos, con su mirada criminal!... ¡Oh, Dios mío!... —gritó ella—. ¡Dios mío! ¿Por qué me arrancaron del brazo de mi esposo? ¡Fernando Mondego lo denunció por bonapartista!, y es conducido por los soldados... yo quedo viuda... antes de haberle pertenecido.

Acabando de decir estas palabras, Mercedes cayó en los brazos de Alberto, que la llevó a su cama, encomendándola a los cuidados de otra mujer, mientras Benedetto corría a buscar un facultativo.

Felizmente, aquel estado de exaltación febril cedió a los primeros remedios aplicados, y en breve pudo Alberto hacer trasladar a su madre a la pequeña propiedad de los catalanes. Su restablecimiento empezó entonces.

Con la presencia de su hijo, el aire libre que respiraba allí, los desvelos que la cercaban, todo concurrió a apaciguar su espíritu, alejándole del pensamiento aquellas imágenes tristes de un tiempo infortunado.

Recobró completamente allí el estado normal de sus facultades intelectuales y llegó a poder dirigir a Benedetto algunas palabras de agradecimiento verdadero, por el interés con que había despreciado la vida para salvar a su semejante de una muerte segura.

Entretanto, Alberto conocía que se acercaba la partida de Benedetto. Aquel hombre le había inspirado tan profundo interés que Alberto no dudó en darle el título de amigo. En efecto, el día de la separación no tardó. Alberto lo había adivinado, y apretó fuertemente la mano de Benedetto como si le diese el último adiós.

—Señor —le dijo una mañana Benedetto entrando en su cuarto—, ¿de qué modo miráis vuestro porvenir?

Alberto, ante esta pregunta inesperada, miró un momento a Benedetto, en cuya fisonomía impasible nada había que traicionase sus sentimientos.

—Perdonad esta indiscreción —continuó—, pero tenemos siempre un vivo deseo de saber cuál será el porvenir de un hombre que nos interesa, cuando lo dejamos tal vez para siempre.

—Agradezco vuestra delicadeza —respondió Alberto—, y voy a satisfaceros. Habiendo alcanzado permiso para dejar un hombre de personero por mí en ultramar, volvía, como os dije, con una mediana fortuna para asegurar el reposo y la tranquilidad de mi madre. ¡Dios, o la casualidad quizá, no quiso que así fuese! ¡Todo lo he perdido y hoy sólo me resta lo necesario para hacer frente al tiempo, mientras consigo algún pequeño empleo civil!

—¿Y si lo no obtenéis?

—Trabajaré de jornalero —respondió tristemente Alberto; agregando luego, con orgullo—; pero os aseguro que mi madre no sufrirá la menor privación.

—Pues os envidio este cariño que tenéis a vuestra madre; os envidio ese sentimiento y esa resignación profunda con que aceptáis la voluntad de Dios.

—Debo trabajar para alimentar a mi madre; esto me parece bien natural —replicó Alberto con sencillez.

—¿Os halláis entonces dispuesto a trabajar? ¿Estáis resuelto?

—Sí.

—Está bien, Alberto. Ya veis que soy poco más o menos de vuestra misma edad; pero, sin embargo, creed lo que voy a deciros, porque es hijo de la experiencia. Por más fatal que el destino parezca al hombre, éste debe creer siempre que existe un principio superior y divino, cualquiera que sea, que nunca se olvida de pesar nuestros actos en la balanza de la justicia, premiando luego la inocencia.

—¿Y habéis recibido vos el premio de esa inocencia? —preguntó Alberto sonriéndose.

—No, porque soy culpable, y creo firmemente en el castigo de mis culpas, en cuanto termine mi misión; pero he reconocido que los malos tienen un castigo terrible de sus vicios y errores en este mundo, y por eso os aseguro que los inocentes también tendrán el pago de sus virtudes. Quedad en paz, Alberto, sobre nosotros hay sin duda un Dios que nos juzga.

Y al decir esto, Benedetto se retiró del cuarto de Alberto, que conmovido por el ademán solemne, y por las suaves palabras de aquél, no tuvo energía bastante para responderle, a pesar de haber reconocido que sus últimas palabras, y el tono con que fueron pronunciadas, expresaban su último adiós. ¡No existían dudas!...

## CAPÍTULO XXXIII

# LLEGA LA PARTIDA

**P**oco después de media hora, sintió Alberto la voz de su madre que le llamaba.

Subió a su cuarto y la halló asomada a la ventana, mirando con atención hacia el mar, reconcentrado.

—Dime, Alberto, ¿qué embarcación será aquélla que hace poco levantó el ancla, y ahora se hace a la vela? Desde ayer la veo aquí enfrente de nuestras rocas.

Alberto miró en la dirección que Mercedes indicaba y distinguió un magnífico yate, ligero y gracioso como el cisne cuando abre las alas al soplo de la brisa y se deja deslizar por la superficie de las serenas aguas de un lago.

—¡Ah! —murmuró Alberto, después de haber contemplado el pequeño barco que empezaba a moverse—: es el yate de Benedetto. Yo adivinaba que iba a dejarnos... Hombre singular que parecéis poseer el secreto de triunfar de las tormentas, corriendo osado por entre el fuego y el agua, semejante a un genio benigno que se obstinase en salvarme. ¡Adiós para siempre! ¡Adiós! ¡Así es el destino!

—Roguemos por él —dijo Mercedes, y fue a arrodillarse enfrente de un crucifijo colgado en la pared.

—Sí; ¡orad, madre mía... orad!... en este momento en que él se acuerda de nosotros también.

Había Alberto distinguido una pequeña nubecita blanca a bordo del yate, y un instante después oyó la detonación del tiro de uno de sus morteros, en el momento en que doblando las puntas de las rocas pasaba enfrente de la casa de Mercedes, vista desde el mar.

Era el último adiós de Benedetto.

Alberto estuvo mucho tiempo en la ventana con los ojos fijos en aquella pequeña embarcación que empezaba a correr con velocidad impelida por la brisa de la costa. Mercedes oraba todavía, postrada ante el crucifijo, y sus oraciones suaves imploraban la clemencia del Cielo para el salvador de su hijo, de su amado hijo.

Cuando concluyó su oración, se levantó y fue a reclinar su frente en el hombro de Alberto, diciéndole:

—Hijo mío, nuestro deber está cumplido para con el extranjero que tan generosamente salvó tus días; sólo le debemos en la tierra una eterna gratitud. ¡Que sea feliz en su viaje y que a nosotros también nos sea dado gozar de la paz!

—Sí, mi buena madre —respondió Alberto, abrazándola con extremado cariño—. ¡Que gocemos nosotros de la paz y sosiego íntimos que tanto necesitamos!

—¿Mas por qué motivo tiemblan dos lágrimas en tus párpados, hijo mío, cuando dices esas palabras? —preguntó Mercedes con ternura.

—¡Oh, porque no puedo realizar mis sueños de todas las noches! ¡Porque no puedo olvidar el pasado como yo lo había creído!

—¿Y crees tú que los recuerdos tristes de ese tiempo desgraciado, no me ofrecen un cierto placer amargo, que tú no puedes comprender bien?

—Pero yo no quisiera sólo secar vuestro llanto; quisiera evitároslo.

Mercedes sonrió; era una de esas sonrisas melancólicas del desgraciado la que aparecía en sus labios; una sonrisa tierna e irónica al mismo tiempo, engendrada por el sentimiento profundo de la desgracia.

—¿Y cómo podrías tú enjugar este llanto, originado por largos años de fatalidad?

—¡Dios me ayudaría! Suponeos que, poco a poco, yo iba descorriendo a vuestros ojos una cortina en que brillasen los más ricos y soberbios paisajes, superiores aun a los pinceles de los más célebres autores; el aspecto floreciente de muchas ciudades que hay en las márgenes de este grandioso lago, desde Gibraltar a los Dardanelos, las variadas costumbres de muchos pueblos; sus tipos diferentes desde el cireasiano al americano; las magníficas escenas desde el cristianismo hasta la más baja idolatría... Luego, esas famosas páginas de los siglos, a que llamamos ruinas, dispersas sobre la tierra, y con sus soberbias inscripciones; la contemplación, el estudio de todo esto, madre mía, tal vez no diese lugar a imágenes tristes que en el presente os arrancan ese llanto que humedece vuestra faz. ¡Ah! ¡Pero no quiso el destino que yo dejase de ver esas lágrimas tan repetidas!... —exclamó Alberto inclinando la frente sobre el pecho.

—Pues cesaré de llorar, Alberto —dijo Mercedes con dulzura—; te hacen mal mis lágrimas... ¡ah!... hijo querido... ya no lloro... sí, ¿no ves que no lloro?... no, no debo afligirte, no debo contrariarte con este llanto que yo misma condenaría, si no fuese derramado por ti.

—¿Acaso por mí? ¿Lágrimas por mí, por mí que estoy a tu lado, que te abrazo? —preguntó Alberto, cuya voz se ahogó en la garganta, como si lo sofocase la violencia del sentimiento y de la emoción.

—Sí, tú eres bien generoso, hijo mío; ¡yo sé cuánto te debo... yo que te vi vender tu sudor para alimentarme, que te vi despreciar al mundo para seguirme en la soledad!... Alberto, ¡y que no pueda aún verte feliz! ¡Que no me sea dado morir al menos con la idea de que tendrás un porvenir risueño... tú que tanto lo merecías!...

Alberto, todos los días, todas las noches, meditaba el modo de alcanzar una posición cualquiera con la cual pudiese hacer frente al porvenir, evitando la miseria, esa compañera inseparable de la desgracia; y todos los días, y todas las noches, reconocía la imposibilidad de adquirir tal posición.

Mercedes, que después de una extremada angustia, había visto y comprendido hasta dónde llegaba la misericordia de Dios, era entonces la primera en rogarle que esperase; palabras consoladoras cuyo sentido no comprende aquél que jamás vio brillar en la oscuridad de la desgracia el rayo de la misericordia divina. Este rayo brilló a los ojos de Alberto; él comprendió por segunda vez que Dios no le había abandonado, en su felicidad.

El eclesiástico que algunos meses antes había sido llamado por Mercedes a la aldea de los catalanes, volvió buscando a Alberto.

—Aquí me tenéis, señor —dijo el joven presentándosele.

—¿Vos sois Alberto Mondego?

—Sí, padre.

—¿Hijo de Mercedes la catalana?

—Justamente.

—Servíos darme, sin embargo, algunas señas más en comprobación de que sois el mismo a quien un deber me obliga a buscar.

Alberto meditó un instante, mirando varias veces el rostro del eclesiástico, de un modo que parecía querer adivinar el sentido de su pregunta.

—Volviendo de Oriente —respondió luego—, sufrí un temporal del que escapé por suerte, salvado por un hombre cuyo nombre es Benedetto. Venía yo en un buque que, según me dijeron, pertenecía a la casa de Morrel, muy antigua en Marsella.

—¿Hacíais parte de la tripulación?

—No, señor; venía como un simple pasajero. Habiendo militado en Oriente, regresaba con mi baja de servicio.

—Muy bien; sois el mismo.

Diciendo esto el padre le presentó una carta, y esperó que Alberto la abriese.

Alberto dudaba, aunque había leído en el sobre su propio nombre.

—¡Dios mío! —gritó Alberto apenas concluyó la lectura—; yo os lo agradezco.

Hubo un momento de silencio durante el cual Alberto leyó por segunda vez la carta como si estudiase cada una de sus palabras.

—¡Esta será la primera limosna que recibo de la mano de un hombre! No... no debo aceptarla... Benedetto... tu generosidad no me ofende; pero en el mundo hay hombres más necesitados que yo... sea para ellos esa limosna, puesto que yo todavía puedo trabajar.

—¡He aquí hasta qué punto os ciega el orgullo! —dijo el padre.

—¿El orgullo? —repitió Alberto—. ¿El orgullo cuando hablo de hombres más desgraciados que yo con la idea de ceder en su favor una limosna que se me ofrece?... ¿a mí, que puedo trabajar?

—Joven —replicó el eclesiástico sonriendo—, repito que no es sólo el sentimiento de la caridad el que os hace hablar de ese modo. Hay en vos un resto de orgullo. Este orgullo con que rehusáis la limosna, ofende a Dios, ofende al hombre caritativo que se interesa por vos, y me ofende también a mí, porque soy yo quien viene a depositar la limosna en vuestras manos.

—¿Vos sabéis entonces el contenido de esta carta? —preguntó Alberto.

—Fue dictada por mí, pues así lo exigió Benedetto.

—¿Conocéis por ventura a aquel hombre?

—Nunca lo había visto.

—¿Comprendéis, al menos, los sentimientos que lo dominan?

—Desde luego; un sentimiento profundo agita su existencia, y este sentimiento no traspasa los límites del confesionario, hijo mío. Pero os puedo asegurar que la más pura convicción de haber llenado la voluntad de Dios lo animaba en el momento en que él depositó en mis manos la cantidad que os ofrece. Aceptadla, entre tanto; Benedetto no es más que el órgano, en este momento, por el cual se ejecuta la ley del cielo. Él está ahora lejos de vos, y puedo aseguraros que no le anima el menor sentimiento de orgullo y de vanidad por la buena acción que practica concediéndoos esta pequeña fortuna. Aquí la tenéis.

Diciendo esto, el padre puso en manos de Alberto un pequeño envoltorio de papel.

—Ahora —continuó—, aseguradme, como Benedetto requiere, que un secreto inviolable guardará para siempre en vuestro pecho el sentimiento que su proceder pudiera despertaros.

—¡Hombre generoso! —exclamó Alberto—, ¡si hay un crimen en tu vida, tendrás por cierto el perdón de Dios!...

Momentos después, Alberto estaba en su cuarto y tenía en su cartera la cantidad de un millón quinientos mil francos en billetes; vale decir que era un hombre rico.

## CAPÍTULO XXXIV

# EN VENECIA

Era a principios del año 1814, hallábase en Venecia un joven francés, que sin pertenecer a la clase distinguida y levada de París, era hijo de una buena familia y poseía una educación esmerada, que le daba una distinguida posición social. El joven se llamaba Maximiliano Morrel. Estaba casado con la hija de un antiguo magistrado francés, descendiente por línea materna de la ilustre familia de los marqueses de Saint Meran.

Maximiliano y Valentina, casados apenas hacía dos años y medio, no habían tenido aún entre sí el menor disgusto; vivían en perfecta calma, vaciando, por decirlo así, sus pensamientos en un mismo molde.

No había placeres para uno, cuando los pesares oprimían al otro; el placer y el regocijo, el dolor y el sufrimiento, eran compartidos entre ambos, como si hubiesen comprendido bien los deberes establecidos por el vínculo contraído ante el altar de Dios, bendecido y santificado en su nombre.

Valentina no tenía hijo alguno, ni durante el poco tiempo que llevaba de matrimonio, podía aún haber llenado ese deseo íntimo de la maternidad. Ella no se separaba de Maximiliano; lo veía a cada instante, y las caricias que éste le prodigaba, no le dejaban tal vez sentir el deseo de las caricias de un hijo, en cuyo rostro infantil una madre gusta de imaginar poco a poco los rasgos y la imagen de su esposo en las horas de su ausencia.

Maximiliano no tenía más que de 28 a 29 años, y Valentina de 17 a 18. El primero era una de esas constituciones fuertes y robustas, tipo meridional por completo, pálido, ojos y cabellos negros como el ébano. La segunda, aunque de talle ligero, cuerpo flexible y delicado, acusaba también una organización robusta y templada.

Habiendo vivido casi exclusivamente en Francia desde su casamiento, tenían ahora el vivo deseo de ver y examinar otras sociedades, otras costumbres diversas de las que se observan en los salones aristocráticos de París. Venecia fue el primer punto a que se dirigió su curiosidad. Las tradiciones de esta antigua reina del Adriático y del Mediterráneo, el prestigio de su antiguo esplendor, y sobre todo la belleza de sus edificios, canales y puentes, todo contribuyó a merecer la preferencia de los jovenes esposos.

Era, en efecto, Venecia, que por su posición geográfica está en comunicación directa con Asia y Europa, un cuadro variado de tipos y de escenas, las más salientes del cristianismo del mundo.

Su plaza, siempre concurrida por negociantes de todas las naciones, muestra todavía un resto de la grandeza de su antiguo comercio, aunque en mal hora el alado León de San Marcos haya perdido el prestigio que lo cercaba; aunque las torres de San Marcos no eleven ya con suntuosidad los bizarros trofeos de su gloria, en los cuales el extranjero podría leer las escenas sucesivas de las conquistas de la República; la vieja catedral allá está, todavía con su aspecto imponente, ocupando el fondo de la gran plaza, ostentando su arquitectura bizantina y la increíble arrogancia del arte griego.

Presenta todos sus bellos ornamentos; los famosos arcos, los elegantes palacios de sus antiguos patricios, la mole imponente del palacio ducal, las columnas de granito de la Diazzeta, el campanario, de una arquitectura elegante y compuesta de la basílica cristiana; después los canales, y las escaleras de mármol, donde el agua murmura dulcemente, y por fin, Venecia, que, aunque haya decaído de su esplendor, es todavía Venecia; quiero decir, es todavía la hermosa princesa adormecida en las aguas del Lido, como descansando risueña de sus lides de otros tiempos más felices.

Era, pues, en Venecia donde estaban Maximiliano y Valentina, gozando aquel aire sin igual y aquel cielo limpio que todavía es el cielo de Italia.

En la hora en que el sol reflejaba sobre la antigua catedral sus últimos rayos, descendiendo rápidamente y ocultándose tras las montañas del Tirol, Maximiliano y Valentina atravesaban la *Piazza*, y a lo largo del antiguo Poroglio se encaminaban al puerto, en cuyas argollas estaban amarradas centenares de góndolas de todos tamaños.

—Mi querida amiga —dijo Maximiliano a su esposa, después de haber paseado con ella algún tiempo por el puerto—, las noches tranquilas y dulces invitan a gozar de la frescura de los canales, donde la luna parece mirarse con cariñoso misterio.

—Embarquémonos, Maximiliano —respondió Valentina, apretando dulcemente el brazo de su marido y mirando al mismo tiempo con recelo a un hombre embozado en una capa y con el rostro oculto por las alas de su enorme sombrero, al uso del país.

Maximiliano no reparó en el rostro de Valentina, que seguía con la vista fija en el hombre del sombrero grande y de la capa parda.

—Son muchas las góndolas del canal —dijo Maximiliano—. Estos canales son las calles de Venecia, y sus carruajes las góndolas. Antiguamente había pocos carruajes en Venecia... Vamos, creo que está allí una góndola capaz de servirnos bien; el gondolero, según me parece, ya adivinó nuestro deseo.

Valentina marchó silenciosa al lado de Maximiliano en la dirección de las escaleras; pero su mirada inquieta parecía examinar todavía a aquel hombre extraño que no estaba lejos.

En efecto, a pequeña distancia de Valentina, se veía una figura triste y pensativa que seguía también con los ojos los movimientos de Valentina y de Morrel.

Estos se habían parado frente a un gondolero que, por la limpieza de su camiseta encarnada y por el buen estado de su gorro tricolor, parecía estar al servicio de una casa noble.

—¡Tu góndola está pronta, Giácomo? —le preguntó Maximiliano sonriéndose.

—Sí, excelencia; y tendré a gran honra recibiros en ella.

—He ahí la delicadeza y amabilidad que caracteriza a los venecianos, y que no es fácil encontrar bajo otro cielo que no sea el de Italia, sobre todo entre las clases laboriosas —replicó Maximiliano—. ¿Oíste, Valentina? Este buen hombre nos dice que tendrá a gran honra conducirnos en su barca. Me parece un buen hombre.

—También lo agradezco al cielo y al antiguo patrono de Venecia, el señor San Marcos. Yo por mí sería siempre grosero y ruin comparado con vuestra excelencia y la señora que tiene la bondad de mirarme.

—¡Ah!... ¡Ah!... Es sin duda porque se está fijando en el buen estado y elegancia de tu camiseta y la blancura de tus pantalones.

—La verdad —añadió Valentina—, me admira ese aseo en un hombre de esta profesión, creedme, me extraña.

El gondolero no contestó, pero hizo una profunda cortesía.

—¿Cómo se llama tu góndola? —preguntó Maximiliano, interesado.

—Valentina —dijo el gondolero.

—¿Qué dice? —exclamó la señora Morrel, mirando con asombro a su marido—. ¿Será posible?

—Dice que se llama Valentina; esto es bien sencillo, amiga mía; y me aumenta el deseo de pasear por los canales de Venecia. Vamos, Giácomo... tu barca... ¡Pronto!...

El gondolero fue a la escalera, tiró de una cadena de hierro, y atracó su góndola de modo que Maximiliano y Valentina pudiesen abordar.

Valentina, aunque hacía poco tiempo que estaba en Venecia, reconoció al primer golpe de vista que no era tan ordinaria como las otras la góndola en que entraba. Esta pequeña góndola tenía la proa dorada con esmero, un lindo toldo de seda, los asientos elegantemente acolchados y el fondo bien pintado.

Pero Valentina, como si alguna otra cosa le llamase la atención, no hizo sobre ello la menor pregunta a su marido.

Entró en la góndola y se sentó; después, cuando el gondolero, manejando el remo con destreza, impelía la barca que pasaba por el muelle, Valentina volvió la cabeza y dirigió a la *Piazza* una mirada todavía inquieta. Luego que la góndola se alejó del muelle, deslizándose blandamente a lo largo del gran canal, el hombre que observaba los movimientos de Maximiliano y Valentina se adelantó con precipitación hacia el muelle, y dando un pequeño grito parecido al de una ave nocturna, esperó con impaciencia a alguien que le respondió del mismo modo.

—*Vecchio* —dijo él en italiano a otro hombre que se le aproximó—, ¿has ejecutado las órdenes que te di?

—Sí, señor —respondió el recién llegado, hablando en voz baja y con cierto aire de misterio—. Estuve hablando mucho tiempo con el gondolero de la camiseta encarnada, y supe que el hombre está desde algunos días al servicio de un francés rico, llegado hace poco tiempo a Venecia, lo conozco bien.

—¿Y quién es ese francés?

—¡Ah! El astuto gondolero fingió que no sabía su nombre. ¡No sé!

—¿Y entonces?...

—Por la Madre de *Dio*, que sois muy precipitado —replicó el interrogado en su dialecto entre romano y veneciano—. Gasté más de una hora en lograr mi pesca... pero, en fin, yo tengo algún tino, aunque me creo más experto que el tal gondolero veneciano.

—Acaba —dijo el primero con un gesto de impaciencia.

—Pues sabed, que por más que trabajé no pude saber el nombre del francés.

—¿Pues no acabas de decirme que te considerabas más experto que el gondolero veneciano? ¿Quieres que me ría en tus barbas de tu charlatanería?

—Tened paciencia, señor, tened paciencia; oídme, y después haced lo que queráis. Yo, en vista de que el gondolero ignoraba el nombre de su amo, dirigí mis indagaciones por otro lado, y si bien no logré saber el nombre del francés, conseguí, por lo menos, saber su apellido.

—¿Y es?

—Bien sencillo: Morrel.

—¡Morrel! —repitió el primero, como si conociese ya aquel nombre de familia.

—Vamos adelante, ¿es rico ese Morrel? ¿Conoces su fortuna?

—Aseguran que sí; yo sólo sé eso.

—¿Dónde vive?

—En las proximidades de la Giudecca; en un pequeño edificio que da al canal y a la villa de San Martín.

—Muy bien; ¿la lancha?

—Está pronta.

—Embarquémosnos, y manda remar en dirección de la Giudecca.

Los dos hombres desaparecieron rápidamente entre la multitud que invadía la *Piazza* y el muelle.

Entretanto, la góndola de Maximiliano navegaba velozmente, levantando a su paso por la superficie de las aguas, pequeñas ondas de plata y azul.

Quien no haya visto el cuadro magnífico de una noche de luna y de calma en Venecia, no puede tal vez calcular la belleza que ella encierra.

¿Nunca habéis soñado una ciudad de jaspe y de mármol, elevada como por encanto sobre la superficie de un hermoso lago, donde la luna quiebra los rayos de su tibia luz propicia a los dulces misterios de los amantes? ¡Esa ciudad es Venecia! Los canales que en todos sentidos la cruzan, semejan en las noches de luna, multiplicadas cintas de plata con que la gentil princesa adorna su blanco seno.

Las torres de San Marcos, la columna de la grande *Piazza*, y todos los otros puntos más salientes que embellecen la ciudad, no parecen sino líneas fantásticas trazadas en el cielo, a los ojos de quien cruza las aguas del Lido. Después, la comparación que hay entre la ciudad elegante y hermosa y la tristeza y monotonía de esa otra ciudad, por decirlo así, de pobres pescadores, fundada cerca de las lagunas; el ruido alegre de una, y el sueño tranquilo de otra, nos infunde en el alma cierta misteriosa tristeza tan dulce como inexplicable, que nos invade...

Maximiliano y Valentina, habiendo salido del gran canal de la ciudad, parecían abandonarse a ese sentimiento vago que les despertaba el hermoso cuadro de la noche. Valentina apoyaba la cabeza en el hombro de Maximiliano, y su dulce mirada se fijaba entonces con interés en el rostro de ese hombre a quien había ligado su destino en este mundo.

La góndola, como en un lecho de amores en aquella deliciosa planicie, se deslizaba blandamente contribuyendo con su pequeño y rítmico balanceo a la ternura de aquellos dos corazones apasionados.

Al poco rato, las lágrimas humedecieron las mejillas de Valentina; lágrimas de un placer íntimo, indefinible; placer sentido en el alma y en que el alma se nos revela también.

Maximiliano oprimió con ternura la mano de Valentina.

—¿Tú lloras, Valentina? —le preguntó él—. ¿Qué hay, pues, en este mundo que pueda causarte ese llanto?

—¿Crees que sea de sufrimiento? No... es sólo de felicidad; pero felicidad plena, que sólo experimento desde que me casé contigo. ¡Ah!... ¡Dios permita que siempre sea esto así, Maximiliano!

—¿Y por qué motivo podría dejar de serlo? Explícate.

—Perdóname... yo seré loca tal vez si te comunico que un temor vago, indeterminado, me oprime el pecho. A veces me acuerdo de nuestro bienhechor y tiemblo al mismo tiempo sin saber por qué. Cuando pido las bendiciones al cielo sobre aquella frente inteligente; cuando imploro la gracia de Dios para aquel corazón bondadoso, del cual dimana nuestra felicidad, no sé qué hay de misterioso y terrible en el espacio que me cerca, en el aire que respiro, y que me hace temblar, como si presintiese la desgracia de Edmundo Dantés. Eso es lo que me apena.

—Cuanto más estimamos a aquellos a quienes debemos una gran felicidad, Valentina —dijo Maximiliano—, más tememos su desgracia, pero ese temor, ese recelo, es infundado. Edmundo Dantés tiene la gracia del cielo, y la bendición de los que conocen la justicia y la bondad de su pensamiento inspirado. Tranquilízate, amiga mía, y para excusarte del recelo infundado que te agita, hablemos de otro asunto.

—No, amigo mío, prefiero éste. Yo quisiera hablarte de Edmundo Dantés, o mejor dicho, del conde de Montecristo. Quisiera también hablarte de la gruta de Montecristo, que hoy es nuestra, y que fue el último legado que recibimos de la mano del conde.

—Habla, entonces, Valentina.

—Dime, Maximiliano, ¿es cierto que somos ricos? Habla.

—Sí, Valentina; agradezcámoslo al cielo y a nuestro bienhechor.

—¿Te empeñas aún en conservar la gruta de Montecristo con el mismo esplendor, la misma riqueza bárbara con que el conde nos la quiso legar?

—A eso me obliga la gratitud, Valentina.

—Bien; pero la gratitud, amigo mío, puede manifestarse de otro modo.

—¿Qué quieres decir, mi querida Valentina?

Valentina no respondió; pero después de una breve pausa, exclamó con ansiedad:

—¡Ah!, toda aquella riqueza, todo aquel lujo excesivo me asusta, mi buen Maximiliano. Sí; hace mucho tiempo que yo quería decirte esta gran verdad, pero no tenía valor para arrostrar una sonrisa tuya de incredulidad. Créeme, Maximiliano, esto que te digo no es un recelo pueril de mujer o de niño; es un temor que tiene un gran fondo de verdad.

—Veamos: ¿cuál es esa verdad por la que te asusta el esplendor y la riqueza de la gruta de Montecristo?

—Maximiliano —dijo Valentina con expresión angélica, acompañando sus palabras de una suave sonrisa—, por donde quiera que pasamos hay millares de familias para las cuales sería una felicidad completa aquella riqueza que allí se esconde en el seno de una roca; familias a quienes falta el pan diario, ¿entiendes, amigo mío?, y que lo tendrían para un año entero, sólo con el valor de uno de los capiteles de las magníficas columnas que sostienen el pórtico de la gruta de Montecristo. Si tú dieses fe a un sueño que yo tuve hace tres noches consecutivas, si tú no me tomaras por visionaria... yo te contaría ese sueño terrible, pavoroso.

—Habla, Valentina —respondió Maximiliano con gesto grave, disponiéndose a escuchar a su esposa.

Valentina habló así:

## CAPÍTULO XXXV

# UN EXTRAÑO SUEÑO EN LA GRUTA DE MONTECRISTO

—**B**ien sabes que en el momento en que penetramos en la gruta de Montecristo, acabó, por decirlo así, el mundo para nosotros, y empezó una existencia fabulosa; una existencia que no se puede encontrar en el mundo exterior. Pues bien; en una de las tardes que allí hemos pasado últimamente, te acordarás que saliste a cazar cabras monteses, que abundan en aquellas rocas escarpadas. Yo quedé sola. No fue la primera vez que esto sucedía; pero fue, sí, en la que me asaltó un temblor convulsivo e inexplicable; cansada de mí misma me dormí; entonces tuve un sueño horrible.

"Yo veía las soberbias salas de la gruta, iluminadas, como si en ellas penetrasen los rayos de un sol brillantísimo. Las bellas columnas de mármol, con sus capiteles de oro fino; la bóveda cuajada de piedras preciosas; el pavimento cubierto de los mejores tejidos de Turquía; las estatuas magníficas, compradas a elevado precio por ser hijas de los cinceles clásicos, desde el de Rafael hasta el de Cailova, todo se hallaba, como te digo, inundado de una luz que me cegaba con sus fulgores.

"Los perfumes orientales, como de costumbre, elevándose en los pebeteros de plata, que rodeaban el recinto, embalsamaban la atmósfera que respiraba; y cediendo yo al impulso mágico de esos perfumes de Oriente, caía en aquella languidez suave que antecede a un sueño profundo, tranquilo, lleno de gratas ilusiones. ¡Ah!, pero aquella vez no gocé de esas ilusiones; tuve un sueño terrible... y mi martirio duró mientras tanto como el mismo sueño.

"Entre las sedas que cubren las paredes de la gruta, a través de las rocas en que fue abierta, yo distinguía una multitud de mendigos y proletarios reducidos a la última miseria, rodeados de sus hijos y mujeres que pedían pan en voz alta.

"Sus gritos y lágrimas de hambre y de angustia, me hacían estremecer de miedo. Yo veía con terror que toda aquella turba guiada por un hombre desconocido se acercaba a la gruta y caminaba alrededor de ella como buscando la entrada. Quise levantarme y huir; pero me faltaron las fuerzas aun para afrontar el peligro, y no pude levantarme de las almohadas en que me había reclinado.

"A cada momento se acercaban más hacia mí los gritos de la miseria y del hambre, hasta que vi con terror aquella onda viva de miserables hambrientos, precipitarse por la escalera e invadir el recinto con premura.

"¡Todavía recuerdo la aflicción que sentí viendo aquel espectáculo!

"A una seña del desconocido, que parecía conducir aquella turba, el más profundo silencio reinó en derredor de mí.

"Avanzó el desconocido, y colocándose en medio de la gente, alzó el brazo, en cuya mano brillaba una llave de oro.

"—¡Hermanos! —gritó con voz sonora—. Inmensas riquezas amontonadas desde muchos siglos en las entrañas de la tierra, han ido creciendo mientras que los pobres feudatarios de una familia avara derramaban lágrimas de hambre y pasaban sus días agobiados por un trabajo violento e infructuoso para sus hijos. El castigo que Dios envió a esta familia avarienta, consistió en su propio pecado, pues vivió siempre en la miseria, sólo por alimentar aquella pasión dominante que se había transmitido de padres a hijos. De siglo en siglo fueron creciendo sus tesoros, y la roca escarpada de una isla desierta los recibía en su seno, hasta que el secreto de la existencia de ese tesoro quedó perdido en una generación en que finalizó aquella familia maldita.

"Tiempo después, como si Dios quisiese hacer volver a favor de la miseria lo que había sido alcanzado por los esfuerzos de los pobres esclavos del feudalismo, con su potente brazo escogió en una clase laboriosa un hombre para ser el ejecutor de su voluntad sublime.

"Este hombre, cuya paciencia, fe y creencia fueron experimentadas en algunos años de desgracia, recibió la revelación de la existencia del tesoro oculto en la desierta isla.

"Más tarde aún, el brazo de Dios lo puso sobre la roca que domina esa isla desierta, y ese hombre oyó entonces una voz íntima que le decía: 'Desciende a las entrañas de la tierra, y vuelve después al mundo, donde podrás enjugar el llanto de la miseria derramando la felicidad en tu camino'.

"Así lo hizo, descendió y vio el tesoro que existía allí desde muchos siglos. Pero en ese momento Satanás estaba a su lado, y le decía para extraviarlo estas traidoras palabras: 'Tú eres de hoy en adelante el hombre más poderoso de la tierra. Dispón, y verás que hasta los reyes te obedecen'.

"Estas palabras produjeron su efecto.

"El hombre, lleno de vanidad, volvió a la superficie de la tierra, y mirando al mundo con desdén, se creyó grande y poderoso desde el pedestal en que estaba erguido sobre todos sus hermanos.

"Dejándose arrastrar por una pasión que lo dominaba y que había crecido con su repentina riqueza, tuvo el orgullo de querer disponer a su capricho de los hombres y de las cosas sólo por los antojos de su imaginación exaltada. Finalmente, en vez de repartir con los pobres lo que había sido alcanzado por el sudor de los mismos, se hizo opulento y tomó un nombre capaz de corresponder al prestigio inmenso de sus haberes.

"Dios abandonó a ese hombre y buscó a otro, para cumplir el destino.

"—¡Aquí está, soy yo! ¡La llave de oro que recibí del Cielo está en mi mano! ¡Yo abrí con ella el secreto que ocultaba vuestro pan! ¡Comed, bebed, hijos de la miseria, todo os pertenece, porque Dios os lo da!"

"Dichas estas palabras —continuó Valentina después de un momento—, dejóse oír un grito muy extremado de placer y de contento. Una llama aniquiló para siempre todo cuanto allí había de riqueza, y de la gruta de Monte-Cristo, de las columnas de la bóveda, de las estatuas y joyas, no quedó más que las paredes sombrías de la roca".

Valentina se detuvo de pronto, ocultando el rostro entre las manos, como para evitar aún la vista del espectáculo que había descrito con tanto fervor.

Había un no sé qué de solemne y vago terror infundían aquellas palabras en el ánimo de Maximiliano. La hora, el silencio, la calma de aquella noche y de aquel espacio inmenso de las aguas sobre las cuales las tristes palabras de Valentina se elevaron como una lúgubre armonía; la expresión sencilla y sentida de esta joven en el momento en que hacía la reseña de aquel sueño, todo concurrió poderosamente para despertar en Maximiliano un temor vago de miedo.

Aunque vencido por un momento, Maximiliano le respondió con firmeza y dulzura:

—Convengo que un sueño, como el que me has pintado, es capaz de agitar un espíritu fuerte; pero al que tenga entera fe en la justicia omnipotente del Señor, no le sucederá eso.

—¿Lo crees así? ¡Oh! Es que los sueños que tenemos repetidas veces, conforme los concebimos en la primera, son un aviso del Cielo.

—¡Valentina! —exclamó Maximiliano, tomándole las manos.

Valentina clavó sus lindos ojos en el rostro inquieto de su esposo, como si quisiese preguntarle: "¿Qué haremos entonces?"

Siguió un momento de silencio.

La góndola, hasta allí serena como el cisne que descansa en el lago, empezó a agitarse, impulsada por el virazón de la noche, y las aguas, cuya superficie parecía un vasto espejo, donde se reproducían las imágenes de la tierra y del cielo, empezaron a agitarse bajo la presión atmosférica.

El gondolero agitó sus remos; la góndola, fiel al empuje, volvió la proa en dirección del gran canal de Venecia.

Poco después llegaba al muelle, y Maximiliano, haciendo señal al gondolero, le indicó el pequeño canal que conduce a Giudecca.

## CAPÍTULO XXXVI

# UNA INDAGACIÓN

Al llegar a casa, Valentina entró en su cuarto, y arrodillóse ante una imagen de la Virgen.

Maximiliano, entretanto, daba algunas órdenes a sus criados.

Valentina, agitada por aquel recelo vago suscitado por el sueño descrito en el capítulo anterior, oraba llena de aquella fe sublime que un alma afligida y creyente consagra a la imagen de María. Sus ojos estaban humedecidos por las dulces lágrimas de quien lo espera todo de la misericordia divina, conformándose con los decretos inexplicables de Dios.

Maximiliano abrió la puerta del cuarto, y no se atrevió a interrumpir a Valentina en su ferviente oración; esperó que ella se levantase, fue en seguida a su encuentro y la abrazó con ternura.

—Amiga mía, ¿es acaso el recuerdo de tu sueño lo que te causa ese llanto? Destierra de ti aquellas imágenes que nada valen cuando estás bien cierta de merecer por tus virtudes la benevolencia constante del Cielo.

—¿Tú llamas imágenes mentidas a las imágenes de mi sueño, de un sueño tantas veces repetido? —le respondió Valentina, acompañando sus palabras con una sonrisa angelical—; ¿y si yo te dijese, además, Maximiliano, que ya he visto a aquel hombre singular, que guiaba los hambrientos y los miserables a nuestra gruta de Montecristo?...

—¡Oh, qué dices, Valentina, estás loca! —dijo Maximiliano, estremeciéndose súbitamente al advertir el terror que presentaba la fisonomía de su mujer.

—No estoy loca, no. Te dije que yo había visto al hombre representado en mis sueños. La mirada de fuego con que él parecía devorar nuestras riquezas superfluas, era aún la misma que él fijaba en mi pecho, como si pretendiese penetrar en mi corazón. Este hombre no era una mera ficción mía, no; este hombre hace tres noches parece observarme con atención, cuando yo paseo contigo por la *Piazza*; me estremece su mirada y parece preguntarme: ¿Valentina, no cumplirás tú la voluntad de Dios? ¿Quieres por ventura que muchas familias miserables, cuyo patrimonio es el hambre, maldigan a la mujer usurera que esconde en las montañas de una roca aislada lo que para ellas sería una felicidad suprema, repartiéndoles la mitad de sus haberes?

Valentina calló; su mirada tranquila y resignada interrogó el rostro de Maximiliano, donde podía leerse la expresión de la duda y del miedo a la vez.

Varias veces pretendió dudar de las palabras de Valentina; pero la regularidad que había en la expresión y en el modo de hablar de su mujer, era tal, que no dejaba la más mínima sospecha del desorden de su estado intelectual. Entretanto, él, hombre de una educación superior y un poco templado por la libertad del pensamiento en las incredulidades de la época, no podía comprender cómo Valentina, en su perfecto estado normal, se dejase poseer de aquel sentimiento exagerado que un simple sueño había engendrado en su pecho.

Maximiliano conoció que alguna cosa sublime y superior a las cosas de la tierra, se revelaba en la expresión pura de Valentina, y como no le era dado combatir ni evitar la influencia de ese principio inexplicable, luchó con su raciocinio y con la fuerza irresistible que lo abrumaba.

Renunciando a todo el fausto que la opulencia podía proporcionarle, quiso reducirse a la medianía, repartiendo con los pobres su fortuna; pero Maximiliano, aunque partícipe de los nobles sentimientos de Valentina, no podía destruir, como ella quería, la fabulosa riqueza, regalo del conde de Montecristo.

—Valentina —le dijo Maximiliano un día—, supón que mañana nuestra opulencia de hoy ha desaparecido para siempre; ¿cuál será el patrimonio del hijo que Dios quiera concedernos?

—¿Qué mejor patrimonio que un nombre bendito sobre la tierra por familias enteras y trasmitido de padres a hijos? —dijo Valentina con indecible expresión de candidez—; créeeme, amigo mío, si yo tuviera la seguridad de que este magnífico regalo que hemos recibido del conde no había sido adquirido por él o sus ascendientes a costa de la desgracia del pueblo, no titubearía en conservarlo y aumentarlo para trasmitirlo a nuestros hijos, pero...

—¿Por qué dudas, Valentina? ¿Olvidas, pues, el desvelo y desinterés con que el conde se empeñó en salvarnos, y no te merece el menor reconocimiento su bondadoso carácter?

—Pero el sentimiento de mi gratitud a la protección del conde, nada tiene de común con el deseo de alejar de mí el esplendor de que él quiso rodearnos. Mi querido Maximiliano, este fausto me asusta; ni lo quiero, ni lo merezco; démoslo, pues, a los miserables, y llenaremos así uno de los más santos preceptos de la caridad y de nuestra religión.

Maximiliano nada opuso; y Valentina, alimentando la esperanza de satisfacer la idea que la dominaba, aguardó con ansiedad el momento en que las prodigiosas riquezas de la gruta de Montecristo pudiesen consagrarse al alivio de la miseria.

Entretanto, diremos al lector quién era aquel hombre en quien le hicimos fijarse cuando Valentina y Maximiliano se embarcaban en la góndola.

Luego que éstos desembacaron en Giudecca, y que la góndola se desvió del pórtico del edificio, una embarcación larga y estrecha como un esquife, propulsada por dos remos, pasando con rapidez al costado de aquélla, lanzó a su bordo dos hombres.

El gondolero veneciano admirado del extraño abordaje, lanzó un ligero grito de sorpresa; pero antes de que tuviera tiempo de tomar una resolución, sintió rozar en su garganta la fría y acerada hoja de un puñal.

—¡Silencio, o eres muerto! —exclamó el agresor.

—¿Qué quieres de mí? —preguntó el gondolero cobrando ánimo.

—¡Hacerte feliz!

—¡Extraño modo de ofrecerlo! —replicó aquél, mirando asustado al hombre que le brindaba la felicidad, presentándole un puñal—. Si para que yo fuese feliz bastase guardar silencio, juro por San Marcos que durante ocho días no diría ni siquiera un Dios te salve.

—¿Eres discreto? —preguntóle el desconocido.

—Como el canal Orfano, que según las antiguas tradiciones, nunca deja flotar el secreto a la par de los cadáveres —respondió el veneciano.

—Muy bien —continuó el primero, guardando el puñal y dejando caer algunas monedas de plata sobre los cojines de la góndola. En seguida, volviéndose hacia su compañero, que amarraba el esquife por la proa y díjole en dialecto romano estas palabras:

—*Rocca*, este hombre es nuestro; echa un cable a la góndola y rema en dirección a nuestro buque.

Esta orden fue ejecutada, y en breves instantes la góndola, remolcada por el esquife, hendía las aguas del canal, dirigiéndose al lugar en que fondean los buques mercantes. Media hora más tarde, el pequeño convoy atracaba al costado de una de esas embarcaciones ligeras, de dos palos, que abundan en las aguas del Mediterráneo, y que se conocen con el nombre de yates.

El gondolero veneciano, que no podía retroceder en aquella nocturna aventura, que se le ofrecía de un modo tan significativo para que la despreciase, subió resueltamente la escala de cuerda que pendía al costado del buque y saltó sobre cubierta, seguido de los dos hombres que lo habían sorprendido. El vigía, después de saludar con profundo respeto a uno de ellos, volvió a su puesto y esperó sus órdenes, sin dignarse siquiera mirar al gondolero veneciano.

—Amigo —le dijo el que parecía capitán del yate—, voy a interrogarte, y te advierto desde ahora que pagarás muy cara la falta de verdad en tus respuestas. ¿Quién eres?

—Giácomo del Lido, por el favor de San Marcos, y soy desde pocos días el gondolero especial del *signor* Morrel.

—¿Qué clase de hombre es ése? Como su gondolero, debes conocerlo.

—Sé que es un francés —respondió el gondolero—; y según lo afirman todos en la *Piazza*, es millonario.

—¿Tienes algún dato para creerlo?

—Yo —continuó el primero—, he oído hablar de las riquezas que posee... pero ignoro dónde existen...

—Cómo —interrumpió el capitán—; ¿será posible creerte, cuando las poblaciones que se refieren en cualquier discurso, es lo que retenemos en la memoria?

—Suponed, señor, que nada se hubiese dicho sobre la localidad en las palabras que he oído.

—Está bien; repítemelas.

—Esta tarde —dijo el gondolero—, conduje al *signor* Morrel y su esposa fuera del Lido, y entonces le oí lo que voy a referiros.

Al decir esto, el gondolero contó cuanto había oído a Valentina, respecto al sueño de la gruta de Montecristo. El capitán del yate no perdía una sola de sus palabras.

—Basta —le dijo—. ¿Sabes tú si en efecto existe en el Mediterráneo la tal isla de Montecristo?

—Poco he salido del Adriático, y no conozco sino los principales puntos del Mediterráneo —replicó el gondolero, agregando después—; la isla en cuestión es desconocida en las escalas del comercio.

El capitán del yate, después de reflexionar un momento, hizo seña para que encendiesen luz en la cámara, donde apenas había el espacio preciso para que un hombre pudiese revolverse o para que hablasen dos.

Miró atentamente al gondolero, como si quisiera leer en su rostro quemado por la brisa de los canales, el fondo de verdad que había en su expresión. Después se sentó, y apoyando las mejillas en sus manos, habló así sin mirar al veneciano:

—Ciertamente, existe en la isla de Montecristo un tesoro inmenso, escondido allí por los bárbaros. Y este tesoro, que a nadie pertenece directamente hoy, es del primero que pueda echarle el guante. Yo conozco poco el Mediterráneo, pero si alguien me indicase la dirección de la isla, juro por el cielo, que haría la felicidad de ese hombre.

—¡Oh! ¿Y cómo será posible disponer de las riquezas que allí existen —replicó el gondolero—, si ellas pertenecen a mi señor?

—¿Y de quién las hubo? —preguntó el capitán—. Ya te dije que pertenecen a él igual que a ti, o a cualquiera otro que sepa el secreto para hallarlas en el seno de la tierra. Si algún dueño de ellas existe... créelo que son los pobres, porque dimanan del sudor de éstos, convertido en oro y joyas en las manos de algún viejo señor tan bárbaro como usurero. Si tú eres hombre, si tienes un pensamiento digno del alma que te anima, debes creer que el sudor de los pobres es justo que se emplee en favor de ellos, antes que dejarlo caer en manos de los millonarios. Dejemos esto; sin embargo, voy a mandar que te sirvan un trago de *lácrima christi*, para indemnizarte de la incomodidad que has sufrido —agregó con indiferencia el capitán, golpeando el asiento con la mano.

Poco después, el gondolero, habiendo tomado con desembarazo una copa del precioso vino, encendió su pipa, y oprimiendo la barba entre los dedos, lanzó a su interlocutor cierta mirada inteligente, que éste aparentó no comprender.

—¡Yo conozco algunos muchachos del *bando*! —dijo aquél.

—¿De qué bando?

—Sí, ¡del *bando*! —replicó el gondolero sonriéndose—. ¿Ignoráis lo que es el bando? ¿No habéis oído jamás hablar del *contrabando*? —preguntó él bajando la voz y estirando el cuerpo.

—¡Ah, ya comprendo!

—Pues entonces esto es claro; conozco algunas personas que son capaces de explicar la altura de cualquier secreto del Mediterráneo, tan bien como yo los más encrucijados canales de Venecia.

—Y bien.

—Ellos deben, sin duda, conocer la isla de Montecristo.

—¿Y luego?

—Yo podría hablarles.

—Bien.

—Esta misma noche... pero... pueden tener algunos escrúpulos... y esa gente es tan amiga del dinero, como un viejo abad lo sería de este vino añejo.

—Eso es lo de menos.

—Será, si vos contestáis de ese modo —repuso el gondolero—; lo que yo puedo hacer es entenderme con ellos y traeros su respuesta.

—Pues bien; ve a cumplir tu misión, y si no estás loco, excuso de recomendarte silencio.

El gondolero hizo un ademán de inteligencia y se levantó para salir.

—¿El nombre de vuestro buque? —preguntó éste.

—*La Tormenta* —respondió el capitán.

—¡Por San Marcos! Escogéis bien fatal nombre para él —observó el gondolero saludando y subiendo la escalera de la cámara. Luego que saltó a su góndola y se puso en camino, el capitán del yate llamó a su segundo, y designándole al veneciano que ya iba lejos, le dijo:

—*Rocca Priori*, que todo esté a punto para salir mañana a la primera señal. Aquel hombre me ha revelado cuanto yo quería saber, y nada escapará a mis deseos.

# CAPÍTULO XXXVII

# LOS CONTRABANDISTAS

Cuando el gondolero Giácomo había amarrado su góndola a los escalones de la Giudecca, cerca de la casa donde vivía Maximiliano Morrel, corrió con una ligereza que le hacía honor, por un estrecho camino que conducía a lo largo del canal, y fue a llamar a la puerta de una casita de un solo piso.

—¡Madre de Dios! —exclamó desde dentro una voz de mujer—; si yo no esperase al tunante de Giácomo, apostaría que algún visitante del resguardo querría derribar nuestra puerta por denuncia de algún envidioso. ¿Eres tú, Giácomo?

—Sí, yo soy, abre pronto...

—Espera; hay que decir eso con un poquito más de política; la puerta tiene seguros los cerrojos, y mis manos no tienen la piel tan gruesa como las tuyas.

—Estamos perdiendo un tiempo precioso —exclamó Giácomo, impacientándose con la demora.

—¡Vaya!... vienes a proponerme el día de nuestro casamiento en la antigua catedral de San Marcos, ¿no es así, Giácomo?

—Tal vez, no dices más que la verdad.

—¡Hola! ¿Esa tenemos? —repitió la mujer con una carcajada irónica, que hizo estremecer el corazón agitado del gondolero.

—¡Y bien! ¿Abres la puerta o no?

—Aquí estoy, dime lo que deseas.

La puerta se abrió, y Giácomo se halló cara a cara con una bonita muchacha de 20 a 22 años, cuyos brazos desnudos hasta más arriba del codo, acusaban en sus formas el vigor de la bella veneciana.

—¿Dónde está tu hermano Pietro?

—¡Ah! ¿Son esas las buenas noches que me das?... Vuélvete, pues, en hora mala que yo voy a acostarme. ¡Bien he empleado el tiempo en esperar a semejante monstruo!

—Mi buena Rosina, ¿por qué dices eso? Si supieses lo que hay aquí dentro, no te chocaría que me hubiese olvidado de decir buenas noches.

—Sí; pensabas tal vez en alguna tabernera que da el vino de balde. ¡Siempre has de ser un gran bribón!

—¡Rosina! —exclamó Giácomo, viendo que ella llevaba la extremidad del vestido a los ojos, para secar las lágrimas—, no seas tan celosa, porque tu Giácomo no lo merece. ¿Quieres saber por qué te pregunté por tu hermano Pietro?, ¿quieres saberlo?

—No; no quiero saber nada... ¡ojalá que usted me dejase!

—Pero, escucha; no seas así; yo preguntaba por Pietro, para...

—¡Todo es inútil! —gritó Rosina, sentándose bruscamente al lado de un banquito donde había un botellón y un vaso—, no quiero saber nada, ¿entiende usted, *signor* Giácomo?

—Esos son celos... y eso es muy feo...

—¡Celos! —replicó ella, levantándose con altivez y poniendo la mano en la cintura—; siempre seréis bastante necio; para tener celos de usted era preciso primero que lo quisiese, y yo no he incurrido en semejante disparate.

—¡Vaya, tú que eres una mujer de tino, estás ahora con esas cosas!... Ea, seamos amigos, y yo te contaré lo que me alegró hasta el extremo de no darte un abrazo y un beso cuando llegué.

—¡Un beso!, eso tendría mucho que ver —dijo Rosina soltando una segunda carcajada—. Por ahora mis besos no son para los de tu clase, Giácomo, ya lo sabéis.

—¡Eso sí que es modestia!...

—Tú eres muy atrevido, y yo te haré entrar en juicio, aplicándote la vela a las narices si me enfadas. Mira, pues, como hablas, porque bien conoces a Rosina.

Giácomo, comprendiendo que no podía sacar partido ventajoso de aquel diálogo, se limitó a responderle con una sonrisa de compasión, y se sentó para llenar de tabaco su pipa; después, cuando se disponía a encenderla a la luz de un viejo candelero de cobre, Rosina agarró el candelero y empezó a despabilar la luz, tardando tanto tiempo cuanto bastase para impacientar al gondolero, ante esos premeditados actos.

Sin embargo, éste arrojó lejos de sí la pipa, y se levantó como persona que toma una resolución.

—Sí, yo esperaba encontrar a Pietro en casa —dijo paseando de un lado a otro—. Este asunto no admite la menor demora... y no es cosa que se desprecie así. Esperemos. Pietro ha de venir.

Dicho esto, Giácomo se dirigió a la mesa y tomó un vaso, alargando al mismo tiempo la otra mano hacia la botella; pero Rosina, fingiéndose distraída, se recostó con todo el peso de su cuerpo en el banco, de modo que volcó la botella, vertiéndose el vino.

Giácomo dejó inmediatamente el vaso, e hizo sonar la lengua con el paladar, volviendo luego la espalda a Rosina.

La paciencia y la resignación con que el pobre gondolero sufría estas interesantes maldades, contribuyó mucho para vencer su mal humor.

Fue ella quien rompió primero el silencio que hasta entonces había reinado.

—¿Conque entonces —dijo Rosina—, el *signor* Giácomo, gondolero de Rialto, está dispuesto a pernoctar hoy en mi casa?

—Como no tienes por costumbre acostarte antes de la llegada de tu hermano, creo que no te estorbo, ¡verdad!

—Haga usted de cuenta que no viene a casa esta noche.

—¡Oh!, eso sería muy malo, Rosina —dijo Giácomo—. Necesito hablar con él hoy mismo, sin falta.

—¿Y qué tengo yo que ver con eso? Desearía que me lo dijeses.

—Imagina tú que se descubrió un tesoro encantado... en una isla, que únicamente tu hermano será capaz de conocer.

—¡Ah!, ¿tenemos historias? Veamos si la muchacha se deja engañar... Tienes que vivir mucho para hacerme comulgar con ruedas de molino.

—Escucha, Rosina —le dijo Giácomo después de mirarla con seriedad—: yo no soy de los que se engañan con historias; sé lo que relato, y opino como sería capaz de hacerlo el más pintado.

—Claro, siempre fuiste muy astuto.

—Créeme, Rosina —replicó Giácomo—. Hace un año que prometí casarme contigo, y desde entonces hasta hoy, no he dejado de pensar en el modo de hacer fortuna en forma rápida.

—¡Cosa extraña! —interrumpió Rosina con aire ingenuo—; ¿cómo siendo tan listo no has hallado el modo de hacer fortuna?

—¡Ah!, si nuestro divino patrón no me hubiese dotado de esta paciencia original... ya habría hecho una locura sólo para hacerte callar; pero —continuó Giácomo dando un suspiro—, la fortuna que por ahí se representa en figura de una mujer con los ojos vendados, la tengo por un precioso pájaro de pluma dorada, que anda siempre revoloteando delante de los pobres, sin que ellos puedan tocarlo ni con un dedo siquiera. ¡Ah!, pero esta vez lo toqué yo; y tengo el pájaro en la mano, tan cierto como que el león alado está a los pies de San Marcos.

El aire de convicción con que hablaba el gondolero, interesó el espíritu curioso de la bella Rosina, que clavando sus lindos ojos negros en la fisonomía de Giácomo, le preguntó con amable sonrisa esta vez:

—¿No tienes sed, Giácomo? Ya debiera haberte servido un vaso de vino, puesto que esta botella está vacía ... pero, eso no importa; esa tardanza habrá aumentado tu sed, y sentirás mayor placer en satisfacerla.

Y la muchacha abrió una alacena practicada en la pared, y sacó una jarra de vino que presentó al gondolero.

—¡Vaya!, a tu salud, mi querida Rosina; y otra vez no me recibas con ese mal humor que tanto me desagrada.

—¡Mal humor! —repitió ella con fingida candidez—. ¡Aprensiones tuyas! Habla si no, conmigo, y verás como no es cierto. Vamos, ¿no me habías dicho que la fortuna, cual pájaro de brillante plumaje, huía siempre de ti?

—Al contrario; que ahora tengo el pájaro en mis manos —repuso el gondolero, sentándose a su lado y pasando su robusto brazo alrededor de la delicada cintura de la hija del Lido.

—¿Cómo es eso? —preguntó ella.

—Estoy invitado para descubrir un tesoro inmenso, que existe en una isla del Mediterráneo.

Rosina frunció el entrecejo, haciendo a la vez un gesto de duda, pero, no obstante, preguntó:

—¿Qué isla?

—¿Me guardarás el secreto, si te lo digo?

—¿Para qué me lo preguntas? Ya sabes que sí.

—Perdóname, mi Rosina; pero he oído decir, y es voz constante, que un secreto en boca de una mujer, es lo mismo que un corcho en el mar...

—¡Qué ocurrencia! —exclamó Rosina, dejándose abrazar por el gondolero—. Bebe un trago más... ¡parece que te agrada mi vino!

—¡Lo amo tanto como a ti! —dijo Giácomo, echándose una segunda copa.

—¡Es la isla de Montecristo! —contestó el gondolero.

—¡Cómo! —exclamó Rosina, haciendo un movimiento brusco para levantarse.

—¿La conoces? —preguntó Giácomo inquieto.

—¡Ah!, yo no... ¡pero su nombre lo he encontrado tan, hermoso!...

—¿Montecristo? —preguntó el gondolero.

—Sí, eso es, ¡Montecristo!... Y dime, Giácomo; ¿a qué nación pertenece la isla?

—Pues no lo sé; pero es cierto que encierra un gran tesoro perteneciente a los pobres, puesto que allí se colocó con el sudor de éstos. Así, pues, a nosotros nos pertenece una parte de esas riquezas... y entonces, mi querida Rosina... allí está la catedral de San Marcos para recibirnos. Ahora sólo espero a tu hermano Pietro para que me enseñe la situación de la isla, pues él conoce el Mediterráneo tan bien como yo el Lido.

—Pietro no viene esta noche —dijo Rosina después de un momento de silencio—. Ya te lo dije.

—¿Y por qué? ¿Ha habido, por ventura, gran faena por afuera?...

—No te engañas, porque se trata de despachar una partida de vinos de Chipre y Constanza para la casa de Gradenigo, que dará en esta semana un baile para recibir a un amigo de la familia.

—Maldito sea el baile y el amigo —exclamó el gondolero, dando un furioso puñetazo sobre la mesa.

Ella le miró de reojo como por vía de reprensión, y se separó de él tarareando una canción popular.

Giácomo quedó silencioso, con el brazo apoyado en el banco y la frente doblada hacia el pecho, pareciendo entregado a la meditación de un medio cualquiera para suplir la falta de Pietro, ante esa emergencia.

—Giácomo —le dijo Rosina levantando el dedo índice como para mandarle callar; y contando los graves y pausados sonidos del reloj de la Catedral, que daba las doce de la noche—: tu visita no debe prolongarse hoy por más tiempo. Ya es media noche, y yo tengo que estar levantada al salir el sol.

—¿Luego es cierto que tu hermano Pietro no viene esta noche?...

—¡Por la Madre de Dios!, ni quizá mañana, cuanto más esta noche...

—Bien —dijo el gondolero, pasándose la mano por el rostro—; en ese caso me voy. Buenas noches, mi buena Rosina, y ten presente lo que Giácomo te ha dicho: el día de nuestra boda ya está designado.

Rosina sonrióse del modo más amable a las palabras de Giácomo, y cerró escrupulosamente la puerta apenas hubo salido, escuchando con atención si se retiraba o no, y cuando se convenció de que ya se había alejado, corrió apresuradamente a un cuarto interior a cuya puerta llamó diciendo repetidas veces:

—¡Pietro! ¡Pietro! ¡Oh, Pietro!

—¿Qué se ofrece? —preguntó la ronca voz de un hombre que bostezaba somnoliento.

—Levántate, rápido, porque según creo, llegó el tiempo de ser útiles a nuestro protector.

Rosina repitió dos o tres veces estas palabras hasta que su hermano, comprendiendo bien su sentido, se levantó envolviéndose en una manta, y vino al encuentro de aquélla.

Pietro era un muchacho de 24 a 25 años; de regular estatura, rostro moreno y expresivo, maneras francas y fisonomía ya suave, ya enérgica, como la de todos los hijos de Italia.

—¿Qué quieres decir con esto, Rosina? —le preguntó Pietro aún otra vez, restregándose los ojos.

—Pietro —respondió ella—; cuando nuestro padre estaba próximo a espirar, exigió de nosotros la promesa de respetar siempre al hombre que protegía nuestro comercio de vinos; ¿entiendes?

—¿Y bien?

—Era en la isla de Montecristo, donde él hacía generalmente su carga, tomándola de otros buques, era, como tú sabes, propiedad de Simbad el Marino; y todos los contrabandistas han jurado eterna adhesión a ese hombre. Ahora bien: Simbad el Marino tiene allí un palacio subterráneo que nuestro padre aseguraba había visto, y en el que hay grandes riquezas, mucho oro y piedras preciosas.

—Sí; bastantes veces he oído hablar de esa maravilla a mis compañeros; aunque me parecía increíble, sobre todo cuando sentado yo en la playa, miraba aquellos áridos y escarpados peñascos que forman la cúspide de la isla.

—Eso no pasa de ser una opinión tuya, Pietro —replicó Rosina—. Lo cierto es que hay alguien que se dispone a saquear el palacio.

—Brava idea. Solamente el entrar en él es imposible, sin saber cierto secreto...

—No fantasees; Giácomo estuvo aquí hace poco, y según lo que me dijo sospecho que se ha organizado una cuadrilla de aventureros para dirigirse a la isla. Créeme, Pietro; bueno será que hables con alguien que te aconseje lo que se debe hacer, puesto que hemos jurado respetar los intereses de Simbad el Marino, así como él respetaba los nuestros. Giácomo me preguntó por ti, pero yo dije que estabas ocupado en arreglar una partida de vinos para el conde de Gradenigo.

—Por fortuna eso ya está arreglado —respondió Prieto—. Descansa, Rosina; mañana veremos lo que se debe hacer para evitar el robo que se medita del tal palacio subterráneo de la isla de Montecristo.

—¡Ah!, y sin embargo, yo pierdo tal vez mi fortuna —murmuró Rosina momentos después acostándose en su cama—; pero seré fiel a la promesa que hicimos de respetar los intereses de aquel que no sólo respetó, sino que protegió los nuestros.

Al día siguiente, Pietro, después de rezar un breve rato en la catedral de San Marcos, atravesó la *Piazza*, y se dirigió al muelle, mirando a uno y otro lado, como quien procura descubrir a alguien entre la multitud que lo rodea.

Un momento después de haber interrogado su mirada perspicaz a aquella onda viva que afluía y refluía en el muelle y en la *Piazza*, Pietro vio al gondolero Giácomo que parecía amarrar su góndola a una argolla de hierro clavada en la piedra, y se dirigió hacia él.

—¡Hola, amigo Giácomo!...

—¡Ah!, ¿eres tú, Pietro? ¿Tú por aquí?...

—Llego en este instante...

—Pues yo te creía entretenido aún con la partida de vinos del conde de Gradenigo —dijo Giácomo en voz baja, acabando de amarrar la cadena de la góndola, y volviendo hacia su interlocutor.

—Concluí más pronto de lo que creía. Todo está listo ya.

—Más vale así, Pietro, porque tengo otro negocio que proponerte.

—Así me lo dijo Rosina, y por eso he venido a tu encuentro, seguro que estarías aquí en el muelle.

Pietro y Giácomo se separaron de la multitud, y fueron acercándose a la escalera de los Gigantes, que en aquel momento estaba desierta por ser muy temprano.

—¿Cuál es, pues, tu negocio?

—Muy sencillo; me han hablado para conducir un pequeño buque al Mediterráneo, a una isla llamada de Montecristo. Aunque me es muy conocido el Mediterráneo, como tú lo sabes, ignoro la situación de la isla, porque creo que es poco frecuentada.

—No hace mucho que estuve en ella para recibir algunos barriles de Málaga legítimos y transportarlos a Venecia —respondió Pietro.

—¡Oh!, sí, sí; yo sé que los hijos del *bando* —interrumpió el gondolero— conocen la isla, como yo los dedos de mi mano; pero quisiera que tú me dijeses el rumbo que debe seguirse y la altura de la isla...

—¿Sí?, pues no es mucho lo que pides —reflexionó sonriéndose Pietro.

—¡Vaya, vaya, Pietro!, que esto no es sólo negocio de palabras...

—¡Ah! ¿Entonces produce dinero?

—Tan cierto, como que San Marcos jamás quiso negociar con los turcos, cuando Venecia era Venecia. Y si tú quisieras venir conmigo a cierto sitio, verías la verdad de lo que te digo.

—Estoy pronto. ¡Vamos!

—¡Bravo! A la oración iré a buscarte con mi góndola al embarcadero del Canal Orfano.

—*¡Per la Madonna!*

—¿Qué es eso?...

—¡Has tenido mala idea!

—¿Por qué?... Hablad.

—¡Siempre he oído tales cuentos del Canal Orfano, que me hace temblar!

—¡Eres un visionario!

—¡Yo, no!, y para demostrártelo, cuenta conmigo; allí estaré.

—Entonces, buena salud.

—Dios te guarde, Giácomo.

Y ambos se separaron en seguida, confundiéndose con la multitud, mientras un hombre, que a alguna distancia los había observado con interés, corrió hacia el gondolero, y le tocó la espalda.

—¡Hola! —gritó éste, volviéndose rápidamente—. ¿Vos aquí?

—No te admires, porque estoy siempre donde quiero estar, o más bien, estoy en todas partes y lo veo todo.

—¡*Dio*!... —exclamó el gondolero—. No esperaba yo tanto de un simple capitán de yate...

—¡Es que tú te olvidas de que el yate es el *Tormenta*, y no sabes que su capitán es la voluntad de Dios!

El gondolero le miró con asombro, por lo extraordinario de tales palabras.

—Vamos, Giácomo, desde que abandonaste mi buque, mi vista te ha seguido a todas partes. Te miré cuando dormías; y te vi exaltado con el delicioso sueño de las riquezas que hay ocultas en la isla de Montecristo.

—Es verdad, señor; es verdad... porque aunque yo nada tenga de ambicioso, sin embargo, desearía ver de cerca aquel tesoro.

—¡Y lo verás!

—Ya conseguí el medio de saber la altura de la isla... y el rumbo que debe seguirse para llegar a ella.

—¡Muy bien!

—Esta tarde, después que dé la oración la campana de la catedral de San Marcos, esperadme a bordo del *Tormenta*.

## CAPÍTULO XXXVIII

# EL TERROR

Era la familia Gradenigo una de las más antiguas y nobles de Venecia. Su nobleza databa desde el tiempo de Faliero, de ese Dux tan sabio como infeliz. Todos los antiguos jefes de esa familia, noble según lo eran todos los nobles de aquella época, es decir, sólo por blasones heráldicos, habían ocupado sucesivamente un distinguido asiento en el Senado, y si alguno de ellos no obtuvo el gorro de dux, fue por lo menos candidato para este alto cargo, que consistía únicamente en simbolizar en un solo hombre la figura soberbia y mentida de la República.

Los Gradenigo eran nobles, al menos en el tiempo en que estos sucesos tenían lugar, aunque el carácter de Venecia hubiese cambiado de faz. Si en esta ciudad famosa por sus antiguos recuerdos, se reconoce y distingue hoy como en todas partes la nobleza del mérito superior a la nobleza de cuna, acaso por influjo de la costumbre, disfruta todavía parte de la consideración debida en otro tiempo a sus blasones.

La magnificencia de su palacio, el esplendor de que se rodeaban, y además, el arrogante orgullo de su vida pública, con que estaban obligados a cubrir la privada, todo contribuía a que el *signor* Gradenigo fuese distinguido con esa apariencia de amabilidad con que en la buena sociedad se acoge por deferencia al hombre, que la cuna hizo, si no distinguido, por lo menos usual.

Las bellas columnas cinceladas del palacio de Gradenigo reverberaban los reflejos de las multiplicadas luces de sus lámparas de alabastro; cuando las flores entretejidas con arte adornaban las escalinatas y las galerías; cuando una escogida orquesta hacía vibrar sus armonías en aquellas magníficas bóvedas, nadie se complacía más que el *signor* Gradenigo en ver sus salones llenos de cuanto había de distinguido y bueno en Venecia, cuya alta sociedad concurría a ellos con la sonrisa benévola del que va a gozar para después dormirse. Tratábase entonces de una de esas agradables noches en el palacio de Gradenigo.

La rapidez con que se hacían los preparativos; la superioridad del pensamiento, y el orden que precedía a la ejecución, eran suficientes datos para que hasta los menos experimentados creyesen en la costumbre que había de dar esos saraos, y en la proximidad del que hoy los preocupaba. En efecto, el *signor* Gradenigo iba a dar un baile.

Su origen variaba, según las diversas opiniones, como sucede siempre; pero lo que se opinaba con más generalidad era, que el *signor* Gradenigo deseaba obsequiar a un amigo suyo, cuya llegada esperaban. Las invitaciones se habían hecho, y el mundo veneciano de los bailes esperaba ansioso la prometida noche, como algo extraordinario.

Pero, ¿quién era ese hombre bastante rico para obligar al signor Gradenigo a preparar tan magnifico recibimiento, que se registraría en los anales del mundo elegante como un hecho esplendoroso de tan alta política social?

Maximiliano, que había traído de Francia algunas cartas de recomendación para el *signor* Gradenigo, se contaba también en el número de los convidados, para el proyectado sarao.

Aunque Valentina prescindiese del placer que le prometía aquella noche, ella no pensaba como la generalidad de las mujeres ricas, en cuya vanidosa frente no hay la menor idea de lo que importan la pobreza y la miseria, no podía, sin embargo, rehusarse a comparecer en los salones del palacio Gradenigo; y Maximiliano, satisfecho de la distracción que su esposa podría gozar en aquel baile, esperó que se extinguiese en ella el pensamiento de aniquilar la famosa gruta de la isla de Montecristo.

En la semana próxima a la que el *signor* Gradenigo debía dar el baile, unas pocas palabras bastaron para turbar otra vez el espíritu de Valentina.

Una mañana, fue buscada ésta por una muchacha del pueblo.

La esposa de Maximiliano, con su amabilidad acostumbrada, fue al encuentro de la joven, no queriendo recibirla en su gabinete, donde el lujo y la riqueza de sus adornos podrían ofuscar el sencillo pensamiento de la pobre hija del pueblo.

Apenas había aparecido Valentina, cuando la joven, alzando el velo que le tapaba el rostro, o por mejor decir, desembarazándose del manto que envolvía su cabeza y su cuerpo, se precipitó a sus pies.

—¡Por piedad, señora —exclamó—, socorredme, que estoy perdida!

—¿Qué decís? ¿Quién sois?... —preguntó Valentina afligida por la desolada aflicción que expresaba la cara de la la joven—. Levantaos, hija mía, y advertid que sólo ante la imagen de María debéis implorar protección de ese modo humilde.

—¡Ah!, ¡qué buena sois... no me engañaron, pues, cuando me dijeron la bondad y dulzura de vuestro carácter! —dijo aquélla levantándose y besando las manos de Valentina.

—Pero explicaos al fin; me afecta el veros en ese estado de agitación, y vuestras lágrimas y el luto que os cubre me anuncian que acabáis de perder sin duda a vuestro padre o a vuestra madre... ¡acaso sois huérfana en la flor de la edad!... —dijo Valentina exhalando un suspiro de lo íntimo de su alma.

—¡Ah!, sí, señora... por desgracia soy huérfana; huérfana de padre y madre hace seis meses; pero no es la única desgracia que me obliga a pediros protección.

—Hablad, os escucho.

—Tenía yo un hermano —dijo la joven—, un hermano que era mi único amparo en el mundo; y ese hermano... ¡oh, Dios mío, creo ha sido víctima de una terrible celada!... ¡Estoy sola... y no tengo nadie que me sirva de apoyo!...

—¡Oh, pobre hija mía!... ¿pero qué ha sucedido a vuestro hermano... qué género de protección queréis que os dé? Hablad y desde ahora os prometo cuanto me pidáis.

—¡Ah! sí, señora; yo hablaré... yo os abriré mi corazón... y os diré cuanto necesito de vos... Me llamo Rosa, y soy generalmente conocida en las cercanías de la Giudecca y en Rialto por el nombre de Rosina —dijo la joven, continuando después de mirar rápida y escrupulosamente alrededor de sí—. Mi padre era gondolero, y mi hermano Pietro heredó la góndola y los avíos de mi padre, como éste los había heredado de mi abuelo. Hace quince días, se presentó en casa el gondolero Giácomo... que era... ¡Ah!, ¿vos no conocéis a Giácomo? Es el gondolero que está al servicio de vuestro esposo. Giácomo tenía, según he comprendido, y se deducía de sus palabras, relaciones misteriosas con alguna cuadrilla de ladrones, y quería que mi hermano le indicase la situación de una isla poco conocida y deshabitada, donde Giácomo aseguraba que había un tesoro oculto. Es la isla llamada de Monte-Cristo —continuó Rosina, sin reparar en la turbación que aumentaba en Valentina a cada una de sus palabras—. La isla de Monte-Cristo, pertenece a un señor a quien mi familia debe eterna gratitud, y yo me opuse a que mi hermano hablase con Giácomo; pero en vano; Pietro estuvo con él, y aunque dispuesto a eludir las intenciones de éste, le hizo creer que le enseñaría la situación de la isla. ¡Oh! —continuó Rosina—, pero ayer recibí una carta de mi pobre Pietro, cuyo contenido podéis ver.

Rosina sacó del bolsillo una carta, y la entregó a Valentina, que reunió todas sus fuerzas para descifrar su contenido; la abrió, y leyó lo siguiente:

"Mi querida hermana: He sido víctima de una traición que me preparó Giácomo, el gondolero de Rialto. Estoy preso en el *Tormenta*, buque desconocido cuyo capitán me obliga a conducirlo a la isla de Montecristo, donde se efectuará un gran robo. Nada más puedo decirte... corre a prevenirlo a los patrones de Giácomo, y haz que lo prenda la justicia.
"Tu infeliz hermano,

"*Pietro*".

Al terminar la carta, Valentina lanzó un grito agudísimo; Rosina, sin comprender a qué podría atribuir ese grito de aflicción, corrió hacia ella extendiendo los brazos para sostenerla.

—¿Qué tenéis, señora? —exclamó, advirtiendo sobresaltada la palidez que cubría el rostro de Valentina.

—¡Oh!... no es nada... —dijo ésta poco después, con voz débil y vacilante, llena de miedo.

—¡Señora, socorredme, por amor de Dios! —dijo Rosina, juntando las manos con ademán de angustia.

—Hija mía, ¿pero qué queréis que os haga yo, pobre mujer, contra el destino que pesa sobre nosotras?

—¡Ah!, yo quisiera que influyeseis con vuestro esposo para hacer prender a Giácomo. Acaso éste lo descubra todo, y sorprenda a los agresores, volviendo así mi hermano a mis brazos, y evitando que Simbad el Marino sufra ese robo en la isla de Montecristo.

—¿Conocéis a Simbad el Marino? —se apresuró a preguntar Valentina.

—¡Oh!, a decir verdad, yo nunca lo he visto, pero él era, como ya os dije, el protector de los intereses del arriesgado comercio de toda nuestra asociación, a quien dejaba desembarcar impunemente en la isla...

—¿Pero qué asociación es ésa, cuyo comercio era tan arriesgado?...

—¡Oh, señora, yo soy hija de contrabandistas! —dijo Rosina cayendo a los pies de Valentina, que la levantó en sus brazos.

—¡Oh, descuidad... se hará lo que se pueda, hija mía! Que vuelva vuestro hermano a vuestros brazos, y lo demás... ¿qué importa lo demás?... La isla no pertenece ya al antiguo protector de vuestra familia... dejad que roben en buena hora cuanto allí existe, porque todas esas riquezas pertenecen a los pobres, puesto que ellas son el fruto del sudor de los pobres.

—¡Qué decís! —exclamó Rosina atónita con las palabras de Valentina, pues eran las mismas que había escuchado de boca del gondolero Giácomo.

—Volved a vuestra casa, yo hablaré a mi marido, entretanto, no digáis una palabra de este suceso.

—Pero; ¿y no será preso el gondolero Giácomo?

—No.

—¿Y los malvados efectuarán el robo?

—Sin duda.

—Y mi pobre hermano...

—Volverá; tened confianza.

—¿Podéis vos asegurármelo?

—¡Os lo aseguro! —murmuró maquinalmente Valentina, extendiendo su mano, que Rosina besó en señal de gratitud.

Valentina, después de oír la extraña narración de ésta, corrió a encerrarse en su cuarto, derramando copioso llanto, que, sin embargo, cesó en breve, porque Valentina buscó en el Altísimo el bálsamo que la curaba de cualquier pasión.

Formado el propósito de ocultar a su marido lo que pasaba, recomendó de nuevo el mayor sigilo a la hija de los contrabandistas, prometiéndole al mismo tiempo que haría todos los esfuerzos posibles para restituirle a su hermano Pietro.

En efecto: Valentina empezó a trabajar.

A la hora en que el sol comenzaba a ocultarse en las montañas del Tirol, Maximiliano tenía por costumbre ir a disfrutar la frescura de la tarde en el inmenso paralelogramo de la *Piazza*. Valentina, con el pretexto de una leve indisposición, no lo acompañó, quedando de esta manera en plena libertad para meditar la ejecución de un plan relativo a la promesa hecha a Rosina.

Sentada a la ventana de su habitación, veía las aguas del canal en que se movían vagarosamente algunas góndolas, asemejándose al indolente cisne que se desliza por la superficie de un lago.

Valentina las observaba con interés; pareciéndole reconocer a uno de los gondoleros, le hizo seña con la mano para que se detuviese.

El gondolero era Giácomo.

Momentos después, Valentina echándose un chal sobre los hombros, y envolviéndose en él, descendió al vestíbulo del edificio donde había algunos escalones de mármol negro que daban al canal de la Giudecca. Giácomo estaba allí con su góndola, y apenas distinguió a Valentina, saltó a la escalera, quitándose inmediatamente la gorra con cortesía.

—Acércate —le dijo Valentina abriendo una puerta que había a su derecha, y entrando en uno de esos cuartos que hay en todos los edificios de Venecia, que daba a uno de los canales y servía para guardar los utensilios de las góndolas al servicio ordinario de ellos.

Giácomo era antiguo gondolero de Venecia, y acostumbrado desde niño a los caprichos de las bellas venecianas, no extrañó el misterio con que Valentina parecía envolver sus acciones y sus palabras. Conservóse inmóvil enfrente de Valentina, esperando que ella hablase.

—¿Eres tú el gondolero de Rialto? —le preguntó, acercándose.

—*¡Signora!* —contestó Giácomo—: hace treinta años que volví del mar, donde navegaba en un buque mercante, y desde entonces hasta hoy San Marcos me ha visto y protegido en los canales de Venecia y en el Lido, donde me han despechado. Soy Giácomo, por la gracia del santo patrono, y tengo la honra de estar al servicio de vuestra excelencia y de vuestro excelentísimo esposo.

Meditó ella un momento el modo como había de empezar su extraño diálogo con el gondolero.

—Ya que me has dicho, Giácomo, que has vivido en los canales de Venecia y en el Lido por espacio de treinta años, debes conocer todos los buques que han llegado aquí.

—Casi todos, *signora*.

—Y no sólo los buques, sino también sus capitanes y tripulaciones.

—¡Al menos la mayor parte!

—Muy bien; yo deseaba preguntarte acerca de un buque... y te prevengo que no perderás el tiempo, Giácomo.

—¡Ah, Madre de *Dio*! Os diré cuanto sepa, *signora*, tened seguridad.

—No tienes que fatigar mucho tu memoria para responderme, pues se trata de un buque que estuvo hace quince días en el Lido, ¿recuerdas?

—¡Ah! Entonces os puedo responder a ojos cerrados.

—Es el yate *Tormenta*.

—¡El yate Tormenta! —exclamó el gondolero—. ¡Oh, *mía signora*!

—¿Quién era su capitán? —se apresuró a preguntar Valentina.

—*¡Per Bacco!* —respondió Giácomo, receloso—. ¡Hablarme de un buque que apenas conozco!...

—Pues yo te recordaré algo que aclare tus ideas: el *Tormenta* estuvo aquí porque su capitán quería tomar informes respecto a la isla de Montecristo, donde cree que existe un tesoro escondido...

—¿Pero que de hecho no está allí? —preguntó Giácomo, de un modo que lo traicionaba.

—Eso es otra cuestión, que debe importarte poco, Giácomo. Responde sólo a lo que te pregunto, sin reticencias.

—*Signora*, por las señas que me dais, recuerdo bien el pequeño buque y su capitán, en cuya compañía bebí no sé en qué casa, una magnífica copa de *Lachrima Cristi*. ¡Algo malicié yo del tal amigo! Era un hombre trigueño, de cabello gris, ojos negros y expresión siniestra, y sobre todo tenía un modo de hablar que haría morir de espanto a una señora que, como vuestra excelencia, se dignase escucharlo.

—¿Y entonces, qué decía él? —preguntó Valentina, con voz trémula.

—¡Ah, decía tales cosas que San Marcos no las perdonaría en boca del más indigno veneciano! Y en verdad que las obras del maldito se parecían bien a sus palabras, según mi pobre opinión. Aseguraba que poseía dentro de un cofre la mano de un muerto, y lo peor es que quería enseñármela...

—¿Y te explicó el motivo por qué tenía tan extraña reliquia? —preguntó Valentina, con expresión mezclada de interés y de terror.

—Luego me explicó allá, a su manera, y de tal forma, que sólo el diablo sería capaz de repetir que la mano del muerto estaba levantada sobre un vivo, y que él representaba la voluntad de ese muerto, erguido aún fuera del sepulcro y protegido por Dios.

Valentina sintió que un sudor frío le cubría la frente, al escuchar a Giácomo; porque el interés que le despertaban esas singulares palabras, era tal que la obligó a dirigir aún algunas preguntas más, relativas al célebre capitán del yate *Tormenta*.

—¿Y aquel hombre —dijo ella—, es cierto, según me aseguran, que consiguió comprar a cierto marinero llamado Pietro, para que le indicase la situación de la isla de Montecristo?

—¡Oh, sí... sí!... —se apresuró a decir Giácomo, adoptando la idea de Valentina—. Pietro se vendió al capitán del yate, y partió con él para la isla de Montecristo. Me aseguró que el capitán va a robar la isla y... pero yo creo que no hallará sino las grandes masas de granito que la forman. Sólo las rocas serán los enormes tesoros de que él habló, diciendo que pertenecían a los pobres, porque habían sido amasados con el sudor de los pobres.

Tembló ella de terror esta vez, reconociendo la coincidencia doble que existía entre las palabras de Giácomo y el sueño que ella había tenido en la gruta de Montecristo.

Firme en su propósito de no impedir aquel robo, y acordándose de lo que había ofrecido a Rosina, cambió entonces de conversación, preguntando:

—¿Crees que Pietro volverá a Venecia? ¡Habladme con confianza!

—¡Ah!, lo creo así —respondió Giácomo—. El capitán del yate no le hará mal alguno, y el pobre muchacho, apenas concluya su misión a bordo del *Tormenta*, volverá a los brazos de su hermana Rosina.

—¿Y cuándo concluirá su trabajo a bordo del *Tormenta*?

—Llegará, cuando más, dentro de quince días.

—¿Estás seguro? ¿No os equivocáis?

—Aquí lo esperamos todo de la misericordia de nuestro santo Patrón.

Hubo un instante de silencio, en que Valentina pareció concebir una nueva idea.

—Giácomo —dijo al fin—, he oído elogiar algunas veces la discreción y diligencia de los gondoleros de San Marcos... ¡Puedo tener confianza!...

—Habéis oído la pura verdad, *signora*. Yo, aunque me crea el más indigno de mis hermanos, tengo aún un resto de orgullo en merecer la confianza de las personas que hasta hoy se han dignado ocuparme.

—¿Puedes disponer de un buque capaz de surcar las aguas del Mediterráneo? ¿Lo tendrás, si fuera preciso?

—¡Ah! ¡Un buque tan seguro como era el antiguo *Bucentauro*, según la crónica! —contestó el gondolero.

—Muy bien; aquí tienes oro; mañana a esta misma hora volverás aquí y yo te daré las órdenes necesarias para el servicio que quiero que me prestes; no faltes.

Al decir esto, Valentina le dio un bolsillo con dinero, haciéndole señal de que se retirase.

Después subió las escaleras del vestíbulo que conducían a las salas, las atravesó y entró en su cuarto.

Cuando hubo entrado hizo un movimiento de sorpresa, viendo a Maximiliano sentado en un sofá, leyendo un libro, distraído.

Maximiliano no hizo ningún movimiento cuando vio a Valentina a su lado; pero le preguntó únicamente:

—¿Te hallas mejor, Valentina? —y esta pregunta fue hecha en un tono seco y sin levantar los ojos del libro.

Ella, aunque no pudiese dejar de notar el gesto indiferente con que Maximiliano le dirigió la palabra, lo atribuyó, sin duda, a la gran atención que le merecía la lectura del libro que tenía delante; y le respondió con toda la expansión de su afable carácter.

—Sí, amigo mío, me siento bien... Creo que dentro de poco tiempo te podré acompañar, según tu deseo.

—¡Oh! No quiero que te expongas aún al frío de los canales y de la *Piazza* —replicó Maximiliano, siempre con la mirada fija en las páginas del libro que parecía leer.

—Es verdad, convengo en que el aire de Venecia no me prueba muy bien —dijo Valentina sentándose al lado de Maximiliano y colocando su mano sobre la de éste.

—¿Entonces quieres salir de Venecia? —preguntó él.

Valentina no respondió, mas tocando con la extremidad de sus delicados dedos las tapas del libro en que Maximiliano parecía leer, lo cerró.

Maximiliano se recostó en la silla y cruzó los brazos, dejando caer la frente sobre su pecho.

—¿Qué tienes, amigo mío? —le preguntó Valentina apoyándosele en la espalda e ingenuamente le ofreció su frente.

—¡Ah, perdóname, Valentina, perdóname! —exclamó Maximiliano levantándose y paseando agitado por el aposento.

—¿Qué dices? —preguntó Valentina levantándose también; mas conservándose inmóvil, con la mirada espantada y fija en su esposo.

—¡Es que no hay felicidad perfecta en el mundo! ¿Comprendes esto Valentina? Cuando creemos ser felices, cuando nuestra loca imaginación casi alcanza los límites de la felicidad suprema... he aquí que un demonio empieza a rasgar a nuestros ojos el velo de las ilusiones que embellecían el alma —dijo Maximiliano parándose frente a su esposa y metiendo la mano derecha entre el chaleco y la camisa, como si quisiese contener el corazón, mientras que con la izquierda levantó rápidamente el cabello que le cubría la frente—. Pues yo más que nadie he creído en la duración de la felicidad mientras la gozaba —continuó sin dar tiempo a que hablase su esposa—. Yo más que nadie me he engañado en este mundo.. Pero ahora...

—¿Ahora qué?... —preguntó Valentina, cuyo corazón empezaba a agitarse.

—Ahora, Valentina... ahora... ¿qué quieres que conteste? —preguntó a su vez acompañando estas palabras de una amarga sonrisa, de congoja.

—No puedo entender tus palabras, amigo mío —díjole estupefacta.

Y continuó en seguida:

—A menos que tú pienses que rompe tu felicidad y la mía, el deseo que tengo de regalar a los pobres la riqueza de Montecristo o la marcha de Venecia.

—¡Triple, cuádruple de lo que poseemos en Montecristo daría yo gustoso, si me fuera permitido aniquilar este día o enviarlo como presente a Satanás! ¡Qué me importa!

—Blasfemas, Maximiliano.

—¡No... no... perdóname, y que Dios también me perdone! ¡Por el amor de ese mismo Dios, no me preguntes más, Valentina!...

Era la primera vez que Maximiliano hablaba así a su esposa, ocultándole su pensamiento.

Ella, convencida de la absoluta imposibilidad de conocer ese pensamiento misterioso, no insistió más en pretender descifrarlo con las palabras de Maximiliano; pero lloró en silencio aquella noche que era la primera en que reinaba el desacuerdo entre ambos, primer signo de desgracia.

## CAPÍTULO XXXIX

# EN LA GRUTA DE MONTECRISTO

A la tarde del siguiente día, Maximiliano salió, como acostumbraba, a respirar la refrigerante brisa que corría en la *Piazza*.

Valentina, a la hora en que el sol se ocultaba como en la víspera, tras de los Alpes del Tirol, se puso a la ventana de su aposento y esperó la llegada de Giácomo; no se hizo esperar y llegó remando en su góndola en dirección al edificio en que habitaba Maximiliano. Cuando tocó las escaleras del vestíbulo, saltó su primer escalón, ató la barca, y subió a aquél, donde Valentina apareció pocos momentos después.

—¿Y bien, Giácomo? —dijo ésta.

—¡Perdón *signora*! —murmuró el gondolero, mirando al canal con escudriñadora ojeada—. Ocultaos de modo que no os vea aquel importuno que está allí en su góndola. ¡Por San Teodoro!... Deseos me han dado de hacerlo viajar en el fondo del canal...

—¿Quién me observa, pues? —preguntó Valentina—, ¿y por qué debo ocultarme? ¡Explicaos!

—¡Por la Santa Madre *di Dio*! Vos no sabéis lo que ha sido siempre y es aún hoy esta ciudad. Estamos en la hora de los acontecimientos nocturnos;

sois joven, por la gracia de todos los santos estoy aquí, como está allí mi góndola... y a nuestro frente tenemos el que conduce a tantos parajes remotos.

—Giácomo... ¿Qué es eso?

—Perdón, *signora*, nadie respeta más que este humilde servidor vuestro, el decoro de una señora; pero quiero deciros que teniendo yo aquí a mi Rosina, a pesar de comprender que es una muchacha del pueblo, no me agradaría mucho que me dijesen que alguno la había visto a esta hora enfrente de una góndola, y hablando con el gondolero... a menos que el gondolero fuese yo mismo. ¡Oh!, *signora*... esto aquí en Venecia produce mucho dinero, y hay ciertos enemigos de nosotros, los pobres gondoleros, que lo acechan todo para ir a referirlo a los maridos, a los padres, a los hermanos y a los amantes... y esto aunque no quieran ellos saberlo, es la verdad.

—¿Pero tú conoces al que me acecha?

—Al embarcarme ayer, lo he visto en la orilla del canal, frente al vestíbulo, y cuando me volví a la góndola, después de haber tenido la honra de hablaros, me llamó para que le condujese en ella.

—¿Quién es, pues? —preguntó Valentina con la firmeza de la inocencia.

—Es el hijo del *signor* Gradenigo... esto es, se llama Giovanni Gradenigo. ¿Habéis oído hablar de esta familia célebre tanto por su riqueza como por lo que derrochan, que parece antiguo legado de padres a hijos? ¡Oh!, pocas jóvenes del pueblo hay en Venecia que se atrevan a mirar cara a cara al signor Giovanni Gradenigo. ¡Es fatal!

Ella, al escuchar estas palabras se estremeció agitada por un vago pensamiento que no podría explicar aunque lo intentase, como nos acontece frecuentemente, pues, por decirlo así, el alma empieza a revelarnos una idea cuya comprensión está aún fuera del alcance de nuestra imaginación.

Ocultóse en la sombra del vestíbulo, en tanto el gondolero examinaba los movimientos del nocturno paseante del canal y después, al regresar Giácomo se le aproximó de nuevo.

—¿Y bien, Giácomo, qué hay?

—Podéis hablar. El *signor* Giovanni se alejó.

—Muy bien; ayer te di encargo de que me hicieses preparar un buque para el Mediterráneo. ¿Qué hay?

—Está pronto, *signora*.

—Así, pues, ¿podrá hacerse a la vela tan luego como yo quiera?

—¡*Per Bacco!* —exclamó el gondolero—. ¿Vos no conocéis entonces la exactitud de la marina de San Marcos? Aunque, a la verdad... ya han pasado los tiempos que yo no he alcanzado de su esplendor y fuerza; pero aún quedan vestigios de ella.

—¿Cómo se llama el buque? —preguntó Valentina, con interés.

—*La Bonanza* —contestó el gondolero—, y es un ligero buque que suele cargar vinos y que llegó hace poco al Lido por cuenta del *signor* Gradenigo, según dicen en el muelle.

—Escuchadme entonces, Giácomo: Si dentro de dos días vieras una toalla blanca en la ventana que da sobre este lado del canal, y cae hacia el embarcadero, es señal que marcharemos al día siguiente, y deberás hallarte aquí de madrugada con tu góndola. Si, por el contrario, durante esos días vieses la misma ventana con las persianas siempre cerradas...

—¿Quiere decir que ya no partiréis?

—Sí, eso mismo.

—San Teodoro nos ayude, *signora* —dijo el gondolero descubriéndose con el aire supersticioso y peculiar de los marinos.

Valentina le regaló algunas monedas de plata y le despidió, retirándose en seguida a sus habitaciones.

En el mismo momento en que Giácomo saltó dentro de su góndola y se preparaba para hacerla andar, un bulto que se había conservado a cierta distancia en observación de cuanto sucedía en el vestíbulo del palacio, se acercó saltando rápidamente a la góndola.

—¡Madre *di Dio*! —exclamó Giácomo, levantando el remo para defenderse del intruso.

—¿Qué es eso, Giácomo? —dijo con arrogancia el hombre que había entrado en la góndola, desafiándole.

—¡*Signor* Gradenigo!... —balbuceó Giácomo descubriéndose—. ¿Cómo es eso?

—Pues ya sabes, bribón, que te trataré peor de lo que trataría a un hereje del tiempo de la república, si dices una sola palabra que me comprometa.

—Pero... ¿os receláis de eso?... —dijo Giácomo con malicia.

—No, porque estoy seguro que sabes cómo trato yo a los pícaros.

—¡Ah!, creo firmemente que en los calabozos de San Marcos no se encontrará uno solo capaz de competir con vos sobre este punto.

—Muy bien, Giácomo —añadió el *signor* Giovanni Gradenigo, golpeándole amigablemente el hombro—. También tendrás noticia de la generosidad con que pago cuando soy bien servido.

—¡Perdón, excelentísimo!, pero aunque jamás tuve pariente alguno que fuese estudiante en Padua, poseo principios de lógica que me enseñan a poner en duda ciertas cosas en tanto que no las vea y palpe, ese es mi método.

Apenas dijo estas palabras, Giácomo sintió caer a sus pies una bolsa con dinero.

—¡Silencio, perro! —añadió al mismo tiempo el *signor* Giovanni Gradenigo—. ¡No hables más!

—Tengo el honor de reconoceros por el modo de hablar —replicó Giácomo, agachándose para recoger la bolsa.

—Es bueno que así sea, Giácomo... porque mi paciencia tiene estrechos límites, y es bueno no impacientarme.

—Y si no que lo digan los muchachos de Rialto, *signor* Giovanni Gradenigo.

—¡Basta! ¡Poned atención!

—Aguardo vuestras órdenes, *signor*.

—Boga de prisa; lo más rápido.

Dichas estas palabras, el brazo vigoroso de Giácomo armado de su remo, cortó la superficie de las aguas, dando a la góndola un rápido movimiento que la alejó del palacio.

Después que Giovanni se vio lejos, indicó con el brazo la dirección del gran canal de la ciudad, y embozándose en su ancha capa, sentóse en el cojín a esperar el momento para poder hablar sin recelo de que sus palabras fuesen a encontrar eco en los oídos de algún curioso indiscreto.

Cuando la góndola se vio completamente apartada de las demás, Giovanni habló entonces, pausadamente:

—Giácomo —dijo—, la mujer que acababa de hablar contigo no es compatriota tuya ni mía... ¿lo sabes?

—Es francesa, ya lo sé.

—Muy bien; mujer de un francés, cuyo oscuro nombre no puede conservarse en la memoria de quien se apellida Gradenigo. Hay mil casos diferentes para obligar a esa mujer a hablar contigo dos noches seguidas, pero el más probable es el de algunos amores secretos, para los que se necesitan los servicios de tu góndola y de tu inteligencia. Ahora bien, una mujer que en ausencia de su esposo trata para entretenerse, esa clase de negocios, debe darse por muy bien servida de que yo me ocupe en dedicarle un pensamiento.

—Sí, comprendo el significado de tal pensamiento —replicó Giácomo, dándose aire de buen entendedor.

—Luego, quien mal anda mal acaba, y de que se cumpla este dictado no podrá ella quejarse sino de sí propia. Hace mucho tiempo que me preocupa esa mujer —continuó con tono aburrido—; he hablado de ella algunas veces y necesito nuevos motivos para volver a hablar; cuéntame, pues, todo ese enredo en que ella te ha metido en estos días.

Giácomo, después de breves momentos, dijo a Gradenigo cuál era el género del servicio que Valentina le había encargado, añadiendo diferentes comentarios propios para despertar el deseo del *signor* Giovanni Gradenigo, a punto de que hiciese una locura digna de su genio extravagante.

Gradenigo desde luego pensó sacrificar a sus placeres el reposo de Valentina; joven de una educación detestable, animado también por los ejemplos de un padre viejo y libertino, Giovanni no reconocía en la vida social principio alguno capaz de embarazar el ímpetu de la acción de todo aquello en que él meditase empeñado su genio y su fortuna. Después de conferenciar por algunos instantes con el gondolero Giácomo, desembarcó en la *Piazza* y terciando con elegancia su capa, se encaminó con el peculiar aire de los leones sociales al encuentro de sus amigos, que por efecto de una costumbre muy antigua en Venecia se paseaban bajo las arcadas del célebre palacio ducal, paraje todavía designado a la buena sociedad con la denominación de Broglio.

Se reunían en ese lugar todos los calaveras de Venecia, y por consecuencia se recitaba la vida pública y privada de todas las mujeres del mundo elegante.

El joven Giovanni fue recibido con entusiasmo, obteniendo seguidamente la palabra para narrar una nueva aventura, pues nadie ignoraba que el heredero de la antigua casa de Gradenigo había también heredado con su sangre noble, el genio aventurero y libertino de la mayor parte de sus antepasados.

Gradenigo, tomando la palabra, habló sobre la materia, de tal modo, que hizo reír a carcajadas a sus locos compañeros, con sus aventuras.

—Verdaderamente prodigioso en la rapidez con que lleváis a cabo vuestros raciocinios.

—Es defecto mío, señor de Morrel —respondió Giovanni.

—La felicidad en el juego y en los amores es muchas veces hereditaria en ciertas familias —dijo un veneciano, continuando inmediatamente—. ¿Decíais *mío caro* Gradenigo, que fastidiado de las aventuras de nuestro bonito país, os habéis pasado al campo extranjero a continuarlas?

—Dije la verdad, y entiéndanlo como mejor les parezca —exclamó Gradenigo, riéndose mucho.

—¿Pero en qué país deberá realizarse esta última aventura?

—Juzgo que en el vuestro, señor de Morrel. Que descansen un poco las lindas hijas de San Marcos —continuó en tono burlón, dirigiéndose a Maximiliano Morrel—, en tanto que vuestras compatriotas que no dejan de ser bastante bellas tienen la amabilidad de ofrecerme algunos momentos agradables, que los aprovecho muy bien.

Maximiliano se mordió los labios, pasándose la mano por la barba.

—De conformidad con lo que he colegido de mis estudios —continuó Gradenigo—, las señoras francesas que tienen la satisfacción de ser casadas, toman la variedad por divisa, y la razón está en que, según aseguran, hay en París mayor número de modistas que en ninguna otra capital de Europa; por mi parte juro que hacen muy bien y estoy pronto a coadyuvarlas en todo lo que me sea posible.

—Me admira, *signor* Gradenigo —dijo Maximiliano—, que habiendo hasta hoy cometido la falta imperdonable de no salir de vuestro país, os imaginéis tan hábil moralista de las costumbres de las damas francesas.

—Pues figuraos, señor Morrel, que hay aquí en Venecia, como ya tuve el gusto de manifestaros ayer, una señora compatriota vuestra, que lleva sus bondades al extremo de dar lecciones a la claridad de la luna, como gran maestra.

Frío sudor bañó la frente de Maximiliano, en cuyos labios apareció una sonrisa forzada, en respuesta al coro infernal de carcajadas satíricas de los nobles jóvenes de Venecia.

—Nada es imposible en este mundo —continuó Gradenigo—. Si no fueseis poco más o menos de mi edad, jamás os diría que está en Venecia cierta señora extranjera que sabe aprovechar con todo el delicado gusto que la caracteriza los cortos instantes que su marido está ausente. Un viejo no podría tolerar semejantes palabras, cuyo significado es demasiado cierto, para que pueda inducir a un joven a incurrir en el error de una contradicción.

Gran aplauso general saludó estas últimas palabras de Gradenigo.

—Os felicito, *signor* —dijo Morrel, afectando la mayor alegría de espíritu.

—Me permitiréis que os haga una observación. Si el marido de la dama que os corresponde es un hidalgo, debéis recelaros de sus criados, porque él os mandará asesinar. Si, por el contrario es un joven como vos, o como yo, en ese caso no comprendo, como ninguno de nosotros comprendería la vida más allá del deshonor, tendréis que responderle a la punta del pañuelo con una sola escopeta cargada. Señores; hay todavía otro caso más —gritó Maximiliano para restablecer el silencio—, consiste en la diferencia de razas: un francés cualquiera, hijo de la medianía social, odia a los plebeyos y a los nobles, cuando cualquiera de ellos le ofende. Los odia de muerte y no se desagravia por vías comunes, los mata cuando puede, sin vacilaciones.

—*¡Per Dio!* —exclamó el *signor* Gradenigo con una amable sonrisa—, eso es nada aquí entre nosotros los venecianos; nuestras costumbres se apartan tanto de las demás sociedades como nuestra linda ciudad se aparta de la tierra que sirve de base a las otras conocidas; y aun cuando el temor de la muerte fuese de algún peso entre nosotros, yo sabría desecharlo por la satisfacción de cualquier capricho. ¿Sabéis que más, *signor* de Morrell? Encontraría un placer grandísimo en convertir en una querella pública este pequeño asunto de amoríos; el marido de la dama en cuestión es un joven, puedo asegurarlo, que no pasa de vuestra edad, por tanto podré dar a mis amigos, y a vos, a quien cuento entre ellos, el espectáculo enteramente nuevo de un duelo, a la punta del pañuelo y con una sola pistola cargada.

Maximiliano, aprovechándose de un instante en que el asunto se apartaba del punto principal, salió del Broglio, y se dirigió a la Giudecca, en donde Valentina lo aguardaba con impaciencia.

—Hoy ha sido más largo tu paseo, amigo mío —le dijo ella, abrazándole.

—Estuve oyendo una larga narración de Giovanni Gradenigo —respondió Maximiliano secamente, mirándola.

—¡De Giovanni Gradenigo! —exclamó Valentina involuntariamente.

—¡Es verdad! ¡De ese precisamente!

Hubo un momento de silencio.

—El asunto era importante y me vi obligado a explicarme cómo un francés se desagravia llegado el caso —dijo Maximiliano con taciturno gesto, que despertó en Valentina un vago terror.

—¡No me agradan los venecianos! —dijo Valentina con aburrimiento—. ¡Son procaces!

—Haces mal, son amables.

—Querría distraerme del enojo que me causan. Dime Maximiliano, ¿querrías acompañarme a la roca de Montecristo? Creo que la soledad me haría bien ahora, ¡mucho bien!

—¿Y el baile de Gradenigo?

—¿Qué importa un baile? —contestó ella con la expresión ingenua y natural de quien siente lo que dice.

—¡Con todo me parece que no hay motivo que nos disculpe de la falta que quieres cometer, Valentina! ¡Eso está mal!

—¿Ni mi salud? Entretanto, si juzgas lo contrario, para mí es lo mismo, permaneceré en Venecia e iré también al baile del *signor* Gradenigo.

—No, no —exclamó Maximiliano levantándose con exaltación—, no irás al baile del conde Gradenigo, saldremos de Venecia... también este aire que se respira me causa a mí un padecimiento horrible, inexplicable, y que jamás, había experimentado. ¡Estoy cansado!

Diciendo esto, dos gruesas lágrimas le cayeron por las mejillas, mojando su espeso y sedoso bigote. Su mirada apasionada se clavó en el rostro sincero y blanco de Valentina, con la expresión indecible de quien desea obtener el perdón de un pensamiento concebido a despecho de su voluntad.

Valentina le alargó la mano cariñosamente consolándole.

Él la llevó a los labios con amor.

Al día siguiente Valentina mantuvo la ventana de su cuarto abierta, para dar al gondolero la señal convenida.

Giácomo comprendió bien la señal, pues luego, al llegar la noche, una góndola, deslizándose por el canal, paró a corta distancia de la escalera del palacio.

Dentro de la góndola se hallaban dos hombres vestidos conforme al uso de los gondoleros.

—Salta en tierra y retírate, Giácomo —dijo uno de ellos.

No olvidéis el amarradero del buque ni su nombre.

—¿Es *La Bonanza*?

—Sí, excelentísimo.

—Aquí tienes oro: tomad.

—¡Buenas noches! San Antonio os proteja, y a mí San Marcos.

Giácomo saltó a tierra y el otro gondolero permaneció en la góndola, remando hasta atracar en la misma puerta del vestíbulo.

Mientras Valentina del brazo de Maximiliano, bajaban en silencio la escalera interior del palacio, en cuyos escalones se agitaban las aguas del canal, turbias y sombrías.

—Está ahí vuestra góndola, amigo mío, entremos en ella —dijo Valentina—. Vamos a viajar... figuraos... que vamos de viaje... fuera de Venecia...

—Todo no es tan fácil como se presenta al pensamiento, querida mía —dijo Maximiliano—; sin embargo, por su misma facilidad, podemos hacerlo en este momento.

—¿Para dónde queréis ir?

—Para Montecristo, por ejemplo.

Al decir esto, Maximiliano dio la mano a Valentina para ayudarle a entrar en la góndola. En este momento, el gondolero, notando la presencia de Maximiliano, retrocedió un poco estremeciéndose, a su pesar...

—Podéis bogar —le dijo Maximiliano viendo su inacción.

—¡Parece que no ha oído tus palabras!... ¡Repetidlas!

—¡Vamos, Giácomo! —gritó Maximiliano—, condúcenos al Lido.

El gondolero tomó el remo y comenzó a bogar, pero de una manera tal que daba a conocer su turbación.

—¿Qué buque es aquél que está a poca distancia de nosotros, y para el cual parece dirigirse nuestra góndola? —preguntó Maximiliano.

—¡Bueno!, según se ve estoy más enterada que tú en asuntos marítimos —dijo Valentina, riéndose alegremente—; es el yate *Bonanza*.

—Pero nuestra góndola parece dirigirse a su bordo. La tierra ya está lejos.

—¡Ah!, y si el gondolero continúa en enjugarse el sudor como lo ha hecho hasta ahora... no llegaremos al yate en toda la noche —contestó Valentina.

—¿Luego intentas realizar el pensamiento que me indicaste?

—¿Y qué dirás tú, Maximiliano, si aquel buque nos lleva fuera del Adriático? ¿Qué pensarías?

—Vamos, comprendo que soy prisionero —murmuró Maximiliano, tomándole la mano y poniéndose en pie, porque la proa de la góndola tocaba ya en el costado del buque.

La luna, que hasta entonces ocultaban algunas nubes, súbitamente brilló en un cielo azulado y transparente, iluminando con su luz melancólica todos los objetos de la tierra.

Maximiliano soltó una carcajada estrepitosa viendo la fisonomía del gondolero, llena de confusión.

—¡Cómo es esto *signor* Giovanni Gradenigo! —le dijo a media voz—. Tenéis originales caprichos. ¿A qué debo el honor de ser conducido por vos hasta aquí? ¡Oh!, no quiero que quede olvidado entre las sombras de la noche este servicio, y voy a suplicar a mi esposa de viva voz reuna a los míos sus agradecimientos, a tal gentileza.

Al decir esto, se disponía a llamar a Valentina, pero Giovanni Gradenigo hizo un gesto expresivo para detenerlo.

—Señor de Morrel —dijo Giovanni también a media voz—, hallo siempre un placer en todo lo que es extravagante; y si os conduje hasta este punto fue únicamente por el deseo de ejercitarme en el oficio de gondolero.

—¡Oh!, sin embargo, ya que una vez he tenido el honor de explicaros el modo de cómo un francés sabe castigar cuando le ofenden —replicó Maximiliano—, debo ahora también evidenciaros cuánto la nobleza de un francés es generosa en presencia de la miseria extranjera. ¡Ahí tenéis mi bolsillo!

Diciendo esto, tiró una bolsa a los pies de Giovanni, que se estremeció, poniéndose colorado como si le hubiesen dado una bofetada.

Maximiliano repitió en voz alta estas palabras:

—Buenas noches, maese Gradenigo, San Antonio os ayude...

Al cabo de dos días de viaje el yate *Bonanza*, habiendo doblado el cabo de Elba, se hallaba frente a unas rocas altas, cuyas crestas recortadas se dibujaban en el cielo bajo un aspecto fantástico a los primeros rayos de la aurora.

Cerca estaba ya la isla de Montecristo.

Valentina, apoyada en el brazo de Maximiliano, miraba sosegadamente aquellos promontorios desiertos de la isla, que poco a poco iban tomando formas gigantescas en proporción que el yate se acercaba.

La escala de sensaciones que experimentaba el pecho de Valentina era por cierto muy diferente de la que recorría Maximiliano; éste parecía agitado enfrente de aquellas rocas enormes, guardianes inmóviles de un tesoro inmenso allí guardado.

Valentina parecía complacerse en la idea de que esas mismas rocas no cubrían ya, con su cuerpo gigante, ninguna otra cosa que un montón de cenizas y piedras.

En cuanto el yate echó el ancla en el pequeño arrecife hecho a propósito para abrigo de cualquier embarcación que arribase a la isla desierta, Maximiliano manifestó deseos de desembarcar al instante, pero Valentina observó que sería mucho mejor desembarcar al día siguiente, en razón de estar muy cerca la noche y ser malo el camino que conducía hasta la entrada del palacio subterráneo, en las rocas.

Maximiliano aceptó, y quedaron a bordo hasta el siguiente día.

Entretanto, observemos lo que sucedía en el interior de la isla.

En la base misma de una de las rocas centrales se hallaba practicado un portal, cuyo entablamiento era soportado por dos famosas columnas góticas de mármol. De un lado y de otro, las enormes masas de granito, todavía vírgenes del cincel, contrastaban singularmente con el primor y la elegancia del mencionado portal.

Una escalera también de mármol conducía a un salón subterráneo en el que había algunas puertas practicables.

El salón recibía la luz del día por cuatro aberturas en la roca, y por medio de ellas entraba también el aire. Mirando fijamente aquel recinto, se reconocía que recientemente una mano devastadora había destruido todo lo que el arte, ayudado por el gusto y la opulencia, puede producir de bello y sorprendente.

Todavía las famosas estatuas de la escuela griega se mantenían sobre magníficos pedestales a lo largo de las paredes, en las cuales se podían ver los restos de un rico entapizado de damasco y brocado.

Un precioso tapete oriental estaba enrollado en uno de los ángulos del aposento; blandas otomanas colocadas acá y allá completaban el célebre cuadro de desorden y riqueza que ofrecía el interior de la gruta de Montecristo. Benedetto era el único habitante de aquel lugar, dueño absoluto de todo.

Se paseaba de un extremo a otro de la sala, cuando un hombre, bajando rápidamente la escalera, vino a interrumpirlo.

—Patrón —dijo el recién llegado—, acaba de descubrirse un yate anclado en el pequeño arrecife de Oriente.

—¿Nada más que eso, Pipino? —preguntó Benedetto.

—Se sabe el nombre del barco. Pedro, aquel famoso contrabandista que trajimos del Lido, me asegura que conoce el yate, cuyo nombre es *La Bonanza*. Y yo puedo deciros que es el yate de Simbad el Marino.

—Está bien. ¿Los fardos están ya embarcados? ¿Está todo listo?

—Todo. Nuestra embarcación está, como sabéis, en el arrecife de Poniente, y por esta razón la gente que ha llegado no puede ver el movimiento de la nuestra; ahora será prudente que os embarquéis, una vez que no haya negocio que os detenga. La gruta está completamente despojada; las alhajas en nuestro poder... ¿Qué más tenemos que hacer en la isla de Montecristo?

—*Rocca Priori* —dijo Benedetto, después de alguna meditación—, ¿me has dicho que el camino que conduce al arrecife de Poniente es mucho más corto que el del arrecife de Oriente?

—Así es, patrón.

—Bien, arregla, con los objetos que todavía quedan aquí, una hoguera en aquella sala próxima.

Pipino, acostumbrado a obedecer, ejecutó la orden de Benedetto, mientras éste con sus propias manos ponía las estatuas que adornaban las paredes en el centro mismo de la hoguera. En pocos instantes completó el trabajo.

—Ahora, agrega esta porción de pólvora y ayúdame a establecer guía —continuó Benedetto, sin perder un solo momento.

Esta operación se ejecutó con toda prontitud.

—Ata, pues; está preparado el festín para recibir al propietario de este célebre palacio —exclamó Benedetto, lleno de énfasis—. ¡Que venga cuando le plazca, para que lea a la luz de las llamas las palabras que voy a escribir en las paredes! ¡Sólo verá esto!

Diciendo esto, cogió un pedazo de madera quemada y escribió en la pared con grandes letras unas palabras que Pipino no pudo leer a causa de las tinieblas que empezaban a esparcirse por el interior de la gruta.

Al siguiente día, Valentina y Maximiliano desembarcaban del pequeño yate *Bonanza,* y juntos del brazo, se dirigieron solos a la puerta de la gruta.

Mientras ellos avanzaban, un hombre, corriendo ligeramente por entre las rocas y ocultándose entre la vegetación salvaje que en ellas se producía, observaba atentamente la dirección que ambos seguían por el sendero.

Ese hombre, cuya mirada feroz brillaba como la del tigre cuando acecha los movimientos de su presa, luego que se cercioró que se dirigían a la gruta, los dejó continuar, y cuando ya estuvieron a una cierta distancia, tomó por un atajo en declive y dejándose escurrir por la roca se lanzó a la carrera por un camino que flanqueaba uno de los terribles despeñaderos de la isla.

Cuando llegó a la cima, dirigió sus miradas escrutadoras a la profundidad de los abismos, y distinguió un yate que se balanceaba sobre las olas del arrecife de Poniente.

Era el yate *Tormenta.*

Una lancha tripulada por dos hombres se hallaba próxima a la playa como si esperase a alguno en aquel punto especial.

Benedetto respiró entonces. Volviéndose sobre su derecha se dirigió al portal de la gruta que estaba a poca distancia de él.

La brisa suave agitaba la vegetación salvaje de toda la isla, zumbando por entre los cortes y las grietas de las peñas.

Pesadas masas de nubes, corriendo sombrías de Poniente a Oriente, interceptaban alternativamente los rayos del sol; y entonces la isla parecía cubrirse con un denso velo de misterio, que aumentaba los encantos de aquel cuadro salvaje.

Al pie de las rocas se oía romperse el mar, y el murmullo rencoroso de las olas, repetido por el eco de las rocas, se elevaba como un coro singular de voces humanas.

Valentina se estremecía a pesar suyo en proporción que se acercaba a la gruta, y tratando de hablar de cosas diversas procuraba evitar que Maximiliano se apercibiese de la turbación profunda de su espíritu.

Finalmente, el magnífico portal de la famosa gruta, apareció de repente al volver un ángulo de una de las rocas.

Valentina se paró súbitamente.

—¿Te sientes cansada, amiga mía? —le preguntó Maximiliano—; nos falta poco para llegar a nuestro palacio subterráneo. Ahí está el portal, pronto llegaremos.

—Sí, ahí está —repitió Valentina—. ¡Ahí está el santuario de nuestra primera felicidad, Maximiliano! Ahí fue construido todo el edificio de la ventura que hasta hoy hemos gozado. Déjame respirar... déjame pensar en aquel día, que rayó brillante y suave después de un largo periodo de tormentos. ¡Ah!, ¡cuán feliz me sentí en aquel día!... ¡cuán bello y grandioso me pareció todo el espectáculo que nos rodeaba! Mis ilusiones poblaban de flores todas estas rocas salvajes... y en cada una de esas flores estampaba yo tu imagen... ¡Hoy, ya no veo flores en estas rocas, y me imagino que el áspero soplido del recio vendaval las arrancó para siempre! ¡Estas rocas, esta soledad, este triste silencio interrumpido apenas por el susurrar de las aguas, me causan miedo, Maximiliano! Aquel portal de la gruta de Montecristo me parece hoy la entrada misteriosa de una tumba.

—Valentina —exclamó Maximiliano—, ¿qué razón tienes para proferir esas palabras?... ¿qué cosa puede causar estas lágrimas?... ¿Qué crimen hemos cometido nosotros para merecer la desgracia que imaginas?

—¡No es que sea crimen! —respondió Valentina—, pero si el hombre que nos dio la felicidad no estaba autorizado para hacerlo, ¿crees tú, amigo mío, que gozaremos de ella mucho tiempo?

—Valentina, esas palabras que en Venecia escuchaba con indiferencia, me producen ahora una viva emoción. ¡Estamos solos entre el mar y el cielo, entre los abismos y Dios!

—Hagamos, pues, a Dios un voto de humildad, abandonando para siempre el lujo bárbaro de que el conde de Montecristo nos quiso hacer participar. Vivamos de nuestro trabajo, seamos felices en la mediocridad y consagremos a la miseria y a la pobreza que por todas partes encontramos, esas riquezas que el conde de Montecristo nos legó tal vez sin la suficiente autorización para hacerlo, con dinero fatal.

Cuando Valentina acabó de hablar se hallaba tan próxima al portal de la gruta, que entró insensiblemente conducida por Maximiliano.

Bajaron juntos la escalera, y en el momento en que entraron en el salón, un grito de sorpresa salió de sus labios.

El fuerte estallido de una explosión resonó por la bóveda subterránea, y luego en seguida el vivo reflejo de un incendio invadió todo su recinto.

—¡Valentina! —exclamó Maximiliano queriendo retirarse con ella.

—¡Quedémonos! —dijo Valentina, deteniéndole con sus brazos—. Quedémonos. Por ahora el fuego arde en aquella sala... En ella fue donde el conde de Montecristo nos hizo la donación de esta gruta, de sus alhajas y todas sus riquezas.

—¡Oh, huyamos... huyamos, Valentina! —gritó aterrado Maximiliano—. ¡No ves allí... allí, aquella sentencia terrible! —y señaló la pared principal de la gruta, donde se hallaban escritas estas palabras: "A los pobres, sólo lo que es de los pobres. La mano del muerto está levantada sobre Edmundo Dantés"—. Mas, ¿qué terrible misterio hay en esto? —exclamó Maximiliano, recobrando todo su ánimo—. ¿Cuál habrá sido la mano traidora que escribió aquellas singulares palabras en este recinto que sin duda ha saqueado como audaz ladrón?... Valentina, ¿no conoces que todo esto es obra de un hombre que quiere sacar partido del débil espíritu de una mujer? Que venga pues ese canalla y explique si es posible el enigma traicionero que está allí. ¿Cuál es el muerto cuya mano está levantada sobre Edmundo Dantés?

—Pues yo te lo diré, Maximiliano Morrel —confesó una voz salida del interior de la gruta—. La mano abierta para recibir la sangre, las lágrimas, el descanso de Edmundo Dantés, es la mano de un muerto a quien él le debe la usura de una venganza excesiva: ¡el muerto es el señor de Villefort! ¡Eso es todo!

—¡Oh, mi padre! —gritó Valentina aterrorizada y cayendo sin sentido en los brazos de Maximiliano, que se quedó estático sobre los peldaños de la escalera, interrogando los aires, el fuego y las rocas.

Aumentó con rapidez el incendio, y en poco tiempo, del esplendor fabuloso, de la riqueza del conde de Montecristo, sólo quedaba un montón de cenizas entre las paredes de las rocas renegridas por el fuego.

Los dos pequeños yates, habiendo salido uno de Poniente y el otro de Oriente de la isla de Montecristo, navegaban en direcciones contrarias.

El que se dirigía a doblar ese brazo de tierra que se llama Italia, era el yate *Tormenta*; el segundo, que navegaba hacia el puerto Vecchio, era el yate *Bonanza*, ambos a toda vela...

# CAPÍTULO XL

# EL BAILE EN CASA DEL CONDE DE GRADENIGO

Esta gran novedad agitaba en Venecia a todos los espíritus, con pasión.

Desde hacía algún tiempo todos hablaban vagamente y a alguno se le había ocurrido profetizar; y las ideas alborozadas acababan de fijarse en puntos concretos con motivo del baile.

No existía ya en Venecia quien ignorase que el baile sería de máscaras y uno de los mejores de ese género que se daba hacía mucho tiempo.

Pues había llegado del Oriente un amigo opulento del conde Gradenigo, abriendo, iluminando, adornando de damas y caballeros los espléndidos y deliciosos salones de su palacio en qué recibiría a su amigo en medio de un placer general y de las grandes fiestas.

El amigo del conde Gradenigo era el conde de Montecristo, rico propietario, natural de Francia y que desde mucho tiempo atrás había adoptado por patria el Oriente, en donde se había casado con la hija única de un antiguo Pachá de Janina, riquísimo.

Un baile, como el que se esperaba tendría lugar en el palacio de Gradenigo, fue siempre una cosa que se inscribe de antemano y en seguida se comenta y se discute con pasión, en los anales del mundo elegante.

Eso mismo era lo que se hacía en Venecia desde el Broglio hasta los más recónditos aposentos de las hermosas vírgenes venecianas, con interés.

A la par de esa discusión, de ese análisis de los incansables elegantes, crecía la admiración y el interés por el hombre en cuyo honor se daba el baile; y ninguno de los jefes, herederos o parientes de las buenas familias de Venecia dejaba de ir a cumplimentar al señor conde de Montecristo, dejando un flexible cartoncito en bandeja de oro y marfil que estaba en la sala. El señor conde de Montecristo se dispensaba siempre de recibir personalmente a las personas que no pertenecían al escogido círculo de su convivencia usual, en su gran residencia.

Antes de tratar detenidamente del baile del *signor* Gradenigo, diremos dos palabras relativas a ese hombre a quien llaman el conde de Montecristo, y que dio el título a la novela predecesora de ésta.

Y cuando una vez hemos visto y conocido a un hombre, cualquiera que él sea; cuando lo acompañamos en todas las situaciones de su vida pública; cuando ese hombre ha llegado a despertar en nosotros un sentimiento de interés aunque sea... sentimos siempre un verdadero gusto en el momento en que lo volvemos a ver después de un largo periodo de separación.

Nos complace mirarlo, analizar, confrontar y discutir todas sus maneras, palabras y acciones porque en ello nos ofrece una alteración, una diferencia, una nada, entre lo que fue y ahora es, al pasar el tiempo.

La edad, los nuevos lazos que el hombre contrae, la atención o el abandono de sus pensamientos, todo concurre para aumentar los puntos de nuestra curiosidad.

Sí, el conde de Montecristo era de esos hombres en los cuales el tiempo ha operado grandes mudanzas mientras lo hemos perdido de vista. Cuando por primera vez se describió y presentó, ocupaba el conde de Montecristo una posición, si recordamos bien, de esas que la Naturaleza parece formar para un ente determinado, y que está escrita en el libro famoso del destino, en que Dios, el hombre o Satanás, escriben y borran simultáneamente. El conde de Montecristo tenía todavía por delante de los ojos todo el pasado entero y desgraciado de Edmundo Dantés con el sudario terrible de sus martirios, donde estaban estampados con su sangre y sus lágrimas los nombres de todos sus verdugos. La voz del viejo abate Faria, aquella voz que le había enseñado a descubrir los misterios de la ciencia humana, la sentía aún en sus oídos presentándole los perversos sentimientos de sus verdugos y asesinos.

Montecristo tenía sed de sangre; como hombre no pudo elevar su filosofía al punto de olvidar aquella sed ardiente que lo abrasaba. Hirió sin piedad, sin dolor. Rióse cuando oyó llorar, blasfemó cuando oyó pronunciar el nombre de Dios, que lo había hecho grande y poderoso. Nada tenía en la vida que le templase aquel cáliz de amargura en el que bañaba constantemente su corazón dolorido.

Pero, sin embargo, cuando el tiempo cubrió con su hielo todo aquel cuadro de lo pasado; cuando debajo de ese hielo ni humean ya las lavas de las pasiones fuertes, cuando las caricias de una esposa y de un hijo inocente le ofrecían una nueva existencia, en la que espesas camadas de flores cubrían enteramente los abrojos del sendero en el que se tropieza con el sepulcro apenas salido de la cuna... El conde de Montecristo no era ya el mismo hombre. La felicidad pacífica del mismo hogar, esa felicidad suprema tan desdeñada en las ciudades, por los que jamás conocieron la verdadera desgracia, era ahora su verdadero y único placer, y si no se hubiese encontrado un caso particular en su vida anterior, jamás habría vuelto al bullicio de las grandes ciudades del mundo. Su esposa Haydée, herida de un abatimiento físico, empezaba a padecer los accesos de una de esas fiebres lentas y misteriosas, para cuyo restablecimiento, decían los médicos, era necesario respirar los aires de un país extraño si padecemos en el país natal, o respirar los aires patrios si se empieza a padecer en tierras lejanas. El conde de Montecristo, acordándose de su amigo el *signor* Gradenigo, le escribió con anticipación previniéndole la visita que en breve le habría de hacer.

Pero por más grandes y sinceras que fuesen las diligencias que el *signor* Gradenigo realizó para hospedar en su mismo palacio al conde de Montecristo, éste, por una costumbre habitual, habiendo mandado un criado a Venecia con orden de alquilarle un domicilio, rehusó con delicadeza las instancias obsequiosas del conde Gradenigo.

El conde de Montecristo fue a ocupar el mismo palacio que en la Giudecca dejaron Maximiliano y Valentina.

Haydée era todavía hermosa y joven; en su semblante, aunque estuviese manifiesto el abatimiento físico que la aquejaba, se encontraba todavía aquella expresión blanda y suave que tanto agradaba a todos los que alguna vez la vieron en Roma o en París.

Tenía un hijo que apenas contaba tres años y medio, el que, reuniendo en su rostro infantil el gesto vehemente del conde de Montecristo con la blanda expresión de Haydée, ofrecía un aspecto singular de belleza que en lo futuro debería brillar con la escogida educación que le prodigaban. Ni un solo momento se apartaba Haydée del lado de su hijo, y por eso el conde de Montecristo encontraba alguna dificultad en conseguir que Haydée lo acompañase al baile del *signor* Gradenigo; pero no ir, habría sido una ofensa directa al noble veneciano, y Haydée, confiando por primera vez su joven hijo a los cuidados de una mujer que la acompañaba desde Oriente, se dispuso a entrar en los salones del conde de Gradenigo, decidiéndose.

Todo el palacio, así como los jardines del ilustre conde veneciano, estaban espléndidamente iluminados, resonando en ellos la música de orquestas notables y armoniosas.

Temprano, el gran canal de Venecia, el cual daba frente al palacio, se veía cubierto de góndolas, en las que los convidados y curiosos se disputaban el paso. Y en todas las partes desde donde era posible avistar el palacio, se advertían cantidades de cabezas humanas ondulantes como las olas agitadas por una brisa leve.

Cantidad de luces brillaban por entre los árboles del jardín; como luces de fulgentes reflejos salían también de las ventanas abiertas, extendiéndose sobre la multitud. Finalmente, se podía decir que la pompa y la brillantez del palacio de Gradenigo, asombraba a la ciudad de Venecia.

El baile era, como ya dijimos, de máscaras, de colores y fantasías.

Y por lo tanto, era de notarse la mezcla singular de trajes que ofrecían los más soberbios contrastes.

Pues quien haya vivido, por decirlo así, la vida agitada de esos bailes, de esas reuniones prolongadas hasta las altas horas de la noche, en contacto social con las más bellas y juveniles mujeres, podrá formarse idea, aunque poco exacta, de lo que era el baile del señor de Gradenigo. Aquel famoso desorden, en que consiste el orden apreciable de un baile, se hallaba allí en todo su auge, cuando a alguno se le ocurrió anunciar con cautela, que inmediatamente se esparció, la presencia del señor conde de Montecristo y de su esposa la bellísima Haydée, tan famosos ambos personajes.

Damas y caballeros corrieron presurosos al encuentro de los recién llegados.

Ella, magníficamente vestida conforme al uso del país, daba el brazo al conde, que iba en traje completo de beduino, con imponente prestancia.

La figura y la naturalidad con que se presentaba, la gracia y el gesto delicado de Haydée, todo concurría a llamar decididamente la atención.

Gradenigo, advertido de la presencia de su amigo, fue graciosamente a ofrecer su brazo a Haydée, y después de apretar la mano de su amigo, el interesante beduino, la condujo a las salas donde se bailaba.

Sólo el conde se quedó para evadirse de los diálogos insulsos que empezaban a originarse a su alrededor, se metió entre una turba de damas enmascaradas, procurando conocer a algunas de ellas, pero muy luego se convenció de la inutilidad de sus esfuerzos y apartándose se dirigió a los jardines, donde también bailaban. Allí se paró junto a una glorieta de flores y verdura, de la cual salían dos voces argentinas, que aun cuando le fuesen totalmente desconocidas; decían tales cosas, que desde luego llamaron toda la atención del conde.

Envolvióse, pues, en su blanco albornoz, y recostándose en el tronco de un árbol secular, prestó oído atento a lo que se decía.

—¿Sabes que las d'Armilly están en Venecia? ¿Te enteraste?

—Sé todavía algo más, mucho más.

—¿Cómo así, Laura? ¡Explícate!

—Sé que están aquí en el baile, y que traen algo entre manos.

—¿Oh, qué dices? Pues el conde Gradenigo que varias veces ha tenido cuestiones con mi padre sobre la antigüedad de ciertos capítulos de la nobleza de nuestras familias, ¿convidaría a su baile a dos actrices?

—Pues he oído decir que está hoy considerada como muy noble la carrera artística del teatro, amiga mía, y siendo así. ¿qué mal hay en ello, entonces?

—Sí, con todo, Laura, hay mucha distancia de pensar o decir las cosas a ponerlas en práctica. Yo, por mi parte, no me juzgo ofendida... pero... pero...

—Escucha que aún hay otras razones en favor de las d'Armilly. Se dice afirmativamente que son hijas de muy buenas familias, principalmente la más joven, que se llama Eugenia y desciende de una familia francesa cuyo título es Servieres, de elevadísima alcurnia.

—¡Ah!, en ese caso no hablaré más del convite que les ha hecho el conde.

—La nobleza de la sangre jamás se extingue en la persona, aun cuando esté muerta, pese a los años.

—Seguramente. Eso lo sé.

—¿Cómo las reconoceré entre tantas máscaras? ¿Podrías hacerlo?

—Pues por la aplicación de un principio pneumónico...

—¿Cuál es ese principio?... habla.

—Gradenigo es uno de los apasionados de las d'Armilly. Cuando la otra vez estuvieron aquí, antes de ir a Roma, muchísimas veces le oí apasionados discursos concernientes a una de ellas o a las dos, por lo tanto, es de suponer que las siga esta noche por todas partes; ahora bien, por más que se disfrace Giovanni, tú lo conocerás...

—¡Puede ser... ya sabes que es mi primo!

—Bien, pues la mujer a la que él rinda finezas, lo que será fácil conocer por sus habituales singularidades, será sin género de duda una de las señoritas d'Armilly.

—Bien; pongámonos nuestras máscaras, Laura, y vamos a empezar el reconocimiento. ¡Ah! ¿Has oído hablar del conde de Montecristo?

—Ya llegó. Hace un instante.

—¿Qué tal es su mujer?

—Una griega de alta nobleza, según dicen; yo todavía no la conozco.

—¿Y qué se ha hecho de aquella francesa, que estaba hace poco en Venecia... la mujer de Maximiliano Morrel, el propietario de la isla de Montecristo? ¿Sabes algo de eso?

—Según nos lo aseguró el gondolero Giácomo, que está ahora a nuestro servicio, ha salido de Venecia para la soledad de su isla en donde posee un hermoso palacio, repleto de riquezas.

—¡Ah! Te aseguro, Laura, que si yo fuese propietaria de la isla, muy luego la haría poblar con los más distinguidos caballeros... principalmente habiendo ya allí un palacio... ¡Ah! Confieso que encontraría infinito deseo en un baile dado entre rocas salvajes en cuya base se estuviese rompiendo el mar embravecido... Vamos, cara Laura, ponte la máscara y vamos a ver si reconocemos a las d'Armilly.

Al salir las interesantes interlocutoras de la glorieta, ya el conde de Montecristo había desaparecido de aquel punto y andaba indagando cuál de las máscaras era el conde Giovanni Gradenigo.

En el momento en que le indicaron al heredero del ilustre veneciano, Montecristo lo perdió de vista, interrumpido por un dominó que con soltura se le puso enfrente mirándole con una ojeada ardiente a través de su impasible máscara negra.

—¿Quién sois vos?... ¿qué queréis?... —le preguntó con altivez el conde de Montecristo, mirándole.

—¡Te quiero mucho! —respondió el dominó con cierto metal de voz que hizo estremecer a pesar suyo al conde de Montecristo, sin poder dominarse.

—Lo agradezco —contestó Montecristo—; mas como nada quiero de vos, os prevengo que perdéis el tiempo haciéndome desperdiciar el mío. ¿Comprendéis?

Dio un paso para desviarse de allí, pero el dominó volvió a colocarse enfrente.

—Sí, aunque nada quieras de mí, yo quiero muchas cosas de ti. Eres un hombre de quien se puede querer mucho... y tú lo sabes bien... ¡Muy bien!

—¡Ah!, os hacéis importuno si no variáis de idea. Si me conocéis habladme por mi nombre, será mejor.

—Así lo haré; mas, ¿qué nombre quieres que te dé?

—¡Extraña pregunta! El mío.

—En ese caso te llamaré Edmundo Dantés... ¿Os agrada?

Ante estas palabras, el conde de Montecristo retrocedió un paso, midiendo con una mirada de asombro a su extraño interlocutor de la cabeza a los pies, con curiosidad creciente.

—¿Reconoces que sé bien quién eres? —le preguntó el dominó.

—Eso es indiferente —contestó el conde disimulando esmeradamente su turbación—; si queréis daros el trabajo de decirme también vuestro nombre.

El dominó soltó una carcajada estridente, que repercutió en el lugar.

—Dadme siquiera una señal... —continuó Montecristo sin poder vencer la curiosidad que el desconocido le despertaba, enormemente.

—Te la daré —dijo el dominó—. ¿Te acuerdas de Mercedes?

—¡Mercedes! —murmuró Montecristo, como si tradujera el eco profundo y doloroso que todavía le arrancaba del pecho aquel nombre sencillo—. ¡Oh!, ¡quién sois vos! —añadió—, deteneos un instante... habladme... ya voy a conoceros.

—Entonces, ¿quién soy? ¿Contestad?

—Sois Alberto de Morcef.

—Pues te engañas; debías recordar que Alberto es más bajo que yo.

El conde encontró exacta esta observación, y se quedó nuevamente pensativo delante de aquel hombre misterioso, sin atinar quién podría ser.

—Buenas noches, Edmundo, ¡hasta un día! ¡Ya nos encontraremos!

Sin darle tiempo ni para una palabra más, el dominó desapareció con ligereza entre la turba bulliciosa y alegre de los otros convidados.

En vano el conde intentó seguirle con la vista; la máscara había desaparecido. Entonces, como para distraerse del osado que le causara aquel pequeño e inesperado diálogo, el conde de Montecristo continuó su interrumpida tarea de reconocer a las dos jóvenes d'Armilly, siguiendo el principio deductivo establecido por las dos de la glorieta, hacía un instante.

Luego de más de media hora de inútil fatiga, se encontró con su viejo amigo el conde Gradenigo, con el cual tuvo que sostener un cambio de frases, esperando siempre la ocasión propicia de encauzar la conversación sobre el asunto que le interesaba enormemente.

—Es una soberbia concurrencia —dijo Monte-Cristo—; y según me está pareciendo, vuestro hijo se esmera tanto como su digno padre en recibir con el tacto de la más completa delicadeza que lo caracteriza, a las personas que han correspondido a vuestro convite.

—¡Ah! Giovanni hace lo que puede... —respondió el anciano caballero—. No se quiere tomar el trabajo de saber más... y es por eso... ¡ah!, la edad completará su educación, lo espero así. ¿Ya lo reconocísteis?... ¿Verdad?

—Sí, me lo indicaron... pero... se me perdió de vista... ahora creo que nuevamente lo volveré a confundir con las otras máscaras.

—Mirad a vuestra derecha —dijo vivamente el *signor* Gradenigo—; ahora da el brazo a una gentil circasiana...

Estaba a punto de reconocer al hijo de Gradenigo; pero en el mismo instante un enmascarado, poniéndosele de frente, le dirigió estas agudas palabras.

—Sed bienvenido, señor conde de Montecristo; hicisteis mal en descubriros el rostro, porque anda alguno por aquí que os aguarda, con impaciencia.

—¿Qué queréis decir? ¡No comprendo!

—Por ahora poco; pero día llegará en que diré mucho, muchísimo.

—No os conozco, ni tengo el menor deseo de conoceros; buenas noches.

—Esperad, conde; no es costumbre tratar así a la persona que espera a otro después de muchísimo tiempo.

—Sin embargo, creo que no existen relaciones de ninguna especie entre nosotros, estoy casi seguro.

—No, pero ya existieron; es lo mismo, y por eso sois acreedor a mi agradecimiento, para siempre.

—No hablemos de lo pasado, que ya está lejos. Tratemos sólo de lo presente. ¿Quién sois vos? Decídmelo con franqueza, pues véis bien que no hago el menor esfuerzo por adivinar vuestro nombre. ¿Entendéis?

—¡Esas son historias, caro marinero del Faraón! Yo soy un correo del otro mundo, por medio del cual te envía infinitos recuerdos el señor de Villefort.

—¡Ah! —exclamó Montecristo, pasándose la mano por su pálida frente—, quien quiera que seáis, habéis tenido un pésimo gusto en la elección de vuestro tema de broma. ¡Respetad a los que duermen el sueño eterno!

Cuando el conde de Montecristo acabó de decir estas palabras, la persona a quien se dirigía había desaparecido de su presencia.

Montecristo se sintió vivamente impresionado con la chanza bárbara que acababa de escuchar, sin saber de quién; pero queriendo olvidarse de esas palabras sin fundamento determinado, hijas apenas de una importuna elección, dirigió sus pasos en la dirección que suponía encontrar a Gradenigo, acompañado de la gentil circasiana a quien daba el brazo; pero fuese casualidad o estudiada atención, en el momento en que iba, después de media hora de trabajo, a reconocer al hijo del noble veneciano, otra máscara, embarazándole el paso de repente, comenzó a hablarle de tal manera, que llamó por completo la atención del conde, por sus gestos.

Llevaba el enmascarado el traje de un magistrado en sesión de tribunal, y hablaba el francés con toda la pureza de una persona distinguida.

—Buenas noches, conde de Montecristo —dijo la máscara—. Volvisteis por segunda vez a Europa, con la firme intención de vengaros de algunas familias. ¡Ah! Se podría decir que sois un corso de nacimiento, pues la palabra "vendetta" produce en vos un sentimiento increíble.

Montecristo, con gran curiosidad, miró aquella figura magistral que le dirigía la palabra en términos tan familiares.

—¿Cómo lo pasa tu bella esposa Haydée? —continuó el fingido magistrado, en correcto francés—; ¿correspondes a las inspiraciones sublimes de aquella alma inocente?... pobre Haydée... creo que no podrá ser feliz por mucho tiempo, es una pena, pero es así...

—¡He! ¡Cómo!, ¡cómo! —exclamó el conde forzando una sonrisa de escarnio—. Caéis en todo el ridículo de un profeta de mal agüero, mi interesante magistrado; ¿será tal vez para distraeros del enfado que os causa vuestro oficio?

—Jamás me enfada el oficio de procurador regio —respondió el enmascarado—, oficio que ejerzo en París, obteniendo los elogios de todos cuantos me conocen. Ahora aguardo una interesante causa que debe inmortalizar mi nombre... ¡Estoy segurísimo!...

—¡Pues sois un tanto vanidoso! —interrumpió el conde.

—¿Ignoráis entonces la causa de que se trata y el nombre del hombre a quien se condena?

—Explicaos entonces.

—Se trata de juzgaros y condenaros, mi querido conde de Montecristo, y ahora comprenderéis la razón de mi profecía relativamente a Haydée, ¿no es así? ¿Comprendéis ahora?

—Pero bien, ¿de qué soy acusado? —preguntó Montecristo, procurando entrar en carácter y evitar el papel que la desconocida máscara le ofrecía.

—¡Sí, estáis acusado de haberos olvidado de un drama horroroso que compusísteis, la palabra sublime de Dios! Sobre la tumba helada de las familias de Saint-Meran y Villefort, se alza un rumor siniestro contra vos, y uno de los muertos indica con su mano descarnada para señalaros ante el mundo. ¡Cuidado, señor conde; el soplo de la tempestad ha dado vuelta a la página que os condena en el libro del destino! ¡Yo soy el encargado de interpretar aquellas palabras atroces de la justicia de Dios, y seré inexorable contra vos! ¡Tenedlo por seguro!

—Si me lo permitís —replicó el conde fríamente—, tomaré vuestro acalorado discurso como el efecto singular de una locura repentina, pues ignoro de qué habláis.

—Sin embargo —prosiguió el enmascarado—, ¡observad lo que hay en mí que pueda recordaros a una de vuestras víctimas! ¡Sois olvidadizo, señor conde! Cuando yo os hice encerrar en el castillo de If, como agente bonapartista, no cesábais de repetir mi nombre en la oscuridad de la cárcel en que fuisteis encerrado. ¡Yo soy Villefort! ¿Ahora?

—Muy bien. Tengo la mayor satisfacción en encontrarme con vos, y os pido el favor de una conversación más detenida lejos del bullicio de estos salones, aquí sería imposible.

—Pues estoy a vuestras órdenes; sin embargo, ya os advertí que ha de ser corto vuestro diálogo, pues tengo muy poco que deciros; seguidme, si gustáis sé un lugar.

Al decir esto, el supuesto Villefort caminó por el centro mismo de los salones, dirigiéndose a los jardines en donde tomó por una alameda de copudos árboles, hasta llegar a un sitio apartado, adonde llegaban los sonidos de la orquesta y la risa de los convidados como el adiós de una despedida.

Allí se detuvo la máscara, y colocándose frente al conde, parecía medirlo de pies a cabeza con miradas encendidas.

—Ahora —dijo el conde—, ya véis que yo no tengo máscara en el rostro; estoy, por lo tanto, en mi derecho de exigir que os quitéis la vuestra.

—Detrás de esta máscara que estáis viendo, señor conde, no se oculta un rostro de hombre como el vuestro —respondió el enmascarado con voz lúgubre.

—¡Basta de bromas! ¿Quién sois? —preguntó el conde haciendo un movimiento brusco.

—¡Vuestro juez, señor! ¡Estáis ante la justicia de los hombres!...

—Pues yo soy Edmundo Dantés, conde de Montecristo, y vos: ¿quién sois?

—Ya os lo dije, Edmundo Dantés; ya sabéis quién soy.

—Noto que intentáis prolongar esta comedia ridícula que habéis meditado —replicó Montecristo—; hacéis mal señor incógnito... ¡eso se llama ignorar quién es el conde de Montecristo!

—¡No lo ignoro! Sois un hombre, que dejándose arrastrar por la sed tremenda de una venganza bárbara, esgrimisteis furioso el cuchillo de la justicia, que Dios había puesto en vuestras manos poderosas, sin contemplaciones.

—Sí, la mujer que os había amado con lo más íntimo de su alma pura, aún derrama lágrimas de sangre cuando se acuerda de vos; le distéis en cambio de su amor profundo, de su martirio prolongado, un futuro de miseria y de viudez, sin compasión alguna.

—Y al amigo que de vos se confiaba, que no tenía secretos para vos, le distéis por premio la traición, la desesperación y la vergüenza. No contento con eso, alimentásteis la llama perversa de una nueva Locusta y os reísteis cuando sus víctimas cayeron. La sangre de una criatura de nueve años os mancha todavía la frente criminal... y en seguida de todos esos crímenes, creyendo redimiros con un acto de simple generosidad, vivís ahora muy tranquilo, diciendo que habéis cumplido con la justicia de Dios. ¡Todo es falso!

—Esto es en pocas palabras, lo que vos habéis hecho, conde de Montecristo; ¡traidor y asesino inclemente, que intentábais encubrir todos los horrores de vuestro criminal procedimiento con el pomposo título de justicia de Dios!

—¡Temblad, hipócrita... más allá está el martirio que os aguarda... y después... después la tumba en que habéis de tropezar y caer maldito de Dios y de los hombres! ¡Para siempre!

—Quien quiera que seáis —dijo pausadamente Montecristo, después de algunos momentos de meditación—, acepto por el presente de esa acusación, con tal que me concedáis el derecho de defenderme haciendo abstracción de todas las ideas lúgubres, ingeniosos mitos de que os habéis servido para sostener vuestro discurso, en consonancia con el traje que adoptáis; conozco que después de haber analizado todos los actos de mi actuación en París, condenáis los sentimientos que entonces me dominaban. Pues bien; la imaginación es libre y yo no pretendo ni pretendí nunca que los hombres creyesen ciegamente en la justicia de mis procedimientos. Hallaré hoy todavía un placer grande en demostraros la justicia de algunas de esas acciones que os parecen las más violentas, defendiendo mi conciencia de cualquier asomo de remordimiento que para lo sucesivo pudiese tocarle.

—Pero este asunto, entretanto, no es cuestión para el lugar en que nos encontramos; y una vez que os habéis dado el trabajo de buscarme, apenas vuelvo de nuevo a Europa, no será mucho exigir pediros que me busquéis en la Giudecca, en donde a cualquiera hora seréis recibido con todo el interés posible. Hasta entonces os permito guardar el incógnito. ¡Eso es todo!

El enmascarado suspiró tristemente apenas Montecristo acabó de hablar.

—Conversaremos algún día, señor conde —dijo al cabo—; mas por muy bien razonados que sean vuestros argumentos, no habrá filosofía en el mundo cristiano que los sancione.

—¡Lo veremos! —dijo Montecristo, con prestancia.

—Hasta ese día —replico la máscara extendiendo la mano derecha.

Montecristo tocó máquinalmente aquella mano extraña que esperaba la suya, pero lanzó un agudo grito de sorpresa, retrocediendo y poniéndose lívido, sudoroso.

—¡Vuestra mano está yerta!...

—¡Tiene la frialdad del sepulcro! —murmuró el enmascarado exponiéndola a los rayos de la luna.

—¡Oh! —exclamó Montecristo, temblando a pesar suyo—; ¡es la mano de un muerto! ¡Esa mano que me persigue fatalmente!

## CAPÍTULO XLI

# PRIMERA DECADENCIA DEL COLOSO

Luego de aquel primer movimiento de sorpresa, el conde de Montecristo, recobrando su ordinaria presencia de espíritu, buscó inútilmente con la vista al hombre con quien había estado hablando; éste había desaparecido súbitamente por el antro que formaban las ramas del jardín, sin dejar vestigio alguno de sus pasos por aquel lugar.

El conde parecía sentir todavía el frío de la mano descarnada que maquinalmente había apretado la suya. Por más completa que sea nuestra filosofía, por más despego que tengamos de las preocupaciones de la Edad Media, o por mejor decir, del fanatismo, hay momentos en que nos dejamos dominar de una especie de inexplicable miedo, sin mostrar por eso debilidad de espíritu. Es porque hay momentos en la vida, ocasiones inconcebibles, en que el estudio, la ciencia, el pensamiento, son nada en presencia de diversos hechos, que el estudio no es capaz de dilucidar, que la ciencia no explicaría y que el pensamiento no puede concebir.

Aunque la escena descrita más arriba no esté precisamente en ninguno de esos casos que establecemos, para nosotros, que hemos seguido desde su origen la entera acción de esta pequeña historia, para el conde de Montecristo era una de las más singulares, y tal vez la primera de este género en su vida, por la cual estaba confuso.

¿Quién es ese hombre misterioso que conoció de cerca la historia de Edmundo, y se acercaba a él para acusarlo de la mayor parte de sus acciones y sentimientos?... ¿Qué mano era aquélla que había salido del sepulcro para venir a enlazarse con la suya, provocándolo en el momento en que él menos pensaba en lo pasado?

Todas estas inquietudes asaltaron súbitamente la imaginación del conde de Montecristo, aunque en sus labios firmes estuviese la sonrisa del escarnio.

Pero un adagio vulgar, no sería expresado de tan singular manera; un enemigo oscuro no habría hablado con la firmeza y el aplomo que el desconocido enmascarado. ¿Y quién podría ser ese enemigo? ¡Eso era lo importante!

El barón Danglars era, desde luego, incapaz de semejante idea.

Alberto de Morcef había dado pública satisfacción al conde de Montecristo, en el día señalado para un duelo a muerte.

Villefort se había vuelto loco, y probablemente ya no existía.

¿Quién era, pues, aquel hombre?

En vano el conde contó una a una, todas las personas que por el mal fundado raciocinio pudiesen juzgarse con el derecho de perseguirlo de esa forma.

En vano reprodujo en su imaginación todas las situaciones de su vida pasada.

—No podría nadie considerarse hoy mi enemigo, al extremo de llegar a la venganza. Ninguna de las situaciones de mi vida pasada ha dejado la más mínima sombra de remordimiento.

Estos eran los argumentos del conde.

¿Quién sería, pues, aquel hombre?

Esta era la pregunta a que el conde no sabía todavía responderse, después de larga y profunda meditación.

El día siguiente al del baile del señor Gradenigo, el conde de Montecristo esperó la visita del hombre que lo acusaba en forma tan terrible.

Pero aquel hombre no apareció.

Transcurrieron con velocidad los días, y al fin de una semana el conde ignoraba todavía quién podría ser su enemigo. Cansado de sí mismo procuró distraerse, y entonces se acordó de buscar a las jóvenes d'Armilly, que conocía de París, y a las cuales siempre dispensó el conde sincero afecto.

Las dos jóvenes amigas, habiendo interrumpido sus compromisos en el Argentino, por motivo de su reconocida enfermedad, habían salido de Roma, y vivían siempre juntas en Venecia, en una hostería francesa.

Montecristo se hizo anunciar bajo un supuesto, nombre, y fue recibido después de alguna instancia.

Luisa d'Armilly fue la primera que apareció ante su presencia.

—¡Dios mío! —dijo ella mirando al conde—. ¿Tengo el gusto de hablar al señor conde de Montecristo?

—Sí, señorita, quise probar vuestra memoria, y pido me disculpéis... porque cuando no tenemos el mérito necesario para llamar la atención de los otros, no creemos ser reconocidos después de un largo periodo de ausencia; pero felizmente me he equivocado.

—Nunca deberíais hablar de esa manera, señor conde; yo y mi amiga Eugenia sabemos apreciar vuestros nobles sentimientos... y aunque el mundo entero os condenase...

—No prosigáis, señorita; cuando el mundo entero condena a un hombre, es forzoso que sigamos la opinión general —interrumpió el conde de Montecristo con una sonrisa benévola, continuando después:

—Me parece que podré apreciar la salud de vuestra interesante amiga Eugenia por el rosado suave que se nota en vuestro rostro.

—¡Oh, sí!... —respondió Luisa—; Eugenia está mucho mejor, y yo, que muchas veces me estremecí por su abatimiento, me alegro en extremo de su restablecimiento.

—He oído decir que vinisteis de Roma... ¿no era favorable a vuestra amiga el temperamento de aquella ciudad?

—Un disgusto profundo —dijo Luisa, mostrándose algo vacilante—. Víctima de una traición horrible... que hoy está felizmente publicada... Perdón, señor conde... ella me acriminaría si yo tardase un momento en anunciarle la visita que os dignáis concedernos. Corro a prevenirla.

A los pocos instantes apareció Eugenia Danglars en la sala. Montecristo notó con asombro la mudanza que se había operado en el rostro de Eugenia, donde se veían los rastros profundos de muchas lágrimas, de esas que nos causa el disgusto cuando está herida el alma.

Las rosas de la juventud y del placer de una existencia suave, habían desaparecido de aquella faz marchita a fuerza de sufrir dejando en ella la paz mortal de la agonía y de la congoja.

Su mirada, en otra época animada por la llama sagrada del genio que la encendía, estaba lánguida y vagarosa.

El gesto enérgico y ardiente que la caracterizaba, era entonces lánguido también y triste como la expresión de esas imagenes que se ponen en la cabecera de los lechos mortuorios de la humanidad, símbolo de la pena.

Todo estaba mudado en Eugenia Danglars, y el conde no la habría reconocido, si no le hubiesen dicho que aquélla era la altiva hija de la señora de Servieres.

Eugenia escuchó las palabras del conde, respondiendo apenas a algunas preguntas directas que él le hizo.

Después de media hora de conversación, en que Montecristo procuró inútilmente adquirir noticias de algunas personas que había conocido durante el tiempo que estuvo en París, se despidió de las dos amigas, anunciándoles que pensaba dirigirse a Roma inmediatamente.

—¿A Roma? —preguntó Luisa, mirando de un modo significativo a Eugenia.

—Espero distraerme en aquella ciudad —dijo el conde—; el fastidio es el mayor de todos los males que podemos experimentar, os lo aseguro.

—Pues... señor conde, permitid que os advierta que tal vez aumente en Roma vuestro total fastidio.

—¿Cómo así? ¿Es posible?

—Hay allí una cuestión judicial en que algunas veces suena vuestro nombre.

—¿Y cómo es eso? —preguntó el conde con una sonrisa amable, como para poner en evidencia la tranquilidad que en su espíritu reinaba.

—¡Oh!, tal vez no lo creeréis; sabed que fue allí incoado un proceso terrible contra el famoso salteador Luis Vampa, y que este hombre temible declaró ante los tribunales haber tenido algunas relaciones con vos.

—Realmente hallo galantería en el *signor* Luis Vampa —dijo el conde con un movimiento frío, continuando luego—, y el caso es que existían de hecho esas relaciones, y yo soy amigo de aquel hombre. Y siento lo poco en que tengo ahora la seguridad de su cabeza.

Cuando el conde dijo estas palabras, dos lágrimas corrían en silencio por las mejillas de Eugenia, pues eso le evocó la terrible tragedia de su vida.

El conde iba a continuar, pero Luisa le hizo una señal, que él comprendió, de que no prosiguiera, y fue a abrazar a su pobre amiga que se había abandonado sobre un sofá.

Se despidió el conde de ellas, y salió conmovido por el estado de languidez en que había visto a aquella pobre joven, con el propósito firme de emplear todos los medios que estuviesen a su alcance para salvarla; pero para conseguir el buen resultado de este trabajo, que tan noblemente se proponía, era necesario antes de todo conocer y estudiar la causa originaria de aquella enfermedad, contra la cual, según la inteligencia de Montecristo, los médicos vulgares nada podrían conseguir.

Esperando que con el tiempo sabría él cuanto se dijese con respecto a Luis Vampa, y juzgando este asunto menos importante que el segundo, empezó a trabajar con premura.

En pocos días consiguió el que Eugenia Danglars y Luisa d'Armilly visitasen a Haydée. Estas señoras se estimaron mutuamente, y el conde tuvo el placer de formar ese pequeño círculo de connivencia íntima que tanto apreciaba y le era necesario.

Como si realmente el conde de Montecristo hubiese de sentir el derrumbamiento, piedra por piedra, del edificio de su paz íntima, y de su felicidad, no tardó en que una nube negra y misteriosa cruzase el horizonte limpio de su vida, sin que él pudiese combatirla.

Hacía algunos días que Haydée, con el pretexto de una indisposición, se excusaba de recibir personalmente a Eugenia y Luisa, y cuanto más solícito se mostraba el conde con ellas, más se aumentaba en Haydée la supuesta enfermedad.

Ella, si bien educada conforme al uso europeo, llevaba en su interior aquel fuego violento que la pasión enciende en el pecho de las mujeres orientales; muy en breve se manifestó ese fuego voraz que los celos exaltan al último grado. Muchas veces había ella observado con el mirar celoso, como el de la leona de su país, pasear el conde al lado de la señorita Danglars, en la gran galería del palacio. El conde parecía tratar con ella de un asunto grave, fuese cual fuese; pero Haydée luego suponía el asunto de esas dilatadas conversaciones, como si encontrase un placer amargo en suponer, sin datos suficientes, sentimientos que eran totalmente extraños entre el conde y Eugenia.

Haydée no era quien observaba estos paseos sobre la gran galería del palacio; alguien había siempre, ya en el canal, ya en los corredores que había frente al edificio, que no quitaba los ojos de la interesante figura de Eugenia, que paseaba al lado del conde.

Una de las tardes en que aquéllos paseaban en la galería, respirando la brisa suave del Lido, Eugenia parecía más abatida que nunca, y el conde más empeñado en descubrir la causa misteriosa de ese abatimiento de espíritu, le dijo:

—Hija mía, cuando se tiene vuestra edad, no debemos desesperar del mundo. ¿Qué enfermedad puede haber en vuestro espíritu para la cual no encontréis un bálsamo saludable en todo cuanto os rodea?... Sois bella, joven, poseéis uno de esos genios que el mundo admira y aprecia, porque lo reconoce superior... ¿para qué os robáis, entonces, a ese mundo brillante que rueda a vuestros pies, y os bendice con devoción?

—Oh, señor, vuestras palabras son como siempre, nacidas de una sincera simpatía, bien lo sé y os lo agradezco, pero este mundo de que habláis... ¿qué puede ofrecer para curarme de este recuerdo, de este amor... esta agonía, dulce, sin embargo, que yo siento? —dijo Eugenia elevando los ojos al cielo con expresión dolorosa.

—Bien; ahora hablásteis en términos más precisos, hija mía —replicó el conde—; hablásteis de recuerdos, de amor, de agonía, tres palabras que patentizan un sentimiento poderoso y violento, en la escala de las sensaciones humanas que tanto nos dominan.

—¡Sí... sí... señor! ¡Valorad si podéis vos mismo, el sentimiento infinito que hay en este pecho, y compadecedme después! —dijo ella dejando caer la frente sobre el pecho y enjugando una lágrima.

—Por el contrario, hija mía, os he de profetizar un futuro lleno de un placer inmenso, inefable y duradero.

—¡Ah, no! —dijo Eugenia, con un suspiro profundo, como el sonido que se desprende blandamente de las cuerdas de un arpa—; todo se va a acabar para mí ¡Completamente!...

—Escuchad, hija mía —dijo el conde con su amable sonrisa de benevolencia—: ¿reconocéis que yo me considero perfectamente feliz? Tengo una esposa cariñosa, cuyas caricias recibo constantemente con indecible placer; tengo un hijo en cuyos labios inocentes yo escucho de continuo mi nombre, como si escuchase un ángel bendiciéndome... Pues bien... en el espacio de quince años, quince años larguísimos de soledad y sufrimientos... ¡quince años, hija mía!... yo decía del mismo modo que vos ahora: ¡todo está acabado para mí! En ese tiempo contaba yo la edad que tenéis hoy, y como vos, desviaba con horror mis ojos de lo futuro para clavarlos en la tierra, donde creía dormir brevemente el sueño eterno; pero tuve también una voz persuasiva que me decía: ¡creed y esperad! Sí, en estas dos palabras, creer y esperar, se encierra toda la sabiduría humana, como lo reconocí más tarde, creyendo y esperando en ese último consuelo.

—Asimismo —dijo Eugenia—, las situaciones son tal vez muy diferentes.

—Sí, pues yo me hallaba encerrado entre las negras y tristes paredes de una torre inaccesible a la luz del día, y que estaba rodeada por la inmensidad del océano; una bóveda sombría era mi único horizonte... Padre, amigos y amante... ¿dónde estaban? ¡Esa noche horrible del sufrimiento me había separado de ellos para siempre! Mis más risueñas esperanzas habían sido aniquiladas de un solo y aterrador golpe, pero mi fe y mi creencia, aunque un momento debilitadas, adquirieron fuerzas, sin embargo, entre las tinieblas y la agonía, y me atreví a mirar de frente al mundo y la felicidad al través de las paredes y la bóveda de mi prisión.

Eugenia pareció meditar un momento, y luego repuso:

—Señor, vos sois un hombre y yo soy una triste mujer; la escala de sensaciones es diferente en nuestros pechos. Vos podíais habar imaginado vuestra felicidad para siempre deshecha sobre la tierra, pero, levantado sobre esas preciosas ruinas, pudisteis todavía concebir una esperanza. Yo, por el contrario, debo desaparecer del mundo, porque el mundo, de hoy en adelante, no será para mí más que un infierno. Señor, vos nunca habríais imaginado que con la cabeza de vuestro amante, habría de caer la única esperanza de vuestra alma....

—¡Eugenia! —exclamó el conde, iluminado por las terribles palabras que había oído—, ¡oh!, hablad, hablad, que el tiempo corre, hablad... Dios es misericordioso... Dios tiene un poder inmenso; hablad, hablad pronto, os lo ruego.

—No puedo —murmuró Eugenia—, no puedo, el sentimiento me sofoca.

Diciendo esto, se apoyó en el parapeto de la galería, y su mirada pareció extinguirse como el brillo de las estrellas en el horizonte purísimo.

La luna se levantaba en el Lido.

Dos góndolas pasaron silenciosas por el frente del palacio, en la quietud del lago.

Esas dos barcas se detuvieron un momento porque los dos remeros cesaron de batir las aguas del pequeño canal; entonces se elevó una voz suave y melancólica, acompañada por los sonidos tristes de una guitarra. La voz era de hombre y repetía, en mal italiano, estas cuatro estrofas:

> *¡Grandes palacios cayeron,*
> *malos albergues se irguieron,*
> *tímidos pobres subieron,*
> *y otros grandes descendieron!*

> *¡Todos tienen una estrella;*
> *el destino a todos digo,*
> *así al noble o al mendigo,*
> *como a la bruja y la bella!*

> *A los niños inocentes,*
> *a los condes que enamoran,*
> *a las esposas amantes,*
> *si los celos las devoran.*

> *Para todos está mi estrella;*
> *¡su destino a todos digo,*
> *al noble como al mendigo,*
> *como a la horrible y la bella!*

La voz se apagó, dejando oír distintamente el preludio de la guitarra, que era hábilmente tocada.

De allí a poco la misma voz repitió sus trovas, y un hombre puesto en pie en una de las góndolas agitaba un pañuelo blanco en la dirección de la galería en que estaban el conde y Eugenia.

Cuando el conde se inclinaba en el parapeto de mármol para oír lo que decían, sintió que le tocaban suavemente sobre la espalda.

Se volvió y vio a Haydée con el niño en los brazos.

—Llamadlos, señor —dijo ella con interés.

El conde hizo un movimiento para responderle, pero ella le interrumpió:

—Luego que los oí tomé a mi hijo en los brazos, con el deseo de que le pronostiquen su futuro. Llamadlos, señor, deseo que me digan...

—¡Tú quieres eso, Haydée? Muchas veces estos aventureros no dicen la verdad; para quien no posee un espíritu templado en las rudas alternativas de la desgracia, siempre es malo oír a esta gente.

—Señora d'Armilly —dijo Haydée, dirigiéndose a Eugenia—, ¿tendrías también algún interés en oír a aquellos hombres?

El conde notó con asombro el gesto vehemente con que su esposa había hablado a Eugenia Danglars, y para evitar un diálogo violento, sacó su pañuelo blanco e hizo señas a los de la góndola, para que viniesen.

## CAPÍTULO XLII

# EL GITANO

Fue en una de las salas del edificio, donde se reunió la pequeña familia del conde de Montecristo.

Eugenia Danglars y Luisa d'Armilly estaban presentes.

Era la sala amplia, ornada de muebles antiguos y decorada con algunos cuadros de grandes dimensiones, que según lo había afirmado el propietario de aquel palacio, procedían de las antiguas pompas artísticas de Venecia, debidas a los pinceles de Tiziano, Tintoreto o Pablo Veronese; pero que a una vista inteligente, aun dejando de pertenecer a Palma, Felligni o Mantegna, comprendería la simple imitación de estos tres discípulos de la escuela veneciana, por uno de esos pinceles oscuros que con toda la osadía del pedantismo deshacen y descomponen poco a poco las obras de los grandes genios.

Estos cuadros enormes, aquellos muebles sombríos, testigos mudos de las escenas de muchos siglos, concurrían de un modo singular para el acto misterioso que se esperaba.

Haydée tenía a su hijo en los brazos. Eugenia y Luisa se hallaban sentadas a su lado, y el conde, en pie, apoyaba el brazo izquierdo sobre el mármol de una papelera.

La luz de una lámpara francesa estaba velada por una pantalla verde y transparente, y el silencio era profundo, propicio para esa escena.

Luego de un instante de espera, apareció el gitano. Era un hombre todavía joven; su talle gracioso y ligero, semejaba un modelo magnífico de Phidias; su vestido ajustado y esmerado, tenía la elegancia y gentileza española; finalmente, el gesto animado de su fisonomía, la expresión misteriosa de su mirada, todo concurría para inspirar entera confianza a las mujeres, y vagos recelos a los otros hombres.

El conde permaneció inmóvil, lanzando una ojeada al recién llegado.

Haydée se sonreía, tocando con el índice en la extremidad de los labios de su hijo, como para despertarlo.

—Buenas noches, *signor* —dijo el gitano en mal italiano, y procurando dar a sus palabras un acento español—. ¿Es cierto que soy aquí llamado para descubrir el secreto de vuestros destinos? Bellas señoras, ¿qué puede haber de malo en vuestro futuro?...

—¡Empezad! —murmuró el conde.

—Por vos, *signor*, si lo queréis...

El conde se sonrió de un modo desdeñoso.

—Noble señor —dijo el gitano—, tenéis la firmeza del genio; ¡al veros nomás, reconozco que sois cual un bajel audaz en el mar de la vida! Ahí están en vuestro rostro las señales de un pasado borrascoso. ¡En la pupila, un poco dilatada, en los labios irregularmente cerrados, yo leo el sentimiento de una pasión extrema! ¡Fue una flor que no llegó a abrirse completamente!

—Gastáis vuestro tiempo en cosas de poco interés —observó el conde, que comenzaba a impacientarse—. Dejad lo pasado que va lejos, cuidad de lo futuro, ya que tenéis la vana presunción de creeros igual a Dios, a quien solamente pertenece aquél.

—Dadme vuestra mano —dijo el gitano vivamente.

—Tomadla —contestó el conde con un gesto de burla.

Entonces hubo un instante de silencio; el gitano meneó la cabeza y volviéndose para Haydée, murmuró estas palabras con un acento lúgubre.

—¡Pobre Haydée!

El conde hizo un movimiento de contrariedad, y Haydée imprimió un beso extraño en los labios de su hijito.

—He aquí la línea de tierra... —continuaba el gitano, mirando la mano de Montecristo, en cuya frente empezaban a verse algunas gotas de un sudor frío.

—Sed breve —murmuró él.

—¡Basta! —dijo el gitano mirando al cielo y después a la tierra.

—Hablad...

—¡No debo!

—¿Cómo? ¿Qué es lo que decís?

—¡Es imposible!

—Sois un gran adivino... —dijo Montecristo con su risa más burlona, pues atribuía a la ignorancia el embarazo del gitano.

—Pues bien, *signor*, para probaros que no soy tan malo como lo suponéis, escuchadme en secreto esto que os diré.

—Accedo a ello, pero os prevengo que no consentiré que se oculten en la capa del misterio media docena de palabras sin sentido.

—Tal vez —murmuró el gitano con intención, retirándose con el conde hacia un lado de la sala.

—*Signor* —dijo entonces el gitano—, ¿alguna vez visteis los áridos y extensos desiertos del África, donde no hay una sola gota de agua para apagar la sed ardiente del viajero? ¿Habéis notado allí una palmera aislada, erguida en un suelo estéril en que todo muere abrasado? ¿Nunca os preguntasteis por qué razón vive allí aquel árbol, soportando solo el calor, la calma y esa horrible angustia que aniquila?... ¿no habéis leído en sus hojas secas la historia de muchos siglos?...

—¿Qué queréis decir? —preguntó el conde—. ¡Francamente, no os comprendo!

—*Signor*, el desierto será la vida; la tempestad y la calma, la desgracia; los siglos serán los años, la palmera sois vos, orgullosa en el desierto.

—Muchas gracias, mi buen profeta; pero, ¿cuál es la garantía que me otorgáis para que yo crea en vuestras palabras, tal vez hijas de una simple improvisación?

—Difícil sois de contentar, *signor* —replicó el gitano—; yo no os conozco, y por eso no puedo combinar hecho alguno de vuestra existencia pasada, para determinar con precisión vuestro futuro. Sin embargo, os diré que hay en el mundo la mano de un fantasma que clama por vos.

—¡Oh, todos tendremos el mismo fin! —respondió el conde con impasibilidad, casi indiferente.

—Pero con la diferencia de que vos habéis de llegar a ese fin cuando vuestro pecho no tenga ya aliento para soltar un gemido, y cuando en vuestros ojos no hubiese ya ni una lágrima que no sea de sangre.

Ante estas palabras el conde se estremeció interiormente, y clavando su vista en el rostro moreno del gitano, procuró descubrir allí un enigma cualquiera, cuya existencia él presentía; pero el rostro del gitano estaba inmóvil como el de una estatua.

—Aquí tenéis este niño... —dijo Haydée, luego que él acabó de hablar con el conde—; decidnos cuál es su destino, si tan sabio sois.

—Diré, *signora*; pero si alguno de vosotros requiere mis servicios, este inocente será el último. *Signora* —continuó él dirigiéndose a Eugenia Danglars—, vuestra estrella debe ser buena; ¿queréis que la interrogue?

—Me es indiferente —murmuró Eugenia, sin mayor entusiasmo.

—¡Oh!, hablad... —dijo vivamente Haydée— esto es divertido... hablad.

—Muy bien; dadme vuestra mano.

Eugenia extendió la mano, y mientras el gitano parecía observarla, todos guardaban un profundo silencio, esperando el resultado de aquel momentáneo estudio.

—Habéis sentido un amor violento —dijo el gitano—; un amor de esos que solamente se sienten una vez en la vida; fuisteis víctima de esa pasión vehemente, pagando en vida en el famoso *Campi-lugente*, el tributo de vuestra desdichada existencia. Lejos de vos veo a vuestra madre que llora en vano por vos; le falta el pan, y cuando os convenzáis de lo que debe una hija a su madre, habéis de ofrecérselo. Finalmente, preparad vuestros vestidos de luto, porque bajo el cuchillo de la justicia, caerá la cabeza del hombre a quien amáis.

Eugenia, que durante estas palabras del gitano empezó a agitarse y a temblar, lanzó un grito doloroso apenas acabó de hablar.

—¡Ah, miserable! —dijo el conde avanzando hacia él—. ¡Esas palabras!...

—Sólo dije la verdad, *signor* —contestó el gitano de un modo humilde, porque notó en un movimiento de Haydée la resolución que ésta tenía de evitar los efectos de la indignación del conde.

Entretanto, Eugenia, trémula y pálida, se había levantado, mientras que Luisa, tomándola rápidamente del brazo, procuraba auxiliarla.

—Huyamos... Luisa, huyamos... —gritó Eugenia con desvarío—; ¡aquel hombre está marcado con el sello de la fatalidad! —y apuntó horrorizada hacia el conde de Montecristo—. ¡Oh!... madre mía... ¡cuán mal hice yo en abandonarte! ... huyamos pronto.

Al decir esto, Eugenia, tomando la mano de su amiga, corrió con ella por la sala y salió del edificio rápidamente.

Quedó el conde estupefacto, y Haydée, apretando contra el seno a su hijo, contemplaba con interés aquel cuadro singular.

—Vamos, mi adivino —dijo el conde, tirando su bolsa a los pies del gitano—, está acabado el trabajo; podéis retiraros ya.

—Todavía no, señor; falta el destino de mi hijo.

—¿Qué dices, Haydée? ¿No reconoces que este miserable es un impostor que pretende asustarnos con sus locas fantasías?

—¡Reconozco que habéis dicho la verdad! —respondió Haydée, continuando después—; ¿y qué podrá decir de malo relativo al futuro de este inocente? Sentaos, señor mío, y tomando ambos en los brazos a nuestro querido hijo, escuchemos la profecía.

El conde, aunque agitado por lo que le había sucedido, no pudo negarse a lo que Haydée le pedía. Sentóse al lado de ella, y pasándole un brazo alrededor de la cintura, cubrió con el otro el cuerpo de su hijo, que estaba extendido sobre sus rodillas.

La criatura parecía contenta, y golpeando las manitas, se sonreía mirando a los autores de sus días, como si quisiera recompensarles ya el amor intenso que ellos le tenían.

El gitano aproximóse a aquel cuadro, al parecer interesado.

En su rostro pálido, medio escondido entre sus espesas patillas negras como el ébano y lustrosas, había una risa diabólica, cuya expresión no escapaba a la mirada inteligente del conde, que lo examinaba.

Haydée, tomando la manecita de su hijo, extendió el brazo en la dirección del gitano.

—Bien, aquí tenéis su mano —dijo.

El gitano la observó en silencio por espacio de un segundo, con la misma atención y el mismo escrúpulo que hasta allí había empleado en semejantes observaciones.

—Muy bien. Daré comienzo.

—¿Qué sabéis?

—Por ahora, muy poco.

—Hablad, os escucho...

—Nació bajo la influencia de un mal, signo... Pero aun, según lo que me dice esta línea curva y...

—¿Cuál? —preguntó Haydée, observándola llena de miedo.

—¡Esta que parte de la última junción del índice, y va a acabar, en la palma!...

—Ya veo... ¿qué os dice ella?

—Que el niño nació en Oriente... tal vez en Constantinopla...

Haydée miró al conde muy satisfecha de la verdad que encerraban las palabras del gitano.

—Por eso —prosiguió él—, no será tan feliz como podría ser; sin embargo, es necesario emplear algunos medios para evitar la desgracia.

—Hablad... hablad... cuanto estuviere a nuestro alcance, todo lo haremos —dijo Haydée.

—Esta semana habrá en Venecia un banquete ofrecido a los pobres —dijo el gitano pausadamente—. Vos debéis comparecer allí con este niño, y hacerle comer del pan de la caridad; será conveniente que vos y vuestro marido lo participéis también, para que os purifiquéis de cualquier vanidad que haya en vuestros pechos. Después, debéis hacer que este niño reciba un beso de tres pobres que lo tomarán en brazos con ese fin.

—Nada más fácil —dijo Haydée—; haremos todo cuanto él dice, ¿no es verdad, amigo mío? —preguntó al conde con tono ingenuo.

—*Signora* —continuó el gitano—, haciendo lo que os digo, creed que habéis alejado del horizonte de esta vida inocente algunas nubes que noto. Buenas noches, la Virgen quede en vuestra guarda, y un genio benigno no deje de velar jamás junto a la cuna de vuestro hijo.

Diciendo esto, el gitano se dispuso a salir, y Haydée, con la sonrisa de la esperanza en los labios, y la vista turbada por el llanto de una sensibilidad sublime, extendió la mano al gitano, ofreciéndole un anillo magnífico que tenía en el dedo.

Tomó el gitano el anillo, y lo besó, como prueba de profundo respeto y gran satisfacción.

—¿Entonces, señor? —dijo Haydée con orgullo a su marido, cuyo mirar inquieto parecía seguir la figura del gitano mientras atravesaba la sala—. ¡Bien os decía yo que nuestro hijo había de ser feliz! ¿Iremos al banquete de los pobres?

—Iremos —murmuró Montecristo.

Haydée le pasó un brazo alrededor del cuello, uniendo sus labios ardientes a la frente del conde, que estaba emocionado.

## CAPÍTULO XLIII

# EN EL BANQUETE
# DE LOS POBRES

La próxima y piadosa función se hizo desde luego el blanco de todos los pensamientos de la joven madre; ella quiso por su propia mano escoger y comprar el vestido que su hijo debía llevar a la tierra de los pobres. Cada día tenía una nueva idea conducente a este único fin; ya una flor que faltaba bordar en un claro del vestido, que ella advertía repentinamente, ya una cinta, ya un adorno gracioso cualquiera, para completar el cuadro de elegancia que Haydée había concebido.

Mientras tanto, el conde de Montecristo trataba de proteger, cuanto le era posible, a la infeliz hija del barón Danglars.

Fue a encontrarla al día siguiente, notando con asombro una silla de posta, colocada a la puerta del hotel.

Preguntó por quién aguardaba aquel carruaje, y le dijeron que por las dos actrices famosas.

El conde subió apresuradamente las escaleras y sin responder a las observaciones de los criados, entró por las salas hasta encontrar a Eugenia o a Luisa. Fue Eugenia la primera que se le apareció de inmediato.

Estaba toda vestida de negro, su rostro pálido tenía el aspecto de quien ha tomado una resolución violenta.

—Señorita —dijo el conde—, ¿permitís?

—Sí, señor conde; conociendo que mi estrella empezó a oscurecerse entre las negras nubes de la desgracia, me conformo con el destino, y voy a agotar el cáliz de un placer tan amargo y cruel como una mujer en mi caso pueda resistir.

—Eugenia —replicó el conde, tomándole suavemente la mano—: es dolorosa la expresión de vuestras palabras. ¿Será por ventura que vuestro espíritu se debilita al solo peso de un embuste, como el que nos contó ayer ese gitano, cuyo simple interés era conmovernos para que le pagásemos bien?

—¡Oh!, señor... —respondió Eugenia con una sonrisa lúgubre— no sé qué misterio hubo en la noche de ayer... pero el gitano habló la verdad en todo cuanto dijo respecto a mí. ¡La cabeza del hombre a quien yo amé y quiero todavía, sin tener fuerzas suficientes para sofocar este sentimiento, va a caer bajo el cuchillo de la justicia romana!

—¿Será imposible evitar ese acto de justicia? ¿Lo creéis?

—Sí; porque el condenado es Luis Vampa, y los romanos piden su cabeza... ¿Os admira este amor que yo consagré a un vil salteador? ¡Oh!, ¡es que Vampa no era como todos los hombres; había en él algo de enérgico y majestuoso, que lo hacía superior a todos ellos!

—Eugenia —replicó el conde de Montecristo—, creed que no hay nada imposible en este mundo, cuando la misericordia de Dios nos protege. Esperar y creer, es toda la sabiduría humana; debéis, pues, esperar y tener fe.

—¿En qué? —preguntó Eugenia, como si quisiera decir—; ¡todo está acabado! ¡Nada me queda ya!...

—¡En Dios, Eugenia, en Dios!

—¿Podríais vos conseguir que Dios proteja a aquel infeliz Vampa?...

—¿Cómo?

—Puedo.

—Ya compré al Papa la vida de un hombre; le he de comprar la vida de otro, si ello fuera preciso.

—¿Por qué precio?

—En la tiara de Su Santidad hay una esmeralda magnífica; allí habrá un lugar para otra de igual valor.

—¡Oh!, señor... —murmuró Eugenia apretándole la mano respetuosamente, y queriendo llevarla a los labios.

—Disculpad, Eugenia —dijo el conde, retirando la mano—. Apenas os prometí salvar la cabeza de Vampa; pero prometedme también que no abandonaréis la vida grandiosa en que habéis obtenido toda la gloria de un genio.

—¡Yo os lo juro!

—¿Cultivaréis siempre la ciencia de Talma, mientras el polvo helado del tiempo, no blanquee esos hermosos cabellos?

—Sí. Lo haré.

—Pues bien. Voy a decidirme a salvar a Vampa; alcanzado que sea el perdón del Papa, él se hará un hombre de bien; lo conozco mucho y sé que tiene sentimientos generosos en el fondo de su alma.

Cuando el conde terminaba de decir estas palabras, apareció Luisa d'Armilly, pronta para acompañar a Eugenia.

—No, mi querida amiga, por ahora todavía nos quedamos en Venecia —le dijo Eugenia.

—¿Cómo así? ¡Oh, qué dicha!

—Fue un rayo de felicidad inesperada; un relámpago de esperanza que surcó el tenebroso cielo que te descubrí ayer, en mi triste destino.

—No pierdo un momento, Eugenia —dijo el conde—; voy a trabajar para que ese relámpago brille más constante, y no sea la luz vaga que cruza en el espacio refulgente.

El conde dio un paso para retirarse, pero se detuvo para escuchar lo que le decía un criado del hotel que entró en la sala.

—¿Sois vos, excelentísimo, el *signor* conde de Montecristo?

—Sí.

—Es, pues, a vuestra excelencia a quien se dirige esta carta.

—¿De dónde viene?

—La trajo un hombre que no conozco, pero según él afirma, la carta viene de Roma por especial favor.

Eugenia hizo un movimiento de interés al oír lo que se decía y el conde, por el contrario, se turbó por lo que dijo a Eugenia Danglars; pero no podía dejar de leer de inmediato aquella carta, y por eso, en vez de guardarla cerrada en el bolsillo, con aquel modo impasible que tanto se le admiraba, la abrió y leyó, alejándose un poco de las dos amigas, que se recostaban una en brazos de la otra.

El conde leyó para sí:

"Signor: Acabo de saber que estáis en Venecia; pero lo que yo no sé, es lo que pensáis hacer respecto a Luis Vampa. Digo esto, porque el pobre Vampa está en poder de la justicia. Tiene sobre su cabeza, suspendida a muy poca altura, el hacha del verdugo. Vos jurastéis protegerle siempre, y ahora faltáis a vuestra palabra. Venid, pues, cuanto antes... Más tarde todo estará perdido para el pobre Vampa.

"A última hora.

"Acabo de saber que Vampa se ha ahorcado de rabia en su calabozo, habiendo antes revelado a la justicia sus relaciones con vos. Creo que el encargado de Negocios de Francia tiene indicaciones de su Gobierno contra vos, por haber violado y profanado varios mausoleos del cementerio del padre Lachaise, entre los cuales se cita el de la familia Villefort y Saint-meran. No volváis a Roma, y creed que soy vuestro reverente criado.

*"Pipino Rocca-Priori"*.

Aunque la fisonomía del conde de Montecristo fuese de una firmeza increíble, presentando a los más sagaces ojos un sello inviolable sobre los secretos de su pecho, aquella vez, por lo menos, se pintó en ella la sensación que el conde experimentó al leer la carta de Pipino. Eugenia comprendió aquella expresión del rostro del conde de Montecristo.

—¿Alguna noticia desagradable? —preguntó.

—¡Oh! —exclamó el conde, como si no pudiese contener las palabras y estrujando la carta entre las manos—; ¡bien lo dijísteis, Eugenia; la fatalidad pesa sobre mí y sobre todos cuantos fueron conmigo! ¡Es espantoso!

—¡Señor!...

El conde quedó extático.

—¡Hablad... por piedad... de otro modo me haréis creer en una verdad terrible! —exclamó Eugenia, reclinando su frente en el seno de Luisa.

—Eugenia... —dijo el conde aproximándose a ella con calma, agarrándole la mano y contemplándola con una mirada de compasión profunda.

—¡Comprendo!... —murmuró Eugenia, enjugando una lágrima.

Hubo un momento de silencio, apenas interrumpido por los sollozos de Eugenia.

Ni Luisa ni el conde osaban sacarla de aquel estado, de aquel amor vehemente, cuya expresión amarga estaba en las lágrimas que ella vertía.

Después, Eugenia levantó la frente, pálida y serena miró al conde como si le dijese adiós, y dirigiéndose a Luisa, le dijo estas palabras terribles:

—¡Luisa, todas mis ilusiones murieron para siempre!... Partamos... ¿Quién sabe si mi madre pide ahora el pan de la indigencia en Roma?... Partamos... tengo allí dos deberes que cumplir, debo de poner remedio.

Diciendo esto, dio la mano a Luisa y caminó con paso firme a lo largo de la sala.

El conde quedó inmóvil, reconociendo con espanto la verdad de la singular profecía del gitano. ¡Todo fue cierto!

\* \* \*

Todos sabían ya en Venecia que un desconocido bienhechor había pedido licencia para ofrecer a los pobres de la ciudad una comida que debía realizarse muy en breve.

Las autoridades, concediendo aquella licencia, conservaron el incógnito del bienhechor, y por eso nadie más que ellas conocían quién era.

Montecristo ignoraba también el nombre de ese hombre, y tuvo que permanecer en esta ignorancia como los otros curiosos.

El día destinado para el piadoso banquete estaba próximo. Era un jueves de abril.

Cuando el sol empezó a aproximarse a su cénit, luego que el horario del gran reloj de la catedral apuntaba al mediodía, aquella gran plaza empezó a llenarse de pueblo, que acudía desde todos los puntos de la ciudad.

Las mesas para el festín estaban preparadas frente al antiguo edificio de San Marcos, conteniendo cubiertos para más de quinientas personas.

Diversas bandas de música, situadas dos a los lados de la portada de la iglesia, y dos en distintos puntos de la plaza, ejecutaban sin cesar las mejores piezas de armonía y de orquesta.

Las ventanas de los palacios estaban llenas de señoras, cuyos adornos de multiplicados colores contribuían a realzar aquel magnífico espectáculo.

No se trataba allí de escuchar con entusiasmo la voz tierna y melodiosa de una cantatriz de la alta escuela; no se trataba de admirar el mérito de una composición interesante de literatura, ni de divertirse con los saltos y muecas sorprendentes de una compañía de volatines. Se trataba únicamente de ver la pobreza, la indigencia, la miseria, gozar también un instante de la opulencia y de la abundancia.

Se trataba de ver a un pobre viejo, por ejemplo, que desde largo tiempo lloraba lágrimas de sangre por la miseria de un hijo; reír y llorar de placer al contemplarlo satisfecho y contento en la mesa del piadoso banquete.

Este espectáculo, extraño entre los cristianos, tenía, por esa misma circunstancia, mucho más mérito y novedad; y la novedad puede siempre más que todo, más que lo sagrado.

Las señoras de las mejores familias de Venecia, habiéndose reunido en sesión secreta, habían deliberado que, para darle mayor grandeza a aquel acto de verdadera caridad cristiana, ellas ofrecerían a Dios uno de completa humildad, yendo para ese fin a la mesa del banquete, para servir a los pobres mientras ellos comiesen.

Esta sublime idea de las nobles señoras venecianas, tuvo general aceptación en la sociedad.

Saliendo ellas con sus más elegantes "toilettes", descendían de sus bellos carruajes, o salían de sus preciosas góndolas, para dirigirse al atrio de la iglesia de San Marcos, donde la miseria esperaba con ansiedad su hora de satisfacción.

Era realmente grande el desvelo con que las señoras nobles tomaban en sus brazos a las pobres criaturas, y las enjugaban las lágrimas con sus ricos pañuelos perfumados; el interés con que ellas ayudaban a los viejos a llegar al lugar que les correspondía en la mesa; la fe con que repetían a las madres las palabras santas del Evangelio, para que esperasen y creyesen en la misericordia infinita del Hacedor.

Al fin, la manecilla del reloj designó la hora del festín.

La campana grande de San Marcos, girando sobre sus fornidos brazos de bronce, anunciaba sonora y majestuosamente la hora de la justicia, la hora del pan, la hora de la caridad, como si pretendiese que su eco prolongado por las límpidas aguas del Lido, repitiese por el mundo aquel anuncio solemne.

Al son de la música, al doblar solemne de la campana grande, a los gritos de entusiasmo del pueblo entero de Venecia, los pobres ocuparon sus lugares y el festín empezó.

Entretanto, por mucha que fuese la curiosidad, nadie podía averiguar quién era el autor de aquel espectáculo, complaciéndose con el efecto maravilloso de él.

El conde de Montecristo, al lado de su interesante y hermosa esposa, que sostenía a su hijo en brazos, en vano lanzaba alrededor de sí aquel mirar sosegado, frío, inteligente y profundo, para ver si reconocía al misterioso y magnánimo bienhechor.

Si él estaba allí, en efecto, su fisonomía, modelando, por decirlo así, su expresión por las fisonomías que lo cercaban, no delataba en nada, su sentimiento.

Haydée sólo pensaba en hacer comprender a su hijo el espectáculo edificante en que la pobre criatura había de tomar parte, conforme al precepto establecido por el gitano.

La criatura, al verse rodeada de toda aquella gente extraña, miraba con el ceño adusto a su madre, como si quisiese preguntarle qué significaba aquella escena sublime del cristianismo.

—¡Hijo mío —le decía Haydée en voz baja y acercándolo hacia sí—, el Dios del mundo está aquí en toda su gloria y majestad, dando a los pobres lo que es de los pobres! ¿No es así, amigo mío? —preguntaba al conde—. ¿No hallas bien agradable este espectáculo, no te parece que es verdad lo que acabo de decir a nuestro hijo?

—Sí Haydée —respondió el conde—, pero asimismo yo no sé lo que me oprime; quisiera que no se prolongase mucho esta ceremonia que me revela más vanidad en su autor, que simple caridad cristiana.

—¿Cómo así? —preguntó Haydée.

—Dice el Evangelio de San Mateo —replicó el conde—, insinuándonos a dar una limosna, que cuando nuestra mano derecha la entregue al pobre, ignore nuestra izquierda lo que hicimos. Y cuanto fueren más generosos no consintamos que la trompeta de la fama preconice ante nosotros nuestro nombre y nuestro hecho. ¿Comprendes ahora, amiga mía, la razón de mis palabras? Veo en todo este aparato un segundo pensamiento; esto no es simple caridad cristiana. Todos aquellos pobres que allí están, recibirían con mejor voluntad esta limosna en el centro de sus albergues, sólo en compañía de sus hijos y de sus mujeres. Esta pompa los oprime; la presencia de aquellas nobles señoras los tiene cortados. Notad cómo están silenciosos; cómo sus fisonomías no expresan todo el gozo que debería producirles este banquete; cómo quedan inmóviles, cuando algunas de las bellas sirvientes se aproxima a ellos... ¡Vanidad humana, hasta qué grado llegas! —continuó el conde con expresión de burla, como si fuese él superior a los otros hombres—. ¡Hasta en el acto de la limosna, tú quieres hacer ostentación de tu pompa infernal! He aquí cuán imperfecta es la creencia del hombre. ¡Ve, Haydée mía, cómo es incompleto el acto de humildad que aquellas señoras ofrecen a su Dios! Las más valiosas joyas brillan sobre ellas, en el mismo instante en que pretenden igualarse, se enaltecen a sus propios ojos y marcan ostentosamente la distancia que hay de ellas a los hijos de la miseria. Vamos, ha llegado el momento de presentar a nuestro hijo el pan de la indigencia. Sácale esos adornos que lo cubren, hija mía, rásgale ese vestido de finísima labor, y déjale sueltos sus cabellos para que los agite a la brisa del espacio.

Diciendo esto, el conde ayudaba a Haydée a ejecutar su pensamiento; ella no osaba contradecirlo, aunque le parecía bien singular aquel desorden en el vestido de su hijo.

—Ahora daremos a toda esta gente una lección —continuó el conde hablando con su mujer—. Mi hijo que tiene una herencia suficiente para comprar la ciudad de Venecia, va con los cabellos sueltos, descalzo y con el vestido roto a participar del placer de aquellos desgraciados mendigos, como sería capaz de participar de sus dolores y de sus disgustos, si él ya los comprendiese. Vamos, Haydée, ha llegado el momento.

Ella, elevando entonces al niño en sus brazos, caminó con él hacia la mesa del festín. En este momento, algunos pobres se levantaron y venían, como por casualidad, en dirección de Haydée.

—Mis amigos —les dijo ella—, por el amor de Dios, haced que mi hijo participe del pan que estáis comiendo.

Los pobres se agruparon en derredor de la hermosa y joven madre, presentando a la criatura un pedazo de pan.

Haydée separó con los dedos una porción, e introduciéndolo en los labios de su hijo, le decía:

—Come, hijo mío, es el pan de Dios. Ahora dad un abrazo a esta buena gente que nos cerca, ellos son vuestros amigos, y vos seréis amigo de ellos.

Muy luego aquel pequeño grupo se hizo el blanco de todas las miradas. Todos se aproximaron al local de la famosa escena de comunión, sorprendidos de la contricción sublime que se veía en Haydée.

El conde de Montecristo quedó separado por un momento de su esposa y de su hijo.

Todo el pueblo corría hacia aquel punto, ávido, curioso, incansable de ver y admirar como siempre.

Entonces fue cuando Haydée, imprimiendo un beso en el rostro de su hijo, lo entregó en los brazos de uno de los mendigos. Este lo abrazó y pasó la criatura a los brazos de un segundo.

Haydée, que lo seguía con la vista, lanzó repentinamente un grito agudísimo que sobresalió con horrible expresión de angustia entre aquel silencio general y profundo que reinaba.

Este grito, de una angustia extremada, fue luego seguido por el rumor de mil voces humanas, semejante al son lejano de la tempestad.

El conde de Montecristo, rompiendo por entre la multitud apiñada del pueblo, intentó llegar hasta su esposa, pero ésta era arrastrada delante de él, por la onda viva del populacho.

Muy pronto aquel mar inmenso de cabezas humanas empezó a agitarse con más confusión, tomando un aspecto horripilante. El desorden se hizo ya el único orden posible de aquella cena.

Todos gritaban y se movían sin un pensamiento determinado y superior, y entre aquellos gritos de confusión, de dolor y desesperación, se distinguía uno que clamaba con una angustia infinita: "¡mi hijo!, ¡mi hijo!"

Era la voz de Haydée.

Antes que la policía pudiese apaciguar el tumulto de la plaza, muchas cuestiones y combates se habían trabado, muchos cuerpos habían sido mutilados sin consideración, sin piedad.

El conde, luchando siempre silencioso contra las masas que le embargaban el paso, se dirigía hacia donde creía encontrar a Haydée. Ni un grito se escapaba de sus labios, ni una lágrima surcaba la pálida faz del conde de Montecristo, cuyas fuerzas parecían redoblarse a medida que la dificultad crecía.

La policía consiguió finalmente dispersar al pueblo. La plaza de San Marcos había mudado enteramente de aspecto; la mesa del festín también había sido destrozada.

Las puertas de la iglesia, las ventanas de los palacios, estaban cuidadosamente cerradas; los gemidos de las víctimas eran ahora la orquesta lúgubre de aquel campo de sangre.

El conde, levantándose entonces sobre la base de una de las columnas del pórtico de la iglesia, dominó con su mirar de fuego todo el cuadro que se presentaba ante sus ojos.

De pronto, descendiendo, corrió en dirección de una mujer que estaba de rodillas en uno de los ángulos de la plaza, con la cabeza caída sobre las espaldas y los ojos cerrados.

—¡Haydée!... ¡Haydée! —gritó el conde levantándola en los brazos como se hace con una criatura.

—¡Maldición eterna sobre mí, que fui un insensato!... ¡Un miserable!

Después, sacando del bolsillo un pequeño frasco, echó algunas gotas de un licor verde en los labios de Haydée. Ella abrió los ojos, extendió los brazos, y se estremeció como si la sangre volviese a circular en sus venas.

—¿Dónde está mi hijo?... ¡Oh! ¡Nos robaron nuestro hijo!...

—Haydée —le respondió el conde con una calma tal que contrastaba singularmente con la expresión amarga que había en su esposa—. ¡Dios lo quiso!

## CAPÍTULO XLIV

# LA CARTA

Todos los diarios literarios y políticos contaron con la redacción constante que los caracteriza, aquel drama singular de la comida de los pobres.

La policía no pudo descubrir el verdadero fin de aquel tumulto, ni prender al raptor del hijo del conde de Montecristo.

Haydée contaba que habiendo entregado el niño en los brazos de los cuatro mendigos, vio un hombre extraño apoderarse de él, y desaparecer en seguida por entre el pueblo que retrocedía a su presencia.

Entonces dieron principio las diligencias y las pesquisas por uno y otro lado. Habiéndose combinado los hechos, se vino en cuenta de que el gitano estaba de acuerdo con el raptor, o era el propio perpetrador de este atentado. Inmediatamente, los esbirros recorrieron todos los lupanares de la ciudad para descubrir al gitano.

Casi nadie lo había visto.

El misterio en que parecía haberse envuelto, era impenetrable a los ojos de la justicia humana.

Entretanto, el conde recibía las visitas de pésame de todas las familias venecianas. El sosiego, la resignación con que él sufría aquel golpe, le valía la simpatía de Venecia entera; pero Haydée que era madre, Haydée que no poseía el grado de resignación del conde, lloraba sin cesar la pérdida de su hijo; y los médicos aconsejaron al conde que sin pérdida de tiempo la alejase de una tierra que le adivinaba en todo y por todo aquel sentimiento doloroso que la apenaba.

Hay tales desgracias que hacen ceder a las más firmes convicciones. El conde de Montecristo no podía esquivarse a aquel peso total de tan repentina cuanto imprevista desgracia. ¿Cuál era el enemigo misterioso que le perseguía?

¿Cuál sería su crimen para merecer aquel castigo, aquel golpe, que sólo puede calcular quien sea padre, quien haya visto y amado día por día a un hijo que crece como para satisfacer nuestras más caras ilusiones?

El conde de Montecristo, como todos los hombres cuya patria es el mundo entero, que han experimentado la desgracia de su auge de amargura, y la felicidad en su último acceso, poseía aquella tranquilidad, aquella sangre fría, aquella presencia de ánimo necesaria para calcular la suerte y combatirla; ¿cálculo? ¿Dónde podría él encontrar los datos necesarios para formar su primer raciocinio, y deducir la causa por los efectos?

Hay pesares tan vastos y profundos que el hombre más inteligente se pierde en presencia de ellos, como el átomo en el caos.

Era imposible encontrar al raptor de la criatura; era imposible prever la causa de aquel procedimiento; era todo imposible excepto la ilusión. La ilusión, pues, alimentó la esperanza del conde de Montecristo.

A manera del náufrago, que después de haber procurado por mucho tiempo distinguir la punta de una roca en que salvarse, repeliendo aún la idea de la muerte, espera flotar en las ondas hasta que lo socorran, el conde de Montecristo procuró convencerse de que alguna banda de salteadores se había apoderado de la criatura con el fin de exigir después el rescate de ella.

Hecha esta suposición, la comunicó inmediatamente a Haydée, haciéndole creer que no había nada más natural, pues él conocía bien el carácter de los salteadores italianos.

Mucho tiempo se pasó, pues, en esta esperanza...

Haydée se empeoraba progresivamente al peso de su infelicidad; y el conde de Montecristo no poseía en todos sus tesoros el precio necesario para evitarla.

Entonces reconoció que en este mundo todo cede al poder de una riqueza infinita, pero que el hombre nunca será suficientemente poderoso para hacer mudar en un ápice la voluntad de un ser omnipotente al que llamamos Dios. Reconoció la facilidad con que el destino iguala a los hombres a pesar de la diferencia de bienes que entre ellos exista.

—¡Oh! —pensaba el conde—, ¿habré alguna vez empleado mal este poder que Dios me había concedido sobre todos los hombres?... Veamos... ¿No purifiqué yo la sociedad de París? ¿No protegí a los huérfanos evitándoles el robo de sus capitales? ¿No uní dos corazones que la malicia y la intriga habían querido separar?... ¿No premié siempre la virtud? ¿No fui siempre implacable con el crimen?... Surgiendo de las ondas, pobre y solo, entré de nuevo en el mundo, pero bastante juicioso e inteligente para comprenderlo. Dios me hizo grande y poderoso, como para hacerme superior a las leyes de los hombres; y entonces continué sin embarazo burlándome de muchas leyes absurdas, deshaciendo muchas reputaciones falsas y empuñando siempre el cetro de una justicia pura y meditada en muchos años de estudio. ¿Alguna vez, acaso, la sangre inocente manchó aquel cetro famoso?

El conde palideció repentinamente, como si una voz misteriosa le hubiese dado al oído la respuesta de aquella simple pregunta.

Desde este momento, él, que siempre había concebido en todos los actos de su justicia la exactitud con que la sangre es el precio de la sangre, según el Evangelio, ya no pudo animar su pensamiento con la esperanza lisonjera que había establecido.

—¡Dios mío! —decía—; ¡en el túmulo de las familias Villefort y Saint-Meran está el cadáver de una criatura muerta por mí!...

—¿Será mi hijo el precio terrible de aquella vida que yo extinguí?... ¡Oh!, ¡insensato!... ¡me juzgué iluminado en la tierra, y erré como el hombre más bestial! ¡Me juzgué grande en el mundo y soy pequeño y débil, al primer golpe de la justicia del Cielo!... ¡Hijo mío!... ¡Hijo mío!... mas, ¿por qué debías tú pagar el error de tu padre?... ¡Ah! ¿Será que los errores de los padres recaen en los hijos hasta la cuarta y quinta generación?... ¡Sí... esta fue mi doctrina! ¡Fue sacrificando la felicidad de los hijos como me vengué de los crímenes de los padres! Dios mío, ¿vos queréis ahora probarme lo absurdo de esta ley inventada por los hombres? ¡Yo lo reconozco, señor, yo lo reconozco!

Y el conde de Montecristo, como filósofo, doblaba la frente bajo el peso de la justicia de Dios; pero como hombre y como padre, no dejaba de imaginar un medio cualquiera para dar con su hijo.

—Escribió, pues, a París, a Maximiliano Morrel, para que se le remitiese la carta a cualquier punto que estuviese, notificándole la catástrofe del banquete de los pobres, y rogándole que no descansase un momento en el trabajo de buscar un rastro, una señal cualquiera, que pudiese indicar el lugar en que estuviera el hijo de Haydée.

Quince días después de haber escrito la citada carta, recibió una por mano de Rosina, la hija de los contrabandistas, que lo buscó en la Giudecca.

Monte-Cristo se presentó a Rosina con aquella aparente tranquilidad que le era peculiar, aun en la mayor agitación de su espíritu.

—Excelentísimo, ¿sois vos el *signor* conde de Monte-Cristo?...

—Yo soy, buena joven.

—¡Ah!, permitid, pues, que os bese la mano en señal de profundo reconocimiento.

—¿Cómo así? ¿Cómo os soy acreedor a ese respeto?

—Vos no conecéis a la pobre Rosina, no; pero yo os conozco desde mucho tiempo por el nombre y por la generosidad que habéis practicado con todos los de mi tribu.

—Hablad.

—Yo, *signor*, soy hija del bando que desembarcaba sus géneros en el islote de Montecristo; debéis acordaros de la generosidad con que protegisteis el comercio de mis padres...

—Estáis engañada, buena mujer —replicó el conde con severidad—; yo nunca protegí el comercio ilícito de vuestra familia de contrabandistas; lo que hice fue no mezclarme ni estorbar esos negocios peligrosos.

—¡Santa Madre! —exclamó la veneciana—, eso viene a ser la misma cosa, *signor* conde...

—Pues bien, continúa.

—Todos nosotros, los hijos del *bando*, juramos eterno respeto a V. E.; y yo más que todos, porque mi pobre padre recibió altos favores de vuestra generosidad, cuando las Aduanas del Lido lo perseguían.

—¿Para qué me queréis?

—Para entregaros una carta, *signor*.

—¿De dónde viene?...

—Esa es una pregunta a la que solamente San Marcos sería capaz de responder. Me la envió mi pobre hermano Pietro. Lo que puedo hacer es contaros la triste historia de Pietro, y por ella tal vez sepáis de dónde viene la carta. Tomadla.

—Contadme primero la historia —dijo Montecristo, negándose a recibir la carta.

—Escuchadme, *signor* conde. Vino a este puerto un yate denominado *Tormenta*, cuyo capitán era un hombre muy singular.

—Apuesto a que tenía pies de cabra —dijo el conde riéndose con burla.

—No, *signor*; pero según lo que me afirma Pietro, él tiene la mano de un muerto, y con ella lo puede todo.

Al oír estas palabras, turbóse la fisonomía del conde, y observó con inquieta mirada el rostro sencillo de la veneciana.

—Este hombre —continuó ella—, con el intento de dirigirse a la isla de Montecristo, se apoderó de mi pobre hermano Pietro, y partió con él del Lido, hace ya como dos meses y medio. Por más que yo llorase y trabajase para obtener la libertad de Pietro, nada pude conseguir hasta hoy, y sólo de tiempo en tiempo recibo noticias de él.

—¿Y qué trabajo desempeña tu hermano a bordo del *Tormenta*?

—Es, según creo, un piloto. Pietro conoce bien el Mediterráneo, y sabe arribar a la isla de Montecristo, bajo cualquier rumbo que se desee; por eso se lo llevaron a bordo del maldito yate.

—¿Y después?

—Después, me escribió ayer, diciéndome que había salido de la isla, donde todo quedaba en paz, y me envió esta carta, escrita por el capitán del yate para que os la entregase. ¿Queréis leerla?

—Dádmela —dijo el conde alargando la mano.

—Tomadla, *signor*.

El conde abrió la carta y se arrimó al ángulo de una ventana, poniéndose de manera que Rosina no le viese el rostro.

La carta decía así:

"Edmundo Dantés: Tu hijo estará, el día último de julio, en la gruta de la isla de Montecristo, donde tú comparecerás solo, para tratar de su rescate.

"El capitán del *Tormenta*".

—¿Entonces, *signor* conde? —preguntó Rosina cuando, él acabó la lectura.

El conde la miró atentamente, sin responderle.

—¡*Santa Madre di Dio!* —exclamó Rosina estremeciéndose bajo la mirada del conde.

—¿Qué esperas?

—Yo, *signor*, espero vuestras órdenes.

—¿Quieres enviar la respuesta de esta carta a tu hermano Pietro?

—De ningún modo. Eso sería imposible, porque no conozco medio de correspondencia.

—¿Luego ignoras quién te da sus cartas?

—Eso no; es Giácomo.

—¿Quién es ese Giácomo?

—El gondolero de Rialto, que va a buscarlas de cuando en cuando a una de las hendiduras de las piedras del canal Orfano, sin saber quién las coloca allí.

—Luego si yo contestase a esta carta, y mandase allí la respuesta, ¿es cierto que también la irían a buscar?

—No, *signor*, yo he hecho ya lo mismo, y la carta quedó sin que nadie la tocase hasta que yo misma la retiré.

—Muy bien; te deseo salud, y desearé que al salir de esta casa dos esbirros no se apoderen de ti.

—¡*Sangre de Cristo!* —exclamó ella temblando, sin palidecer, y clavando su mirada suplicante en el impasible rostro del conde—, ¿y por qué me han de sorprender?

—Realmente es muy simple, hija mía; tienes relaciones con un bando de salteadores que asedian a Venecia, cometiendo todo género de delitos; ¿es esto una pequeña culpa?

—*Signor* conde, yo no sé nada de lo que me decís. ¿Tener yo relaciones con los salteadores? ¡Oh! no, no, *signor*, creedme por el amor divino; venid a decir a los esbirros que yo soy inocente, que no conozco a los salteadores.

—Está bien, retírate en paz —dijo el conde, impidiendo que se arrodillase a sus pies—; nadie te prenderá, pero es preciso que tú hagas que yo hable con el gondolero Giácomo, de tal modo que no sospeche quién soy.

—Nada es más fácil, *signor*.

—¿Cómo? Yo no lo conozco.

—En mi casa, que es un poco más adelante de la Giudecca.

Entonces ella, indicando su morada al conde, se retiró, mirando con recelo para ambos lados del canal, a pesar de haberle asegurado el conde que nadie la prendería.

Después de haber salido, Montecristo leyó de nuevo la carta que había recibido.

En vano buscó modo de conocer la forma de la letra, que era firme y rasgada, demostrando en eso mismo la resolución de la persona que la escribió.

Era necesario que el conde fuese a la isla de Montecristo para hacer el rescate de su hijo, que estaba, sin duda, en las manos de algunos salteadores; y como el conde conocía bien el carácter de esos señores, no dudó en ir a tratar con ellos.

Pero antes de realizar este pequeño viaje, queriendo asegurarse de cuál era el género de relaciones que existían entre Giácomo y los salteadores, fue, como había convenido, a la casa de Rosina para hablar al gondolero; pero Giácomo le repitió lo que le había dicho Rosina, y el conde tuvo que renunciar al deseo de profundizar más en aquel secreto.

No había otro remedio que partir sin demora para la isla de Montecristo.

Los preparativos se hicieron, como los hacía siempre el conde, esto es, en un momento.

Después de despedirse de todas aquellas familias que le habían manifestado interés y agradeciendo con la urbanidad que lo caracterizaba la manera con que el señor Gradenigo lo había recibido, salió con Haydée para la hermosa ciudad de Médicis, donde él, por la diligencia de su mayordomo, creía encontrar ya un magnífico alojamiento próximo al delicioso paraíso denominado Cachinas.

## CAPÍTULO XLV

# DE FLORENCIA A MANTUA

Cuando uno de los buenos edificios de ese punto magnífico de Florencia fue tomado en nombre del conde de Montecristo, en vano la descendencia hospitalaria del afamado Poniatowski protestó que su excelencia hacía muy mal en no recurrir a ellos para ser alojado convenientemente en esa ciudad, pues ni el mismo Corsini Monfort se habría dado mejor maña para recibir a Su Excelencia ni mayor exactitud en sus cuentas.

El señor Bertuccio, mayordomo del conde, cumplía las órdenes de su amo, alquilando uno de los más suntuosos palacios.

En igual forma que en Venecia, en seguida se supo en Florencia la próxima llegada del conde de Montecristo.

Este hombre, a quien un acaso había hecho célebre en los anales de la opulencia europea, era conocido en todas las ciudades, y por lo tanto su nombre despertaba siempre un eco de vivo interés en cualquier país que fuese pronunciado.

El conde, al salir de Venecia, debía dirigirse por mar hasta Mantua, y de Mantua, donde había mandado colocar un coche de viaje con las competentes mudas de espacio en espacio, se dirigía a Florencia; después a Pisa; de este punto se embarcaría de nuevo para la isla de Montecristo; este era el itinerario establecido con sosiego en Venecia por el conde, para su jornada.

Mientras él y Haydée se detenían un instante en Mantua para seguir su camino a Florencia, dos hombres que corrían a caballo en dirección de esta ciudad, se detuvieron junto a una fuente arruinada, cuya agua, después de lavar una enorme piedra, caía en un pequeño pozo, abierto allí para recibirla.

El día declinaba; una brisa suave mecía blandamente la copa de los árboles que hermosean aquella parte del camino, y el canto melodioso de los pájaros se elevaba como el eco de una oración nocturna que por instinto dirigían a su Creador.

Apenas el eco dejó de repetir aquel sonido precipitado de los cascos de los caballos en que venían los dos viajeros, todo volvió a un profundo silencio; los pájaros espantados por el ruido de los caballos habían enmudecido, batiendo con ligereza las alas y precipitándose en el espacio; pero de allí a poco volvieron y empezaron aquel armonioso cántico con que pagaban el inocente tributo de su creación.

Los dos viajeros venían cubiertos de polvo del mismo modo que sus caballos, cuyas dilatadas narices temblaban con el movimiento de una respiración agitada.

—¿Quieres agua, maestro? —preguntó uno de los viajeros, mirando alrededor de sí—; allí tienes una fuente.

—No por mí, pero por este inocente... —respondió el segundo separando la capa en que traía el brazo derecho envuelto y mirando para dentro de ella.

—¿Entonces? ... —preguntó el otro con interés, aproximándose a su compañero.

—Vive —respondió él.

—Dios lo protege.

Se siguió un instante de silencio, durante el cual el último que había hablado, y que parecía toscano por la pureza de su pronunciación, puso el pie en tierra y alargó los brazos como para recibir un fardo que el compañero le debería entregar.

Así fue; el que había quedado a caballo se desembarazó de la capa y depositó en los brazos del que estaba en pie, una criatura de tres o cuatro años, envuelta en un velo negro; este hombre se apeó luego y fue a la fuente, donde los caballos estaban también bebiendo.

Los dos viajeros miraban atentamente a la criatura, que parecía despertar poco a poco de un sueño violento.

El que la tenía en sus brazos, elevó el pie derecho, apoyándolo en la piedra de la fuente, y descansó el cuerpo de la criatura sobre la pierna, mientras que con la mano izquierda lo desenvolvía del negro velo en que estaba cuidadosamente oculto.

¡Singular era aquel cuadro! Las fisonomías duras de los dos viajeros y su mirar sombrío, contrastaban con la expresión suave y angelical del rostro de la pequeña criatura.

Ésta abrió los ojos, y mirando a aquellos dos hombres extraños, volvió a cerrarlos, como si quisiera evitar el tener miedo de ellos. Después soltó un gemido lánguido, parecido al sonido que produce el roce de una flor en las cuerdas de un arpa; un sonido que despierta el pensamiento íntimo de lo que más amamos en la tierra; un sonido que semeja las armonías que soñamos, que nos dice, nos revela, nos hace entender lo que ninguna voz humana sería capaz de explicarnos.

Aquel gemido encerraba en su dulzura la expresión del recuerdo; parecía decir con la efusión del sentimiento más intimo: "¡padre o Dios!" En la traducción ingenua que los labios infantiles hacían del sentimiento de aquel corazón puro.

—¿Con qué fin te reserva Dios esa existencia? —murmuró uno de los viajeros, llevando agua a los labios del niño—. ¿Qué porvenir te esperará en este mundo de intrigas, de vicios, de crímenes y torpezas, donde en cada flor existe un embuste y un veneno disfrazado en la fragancia de ella? ¡Más te valdría que sólo despertaras de tu sueño para sentarte entre los ángeles en el banquete del cielo!... ¡Sí, mil veces mejor te fuera esto, que vivir en la tierra expuesto al suplicio bárbaro que los hombres inventaron para sí propios, y al cual llaman ellos, hijos de la casualidad! ¡Cómo descansas sosegado bajo el terrible peso de un oscuro porvenir, penoso y miserable! ¡Cómo respiras con placer este aire, que tal vez algún día de tu vida te parezca un veneno! ¡Oh!, mejor te fuera... dejar de existir...

Diciendo esto, puso la mano derecha sobre la culata de una pistola que llevaba en el cinto.

—Alto ahí, Benedetto —gritó el compañero, notando aquel movimiento—. ¡Creo que no desearéis echar sobre nosotros el crimen del infanticidio!

—¡Crimen! —repitió Benedetto con una carcajada irónica—. ¿A qué llamas tú un crimen, Pipino? ¿Es por ventura un crimen substraer un inocente al martirio de una existencia penosa? ¿Es acaso un crimen enviar a Dios lo que es de Dios, porque todavía no le llegó la corrupción de este mundo?... ¿Crees tú que la muerte es siempre un mal?

—Repite esa palabra al oído de este inocente, y tal vez te conteste con su tierna sonrisa, como para agradecer la idea. La muerte, amigo mío, es un mal para el hombre en cuya existencia agitada hay un remordimiento; es un mal para aquellos que padecen, y que no ven en este mundo más que un jardín de lindas flores; ¡pero para quien no tiembla de lo que ha practicado, para quien no cree en los placeres mundanos, para quien se duerme tranquilo como esta criatura, la muerte no tiene horrores, la muerte es un bien! Lo que asusta al hombre que más desee la muerte es el paso de la vida al sueño eterno. Es ese periodo pequeño que la voz humana no puede explicarnos después que ha corrido, pero que por eso mismo lo vemos más terrible de lo que tal vez sea en realidad.

—Ahora bien; esta criatura no tiembla pensando en ese paso; luego no sufre, y yo no seré criminal porque no le hago sufrir. Por el contrario, viviendo él, ¿no seré entonces muy criminal por haberlo expuesto al sufrimiento del trabajo y a los reveses de la fortuna? Tú bien lo sabes; este niño va a entrar en el mundo solo y pobre, ninguna voz amiga lo llama, ninguna mano protectora lo espera para conducirlo... sin nombre y sin fortuna va a destrozar su cuerpo en el trabajo, y a beber el cáliz de amargura lejos de sus padres, sin que una lágrima siquiera vaya a endulzar ese cáliz.

—Pues bien —respondió Pipino—; ¿y qué certeza tienes tú que harás pasar ese niño de la vida a la muerte sin causarle el más pequeño sufrimiento?...

—Experimentemos...

—¡*Bacco!*, eso es tener gran confianza en ti mismo; supongamos que por uno de esos casos que hacen fallar el tiro de una pistola, la bala se desvía y no se introduce en el lugar necesario para hacer salir la vida.

—Repetiréis el tiro, y entretanto, este inocente gritará en los paroxismos de la muerte, y entonces será un asesinato horroroso. Vamos, maestro; dejad esas piadosas ideas mortíferas, y montemos a caballo, porque la noche no es cosa buena para nosotros en las presentes circunstancias.

—¿Tú dices que conoces todos los caminos de Italia?

—¡Oh!, ¡sí, los conozco! ¡Florencia todavía está lejos!...

—¿Y el lugar convenido para depósito de este fardo vivo?

—¡Ah!, dejadme que me oriente —respondió Pipino pasando la mano por la frente—. Delante de la primera fuente arruinada hay un atajo, a la derecha, que conduce a un valle; entrando en el atajo como a cincuenta pasos, hay una cabaña de guardia; daremos siete golpes en esa cabaña.

—¡Adelante! —gritó Benedetto, saltando sobre el caballo, y tomando después la criatura en los brazos.

—¡Adelante! —contestó Pipino, montando también a caballo.

Los dos viajeros continuaron su camino.

Un cuarto de hora más tarde era noche completa, y se hallaban enfrente de una cabaña cuya puerta estaba cerrada. Pipino, habiéndose apeado, daba siete golpes en la puerta con el cabo de su látigo.

Un instante después abrieron, y los dos viajeros se hallaron cara a cara con un hombre alto, flaco, cuyo rostro macilento, aclarado por los reflejos trémulos de una luz que ardía en el interior de la cabaña, tenía un aspecto siniestro.

Este hombre, como si estuviese acostumbrado a ver en la oscuridad, lanzó sobre los dos viajeros una indagadora mirada, y esperó a que ellos se explicasen.

—*Amico* —dijo Pipino—, bien podéis acomodar nuestros caballos y volver para conversar con nosotros, porque sin causaros incomodidad alguna, venimos a depositar nuestros bolsillos en vuestras manos.

—¿Qué es eso? —preguntó el guardia, abriendo sus grandes ojos al oír la palabra bolsillos.

—Vamos; haced lo que os digo, y volved.

En este tiempo, Benedetto había puesto el pie en tierra; el guardia, tomando los caballos por las riendas, indicó a los viajeros el interior de la cabaña, y dando un pequeño rodeo por el exterior, desapareció costeando el edificio.

Benedetto y Pipino quedaron un momento solos.

—¿Entonces es este el hombre a quien debemos confiar el hijo de Edmundo Dantés? —preguntó Benedetto.

—Este hombre es casado, y la mujer, según lo que nos aseguran, es una excelente criatura.

—No obstante que participe de alguno de los vicios de su marido...

—Todos nosotros tenemos errores en este mundo —contestó sentenciosamente Pipino—. Además, este niño no está todavía en edad de viciarse imitándolos. Silencio, oigo pasos.

Apenas acababa Pipino de decir estas palabras, cuando apareció en la puerta interior de la cabaña una mujer de mediana edad, sosteniendo una criatura en los brazos. El rostro de aquella mujer nada tenía de repugnante, y su mirar inspiraba entera confianza. Ella saludó con buenas maneras a los dos viajeros, y fue a sentarse en un banco de madera, moviendo a su hijo para despertarlo.

—Buena mujer —le dijo Benedetto mirándola fijamente—; debéis saber desde luego que tengo de vos un concepto excelente, no obstante lo que por ahí se dice de vuestro marido; esto es... a pesar de que la gente asegura que desde Mantua a Pisa, no hay un cazador más certero en su puntería.

—Por el amor de Dios, *signor*; no todo lo que se dice es verdad; casi siempre miran con mal gesto a un cazador de contrato; pero yo puedo aseguraros que mi marido posee un bello corazón.

—El fin que me conduce aquí es diferente; poco me importa saber las buenas o malas cualidades de vuestro marido. Yo traigo un niño que os lo quiero entregar para que lo criéis...

—¿Un niño?...

—Vedlo...

—Parece enfermo —exclamó la mujer, levantándose y mirando la criatura a la escasa claridad de la pequeña luz.

—Es robusto y sano —dijo Benedetto—. Este abatimiento en que se halla es debido a la larga jornada que acaba de hacer, recostado en este brazo y adormecido contra este pecho de piedra. En pocos días veréis cómo se sonríe al lado de vuestro hijo... y cómo le dará el nombre de hermano luego que empiece a hablar.

—¡Pobre inocente! Si yo fuese curiosa, luego os preguntaría si es hijo vuestro, *signor*.

—¡Buena pregunta! Pero si yo quisiera contestaros, diría que comparaseis su rostro con el mío.

——¡Ah!... ¡ah!... bien se ve...

—Nada, según me parece, buena mujer —interrumpió Benedetto.

—En esta edad...

—La mayor desgracia que se puede experimentar es ser huérfano de madre.

—¡Pobre inocente!

—Debe por esta fatal circunstancia ser acreedor a vuestro interés, buena mujer; tomadlo, pues, en vuestros brazos, y criadlo con vuestro hijo.

—Es una niña...

—Tanto mejor —replicó Benedetto—; será su hermano.

Diciendo esto, Benedetto puso la criatura en los brazos de la mujer del cazador, y se sentó a su lado.

Estaba Pipino en el umbral de la cabaña, y parecía escuchar con atención un lejano rumor que venía a expirar allí.

—Este niño —dijo Benedetto a media voz a la mujer—, tiene, como os dije ya, la desgracia de ser huérfano de madre. Yo no puedo ligarlo por ahora a mí, porque nuestras edades nada tienen de común entre sí, y a más de eso, este niño sería a mi lado el recuerdo constante de un error... Es preciso que viva lejos de mí; que desconozca a quién debe el ser, que desconozca el mundo falsario en que nació. Sí, criadlo y educadlo como educaríais a vuestro hijo; dejad que ambos corran en estos prados, en estos campos, libres como las mariposas que hienden el espacio. Enseñadle a conocer a Dios, en sí propio y en todo cuanto lo rodea, desde la pequeña flor que brilla entre la selva, hasta el majestuoso esplendor del sol; desde la gota de agua que titila entre las hojas fragantes de una rosa, hasta la inmensidad imponente del océano; desde el más débil insecto, hasta el águila altiva que desprende su vuelo arrogante sobre la cima de la más encumbrada roca. Y cuando alguna vez esta criatura os pregunte a quién debe el ser... le responderéis que es un secreto perdido entre la oscuridad de la noche, y que no hay nadie en el mundo que pueda aclarárselo... Por ahora diréis a cualquier extraño que este niño es hijo vuestro.

—Lo diré; ¿y podrá pasar por gemelo de mi hija?...

—Como queráis. Tomad este dinero; este bolsillo contiene doscientas piastras, y de hoy a los tres meses tendréis el doble de esa cantidad.

—Muy bien, *signor*, quedad tranquilo, que yo trataré lo mejor que pueda a este pobre inocente; le he de criar para mi hija —continuó ella, sonriendo a los niños que estaban en sus brazos—. Decidme, *signor*, ¿el nombre de este inocente?

—Eduardo —respondió Benedetto.

Apenas había concluido de pronunciar este nombre, se oyó un tiro de fusil a corta distancia.

La mujer palideció, y Benedetto le dijo:

—Creo que vuestro marido está cazando... ¡Hola! —continuó dirigiéndose a Pipino—, ¿a qué distancia de nosotros calculaste el tiro?

—De ciento a ciento veinte pasos —respondió Pipino con firmeza, como si aguardase aquella pregunta de su compañero.

—¿En qué dirección?

—En la misma en que paramos hará hora y media. Esta maleza de los alrededores tiene cincuenta pasos; hasta la fuente hay otros cincuenta; calculo veinte más allá de la fuente, y puedo asegurar que a ciento veinte pasos de nosotros se ha tendido una emboscada.

—¿Cómo así?

—Hará un cuarto de hora que sentí rodar un carruaje que se acercaba con rapidez, y ahora el tiro de fusil y un pequeño grito que parece de mujer. El carruaje paró inmediatamente; es cierto que la bala apenas atravesó el pecho de uno de los caballos.

Benedetto miró el rostro de la mujer, y pudo observar que estaba pálida como la muerte.

—Vaya, pues; retírate de la puerta y ciérrala.

—Me parece que alguien viene corriendo hacia este lado —murmuró Pipino.

—Será el esposo de esta buena mujer, que vuelve de acomodar nuestros caballos.

Así era en efecto. Un momento después apareció el cazador con las manos en los bolsillos, y completamente desarmado. Su fisonomía estaba tranquila.

—Muy buenas noches, *amico* —le dijo Benedetto con la mayor sangre fría—. Os ruego que nos déis alguna cosa que comer, porque hemos de partir antes de la madrugada. Hablé ya con vuestra mujer, y os recomiendo que repartáis vuestro amor paternal con el compañero de vuestra hijita.

—¡Oh!, ¿de la chiquita? —murmuró el cazador lanzando una mirada oblicua a su mujer—. Podéis estar seguro, caballero, que si él es un muchacho, tan pronto como pueda tenerse en las piernas, le daré para que juegue los muelles viejos de una escopeta, y le armaré por ahí en un banco la montura de un caballo, para que aprenda a montar.

—Pues así lo deseo. Este niño debe ser educado de manera que no tiemble al aspecto del peligro o del trabajo.

—Puedes ir a acomodar a los niños allá adentro, y después arregla la cena para estos señores —dijo el cazador a su mujer—. Se contentarán con la caza que se encuentra en estos alrededores, y con alguna hortaliza de mi pequeña quinta.

—Bueno, vamos, *signor*, ¿queréis despediros de este niño? —preguntó la mujer a Benedetto, presentándole la criatura.

—Le deseo fuerza y valor para luchar en el mundo —replicó simplemente Benedetto, alejando blandamente con su brazo el cuerpo del niño.

La mujer no insistió y se retiró hacia el interior de la cabaña.

Echó los cerrojos de la puerta el cazador, y colgó su candileja de hierro en un clavo que estaba en el marco de la ventana, como si quisiese que el reflejo de la llama fuese visto a distancia; luego se sentó silenciosamente al lado de la ventana y apoyó la cabeza en las manos, meditabundo.

Por espacio de un cuarto de hora ningún incidente turbó el silencio que reinaba en la cabaña.

Benedetto estaba en pie con la espalda apoyada en la pared y la mano derecha en el pecho; en su mirar fijo en el suelo y en su frente arrugada, se conocía que meditaba profundamente.

Pipino, siempre con el oído atento, revelaba el interés con que se esperaba un resultado cualquiera de lo que había observado.

Por fin se oyeron algunos pasos, luego un golpe en la puerta, y después una voz de hombre que decía en italiano:

—Abrid, abrid, buena gente, que no quedaréis descontentos.

Ante estas palabras el cazador se levantó, y se disponía a abrir la puerta; pero Benedetto, llegándose con rapidez, le detuvo con un gesto.

—No quiero ser visto —dijo a media voz.

—No hay peligro de eso —respondió el cazador con una sonrisa de inteligencia.

—Enhorabuena.

—Venid, pues, seguidme.

Benedetto y Pipino siguieron al cazador a un cuarto interior de la cabaña.

—Quedaréis aquí tan escondidos como si estuvieseis a diez millas de distancia —les dijo el cazador—. Aquella puerta que veis allá, comunica con el cuarto donde duermen los niños; el de arriba es otro cuarto pequeño que está vacío. Quedad en paz.

Diciendo esto, el cazador volvió sobre sus pasos, y Benedetto sintió correr los cerrojos de la puerta de la cabaña.

—Oídme, buen pastor —dijo un hombre entrando apresuradamente—; ¿podríais vos prestar algún socorro a mi amo, cuyo carruaje no puede seguir la jornada por faltarle un caballo? ¡Lo mataron!

—¡Pues qué!

—¡Ah! ¡Es muy cierto! Atravesado el pecho por una bala, y con tal puntería, que hace honor al maldito cazador. Y juraría que no hay mala gente en estos contornos, pero así fue.

—¡Vaya, historias! La bala no llevaba sobrescrito para el caballo...

—Sí; tal vez lo llevaba para el cochero; el diablo se lleve vuestro mal recuerdo.

—Yo no digo eso; digo que me parece ser esa catástrofe debida sencillamente al caso de haberse disparado la escopeta de algún guardia. También puedo aseguraros que si hubiese querido matar al cochero, no hubiera muerto al caballo. El más torpe tirador de estos sitios es capaz de pasar una naranja a cincuenta pasos.

—¡*Bacco*! ¿Y qué hará entonces el más hábil?...

—Haría saltar el fondo de una botella, metiéndole la bala por la boca, a la misma distancia —respondió el cazador con cierto orgullo salvaje.

—Le admiro tanta destreza, pero no os contradigo ahora, porque no puedo entrar en discusiones; entretanto, si mi amo viene aquí a pasar la noche, mientras hace traer nuestros caballos, nosotros conversaremos.

—¿Quién es vuestro amo?

—Qué curioso sois antes de tiempo; es un señor natural de Francia, que ha estado en Venecia y que viene de Mantua para Florencia.

—En cuanto a mí, os ofrezco cuanto poseo, que es cuanto veis; si S. E. quiere honrarme, que venga aquí.

—En ese caso preparad lo mejor que fuere posible este pequeño albergue, mientras voy a prevenir a S. E.

El criado corrió en la dirección del camino, y el cazador, sonriéndose con cierto aire de burla, murmuró luego:

—Pues a pesar de ser pequeño albergue, muy grandes personas lo han solicitado ya, con lágrimas en los ojos. Vamos, vale más dar muerte a uno de los caballos del tren, que partir el brazo al cochero... no es costumbre en Italia ahorcar los hombres porque tengan la manía de matar caballos.

Mientras Benedetto y Pipino ardían en curiosidad de saber lo que sucedía, y en tanto que el último fue a informarse, Benedetto empezó a observar con escrupulosa atención el lugar en que se encontraban.

Era un cuarto pequeño que tendría ocho o nueve palmos cuadrados; la pared de la izquierda, formada por un tabique muy débil, estaba llena de grietas, por las cuales se veía el interior del otro cuarto, en que ardía una pequeña lamparilla, cuyos rayos iluminaban una cuna pequeña de blanda paja, en que estaban acostadas dos criaturas.

Existía una puerta en este tabique, pero estaba cerrada por fuera.

Benedetto iba a llamar a alguien para mandar abrir aquella puerta, cuando apareció Pipino, y le indicó:

—¡Silencio! Llegaron dos viajeros, que según me consta, van a pasar la noche aquí mientras traen nuevos animales para el carruaje. Me parece que el tal cazador mata los caballos por especulación; éste, sin embargo, es un método de vida más decente que otros muchos que yo conozco.

—¿Quiénes son los viajeros? ¿Sabes?

—Poco importa eso —respondió Pipino—; no lo sé, pero lo sabremos.

—De cualquier modo, es necesario quedar para vigilar al niño; los viajeros son curiosos... y estoy con algún recelo de éstos. Pipino, tú saldrás ahora mismo para Florencia...

—¿Qué diablos dices, hombre?

—Así es necesario; tengo algunas instrucciones que darte... es preciso...

—Nada; yo no te abandono en este momento... porque... en fin, los viajeros traen criados, y más valen dos hombres contra cuatro o cinco, que uno contra tres.

No respondió Benedetto; empezó a pasear de un lado a otro, y sintiendo ruido, se acercó a la pared para escuchar mejor.

El sonido de diferentes voces que hablaban, haciendo eco por las rendijas del frágil edificio, llegaba a aquel punto de un modo tal, que no era posible entender una palabra; no obstante, Benedetto conoció que estaba una mujer en la entrada de la cabaña, porque el rumor confuso de diferentes voces se debilitaba a veces, y dejaba percibir las últimas sílabas de algunas palabras proferidas con acento femenino.

Entretanto, nada más era posible entender.

Benedetto esperó todavía.

Poco después sintió algunos pasos en el pavimento superior a aquel en que estaba, le pareció que preparaban una cama, oyó cerrar la puerta exterior de la cabaña, y todo volvió a quedar en silencio.

Benedetto esperaba oír algunas palabras que lo iluminasen.

En efecto, percibió la voz de la mujer del cazador que hablaba con alguien, cuya voz no le pareció extraña, pero que no pudo conocer de quién era.

—Es como os digo, excelentísimo; no hay nadie más en casa.

—Pero sé que hay un cuarto debajo de aquél que nos ofrecisteis, y sé que vos no dormís en ese cuarto; ¿por qué motivo no podéis disponer de él?

—Estáis engañado. Es el cuarto en que están mis gemelos; al lado hay otro que puede servir para guardar los utensilios del campo, y que no sirve para otra cosa.

—Esperad; ¿hablasteis de vuestros gemelos? Vuestro marido me había dicho que no tenía más que una hija.

—¡Ah!, es porque mi marido siempre habla así; el otro es tan enfermizo, que muy pocas esperanzas nos da.

—¿Qué edad tienen?

—Van a cumplir dos años.

—¡Pobres inocentes!... ¿sabéis que yo gusto de las criaturas?... Desearía verlos; me encantan.

—Están durmiendo, excelentísimo.

—Es lo mismo, los veré sin despertarlos.

—¿Sois padre, excelentísimo? —preguntó la mujer del cazador.

—¿Yo? Sí, lo soy —respondió el conde—. Por eso me gustan tanto.

—¡Con qué tristeza lo decís!

—Es que la palabra padre, nos produce a veces el efecto de un hierro candente pasando por nuestros labios.

—¡*Pecatto!* ¿Y por qué?

—Porque Dios lo quiere —respondió el conde, continuando después como para ahuyentar un recuerdo cruel—. Mostradme vuestros gemelos... ¡me parece que seréis muy feliz cuando los miráis, los besáis y decís: "son mis hijos"!, ¿no es así, buena mujer?

—Eso es tan cierto como lo es el misterio de la Santísima Virgen.

—Venid, pues...

—Pero si ellos se despiertan... son muy impertinentes; y nos han de dar a todos muy mala noche.

—Sois muy escrupulosa, buena mujer; muchas veces he llegado en alta hora a la cuna de mi hijo, y no se despertaba; vamos, pues, quiero dotar a vuestros gemelos.

A la palabra "dotar", no resistió más la buena mujer; se dirigió luego para el cuarto en que dormían las criaturas, y abrió la puerta, penetrando en él.

Entonces fue cuando Benedetto concibió alguna esperanza de conocer quién era el hombre que conversaba con la mujer del cazador.

Pipino empezó a inquietarse, se levantó sin hacer ruido y se colocó al lado de Benedetto, cuya mirada de fuego espiaba por las grietas el interior del cuarto próximo.

Cuando el viajero penetró en este cuarto, cuando los rayos macilentos de la pequeña luz iluminaron el rostro de ese hombre, el cuerpo de Benedetto se contrajo como el de la fiera que ve delante de sí al enemigo. Se pasó la mano rápidamente por la frente, y apretó los dientes para evitar que chocasen unos

unos contra otros; comprimió después el pecho como para regularizar la respiración, e insensiblemente buscó la empuñadura de una pistola que tenía en el cinto, con fiero ademán.

—Allí están, excelentísimo —dijo la mujer del cazador, alzando el paño que cubría a los niños, pero de un modo que apenas pudo el conde distinguirlos.

El conde de Montecristo apoyó entonces un brazo sobre la cuna. Benedetto sacó una pistola; la montó suavemente, y aplicando el cañón a una de las hendiduras del tabique, apuntó al conde.

—¿Qué es eso? —dijo Pipino, queriendo retirarle el brazo.

—Acabo de ver al conde de Montecristo, y yo te juro que en el momento en que reconozca a su hijo, no tendrá tiempo de pronunciar su nombre —respondió Benedetto al oído de Pipino.

—¡Pero... eso es un asesinato!...

—¡Calla, Pipino, o nos perdemos todos!

—Mira... la mujer dejó caer la sábana sobre las criaturas...

—Bien veo... y veo que el conde se retira de la cuna.

—Entonces, excelentísimo —dijo la mujer del cazador—, ¿queréis quedaros aquí toda la noche?...

—Tenéis razón; ya vi a vuestros hijos... quiero decir, me parece que los he visto, casi estoy seguro...

—¿Cómo así?

—¿El que está al lado de la pared es el niño o la niña?

—Es el niño.

—Tiene el rostro escondido en el seno de su hermana, y no pude verlo; en lo que toca a la niña, os puedo asegurar que es bonita.

—¡Oh, pobres angelitos! —exclamó la mujer—, ¡quiera Dios que sean felices!

—¿Cómo entendéis su felicidad?

—Que tengan con qué vivir sin miedo de la miseria.

—El trabajo da esa felicidad; pedid sobre ellos la bendición de Dios. ¿Cómo se llaman?

—La niña Eugenia, y el niño Eduardo...

El conde tembló al oír estos nombres; dando después otra mirada sobre el lecho, salió del cuarto acompañado por la mujer del cazador. Pocos momentos después, Benedetto oyó la voz de ésta que decía:

—¡Ah!, *signor*, sois sumamente generoso, y cuando mis hijos crezcan, les he de enseñar vuestro nombre. ¿Cómo os llamáis?

—No os lo digo. Quiero antes que ellos rueguen por la felicidad de Eduardo.

Y después de decir esto, el conde subió la escalera y entró en el cuarto superior al que estaban Benedetto y Pipino.

## CAPÍTULO XLVI

# LA GRAN SORPRESA

**P**oco antes de nacer el sol, el carruaje del conde de Montecristo estaba pronto para continuar la jornada, pues había mandado buscar una muda de caballos a la primera posta para reparar la falta del que mataron.

El conde y Haydée se despidieron de la pobre familia, y caminaron por el callejón en dirección al camino donde les esperaba el carruaje; pero más de una vez el conde se detuvo y miró hacia aquel sencillo techo de la cabaña, sin poderse explicar el motivo por qué lo hacía.

Conforme se alejaban de la cabaña, sentía una opresión singular, y le parecía que le faltaba aire para respirar.

Ella, que caminaba apoyada en el brazo del conde, también sentía iguales efectos, y le caían involuntariamente las lágrimas. Uno y otro, sin embargo, no osaban interrogarse.

En ocasiones los ojos aterciopelados de Haydée se encontraron en silencio con los de su marido, y otras tantas miraron a la rústica cabaña en que había pasado la noche.

A los pocos minutos después se hallaban junto al carruaje cuya puerta fue abierta por uno de los criados.

Haydée fue la primera en entrar y miró una vez más hacia la cabaña que quedaba al fin del callejón; el conde siguió a su mujer, y cuando iba también a mirar la cabaña, el lacayo cerró la portezuela, gritando:

—¿Puedo andar?

El carruaje rodó con velocidad a lo largo del camino, pero, cuando iba a dar vuelta para salir del cercado, el conde gritó con su voz varonil:

—¡Para! ¡Deteneos!

El carruaje paró.

—¿Para qué nos detenemos todavía? —preguntó Haydée al conde, que parecía sufrir mucho.

—Mira —dijo él—, ¿no es allí, en el centro de aquel valle, la cabaña humilde en que pasamos la noche, Haydée?

—Sí... allí es... lo recuerdo bien...

Asomaba el sol ya en el horizonte, y sus rayos, descendiendo al valle, iban a dorar el techo de la cabaña, cuya chimenea arrojaba entonces un vapor azulado y transparente que poco a poco desaparecía en el aire.

El conde y Haydée miraron un momento hacia la cabaña.

Un sentimiento inexplicable les oprimía a medida que se alejaban de aquel sencillo y rústico edificio.

—Haydée —dijo el conde—, creo que debe ser muy feliz aquella gente.

—¡Ah!, sí... muy feliz —dijo ella, ocultando una lágrima.

El conde permaneció con la mirada clavada en la cabaña, que apenas se distinguía en el fondo del valle, y notó con espanto algunas columnas de un humo muy negro que empezaban a elevarse del centro de la casita; esas columnas engrosaban insensiblemente y el conde empezó a inquietarse, pero antes que tuviese tiempo de tomar una resolución cualquiera, vio deshacerse el techo de la cabaña, y oyó un grito de terror que parecía salir de aquella dirección, en forma intensiva.

Impedía la vegetación del terreno que el conde pudiese distinguir a las personas que gritaban en aquel lugar.

—¡Fuego!, fuego allá abajo —dijeron los criados del conde, presurosos.

—Sí —repitió éste con expresión dolorosa—. ¡Ya lo veo!...

—¡Oh!, ¡socorramos a esos infelices! —gritó Haydée, con pánico.

—Es inútil —replicó el conde—; veo deshacerse la cabaña, y la gente está salva; oigo sus gritos; ¡Dios los proteja!... Adelante, adelante.

—¡Oh!, ¡no, no señor! —dijo Haydée—; vos sois bueno y generoso; corramos a socorrerlos... aquella buena mujer es madre... tal vez quedará reducida a la última miseria... vamos, pues.

El conde, no pudiendo resistir al modo con que Haydée imploraba el socorro, sacó el brazo por la portezuela del carruaje, e hizo señal para que volviese por el mismo camino hasta el callejón.

Entonces el carruaje volvió inmediatamente, y cuando iba a doblar el cercado, dos hombres a caballo, corriendo a rienda suelta, pasaron muy cercanos envueltos en una nube de polvo.

—¡Santo Dios! —exclamó Haydée; el conde se estremeció a pesar suyo, y trató de reconocer a los dos jinetes, pero la velocidad que llevaban se lo impidió.

Pocos momentos después, el carruaje paró frente al callejón, el conde bajó y Haydée quiso seguirle hasta el lugar del incendio, donde se oían claramente los gritos de una mujer.

Un montón de cenizas humeantes estaba en el lugar de la cabaña en que había pasado la noche el conde de Montecristo.

—Callaos, callaos, buena mujer —dijo Haydée en mal italiano, apenas llegó al fin del callejón—; ¡no desesperéis de la misericordia del Cielo! Nosotros venimos en vuestro socorro.

—¡Miserable! —gritó la mujer del cazador, levantando sus puños frente a la tímida Haydée—. ¡Tú lanzaste fuego en nuestra cabaña!... ¡Tú, sólo tú!

—¡Dios mío!... ¿Qué decís?... ¡Estáis loca!

—¡Digo eso, digo la verdad... y aquel hombre fatal, aquel hombre maldito que te acompaña, sabe si yo miento!

—Está loca —murmuró Haydée con amargura, dirigiéndose a su marido, cuyo semblante inmóvil hacía contraste con la expresión de rabia que se veía en la mujer del cazador.

El conde miró en derredor de sí, como si buscase la figura repugnante del cazador del bosque.

En efecto, allí estaba, con el brazo izquierdo apoyado en el tronco de un árbol y sosteniendo con el derecho su escopeta .

—¡Loca, no estoy, no! —gritó la mujer—, no estoy loca... ¡vos sí que me lo parecéis, pues no sé en qué os fiáis ambos para venir así a presenciar vuestra obra! ¡Yo lo sé todo! Vuestros cómplices hablaron de manera que yo los oí... ¡Yo lo sé todo! —repitió golpeando con desesperación el suelo y arrancándose los cabellos con furia.

—Buena mujer —dijo entonces el conde de Monte-Cristo, con su imperturbable sangre fría y su dulce majestad—, ¡el exceso de vuestra desesperación es horrible! Tranquilizaos y explicadnos, no vuestras palabras, que son hijas de la exaltación, pero sí todo lo que ha ocurrido.

—¡Poned los ojos en aquel montón de cenizas y en aquel inocente que quedó sin pan! —respondió el cazador, acompañando sus palabras con una mirada feroz, y designando alternativamente el lugar de la cabaña, y una criatura que estaba tendida en la hierba, junto a unos arbustos—. ¡Vuestros cómplices, señor, no os sirvieron bien esta vez! —agregó el cazador.

—¿Pero qué estáis diciendo? —preguntó el conde con aire severo—. ¿Qué cómplices son esos a que os referís? ¿Sabéis, acaso, a quién habláis?

—Lo sé, y voy a decíroslo.

Y adelantó un paso.

—¡Señor... huyamos! —gritó Haydée, echando el brazo alrededor del cuerpo de su marido—. ¡Pronto!...

—Silencio, Haydée —dijo él con blandura—; oigamos a este hombre. Hablad, os escucho.

—Esa intención tengo yo, ya que no ejecuté mi voluntad, que era alcanzaros y pasaros el cráneo con una bala, así como ayer agujereé el pecho de vuestro caballo; ya que ahora no os asesino porque vuestros criados os habían de vengar... voy a hablar y decir quién sois. Sois un miserable, todavía más que yo, porque voy a espiar en el camino el carruaje del viajero; después le hago caer un caballo, imposibilitando únicamente la jornada por algunas horas, y vengo a esperar en mi casa que los viajeros pasen allí la noche, y me paguen algunas piastras; ¡pero vos tenéis por costumbre cosa peor! Andáis viajando en un carruaje, y delante mandáis dos hombres con una criatura de dos o tres años; estos hombres buscan la casa y solicitan guardar en depósito el pobre niño; es una mentira como cualquiera otra; luego aparecéis vos que vais para la misma casa, fingís que sois generoso para que os abran las puertas; salís a los pocos instantes habiendo enseñado a vuestros cómplices el lugar en que creéis que se guarda el dinero, vuestros cómplices roban todo, toman el niño, queman la casa y desaparecen para ir a reproducir en otro punto el mismo embuste... ¡He aquí como yo no soy tonto, mi querido señor de los bienes ajenos!

El conde ni pestañeó siquiera al oír tan extrañas cuanto extravagantes palabras. Esperó tranquilo que acabasen, y cuando el cazador se calló dijo:

—Muy bien; sólo el tiempo me podrá defender de tan loca acusación. Entretanto, permitid que os ofrezca los medios necesarios para que reedifiquéis vuestra cabaña, y compréis el pan de vuestro hijo; pero explicaos y habladme con calma de esos cómplices que me atribuís y de esa criatura que ellos traían.

Diciendo esto, el conde alargó una bolsa con dinero al cazador, en cuyos labios asomó una sonrisa de burla.

—Agradezco vuestra generosidad, pues también sé cuál es el dinero que me ofrecéis.

—Es dinero falso —gritó la mujer—; yo lo he oído muy bien decir a vuestros compañeros cuando hablaban avanzada la noche.

—Guardadlo, mi señor hidalgo —replicó el cazador—, guardadlo e id a otro lugar donde no seáis tan conocido cómo aquí.

—Buen hombre —insistió el conde—, sin duda estáis alucinado... yo soy el conde de Montecristo.

—¡Fuera de aquí, impostor! —gritó el cazador, dando un violento golpe con la culata de su escopeta sobre la tierra. Fuera... no insultéis todavía a la desgracia.

—¡Huyamos, huyamos, están locos! —gritó Haydée, empujando al conde.

—No, amiga mía; es preciso que yo sepa quién fue el autor de esta vil intriga; hablad en nombre de Dios, hablad, buen hombre; yo os perdono todas las injurias que me habéis dirigido... pero, en nombre de Dios, decidme quiénes eran los hombres que estuvieron en vuestra casa con una criatura.

—¡Vos queréis perderme! —gritó el cazador, engatillando su escopeta—; os voy a meter una bala en el cuerpo, si no os quitáis de mi presencia.

—¡Piedad! —gritó Haydée colocándose enfrente del conde.

—¡Oh, Dios mío! —exclamó Montecristo con aflicción—; ¿será imposible que yo sepa este horrible misterio?

Nadie había allí que probase la inocencia del conde a los ojos del cazador; prolongar aquella escena de desconfianza, hubiera sido una temeridad, así es que el conde de Montecristo, resignándose a la voluntad del cielo, se alejó, apesadumbrado, de aquel lugar donde su nombre quedaba maldecido.

A cada paso, Haydée, temblando, volvía la cabeza para observar el movimiento del terrible cazador en cuyas manos estaba todavía la escopeta engatillada.

Pocos momentos después llegaron al carruaje que los esperaba en el camino, y continuaron su viaje.

El conde, mirando fijamente el rostro angélico de Haydée, levantó los ojos al cielo como si pidiese protección para ella; Montecristo presentía tal vez lo que le iba a suceder. Al dar vuelta al cercado, se oyó la detonación de un tiro, y el conde y Haydée notaron el silbido de una bala que atravesaba el carruaje de lado a lado, pasando a un palmo de distancia de sus cabezas.

—¡Jesús! —dijo Haydée entrelazando su cuerpo frágil con el del conde—. ¡Yo quiero morir con vos!

El único recurso para evitar una catástrofe era la velocidad; por tanto, el conde hizo señal al cochero, y los caballos emprendieron un veloz galope.

El carruaje desapareció del camino entre nubes de polvo, y pocos momentos después se oyó un segundo tiro, pero la bala pasó a gran distancia.

* * *

El conde de Montecristo había enviado a Florencia, con anticipación de quince días, a su mayordomo, con la orden de prepararle un domicilio.

El conde conocía muy bien la disposición de su mayordomo, el señor Bertuccio, y por eso estaba seguro de hallar en Florencia un buen alojamiento durante los días que allí se detuviese. Cuando Bertuccio apareció en Florencia, tratando de cumplir las órdenes del conde, notó con asombro la indiferencia con que recibían sus propuestas de contrato. Ni el afamado Poniatowski, ni los astutos Corsini-Monfort se vanagloriaban de recibir en sus casas al famoso conde de Montecristo, cuya opulencia fabulosa era proverbial en todas las ciudades, no sólo de Europa, sino también en las de Oriente y Occidente. Poniatowski llegó hasta a decir francamente al señor Bertuccio que no tenía el menor interés en recibir al conde en su hotel, porque se hacían y corrían por ciertos algunos cargos tan desfavorables respecto de Su Excelencia, que no sería posible admitirlo en ninguna parte.

Los Corsini-Monfort eran los únicos con quienes Bertuccio podría hacer algún arreglo, pero la suma exigida por ellos era tal, que más valía alquilar uno de los más bellos edificios cercanos al palacio.

Bertuccio fue en el acto a ver si realizaba esta última idea, pero ninguno de los propietarios se avenía a las propuestas que se les hacía, luego que pronunciaba el nombre del conde de Montecristo.

El mayordomo, pues, empezó a inquietarse con esto; los días habían corrido con rapidez, y no había cumplido las órdenes del conde, y el conde ya no podía tardar en llegar a Florencia más de veinticuatro horas a lo sumo.

Finalmente, Bertuccio recurrió al servicio de los Corsini-Monfort, cuyo hotel era en verdad magnífico; les satisfizo la suma que exigían, y tomó la mitad del edificio, sujetándose a las condiciones que ellos quisieron imponerle.

Una de éstas, era que todas las luces serían cerradas por un globo de alambre sobre los globos de vidrio, y que Su Excelencia el señor conde no podría hacer uso de palitos fosfóricos.

—¡Vaya, esa es buena!, ¿y por qué? —preguntó el mayordomo.

—Corre en Florencia la voz de que Su Excelencia el *signor* conde, se ha vuelto loco, empezando por manifestar su manía por la acción de prender fuego a un palacio que poseía en la isla de Montecristo. La manía de Su Excelencia dicen que es prender fuego a los edificios en que habita.

En vano Bertuccio agotó los recursos de su elocuencia para convencer al florentino del perfecto estado intelectual del conde, porque aquél permanecía firme en lo que había dicho.

El día anterior a la llegada del conde, vio Bertuccio que un caso particular concurría para dar la razón al florentino. Alguien contó en Florencia que

Montecristo, habiendo pasado la noche en una pobre casa en el camino de aquella ciudad, la había incendiado en el momento de partir.

Al otro día el conde llegó; algunas personas conocidas fueron a saludarlo, pero de un modo tal, que bien daban a entender el dolor que les causaba aquel hombre.

Haydée estaba más abatida que nunca; en su rostro sencillo como la rosa de Oriente, se diseñaba la expresión del disgusto profundo que la oprimía.

En consecuencia de su mal estado de salud, no pudo el conde partir, como deseaba, para la isla de Montecristo, y se detuvo algunos días en Florencia, esperando que ella mejorase; pero la infeliz señora parecía cada vez más abatida, y los médicos convenían en que cualquier fatiga de viaje, por pequeña que fuese, podría serle fatal.

Tanto ella como el conde estaban vivamente impresionados por el suceso de la jornada de Florencia; pero Haydée, herida por la pérdida de su hijo, no daba tan gran importancia a aquélla como el conde, cuyo espíritu superior le daba fuerza necesaria para hacer frente al peligro o la fatalidad por más inminente que fuese uno, y decidida la otra.

Noches enteras pasó el conde en Florencia al lado del lecho en que Haydée descansaba, meditando sobre las palabras que había oído al cazador. ¿Quiénes eran aquellos hombres misteriosos, y aquella criatura que ellos conducían?... —se preguntaba a sí mismo sin poder establecer un raciocinio preciso del cual derivase la contestación—. ¿Quién era el enemigo desconocido que le perseguía? ¿Debía, acaso, dar oídos a lo que había dicho aquel enmascarado en casa del conde Gradenigo, en Venecia?

El conde se perdía en mil suposiciones, y entretanto la desgracia empezaba a oprimirlo.

Clavó su mirada inteligente y firme en el rostro de Haydée, cuyos párpados estaban cerrados por el sueño, y por primera vez en toda su vida se estremeció con un pensamiento íntimo, cuya traducción al estilo vulgar sería tal vez imposible.

Muchas veces nos sucede esto. Hay por instantes un pensamiento que nos acomete, y aun cuando intentemos explicarlo, conocemos su vaguedad, y que no se refiere a su imagen precisa o determinada; y sin embargo, nosotros comprendemos bien ese pensamiento y sabemos a qué se refiere.

También el conde, se estremeció por uno de esos pensamientos involuntarios, y ese... era el arrepentimiento.

Sentía que la desgracia lo amenazaba de tal modo, que no era posible combatirla. Sintiéndose grande y poderoso, celoso y formidable, colocado por Dios entre los hombres, comprendía cuán terrible debía ser su caída, y entonces se arrepentía de haber ligado a su destino a aquella mujer inocente; a la hermosa Haydée.

Era esto lo que el conde sentía, y lo que no habría podido explicar con las palabras, si intentase expresar con ellas su sentimiento.

Montecristo adoptó una resolución. Aunque inminente y horrible la desgracia que le hería, era de su deber combatirla y hacerle frente mientras que tuviese aliento en el pecho. Él lo haría así, no por amor a sí mismo, pero sí por la mujer inocente cuya existencia había ligado a la suya.

Bien entrada era la noche, y el conde se levantó imprimiendo un beso en el rostro de Haydée adormecida, y se alejó del lecho en que ella reposaba. Habían transcurrido ya ocho días desde que llegaron a Florencia, y en todo ese tiempo Montecristo no había aspirado el humo del tabaco; se acordó de encender su magnífica pipa, y entregarse a aquel adormecimiento apacible que nos causa el tabaco de buena calidad.

Llenó por su propia mano la pipa, miró en derredor de sí buscando la dirección de la luz, pero estaba muy alta y además defendida por un globo de cristal metido entre otro de finísimo alambre. Viendo esto, abrió la puerta del cuarto y salió a la sala inmediata, creyendo encontrar allí alguno de sus criados, porque hacía mucho tiempo que uno quedaba siempre vigilante por orden suya, inmediato a los aposentos del conde.

En efecto, allí estaba un negro que parecía dormitar, sentado sobre la alfombra al uso oriental.

El conde le despertó, y él se levantó en el acto.

—Dadme luz, Alí.

El negro inclinó la cabeza y salió para obedecer; pero poco después volvió e hizo algunas señales con los brazos frente a su amo, como si fuese mudo.

—¿No quieren darte fuego? —dijo el conde, traduciendo las señales del negro—. Alí, quizá no te habrán entendido bien.

—Sí —respondió el negro.

—¡Oh!, en ese caso yo mismo iré a pedirlo; cuando estoy en Europa me avengo a estos modos groseros de tratar a los huéspedes en un hotel público.

Diciendo esto, el conde salió para el corredor, y distinguiendo luz en un pequeño cuarto que estaba a poca distancia, se dirigió a él empujando luego la puerta.

—Licencia —dijo el conde en italiano, entrando en un cuarto amueblado en forma de escritorio, donde estaba de servicio un agente del hotel.

—¿Qué queréis? —preguntó el empleado, sin levantarse de la silla en que estaba.

—¿Sois empleado del hotel, caballero?

—Sí, señor; aquí hay la costumbre de que quede siempre un hombre de servicio durante la noche, principalmente cuando hay una razón especial para ello.

—Muy bien; no indago cuál sea esa razón, y encuentro que es una medida bien adoptada. Vengo simplemente a encender mi pipa, porque mis criados se olvidaron de colocar lumbre en mi cámara.

—¿Y fumaréis aquí mismo a mi vista?

—¿Por qué hacéis esa pregunta?

—De lo contrario, no consentiré que encendáis vuestra pipa.

—¿No consentiréis? ¡Oh!, me parece que no conocéis la fuerza de los verbos.

—La conozco muy bien, señor —respondió el empleado levantándose.

—¿Cómo es eso, pues?

—Os digo que no saldréis de aquí con la pipa encendida.

—¿Luego está prohibido fumar en Florencia?

—No, señor, yo no me opongo a que fuméis; me opongo sencillamente a que salgáis de aquí con fuego.

—¡Os aseguro que nunca me divirtió tanto un diálogo! —dijo el conde encendiendo su pipa—. Os deseo buenas noches; me voy a mi cuarto.

—¡No saldréis! —repitió el empleado interponiéndose enfrente de la puerta.

—¡Sois un insolente!

—¡No saldréis... perdonad... no saldréis!

—Vamos, estáis atontado por el sueño... el sueño produce muchas veces el efecto del vino... entretanto ya me fastidia vuestra charla... apartaos.

Diciendo esto, el conde echó blandamente el brazo sobre la espalda del empleado, y trató de alejarlo de la puerta, pero el florentino afirmó las manos en los marcos de ella y se conservó allí.

—¡Según veo, queréis impacientarme!

—Y vos queréis eludir las condiciones impuestas por nosotros, cuando ordenásteis tomar los aposentos que ocupáis en esta casa.

—¿Yo?... ¿qué condiciones son esas?

—La primera es la de no encender fuego en vuestros cuartos, aunque sea nada más que en vuestra pipa.

El conde soltó una carcajada.

—Y si vos intentáis salir de aquí, yo tiro de aquel cordón, y en breve vendrá alguien en mi socorro.

El conde oyó con espanto las palabras del florentino, y tuvo curiosidad de interrogarlo más.

—Entonces, ¿lo que dio origen a esas condiciones será un secreto?

—No sé; yo cumplo puntualmente las órdenes que tengo.

—¿Es por recelo del fuego?...

—Creo que sí, señor; a veces sucede... por un descuido... me parece que por uno de esos simples descuidos ardió, no hace muchos días, en el camino de Florencia, la cabaña en que pasásteis la noche.

—¿Y cómo lo sabéis? —preguntó el conde aterrado.

—El dueño de ella es cazador contratado, y surte el hotel de su caza.

—Pero aun así, se debe tener confianza en las personas.

—Confianza en unas y desconfianza en otras.

—Y qué, ¿desconfiáis de mí?

—De ningún modo, señor; sin embargo, la prevención no está de más.

El conde lo comprendió todo. Comprendió que lo acusaban secretamente de incendiario, pero como la justicia no lo incomodaba, muy fácil le fue llegar a esta deducción: "sólo que me creen loco..."

—Muy bien —dijo el conde amargamente y vaciando su pipa—, mañana pediré explicaciones minuciosas de lo que sucede, y por ahora os deseo buenas noches.

El florentino lo saludó, y él salió.

En todo el resto de la noche el conde no pudo dormir... La fatalidad le perseguía de cerca.

—¡Oh! —murmuraba con rabia—; es preciso que yo encuentre al enemigo que me persigue.

Al día siguiente, llamando a su mayordomo, oyó con afectada indiferencia cuanto por consideración él le había ocultado hasta allí. No había otro medio de desmentir la voz pública, sino sujetarse al ejemplo incuestionable del tiempo. El tiempo fue pasando entretanto, el conde siempre esperaba que él desmintiese la intriga que se había urdido misteriosamente.

Al cabo de un mes, como Haydée se sentía mejor, el conde resolvió partir para la ciudad de Pisa, donde ella debía quedar, mientras él se dirigía a la isla de Montecristo.

Los preparativos se hicieron con la rapidez ordinaria; el señor Bertuccio había partido con antelación de cuatro días, después de saldar sus cuentas con la casa Corsini, y el conde, dando el brazo a Haydée, bajó las escaleras del hotel para subir al carruaje que lo esperaba para llevarlo al muelle en que debía embarcarse en una *barchetta* para bajar al río. Una hora después estaban ambos en la *barchetta* ya distante de la ciudad; de repente, los sonidos lúgubres de las campanas, tocando a incendio, llegaron a sus oídos.

—¿Dónde os parece que es el fuego, amigos míos? —preguntó a los hombres de la *barchetta*.

—Yo juraría que es el hotel Corsini —contestó uno después de indagar con la vista la dirección del edificio incendiado.

Haydée, pálida como un espectro, miró al conde, en cuyo semblante se veía la expresión amarga de la desesperación.

—¡Oh! —dijo Haydée a media voz—, ¡parece que dejamos la fatalidad por donde pasamos!

Mientras tanto, Bertuccio encontraba grandes dificultades para preparar el alojamiento de su amo en Pisa, y no había otro remedio sino comprar la propiedad de algún edificio para recibirlo.

Hasta este negocio se dilató más de lo que Bertuccio suponía, y cuando el conde de Montecristo desembarcó en Pisa, no tenía un techo que lo abrigase, a pesar del prestigio de su popular riqueza; quedaba apenas un recurso, y era entrar en una hostería bajo un nombre supuesto; pero los pasaportes decían bien claro "el conde de Montecristo"; además de esto, todos sabían ya que un hombre de regular estatura, grueso, de fisonomía melancólica, ojos y cabellos negros, mirada centelleante y boca rasgada casi en línea horizontal, viajaba en compañía de una señora todavía joven, hermosa y delicada como la rosa de Turquía; y que ese hombre era ni más ni menos que el conde de Montecristo; por lo que se hacía imposible intentar el engaño.

El conde y Haydée estaban sobre el muelle, frente a Bertuccio, que los había ido a esperar.

—¿Luego no hay en Pisa un domicilio que me reciba, señor Bertuccio?...

—Os aseguro que hice las mayores diligencias...

—¿Ofrecísteis el doble?...

—¡El triple, el cuádruple! —respondió Bertuccio.

—¡Oh!, sois pródigo, señor mayordomo... ¡eso es malo! —replicó el conde como si estuviese bromeando y mirando en derredor de sí.

—Y entonces, señor —preguntó Haydée—, ¿para dónde vamos?...

—Bertuccio bien lo sabe; él me había dado ya la indicación de la casa, y se fía en eso; pero le advierto que me olvidé...

—Señor...

—Vamos, señor Bertuccio, en tanto que nosotros damos un pequeño paseo por la ciudad, arreglad nuestros asuntos por mi cuenta. De aquí a una hora deseo que nos esperéis en este mismo paraje.

Diciendo esto, el conde hizo una señal con la mano y se alejó de Bertuccio, dando el brazo a Haydée.

Este infeliz quedó asombrado; sabía que era preciso obedecer cuando el conde decía "quiero", pero no sabía de qué modo había de cumplir la voluntad de su amo.

Bertuccio desapareció al fin por una de las calles de la ciudad; tres cuartos de hora después volvía todo acalorado al lugar en que se había separado del conde, y por su fisonomía agitada pero risueña, se comprendía que había desempeñado su misión a fuerza de una extremada fatiga.

El conde y Haydée no tardaron en aparecer.

Bertuccio los condujo entonces a un pequeño edificio cerca del muelle, donde había logrado alquilar tres cuartos para Haydée y el conde.

Muy pronto pensaba éste embarcarse para la isla de Montecristo; y con ese fin había ya adquirido una *barchetta*; pero un incidente extraordinario, le obligó a partir al día siguiente.

Era medianoche cuando el conde de Montecristo se despertó sobresaltado por el ruido asustador que reinaba en la calle, frente de las ventanas de su cuarto.

Se levantó y corrió a averiguar la causa, y en el momento en que abría la puerta, resonó en todo el edificio este grito terrible de muchas voces afligidas: "fuego".

Un sudor frío inundó la frente de Edmundo Dantés. Corrió al lecho de Haydée, y despertándola con precipitación, le dijo que se aprestase para huir sin la menor dilación.

Mientras Haydée apresuradamente arreglaba su vestido, trémula y vacilante, el cuarto se llenó de muchas personas que se atropellaban en tumulto, armadas con hachas. De todos lados parecía abrirse el suelo para dejar salir esas figuras pálidas y jadeantes por el esfuerzo, que siempre toman parte con apresuramiento en las escenas terribles de un incendio. Las puertas que estaban cerradas frente a aquellos salvadores, caían en pedazos al peso de las hachas. Todos corrían, gritaban sin una idea determinada, sólo con el pensamiento vago de evitar un incendio general.

Una de las puertas del cuarto del conde acababa de caer a los golpes de las hachas y se vio entonces el pavimento en llamaradas que se comunicaban al techo; el fuego progresaba de un modo aterrador en los puntos del edificio.

En el primer impulso de aquella escena de desorden, en lo más vivo de aquel cuadro horrible que parece diseñado por la mano de Satanás, nadie se ocupaba del conde, nadie pronunciaba su nombre, y el conde, tomando a Haydée en sus brazos vigorosos, descendió con rapidez la escalera por el centro de las llamas y del humo.

—¡Oh! Dios mío —gritaba él—. ¿Cuál es la mano enemiga que me hiere sin piedad? ¡Que surja delante de mí ese hombre o ese demonio execrable, que me persigue!

El conde estaba en la calle; habiendo caminado sin descansar por el centro de aquella masa viva que se agitaba frente al edificio incendiado, llegó a una pequeña plaza desierta, cuyo espacio era iluminado por el reflejo del incendio vecino. Allí se paró, apoyando una pierna sobre un pedazo de piedra, para aguantar en ella el cuerpo desfallecido de Haydée.

—¡Hombre o demonio! —murmuró el conde con rabia—; ¡quien quiera que seas... aparece, habla y di qué quieres de mí! ¡Por el Dios que creó el mundo... por el genio de los abismos... por todo cuanto para ti pueda haber de sagrado o de maldito... levántate y habla!

—¡En la gruta de Montecristo! —respondió una voz seca y penetrante, que hizo temblar al conde.

## CAPÍTULO XLVII

# LA VANIDAD DEL HOMBRE

Edmundo Dantés partió sin demora para la isla de Montecristo, acompañado de Haydée, pero él desembarcaría solo para entrar en la gruta.

Después de una noche en el mar y de haber doblado la isla de Elba, la *barchetta* fondeó en la rada de la isla sin el menor incidente.

Ante la presencia majestuosa y sombría de aquellas rocas con sus cimas azuladas por los reflejos de la aurora que tan bella encontró en otros días el conde de Montecristo, le infundían entonces un terror vago, y le causaban una opresión inexplicable que lo abatía. La isla le pareció más desierta que nunca, sus peñascos más escarpados y su aspecto era más salvaje y terrorífico.

Luego que la *barchetta* lanzó al mar su pequeña lancha, el conde esperó con ansiedad el momento de desembarcar, empleando el tiempo entretanto en observar con toda atención si descubría alguna figura humana en el centro de la isla. Ni la menor sombra pasaba por allí; apenas el bulto airoso de algún cabrito montés aparecía veloz y tímido sobre algún peñasco, escuchando con recelo los menores ruidos, y huyendo asustado por el silbar del viento entre alguna abertura de las rocas.

La noche llegó y con ella una brisa fresca sucedió a aquella calma silenciosa, que deja tranquila la superficie de las aguas como para servir de espejo al hermoso firmamento en que pasea majestuosa la mensajera nocturna del cielo. Ninguna otra nave se aproximaba a la isla, según lo que el conde había visto, pero a pesar de esto la isla no estaba tan desierta como parecía.

Sin embargo, de que la luna enviaba de lleno sus magníficos rayos, algunas hogueras aparecieron en la isla, una de las cuales, en punto más elevado que las otras, parecía colocada sobre la más alta roca; las otras estaban en diferentes puntos menos altos. Siguiendo la dirección hasta la playa, y pudiéndose observar a simple vista hasta siete.

El conde observó la disposición de esas hogueras y reconoció que habían sido allí dispuestas en el orden en que estaban, para guiarlo hasta el lugar en que debía ser tratado el rescate de su hijo, en bien de su felicidad.

Se despidió de Haydée, y se separó de ella, no sin haberle dado antes tres o cuatro besos en su rostro infantil como si se despidiese para siempre. La pobre señora, acostumbrada a obedecer en todo a aquel hombre a quien adoraba y que era su marido, no osó contrariarlo, después de haber insistido un poco en el deseo de acompañarle al interior de la isla; el conde quiso desembarcar solo, y así lo hizo.

Armado con un par de buenas pistolas inglesas, absolutamente solo, empezó a subir el camino abierto en el seno de las rocas, guiándose por el reflejo de las hogueras, y un cuarto de hora más tarde ya había pasado cuatro de ellas y sólo le restaban tres, por lo que calculó que estaba cerca del lugar en que era esperado.

Con atención miró para uno y otro lado, como para asegurarse del paraje en que estaba, y midiendo con la vista los metros de la elevación relativa a la superficie de las aguas, examinando después esta elevación con la que tenía la entrada de la gruta, reconoció que, elevándose cuatro metros y medio, en la misma línea del horizonte, llegaría a aquella gruta soberbia, que en cierta ocasión había buscado con ansiedad creciente.

Realizado este pequeño cálculo, dejó de guiarse por las hogueras, y tomando por una senda que conocía y que subía en espiral, llegó algunos minutos después a la entrada de la gruta.

En efecto, era aquél el punto en que el conde parecía ser esperado; la última hoguera, la que estaba más elevada que las otras, ardía ante el portal ennegrecido y chamuscado de la sala subterránea.

El conde se paró allí, notando con disgusto el mal estado y el abandono en que estaba aquel portal magnífico, construido bajo su dirección con estilo gótico.

El interior de la gruta estaba débilmente iluminado por una luz resinosa, colocada en una de las paredes. El conde bajó aquella escalera donde el musgo había crecido abundantemente, y que parecía no haber sido trillado por ningún pie humano, desde mucho tiempo, y su espanto creció al notar la vetustez del interior de la sala. Las paredes estaban desnudas, la bóveda requemada, el pavimento obstruido por los escombros y pedazos de madera quemada. Tres bellas estatuas de mármol oriental que representaban a las célebres Mesalina, Cleopatra y Phrinea, ennegrecidas por el humo, presidían a aquel cuadro de ruinas, en cuyo centro parecían querer representar las escenas pasmosas de su placer, lujuria y pasiones.

De todo cuanto en otro tiempo había de bello y magnífico en aquella gruta apenas quedaban estas tres estatuas ahumadas como para patentizar que todos arden en el fuego de las pasiones que no saben extinguir en sí mismos.

El conde sintió por primera vez, que un error fatal de su vida pasada pesaba sobre él. Pasóse la mano por la frente, como para ahuyentar una visión desagradable, y mirando luego alrededor de sí para asegurarse de que estaba solo, lanzó un pequeño grito al leer escritas en letras negras, en la pared principal, estas palabras categóricas:

"A los pobres lo que es de los pobres.

"La mano del muerto está levantada sobre Edmundo Dantés, el amigo falso, amante cruel... ¡infanticida atroz! ¡El gran criminal!"

Quedó algunos momentos estático, con los ojos clavados en aquel enigma fatal, cuyo sentido no comprendió al punto, pero cuya expresión le pareció terrible. En el gesto de terror que había en el rostro de Edmundo Dantés, un Tiziano habría, sin duda, aprovechado con interés el modelo que se ofrecía para la expresión cruenta y dolorosa de Baltazar en medio de su loco festín.

Cuando pasaron aquellos primeros instantes de sorpresa, Edmundo Dantés leyó por segunda vez el escrito fatal, tratando de encontrar con el mérito literario el interés moral que envolvía, pero para este examen frío no se hallaba entonces dispuesto el espíritu de Edmundo Dantés. Para poder juzgarse el hombre a sí mismo es preciso que deseche toda exaltación de sus pasiones y toda idea o pensamientos que abrigue contra sus enemigos personales.

Pero Edmundo no estaba en este caso. Era padre, y le habían robado su único hijo... y este golpe es demasiado rudo para un padre cariñoso. Su corazón no podía latir con la regularidad necesaria al hombre pensador profundo y moralista imparcial.

—¡Oh! —dijo al fin—; ¿qué delirio espantoso hay allí? ¿Cómo fui yo un amante cruel, un amigo falso... un...?

—¡Acaba! ¡Acaba si puedes! —interrumpió una voz seca y sonora, del interior de la gruta. ¡Es ya hora!

El conde llevó instintivamente la mano a una de sus bellas pistolas, pero apartándola en el acto, cruzó con toda la posible tranquilidad los brazos sobre el pecho, como esperando.

Benedetto estaba delante de él, envuelto en una capa napolitana, y con el rostro oculto por una máscara de seda negra, con entera sangre fría.

—¿Quién sois vos? —preguntó el conde con altivez.

—Poco te importa, con tal que sepa responder a tus preguntas —dijo Benedetto, con serenidad.

—Sin embargo, yo tengo mi rostro descubierto, y creo que no desearéis que tengamos una escena de carnaval. Sea como quisiéreis... lo que yo tengo que deciros es sencillo, pues de sobra conozco las costumbres de los hombres de vuestra profesión en toda la Italia. ¿Cuánto queréis recibir en rescate de un niño robado en Venecia, en la plaza, en ocasión de un banquete dado a los pobres?

—Nada, señor conde de Montecristo...

—¿Cómo así? ¿Queréis obligarme a realizar un acto de extremada generosidad? —preguntó el conde con una sonrisa de desprecio en sus labios.

—No, señor, ni podíais caer en un acto de generosidad extremada, porque en la vida fuisteis generoso, y quien no usa no cuida. Yo quiero haceros creer que sois muy vanidoso, porque os juzgáis en circunstancias de pagar el rescate de vuestro hijo.

—Pues bien, pedid cuanto queráis —dijo el conde con desdén.

—¿Luego vos sois un Dios que podríais concedérmelo todo?

—No, pero ese Dios me hizo el hombre más poderoso de la tierra, para juzgar a los demás y castigarles como ellos se merecían.

—En ese caso, os pediré un pequeño favor...

—Hablad...

—Novecientos millones.

—Esa cantidad excede a la proporción establecida para regular en el mundo la voluntad de una nación por la voluntad de un solo hombre. Yo os he dicho que Dios me hizo poderoso para juzgar hombres, no para comprar naciones, tal como parece presumís.

—Al fin declaráis que sois pobre después de haberme asegurado que Dios os había hecho poderoso. ¡Oh! Basta de ilusiones, Edmundo Dantés, ¿quién eres tú para juzgar a los demás hombres y castigarlos? ¿Cuándo fue el tiempo en que no marchaste arrastrado por la pasión que te dominaba, y ciego por los falsos raciocinios que concebías?... esa llave de oro que Dios te puso en las manos para entrar en el mundo, como mejor te pareciese, la empleaste muy mal. El fiel que él te concedió para las justicias, se desvió de tus manos trémulas. ¡Dios te fulmina! Somete la frente altanera al decreto infalible de la Providencia, ineludible.

Reconoció Edmundo que no tenía que tratar con un simple salteador romano.

—Dime, pues, ¿serás tú el mismo del palacio Gradenigo, en Venecia? —preguntó, con cierto recelo.

—No sé de qué me hablas —respondió Benedetto, con pausa.

—Te digo... pregunto si tú eres el hombre que me ha perseguido desde que entré de nuevo en Europa... ¿serás tú el raptor de mi hijo; el incendiario que ha señalado por el terror mis pasos desde Mantua a Pisa?... ¿Eres el capitán del yate *Tormenta*?... habla, pues, aquí estamos solos... ¿quién eres?... ¿qué quieres de mí? ¿Responde?

—Quiero explicarte lo que allí está escrito —respondió el salteador, señalando la inscripción de la pared.

—¡Ah! ¡Mi hijo! —murmuró el conde, consigo mismo, comprimiendo el pecho y ocultando una lágrima.

—¡Edmundo Dantés! —dijo Benedetto pausadamente—: cuando desembarqué hace poco en el puerto de Marsella, cayó a mis pies una dama, en cuyo rostro pálido estaba impresa la expresión terrible del hambre y de la desesperación. Esta mujer levantaba sus brazos hacia mí, gritando: "¡dadme una limosna por el amor de Dios!" La desgraciada había sido la esposa de un hombre que pertenecía a la clase de los oficiales generales del ejército francés, y de esta unión había tenido un hijo que se encontraba lejos de ella. Cuando esta mujer vivía feliz en compañía de su hijo y de su marido, tú empezaste a prepararle la desgracia, y la desgracia no tardó en alcanzarla... ¿Te acuerdas de Mercedes?, ¿te acuerdas de tu antigua amante, Edmundo Dantés?... Ella quedó viuda, y se vio privada también de su hijo que marchó a África para limpiar su nombre de la infamia que manchaba el de su padre. Ella sufrió cuanto una mujer puede sufrir. Ella padeció, al fin de su largo sufrimiento el hambre y la miseria, que fueron las dos coronas de tu obra maldita... He aquí cómo eres cruel en el amor, Edmundo Dantés. ¡He aquí cómo vivías alucinado!... Otro hombre lo habría perdonado todo, para que viviese feliz la mujer a quien todavía amaba; otro ser habría sido generoso teniendo presentes estas sublimes palabras de Dios: "Perdona a tus enemigos para que el Cielo te perdone a ti". Edmundo, puedo afirmarte que la mujer del general Morcef te amaba aun al lado de su marido, pensaba en ti cuando reclinaba su frente sobre el pecho, y por ti había ella derramado lágrimas sobre su corona de desposada y su velo de novia; ¡qué bien le pagaste este amor, este recuerdo!... ¿querrías tú —siguió Benedetto—, que quedase condenada a una eterna viudez aquella pobre catalana, que aún no te había pertenecido? Ella lloró y esperó por ti muchos años, y tú nunca regresabas... ella te creyó muerto, y estaba desligada y libre para pertenecer a otro hombre. ¡Fuiste vanidoso, fuiste insensato, fuiste cruel! ¡Tan perverso!

—¿Quieres saber ahora por qué te califico de amigo falso? Acuérdate de Alberto de Morcef; acuérdate del tiempo en que te fingías su amigo, en que lo atraías hacia ti, fascinándolo, como la serpiente fascina a su víctima; evócalo bien, con toda la realidad, con toda la fuerza dañina de tu ser; acuérdate de que tramabas el modo de perderle, de robarle su padre, de lanzarle en la desolación y la ruina, mientras él, creyendo en tu amistad, apretaba contra el corazón esa mano traidora que había de herirlo de muerte. Acuérdate de aquella noche, en el teatro, cuando el infeliz fue a pedirte una explicación, y del modo en que le contestaste. ¿Esto no es ser traidor sobre todos los traidores?... ¡Edmundo! ¿Dónde estaba tu religión, tu Dios, tu creencia? ¿Qué calidad de dogmas seguías tú en tus llamados actos de justicia?... ¿Dónde están las leyes divinas o humanas que te puedan autorizar estos absurdos, estos crímenes? ¿Dónde?

—¡Oh, miserable! —gritó el conde con rabia—, ¿quién eres, que me hablas así? ¿Quién eres, que me acusas o condenas como si fueras un Dios? ¿Quién?

—¡Soy el escogido de Dios para juzgarte en la tierra! Yo soy el que empuño ahora el fiel sublime de la balanza que te concedió, y que tú abandonaste para tomar el puñal y el veneno del asesino. Atiende, pues todavía no has oído cuanto tengo que decirte. Quiero explicarte por qué te acuso de verdugo despiadado y de infanticida atroz; acuérdate del señor de Villefort; acuérdate del pequeño Eduardo... acuérdate de su madre.

—¡Bien, sí! —gritó el conde—. ¡Todos esos fueron sacrificados a las manos de mi viejo padre muerto de hambre y de miseria por la traición de Villefort! ¿Sabes tú el extremo con que yo amaba y respetaba aquellas canas? ¿Conoces cuál es la desesperación que un buen hijo puede sentir cuando le dicen: tu padre murió de hambre lejos de ti? ¡Vivía a dos pasos del presidio en que me había encerrado el procurador regio, como se encierra a un cadáver en el sepulcro!... ¿sabes tú o calculas siquiera, todos esos horrores?

—¡He experimentado otros! ¡Vi a mi padre reducido al último estado de demencia —respondió Benedetto—; lo vi padecer a mi lado, después de haber visto sucumbir de horror en horror a toda su familia alrededor de sí!...

—¡Jesús! ¿Quién eres, pues?... ¡Me matas!

—Poco te importa; soy tu juez, y seré tu verdugo. Atiende y tiembla, porque vas a escuchar tu sentencia.

—¿Acaso serás un hombre diferente de mí para poderme condenar? ¿Tu pecho estará exento de pasiones para que juzgues con tranquilidad respecto de las mías?

—Sí —replicó Benedetto con una sonrisa de compasión—, yo fui un asesino, un ateo y me arrepentí después; me hice justo, creí en Dios y mi conversión fue sublime, estoy salvado.

—¿Y cómo creíste en ella? ¿Cómo conoces que Dios te perdonó? ¿Decid?

—Pues te lo diré: en medio de una horrible tempestad, en medio de la noche, del fuego y del agua que parecía hervir en torno de mi barco, yo dije estas palabras, postrándome de rodillas:

—¡Oh, Dios mío, Creador del mundo! ¡Oh, sacrosanto mártir, crucificado por mí, y por todos los hombres!, yo creo en ti y en tu justicia divina! ¡Heme aquí, pues, firme en tu fe, marchando sin parar al encuentro de Edmundo Dantés, a quien he de aniquilar una a una todas sus afecciones; y si tú no me perdonas, si tú condenas mi procedimiento, consiente entonces que quede aniquilado para siempre en esta grandiosa revolución de los elementos! Dicho esto, entré en una pequeña lancha seguido de un solo hombre, y me lancé al medio de la borrasca. Al día siguiente creí con firmeza en la entera justicia de mis actos, y heme aquí frente a frente contigo; ¡oh!, ¡en todas partes donde he atravesado he oído un grito que te condena!

—Allí en el mar, el grito desesperado de Alberto de Morcef, a quien salvé de un naufragio; y en la tierra, la voz delirante de Mercedes. Reconoce, pues, que el Cielo te ha abandonado; reconoce esta verdad terrible para ti, pero que muchísimos hechos la están demostrando. Cuando yo me presenté en tu mansión de Venecia, no conociste en mí al enmascarado del palacio de Gradenigo; no te opusiste a mi recomendación de llevar a tu hijo al banquete de los pobres; después, cuando pernoctaste en el camino de Mantua a Florencia, en aquella cabaña a donde te condujo el acaso, como si Dios quisiese patentizar bien a mis ojos que tú eres un condenado, estuviste al lado del lecho en que dormían tranquilamente dos criaturas y no supiste reconocer en una de ellas a tu propio hijo.

—¡Oh! —murmuró el conde, como fulminado por un rayo, ante todo eso.

—¡Entonces reconoce, que el cielo te condena, miserable!... y cree que los momentos de otro tiempo en que te juzgabas inspirado y grande, no eran más que momentos de loca vanidad humana. Verdugo despiadado, nunca fuiste capaz de perdonar; en tus actos de monstruosa venganza envolviste y confundiste al inocente con el criminal; y ahora la pérdida de tu hijo, paga la sangre de Eduardo de Villefort.

—¿Y he sido yo, acaso, quién asesinó a aquella criatura? —preguntó el conde, confundido.

—Sí, todos los crímenes de la mujer de Villefort pesan sobre ti.

—¿Por qué?... ¿quién lo sabe?... habla, de una vez.

—No puedo; hay un secreto entre tú y Dios, que yo no puedo penetrar; pero si yo no digo la verdad, si en tu conciencia no pesan todos los crímenes de aquella mujer, desmiénteme a la faz de Dios que nos escucha.

El conde dejó caer la frente sobre el pecho, y quedó mudo, abatido.

—Bien —continuó Benedetto—; tú reconoces tu error y reconocerás también la justicia de Dios. Aquella inmensa fortuna que él depositó en tus manos, debías repartirla con los pobres, porque era el fruto de su sudor, y no aplicarla en hacerte rodear del lujo extremado que siempre ostentabas a la faz de Europa entera, en perjuicio de la miseria. Mira; repara bien en lo que te cerca; todos los tesoros que existían aquí fueron repartidos ya entre los pobres por mi mano, y los que tú posees aún, lo serán también.

—Sea —dijo el conde—; os doy toda mi riqueza por mi hijo; ¿os place?

Benedetto soltó una carcajada terrible, que espantó al conde.

—Jamás verás a tu hijo —respondió—; ¡te lo robó la mano del muerto, y un secreto igual al del sepulcro pesa ahora sobre su nacimiento!, ¡eso es todo!

—¡Maldición!, ¡tu vida responderá de mi hijo!... ¡Con tu sangre!

Y el conde, pálido, agitado, erizado el cabello, avanzó hacia Benedetto, empuñando sus famosas pistolas montadas, con ánimos de muerte.

—Tira... yo confío más en Dios que en ti, soy refractario a tus balas.

—¡Insensato! —exclamó el conde riendo y llorando como un loco, y arrojando lejos de sí las pistolas, que se dispararon por la violencia del choque—. ¡Hombre o demonio, tú no comprendes mi sufrimiento! Tú no eres padre... no sabes lo que es el amor paternal... Pide cuanto quieras... todo te lo daré por el rescate de mi hijo, de mi pobre hijo.

—No es posible, porque toda tu riqueza será el precio de otra cosa. Imagina que tu esposa, temiendo que te sucediese alguna catástrofe en este encuentro, desembarcó de la *barchetta*, y guiada por el reflejo de las hogueras, empezó a caminar para este punto. Imagina después, que unos pocos hombres desalmados, saltaron dentro de la *barchetta*, la incendiaron mientras cuatro brazos potentes sostenían el cuerpo flexible y gracioso de la hermosa Haydée en el camino de esta gruta escarpada.

No bien Benedetto acabó de hablar, se oyó un grito agudísimo que venía del lado de las rocas; el conde contestó con uno de rabia, y subiendo con precipitación las escaleras de la gruta, se detuvo en lo alto de la roca, mirando atentamente aquel espacio inmenso, el mar, el cielo y los peñascos, sombríamente...

—¡Haydée... Haydée! —gritaba.

Y el eco repetía con acento lúgubre este nombre querido que el conde pronunciaba, con desaliento.

—Mira allá abajo aquellas llamas que el viento agita al nivel de las aguas —dijo una voz al lado del conde.

Era Benedetto, el vengador.

—¡Todo ha terminado para ti!

—¡Haydée... Haydée...! ¿Dónde estás?... ¿qué nuevo infortunio es este que nos rodea?... ¿Responde?

Miró el conde en derredor de sí; Benedetto había desaparecido, las hogueras se habían apagado, apenas se divisaban en el pequeño ancladero las llamas que consumían la *barchetta*, y dentro de la gruta la claridad moribunda del hachón que ardía en la sala.

La gran figura airosa de Edmundo se dibujaba cual una sombra fantástica en el cielo azulado del Mediterráneo. Con los brazos cruzados sobre el pecho, respirando apenas, el cabello suelto y agitado por la brisa, de pie sobre la cresta del más alto peñasco de la isla, parecía la figura arrogante del poeta, el genio de las rocas sobre su trono de granito en la inmensidad del mar.

Permaneció algunos momentos el conde como si estuviese entregado a una profunda meditación sobre todo su pasado; exhaló un doloroso gemido y volviendo las espaldas al abismo, bajó lentamente al interior de la gruta.

—¡Aquí fue donde me embriagué con la posesión de aquellos tesoros que vine a desenterrar! ¡Ah, mezquindad humana! ¡Oh, imperfección del espíritu del hombre en comparación con su Creador omnipotente! ¡Yo tuve la loca ilusión de creerme también omnipotente en el mundo, cual un ebrio juzga caminar sobre una alfombra de rosas cuando sus pies resbalan en las losas de la calle!... ¡así como la embriaguez se disipa, como las rosas se deshacen al soplo de la realidad, yo despierto ahora de mi soñada ventura!... ¿dónde está aquella gruta espléndida que existía aquí?... ¿dónde está aquella mujer oriental que tanto quise?... ¿dónde está mi hijo?... ¿dónde fue la tranquilidad de mi conciencia, el placer íntimo de mi alma?... ¡todo acabó ya! ¡Todo pasó como un sueño pueril de una vanidosa criatura!... soy todavía inmensamente rico, pero, ¿de qué me serviría esta riqueza?... ¿qué haré ya en el mundo?... ¿qué placeres nuevos podré encontrar para distraerme? ¿Acaso podré ya gozar de algo?

El conde se calló un instante, miró lentamente alrededor de sí con un gesto de súplica, después corrió a levantar del suelo el hachón que estaba por extinguirse, y lo agitó en el aire... pero la llama se extinguió de nuevo, haciendo el último esfuerzo, para brillar en las tinieblas.

Entonces el conde lanzó un grito de terror al encontrarse en completa oscuridad.

—¡Haydée! ¡Haydée!... la fatalidad que me persigue te abruma también; ¡ah!, yo daré cuanto poseo para que no te ocurra ningún mal... ¡Venga alguien, surja ante mí un hombre cualquiera a quien pueda decirle esto, aunque ese hombre sea el Ángel maldito de Dios!

Diciendo esto, quedó en silencio, como si esperase una respuesta cualquiera, pero el silencio profundo no fue interrumpido en su derredor.

Repitió el conde lo que había dicho, y entonces centelleó una luz en el interior de la gruta y en pocos instantes advirtió la figura tranquila de Benedetto, cuyo rostro estaba oculto.

—Conde de Montecristo —le dijo él parándose a cierta distancia—, pido tu opulencia por tu mujer.

—Todo cuanto poseo te ofrezco en rescate de ella. ¡Todo, todo!

—Acompáñame, pues.

Siguió el conde a Benedetto a una de las salas interiores de la gruta, en donde estaba una mesa ordinaria con lo necesario para escribir.

Benedetto le indicó al conde, poniéndose enfrente, y le hizo una señal que aquél comprendió inmediatamente.

Poco después el conde, habiendo escrito algunas palabras, y firmado diferentes letras de cambio de enorme valor, ponía en manos de Benedetto toda su riqueza, todo cuanto poseía.

—Ahora soy pobre —dijo él—; tan pobre como el día en que bajé por la primera vez a este lugar; y mañana no tendré un amigo en el mundo, pero soy feliz... acabo de salvar a Haydée.

—Muy bien —respondió Benedetto—, ella os va a ser restituida; mandaré colocar en la rada del Sud un pequeño barco a vuestra disposición y marcharéis mañana con ella.

—¿Pero y mi hijo? —dijo el conde con ansiedad, tembloroso.

—¡Pesa sobre él el secreto del sepulcro! —contestó Benedetto con voz solemne, a la vez terrorífica y firme.

El conde iba a hablar pero apareciendo Haydée en la sala, corrió a arrojarse en sus brazos, toda temblorosa.

Benedetto se retiró, para que ellos manifestaran su alegría.

## CAPÍTULO XLVIII

# LA GRATITUD
# DE PIPINO

En el espacio de algunos minutos permanecieron abrazados, como si fuese la primera vez que se encontraban, después de una larga temporada de separación.

—¡Pobre criatura! —murmuró el conde, besándola religiosamente en la frente—; la desgracia que me hiere, no sabe respetar tu inocencia.

—¿Pero juzgáis que sufro, mi buen amigo? —le preguntó Haydée con toda la candidez de su sencilla alma—. No... todavía soy bien feliz; estoy a vuestro lado, y eso me complace.

El conde no respondió; la acercó a su pecho y amparándola con sus manos la contempló en silencio, como si meditase en el porvenir que le esperaba. En la expresión lánguida y suave del rostro de Haydée se revelaba un sentimiento de profundo amor. Haydée no medía ese sentimiento por las situaciones de la vida social; el conde se lo había inspirado y ella lo sentía con toda la fe sublime de una verdadera amante; lo demás era nada; la vida y la compañía de aquel hombre a quien ella adoraba con todo el celo oriental, era todo para Haydée. He aquí la razón porque ella entendía la felicidad más allá de aquella fatalidad inmensa que los hería a ambos. El conde, sin embargo, no podía pensar del mismo modo; después de haber sostenido en el mundo un prestigio inmenso, comprendía perfectamente el porvenir que le esperaba, luego que ese prestigio debido a su fortuna desapareciese. Ni un amigo encontraría, ninguna puerta se abriría para agasajarlo, y por todas partes donde se presentase, una risa de escarnio recibiría al hombre que en otro tiempo era considerado como el rey de los potentados y por lo tanto, señor de los corazones, dueño del bien y del mal.

—Escucha, Haydée —dijo el conde, después de haberla contemplado en silencio con las lágrimas en los ojos—: tus ilusiones tienen que ceder al golpe de la realidad fatal. Todavía ayer me vanagloriaba de poseer los fondos necesarios para satisfacer la codicia de los infames que nos robaron a nuestro querido hijo, mas hoy no puedo asegurar que tendré con qué comprar el pan de tu alimento de aquí a un mes. Yo conozco bien este mundo de miseria, odios e intrigas... y nuestro camino, de hoy en adelante, estará sembrado de terribles espinas, donde tus lágrimas inocentes han de caer con abundancia en presencia de mi martirio, de mi gran sufrimiento.

—¿Y qué, no podremos lograr la menor felicidad, porque seamos pobres? —preguntó Haydée con sencillez—. Yo seré feliz... viviendo con vos... viviendo con nuestro hijo... que tanto amo.

—¡No! ¡No! —respondió el conde con frenesí—. ¡Aquel pobre niño está perdido para siempre! Jamás lo volveremos a ver. ¡Esa es la verdad!...

Haydée lanzó un grito, llevando las manos a sus finos cabellos, presa de la mayor desesperación.

El conde ocultó el rostro, con pesadumbre.

Se siguió un momento de profundo silencio; después, Haydée, lanzando sobre el conde su mirada apasionada, le dijo con una sonrisa de infinita amargura.

—Señor, muchas veces os pregunté en otro tiempo si la muerte era un mal. Al ver aquel espectro sombrío, aquel rostro descarnado, aquella diestra terrible que va sin piedad trazando las vidas, sin dolor... yo temblaba acordándome que algún día me llegaría mi vez; pero ahora imagino la muerte de otro modo, sí de otro modo.

—Suponed, señor, que su imagen no trae horror consigo, que su diestra no es tan dura... que en vez de mostraros la hoz con que ha de separar el alma de vuestro cuerpo, os indica el misterio sublime de una felicidad enteramente nueva...

—Haydée... —dijo a media voz el conde—, escuchadme.

—Mi buen amigo, si el mundo es torpe, es miserable, lleno de horrores, ¿qué vale en presencia de la muerte? Pensad bien en lo que os digo y entretanto esperadme que vuelvo en seguida, un solo instante...

—No, Haydée —dijo el conde deteniéndola—, yo no te dejaré ahora, sería imposible.

—¿Por qué, mi buen amigo?

—Porque adivino tu pensamiento.

—¡Y bien!

—¡Nunca! —exclamó el conde.

—Bien; retrocedéis al frente de la muerte, en el momento en que no os resta otra cosa. Señor, muchas veces os he oído hablar del fin como del sueño reparador que esperábais gozar durante la noche siguiente a un día agitado... Entonces fui yo aprendiendo el modo de mirarla sin el menor recelo, hasta que llegué a mirarla con interés. ¿Dónde está, pues, la energía con que entonces hablabais?... Cuando erais inmensamente rico, cuando teníais delante un risueño porvenir, no os estremecíais con la idea de la muerte; y hoy que sois pobrísimo, hoy que la mano de la fatalidad parece haber cortado de un golpe todas vuestras más gratas esperanzas... ¿qué es lo que os hace vacilar y estremecer tanto, ante la idea de ese sueño eterno?... Señor, si la felicidad acabó para nosotros, acabemos nosotros para el mundo.

—Mira, Haydée —dijo el conde mirándola fijamente—: tú que más de una vez en tu vida, casi desde la cuna, has visto la desgracia y ambicionado la muerte como el único medio de evitarla, ¿no tiemblas con el sacrificio enorme que te propones? ¿Pero con qué derecho divino o humano podremos nosotros consumarlo? Para que la criatura tuviese el derecho de morir por su libre albedrío, sería preciso que ella hubiese nacido por su propia voluntad. ¿Crees tú que será una prueba de espíritu, y una virtud meritoria, tomar un veneno o descargar un golpe que nos robe la vida en el momento en que sentimos los horrores de la miseria? Eso no será en el tribunal divino más que un acto de debilidad o de alucinación. La resignación con que nos sometemos a nuestra suerte, la paz de espíritu con que soportemos la miseria y los trabajos de este mundo, serán cosas de mayor precio, cuando nuestras almas sean juzgadas.

—Señor —replicó Haydée—: muchas veces también os oí condenar como sofismas esos argumentos que exponéis. Decís que, para tomar un veneno o descargar un golpe que nos robase la vida, no es necesario un grado superior de fuerza de voluntad que no existe en todas las personas, cuando no están del todo alucinadas. Ver el mar, la tierra, las flores; ver el mundo radiante y espléndido, sentir en nuestro pecho la sangre agitada con el vigor de una salud completa, y cerrar los ojos diciéndonos: "vamos a dormir para siempre; vamos a morir..." ¡Oh! ¡No todos tienen fuerza en sí mismos para pronunciar estas palabras, y para cerrar los ojos al peso de aquel sueño cuyo despertar es un misterio terrible e impenetrable entre Dios y la eternidad!... Amigo mío, ¿dónde está ahora la fuerza de vuestra voluntad? ¿Dónde está ahora la fuerza activa y enérgica de vuestro espíritu? ¿Dónde, sí, dónde?

—Bien, Haydée —respondió el conde poniéndose lívido, y levantándose rápidamente los cabellos que le cubrían la frente—; después que veas el mar, la tierra, las flores, el mundo brillante y espléndido que nos cerca, ¿tendrás bastante fuerza para pronunciar aquellas últimas palabras que me dijiste?

—Experimentemos —replicó Haydée—. Mientras tanto, dejadme preparar esta agua.

Él quedó inmóvil; Haydée, sacando del bolsillo una caja pequeña hecha de una sola esmeralda, con la tapa de oro, la abrió y sacó seis pequeñas píldoras de una sustancia oscura, y echando después agua en un vaso puso dentro las seis píldoras, que poco a poco se deshicieron.

—Una sola de esas píldoras —decía el conde a proporción que Haydée las echaba en el vaso de agua—; una de esas píldoras hace dormir durante tres horas; dos, seis horas; tres, diez; cuatro, trece o catorce horas; cinco, veinte; seis... es la muerte...

Haydée no respondió; se sentó al lado de la mesa, y apoyando el rostro en su mano izquierda, clavó su mirada ardiente y apasionada en el rostro pálido de su marido, por la fiebre.

Al penetrar los primeros rayos de la aurora en aquella sala subterránea por las aberturas de los peñascos, Haydée estaba aún en la misma posición y parecía querer desviar con la vista, la figura del conde de Monte-Cristo, en toda su magnitud.

Entonces ella se levantó, y tomándolo de la mano, le obligó suavemente a levantarse un poco.

—Vamos, la luz del día brilla ya en el mundo... subamos al peñasco. Aquí está el veneno, amigo mío, y creed que sólo así podréis evitar una desgracia, si para vos la desgracia empieza en el momento en que perdéis vuestra inmensa riqueza. Nosotros tomaremos igual porción —continuó Haydée separando en dos vasos una porción igual de líquido y poniendo cada uno en una extremidad de la mesa—. Ahora subamos, no perdamos tiempo...

Diciendo esto, conducía al conde para fuera de la gruta, y ambos se detuvieron en la cumbre de los peñascos.

Estaba sereno el mar, el sol empezaba a elevarse, y sus rayos se proyectaban casi en la línea horizontal sobre las aguas. Un buque con todas sus velas desplegadas, e impulsado por la brisa de la mañana, pasaba muy majestuoso frente a la isla. Todo parecía presentar alrededor del conde cierto aspecto de vida, riqueza y tranquilidad que lo abrumaba.

Mientras él y Haydée se despedían del mundo desde la cima de un peñasco escarpado que se elevaba en el centro de las aguas del Mediterráneo, dos hombres, deslizándose por una de las aberturas que daban claridad a la sala interior de la gruta, observaban atentamente si alguien habría escuchado el rumor de sus pasos.

Convencidos de que nadie se aproximaba, fueron hacia la mesa en que Haydée había dejado los dos pequeños vasos con el veneno y se detuvieron allí, un instante.

—¿Y cómo será posible conocer el que queréis? —preguntó uno.

—Creo que es ese —respondió el otro, tomando el vaso que estaba al lado de una entrada de la sala—, sí, creo que ese es.

—¿Cómo así? ¿No estaréis equivocado?

—Haydée echará mano del que le quede más cerca, y es éste.

Diciendo esto, el hombre colocó el vaso en su lugar, tomando el otro y poniendo el vaso como estaba.

—¿Y si por acaso el conde no toma este vaso y sí el otro? —preguntó el compañero. ¿Qué sucederá?

—Entonces me arrojaré sobre él.

—¿A todo precio queréis salvarlo?

—Sí. ¡Es preciso!

—¿Pero si su hora ha llegado?

—La he de interrumpir.

—¡Oh! —dijo el compañero con una risa de burla—. ¿Eres más fuerte que el destino? ¿Por qué quieres hacerlo?

—He de pagar esta deuda de gratitud; el conde me salvó la vida, yo salvaré la suya. Partamos... ellos bajan, pronto, no tienen que vernos.

Diciendo esto, los dos hombres entraron en la sala inmediata y allí se ocultaron rápidamente detrás de la roca, porque el conde, dando la mano a Haydée, ya iba descendiendo la escalera, aproximándose.

Ambos atravesaron en silencio la primera sala y penetraron en la segunda, deteniéndose frente a la mesa.

—Y bien, Haydée... ¿todavía quieres dejar aquel mundo que tan bello nos pareció? ¿Estás decidida?

—Sí, amigo mío —contestó Haydée, enjugando una lágrima—, perdonad mi debilidad... yo no tengo en mí aquella fuerza superior que es necesaria para morir por mi libre albedrío...

—¡Oh! Haydée... —exclamó el conde, tomándola en los brazos— pobre joven... y yo que te amo tanto.

—Gracias, mi buen amigo, os agradezco este sentimiento, y creed que también os tengo un amor profundo, vehemente... ¿Me dáis un beso, conde? ¿Me lo dáis?

El conde posó precipitadamente sus labios en el rostro de Haydée, y ella, alejándole suavemente la frente con las manos, levantó una mirada al cielo, y extendiendo con rapidez el brazo en la dirección de la mesa, tomó el vaso, con suma energía.

—¡Jesús! —gritó el conde aterrado.

Haydée había bebido el veneno.

—¡Ea! —dijo ella sonriéndose—; yo voy a partir... acompañadme, mi buen amigo, llegamos al final.

El conde fue al lado opuesto de la mesa, tomó el otro vaso, bebió el líquido que contenía con la mayor tranquilidad, y después se volvió a colocar al lado de Haydée, con serena calma.

—¡Oh, mi esposo! —exclamó ella, echándole los brazos alrededor del cuello—; yo te amaba mucho, y sentía faltarme ya la vida en el pecho; la idea de que me sobrevivirías... la idea de perderte... la idea de que otra mujer te amase, te besase, como yo te beso y te amo... ¡oh!, esta idea no es para las hijas de mi país que se entregan en cuerpo y alma, con toda fe, con toda la intensidad de la pasión al hombre a quien conceden el primer beso. ¡Perdóname si este sentimiento es llevado al grado del delirio! ¡Yo te amé cuanto una mujer puede amar a un hombre; te llamé mío, y después de mí tú no

pertenecerás a otra! ¡Los celos son mil veces peor que la muerte!... yo muero... pero tú morirás conmigo... Para quien gozó tanto en el mundo, para
quien ya amó y fue amado como yo y como tú, ¿qué importa la muerte?, ella
no nos roba la menor dicha, ni nos priva de conocer la felicidad. Moriremos,
pues, tranquilos, porque podremos decir: "gozamos y fuimos felices".

Haydée calló súbitamente, sus facciones se pusieron lívidas, su mirar
amortiguado y sus labios se contrajeros cubriéndose de una espuma amarilla
que le inundaba la boca.

El conde la apretó en sus brazos y se arrodilló ante ella.

—¡Oh, conde mío... mi esposo!... —dijo Haydée, besándole— la muerte
no tiene horrores. Yo te había hablado de la manera particular que la suponía,
voy a explicarla ahora, y tú mismo la comprenderás así. Mira, mis brazos
ciñen tu cuerpo, y yo le estrecho contra este pecho que tanto te ama, y que
poco a poco va cesando de latir; la muerte es también una mujer bella que
nos estrecha también contra su helado seno, y nos roba la vida en cada momento de placer, en cada beso que nos da, y tú también has de adormecerte,
poco a poco, mecido por sus caricias... así, así... conde mío... mi amante... mi
marido... Mi gran amigo...

—¡Oh!... mi corazón se hiela totalmente... ¡voy a morir!... muere conmigo... esposo mío... he aquí mi último beso... mi último pensamiento... ¡es
tuyo!

Diciendo así, dejó caer la cabeza sobre el brazo del conde; sus ojos con-
tinuaban abiertos, y parecían mirar todavía con celos el rostro del conde de
Montecristo.

—¡Está muerta! —murmuró él, colocando la mano sobre el pecho de
Haydée—. ¿Y por qué yo vivo todavía?... ¿Por qué no siento en mí aquel
fuego terrible, que parece quemar las entrañas? ¿Por qué, Dios mío?

Y pasó media hora, tiempo de más para el efecto de aquel veneno.

—¡Oh!, ¡yo no he de sobrevivirla! —exclamó al fin, levantándose y tomando en sus brazos el cuerpo inanimado de Haydée—. ¡Ven, mi buena
amiga, tendremos un sepulcro digno de nosotros!...

Al decir esto, el conde subió como un loco las escaleras de la gruta; trepó
a la cumbre del peñasco, y estrechando contra su pecho el cadáver de Haydée
corrió en dirección del abismo, gritando con desesperación:

—¡Oh! Dios topoderoso, recibid mi alma... ¡Tomadla!...

—No —gritó una voz, y el conde se vio detenido y preso al borde del
abismo, por los brazos de un hombre.

El cadáver de Haydée rodó de roca en roca y desapareció.

—¡Insentato! ¿Quién eres tú? —dijo el conde con energía.

—No es necesario poseer muchos millones para salvar la vida de un hombre, señor conde. Yo soy Pipino *Rocca Priori*. ¿Me conocéis?...

## CAPÍTULO XLIX

# EN LA CASA DE CAMPO DE LA FAMILIA MORREL

**M**uy cerca de la ciudad de Roma había una modesta casa en el centro de un bonito jardín, frente al cual existía un hermoso enrejado de hierro.

Tenía esta casa, de una perfección artística asombrosa, particularmente en los departamentos interiores, cuantas dependencias son necesarias en una casa de campo para la cría de gallinas, palomos, conejos, patos, etc. El esmero del jardín, el cultivo de los terrenos inmediatos, la profusión de los árboles de sombra, los recortes graciosísimos del arrayán, todo indicaba que allí era la residencia ordinaria de una familia satisfecha, y no una casa sólo de recreo para el verano, donde, por decirlo así, se podía notar siempre lo útil junto a lo agradable.

Era allí donde Maximiliano Morrel y su esposa Valentina fijaron su residencia, habiendo salido hacía ya algunos meses de Venecia.

Entregándose a los placeres de una paz íntima y sagrada, que no era turbada por el menor movimiento del mundo exterior, tenían allí un pequeño mundo de felicidad, disfrutando su mediana fortuna, y repartiendo entre los pobres muchas limosnas y beneficios que éstos recompensaban, llamando sinceramente sobre aquella pequeña familia las bendiciones de Dios.

El interior de la casa estaba amueblado con aquel gusto y elegancia propio de un espíritu como el de Valentina, con mucho gusto y elegancia en todo.

No había esa abundancia bárbara de las grandes casas; pero allí no se sufría la menor privación y todos se consideraban felices; los amos estimaban a los criados, y éstos respetaban a aquéllos con cierto celo e interés espiritual, que raramente se encuentra entre los sirvientes vulgares.

Es porque el celo y la amistad de los criados depende muchas veces de la conducta de los amos.

Valentina empleaba una suavidad tal en el modo de mandar, que todos porfiaban en obedecerla. Ella se levantaba ordinariamente muy temprano, y recorría los jardines, cuidando las flores y dándoles diferentes nombres simbólicos, de manera que todas ellas formaban a sus ojos y a los de Maximiliano el panorama completo de mil recuerdos agradables; después bajaba a las oficinas y por su mano delicada repartía el alimento a la multitud de animales que acudían en su derredor; las palomas revoloteando, iban a posarse en sus manos; otras más atrevidas, le robaban un grano de maíz que ella sujetaba con los dientes; los conejos, levantándose sobre las patas, le ponían las manos en los vestidos y recibían una hoja de la mejor hortaliza en premio de su acto de confianza. Valentina tenía el derecho de examinar, ya los nidos en que las palomitas procreaban mientras otras estaban comiendo, ya la conejera en que se envolvía una cría de conejitos, ya el cesto en que estaban los huevos de una gallina, o bien a la laguna de los patitos, y todo esto sin que los padres se mostrasen ofendidos. Ella, después de esta agradable tarea, salía de allí encantada de todo, para respirar el aire fresco de las huertas y presenciar el trabajo de ordeñar dos o tres vacas; en seguida, llevando la leche, las flores o los huevos para la casa, iba muy ligera y alegre a preparar la mesa del almuerzo, entretanto Maximiliano salía de su cuarto. Entonces él venía a abrazarla y a almorzar con ella, llenos de felicidad.

Los días transcurrían sin el menor disgusto; Valentina bordaba y Maximiliano leía casi siempre. Por la tarde, subían a un elegante cabriolé cuyo caballo guiaba Maximiliano y daban un pequeño paseo, hasta que el sol empezaba a ocultarse, y entonces volvían a casa y dejaban correr la noche en la misma armonía.

Pasaron así algunos meses, hasta que en una de las noches, un incidente imprevisto turbó por algunos instantes aquella paz doméstica de que gozaban todos, como una bendición.

Eran las diez o las once de la noche, cuando los criados oyeron parar un carruaje frente al enrejado del jardín. Poco después se oyó la campanilla tirada con fuerza.

Valentina y Maximiliano se disponían a hacer indagar la causa de tan brusca manera de anunciar una visita, cuando una criada entró en la sala para decirles lo que había sucedido.

—Mi señora —dijo ella—, está en la puerta el carruaje de un señor que desea hablar sin la menor demora al señor Maximiliano, aunque él no ha pronunciado este nombre.

—¿Cómo es eso? —preguntó Morrel.

—Dijo simplemente que quería tener el gusto de solicitar un favor del dueño o dueña de esta casa y que pedía, por el amor de Dios, si era necesario, que no le hiciesen esperar largo tiempo.

—¿Qué será? —preguntó Valentina.

—No lo puedo imaginar, por lo menos —dijo Morrel—. A esta hora de la noche un hombre que desea hablar al dueño o dueña de esta casa, pidiendo por el amor de Dios que no le demoren mucho tiempo... Hallo todo esto muy raro. ¿Qué clase de hombre es?

—Yo no lo vi, señor; pero Pietro que le habló, dice que la voz parece más bien de mujer que de hombre, y por su figura delicada anuncia pertenecer a una clase distinguida.

—De cualquier modo, debo saber quién es; es preciso.

—¿Pero mandarle subir sin saber siquiera su nombre?... ¿No será peligroso?

—Iré yo a hablarle a la puerta; que me acompañe Pietro. Y entretanto iluminen la sala.

Diciendo esto, Maximiliano bajó al jardín, y dirigiéndose hacia la reja que lo separaba del camino, distinguió a la luz de un farol cercano, la figura delicada y ágil de un joven que se paseaba inquieto al lado del carruaje, parándose algunas veces frente a la portezuela, en señal de impaciencia.

—Buenas noches —dijo Maximiliano—, ¿a quién hacéis el honor de buscar aquí?

—A vos mismo, señor, si sois el dueño de esta casa o tenéis alguna incumbencia en sus negocios domésticos —respondió el joven con una voz argentina y breve, pero con un cierto grado de aflicción que no escapó a Morrel.

—¿Acaso no sabéis siquiera mi nombre, ni el nombre de la persona a quien buscáis directamente? —preguntó él.

—¡Válgame Dios!, no sé quién sois, tal vez nunca habré tenido el gusto de encontraros... pero si sois caballero, si tenéis un buen corazón, si deseáis socorrernos, bien podéis hacerlo...

—¿Luego no venís solo?

—No, señor; y no es por mí por quien solicito socorro; mi mujer me acompaña... se halla enferma.

—¿Vuestro nombre? —preguntó Maximiliano, interrumpiéndole con interés, pues el tono con que el joven hablaba, tenía algo de tierno que le conmovió profundamente.

—Yo me llamo León d'Armilly.

—Abran la reja —gritó Maximiliano a los criados—. Muy bien, señor León d'Armilly, estáis honrando a Maximiliano Morrel; hablad, pues, que yo os serviré en cuanto me fuere posible.

—¡Oh!, señor Morrel; en todo... en todo, escuchadme. Mi señora y yo nos dirigíamos fuera de Roma, y preferimos salir de noche para excusarnos del calor del día; pero mi mujer está embarazada ya en el octavo mes... y el movimiento del carruaje le ha abreviado el parto, según me parece; ¿qué haré, pues, en este caso, tan lejos de la ciudad... de noche?

León d'Armilly corrió inmediatamente al carruaje, y después de haber hablado algunos instantes dentro de él, volvió hacia Maximiliano que había enviado a Pietro con un recado.

—Señor de Morrel...

—Hablad...

—Vos sois bueno y servicial, y yo quisiera pediros aún un obsequio...

—Decid; os escucho.

—Vos sois un caballero... yo no quiero abusar de vuestra bondad, ocultando un secreto; es preciso confesároslo.

—Estoy pronto a oíros, podéis hablar.

—Yo estoy comprometido, tanto como la señora que me acompaña.

—Casi no os comprendo... señor d'Armilly —dijo Morrel, sonriéndose.

—Yo os había dicho que ella era mi mujer... pero...

—Terminad ...

—Nos faltan las bendiciones —dijo d'Armilly.

—¿Qué queréis decir? No os entiendo.

—Ella pertenece a una buena familia romana; es de una educación escogida, y tiene, como cualquier otra señora de su clase, una gran vergüenza de su falta...

—Pero, señor... ¿qué tengo yo que ver en eso? Pues... la señora que se resigne... nosotros no haremos más que socorreros a ambos.

—Sí; pero permitiréis que ella conserve el incógnito.

—Juzgo la situación bien difícil para sostener el incógnito; sin embargo...

—Ella trae el rostro oculto con una máscara de seda —replicó d'Armilly.

—En este caso, os respondo de que todos en mi casa han de respetar el secreto en que se envuelve esta señora; podéis tener plena confianza en mí.

—Mil gracias, señor —exclamó d'Armilly, apretando la mano de Maximiliano y corriendo al carruaje.

Poco después se apeaba con alguna dificultad una señora, y el carruaje, dando la vuelta en el camino, iba a recogerse en la caballeriza, donde un criado lo esperaba por orden de Maximiliano.

Ya estaba prevenida Valentina, y un cuarto con cama y todos los preparativos para un acto de aquellos, acababa de acondicionarse para recibir a la dama misteriosa.

Valentina y sus dos criados le prodigaron los más asiduos cuidados.

Conservaba la señora aquella la máscara en el rostro; su estado era tal, que hacía creer en la proximidad del parto.

Entretanto en el interior del cuarto se preparaban y disponían las cosas para este momento crítico, Morrel observaba con interés al joven d'Armilly, que se paseaba con agitación por la sala, deteniéndose muchas veces en la puerta del cuarto y aplicando el oído a la cerradura como para escuchar.

Era la figura de aquel joven, de las más delicadas que se pueden hallar en un hombre; los cabellos rubios parecían finísimos, y estaban echados con arte y elegancia alrededor de la frente; la expresión de sus bellos ojos azules, la blancura de sus manos, y la pequeñez de los pies, todo contribuía a llamar la atención de Morrel; además, el joven d'Armilly era desenvuelto como otro cualquier joven de su edad; fumaba con desembarazo y gusto decidido; montaba en el asiento de una silla como si montase en un caballo; se extendía de espaldas sobre las butacas, y ponía una pierna sobre la otra, y todo esto con agilidad y rapidez. Maximiliano mandó servirle un refrigerio, que admitió sin el menor escrúpulo; después conversó algunos momentos con él respecto de mujeres, pasando luego a hablar de caballos y en seguida de armas de fuego, citando los mejores autores y hablando de todo con tal desenvoltura y viveza, que parecía uno de esos jóvenes hijos de familia rica, que pasan su juventud viajando y corriendo de delirio en delirio, hasta una vejez muchas veces prematura o arruinada. Dos horas después, se sintió un gemido en el cuarto; luego un grito sofocado en los labios, y en seguida los primeros gritos de un recién nacido.

León d'Armilly dio un salto frente a la puerta, y Maximiliano, aproximándose a él, le tendió la mano, en la que aquél dejó caer la suya maquinalmente.

—Mil parabienes, señor León d'Armilly —dijo Morrel con alegría.

—¡Ah! Muchas gracias... —respondió d'Armilly, con un gesto casi estúpido, que Morrel interpretó a su capricho por la expresión patética del sentimiento paterno despertado por el primer llanto de un hijo. Un momento después salió una criada y anunció, con la sonrisa en los labios, que la señora había dado a luz una niña fuerte y robusta, que era el retrato vivo de su padre.

Maximiliano dio a estas palabras de rúbrica el valor que se les debe, mientras que d'Armilly respondió:

—Sí, puede muy bien que sea como decís... pero yo apostaría que se parece más a su madre que a mí.

La puerta del cuarto se abrió, y el señor León d'Armilly fue a abrazar a la señora misteriosa.

En muy pocos días volvió ésta a su estado normal, de modo que podía continuar el viaje sin el menor recelo. León d'Armilly, después de haber obsequiado en secreto a las dos criadas que asistieron al parto de su amada, agradeció con la expresión del más puro sentimiento el socorro que Valentina y Morrel les habían facilitado, pero la deuda de su gratitud fue todavía aumentada por un nuevo favor que él solicitó.

No dudó Valentina en encargarse de hacer criar a la niña en su casa, hasta que la madre pudiera llevársela a su lado. Valentina no tenía hijos y gustaba de criaturas, así como gustaba de las flores y de los pájaros; así es que con la mejor voluntad accedió a la nueva súplica del señor León d'Armilly. Al día siguiente, la madre, levantando un poco su máscara de seda para poder dar un beso a su hijita, agradeció una vez más a Valentina el servicio que ésta le había prestado, y partió acompañada por el joven amante.

—¿Y ahora, Luisa? —dijo ella, quitándose la máscara, luego que el carruaje rodó.

—¿Qué quieres, mi querida Eugenia? Todavía he tenido que desempeñar otra vez el papel de León d'Armilly, pero supongo que será la última.

—¿Pero y mi hija?...

—Está en buenas manos, y un día tendrás el placer de abrazarla; mientras, Eugenia, pensemos en ti, olvida aquel desgraciado suceso que te hizo ser madre, y suponte que yo soy, en efecto, el padre de tu hija.

—¡Siempre alegre! —murmuró Eugenia, sonriéndose y enjugándose una lágrima—; ¡cómo envidio tu buen natural!

—Eugenia, el mundo y el teatro nos esperan; volvamos a nuestro sueño de felicidad... y si te falta la fuerza necesaria, acuérdate que tienes que procurar el porvenir de tu hija.

—Sí, sí, Luisa, ¡Dios me dé fuerzas para lograrlo como lo deseo! ¡Esa será mi mayor felicidad, te lo aseguro!

## CAPÍTULO L

# LA MANO DERECHA
# DEL SEÑOR
# DE VILLEFORT

**D**irijámonos ahora a la pequeña isla de Montecristo, donde se hallará al conde todavía.

Fue al día siguiente a aquel en que Pipino había pagado su deuda de gratitud, salvando la vida de Edmundo Dantés. Este hombre, arrodillado ante el borde del abismo en que había rodado el cadáver de Haydée, elevando los ojos al cielo, rezaba desde lo íntimo de su alma, y se resignaba como verdadero cristiano a la suerte amarga que le esperaba en el mundo. Su resolución estaba tomada, e inclinándose sobre el peñasco, pronunció el último adiós a aquel cadáver querido que había visto destrozarse en el fondo del abismo.

Acordándose que un pequeño barco le esperaba en uno de los recodos de la isla, descendió pausadamente a la playa dispuesto a abandonar aquel lugar fatal. Caminaba con la cabeza inclinada sobre el pecho y los brazos caídos, hacia el arrecife del Sud, cuando un hombre apareció de pronto a su presencia, como si la tierra se hubiese abierto para darle paso.

Era Benedetto.

No tenía máscara su rostro, y parecía tranquilo; su mirada lenta se fijó con firmeza en la fisonomía abatida del conde de Montecristo, y sus labios se contrajeron con una sonrisa de ironía. A corta distancia de ellos se veía a Pipino *Rocca Priori*, en cuyo cinto lucían dos ricas pistolas de alcance.

El conde y Benedetto se miraron algunos instantes en profundo silencio.

—¿Me conocéis, al fin, Edmundo Dantés? —preguntó Benedetto cruzando los brazos sobre el pecho.

—Sí —murmuró el conde.

—¡Pues bien! Yo tendría aún que recordaros el nombre de aquel príncipe Cavalcanti, improvisado por vos para una de vuestras malditas comedias.

—¿Y sois vos el hombre que me ha perseguido? —dijo el conde; sacudiendo la frente, y acompañando sus palabras con una sonrisa de desprecio—. ¡Ah! ¿Y a todos vuestros actos de violencia, realizados por el simple deseo de poseer riquezas, dais sin rubor el título pomposo de la justicia de Dios?

—¡Os engañáis, conde de Montecristo! —replicó Benedetto con tranquilidad—. No fue el deseo de atesorar riquezas como decís; yo tengo tanto hoy cuanto poseía antes de privaros de las vuestras; éstas han sido repartidas ya entre los pobres, y las que aún quedan, lo serán dentro de poco tiempo; si os he perseguido sin piedad y sin dolor, fue para vengar la sangre inocente de mi hermano Eduardo.

—¿Vuestro hermano? —preguntó el conde.

—Sí; no ignoro la historia terrible de mi nacimiento; es decir... sé quién es el autor de mis días, y sólo me falta saber quién es mi madre.

El conde se sonrió intencionadamente, como insinuando algo.

—¿Sabéis, acaso, quién es?...

—Sí. Lo sé todo.

—Hablad, pues —gritó Benedetto—; os daré cuanto me pidáis.

—Desprecio vuestra oferta, Benedetto; vos debéis el ser a la baronesa Danglars.

Benedetto retrocedió un paso dando un grito de sorpresa, y se siguió un momento de silencio.

—Gracias, señor conde —dijo al fin con expresión feroz—; agradezco vuestra generosidad, y estoy cierto que si no hubieseis calculado cuánto yo sufriría con esa revelación, no me la habríais hecho... Escuchadme, pues ésta será la última vez que nos veremos y quiero daros cuenta de algunas personas que habéis conocido:

—Fue la baronesa Danglars robada por mí y quedó reducida a la última miseria —dijo Benedetto con expresión de amargura—; ignoro dónde está y si vive todavía. El barón Danglars terminó como había empezado su carrera de crímenes, esto es, volvió a la condición de simple marino, y expiró en una noche de tempestad en lucha con un hombre que le disputaba el puesto de piloto de mi yate *Tormenta*. Ahora me falta deciros lo que hicieron de Luis Vampa; vos protegíais siempre a ese audaz ladrón mientras que os preciabais de castigar con rigorismo el robo y el crimen; yo, por el contrario, lo entregué por un puñado de piastras a la justicia romana, que le ajustició en el plazo de un mes. Ahora que os veo reducido a la última desesperación, ahora que en toda Italia maldicen vuestro nombre, y os creen completamente loco; ahora que no tenéis esposa ni hijo; ahora que no tenéis con qué comprar el alimento de mañana; ahora, en fin, que acabó para siempre el improvisado conde de Montecristo, con todo su loco e inmenso prestigio, habéis de conocer que si Dios os hizo tan poderoso, fue sólo para que premiaseis la virtud; así como me hizo atrozmente audaz y atrevido para que castigase el crimen. Tanto vos como yo no fuimos más que los simples instrumentos de su alta justicia; ¡nuestra tarea está concluida y volvemos a la nada!... La familia Morrel vive feliz, así como muchas otras personas con las cuales repartisteis vuestra felicidad, y vos acabáis en la miseria, porque tuvisteis el orgullo de juzgaros inspirado como un apóstol. La deuda está cancelada; y la mano del muerto va a ser devuelta al cadáver.

Diciendo esto, Benedetto abrió rápidamente un pequeño cofre, y tomando la disecada mano que allí estaba, dio violentamente con ella un golpe en la faz de Edmundo Dantés, gritando:

—¡Hombre alucinado por el exceso de tu pasión, sé maldito para siempre!

El conde lanzó un grito de desesperación; Benedetto y *Rocca Priori* desaparecieron.

Permaneció el conde por algunos momentos con el rostro oculto entre las manos, después miró en su derredor, y viéndose completamente solo, caminó hacia el embarcadero del Sud, donde, efectivamente, lo esperaba una ligera embarcación con dos remeros.

—¿Podéis conducirme para un punto cualquiera de la costa de Francia, cerca de Marsella?

—Sí, señor, embarcaos.

El conde se echó en el fondo de la barquilla, que se hizo al largo izando su blanca vela.

Pipino y Benedetto contemplaban la partida del conde desde la cima de una roca.

—Muy bien —dijo Benedetto, dirigiéndose a Pipino—, todo está terminado.

—¿Cómo así, maestro?...

—De hoy en adelante se separan nuestros caminos, y cada uno de nosotros que siga el que le pertenece.

—¿Queréis entonces, separaros de mí? ¿Cómo es eso?

—Tal cual lo dices. Te cedo mi pequeño yate, después de haberme transportado a Francia; en esta cartera hay una pequeña suma, que pongo a tu disposición, y partirás a donde te plazca.

—Pues bien, acepto —dijo Pipino—; y ya que he reconocido en vos ciertos sentimientos honrados, quiero tomar ejemplo de ellos; y os aseguro que voy a establecerme decentemente en París. En cualquier tiempo que necesitéis algún servicio mío, siempre me encontraréis dispuesto a serviros. Ya lo sabéis.

—Nunca más nos veremos —dijo Benedetto, elevando los ojos al cielo y sonriéndose maliciosamente.

—¿Por qué?

—¡Oh! Hazte cuenta que se abrirá la tierra para tragarme, voy a desaparecer; terminé mi misión.

—Si yo no conociese ciertos caprichos vuestros, diría que estábais soñando...

—¡Insensato! ¿Qué es todo esto?

—¿Qué?

—¡La vida! ¿Qué otra cosa es sino un sueño? No hace mucho tiempo que el mundo repetía con entusiasmo el nombre del célebre conde de Montecristo, ¿y dónde está ahora? ¿Dónde están los elogios que obtuvo, las súplicas que le dirigieron? ¿Dónde está su inmensa riqueza, y su enorme prestigio? ¿Dónde está aquélla su bellísima amante griega?... Pregunta a estos peñascos que lo vieron enriquecerse y embriagarse con las más dulces ilusiones; interroga a este espacio infinito que nos cerca... todo parece decir estas palabras: "¡Sueño, delirio, locura, vanidad!..."

Pipino quedó por un momento pensativo como si estuviese meditando; después levantó la cabeza y preguntó con cierto aire de interés:

—¿Y el hijo del conde?; creo que habréis abandonado ya la piadosa idea de asesinarlo.

—Sí; no temas por él. Voy a confiarlo a los cuidados de cierta familia que reside en Roma; ella tomará a su cargo el niño, guardando siempre el misterio de su nacimiento. Partamos, pues, *Rocca Priori*, los negocios han acabado en esta costa.

Diciendo esto, Benedetto, acompañado de Pipino, descendió al recodo del Este, y se embarcó en su pequeño yate *Tormenta*, que parecía esperarlo, desapareciendo.

A los quince días después de lo que hemos narrado, un hombre embozado cuidadosamente en una capa oscura bajo la cual parecía oculto cierto volumen como el cuerpo de un niño de tres años a lo más, se paraba junto a la puerta de hierro de la residencia de Morrel, cerca de la ciudad de Roma.

Era de noche; la luna, acabando de romper por entre las nubes, iluminaba con su luz triste la fachada blanca del sencillo edificio, en el cual estaba apenas una ventana abierta.

El hombre de la capa negra, después de escuchar con atención si sentía el menor rumor de pasos, convenciéndose de que nadie iba hacia aquel lado, abrió con una ganzúa la cerradura, y atravesando el jardín, fue a parar cerca de la escalera de la casa.

Allí separó del cuerpo la capa que le envolvía, y extendiendo los brazos, colocó en los primeros escalones el cuerpo de una criatura que parecía abatida por un sueño profundo; volviendo después sobre sus pasos, cerró la reja y tiró con violencia de la campanilla de bronce, cuyo sonido hizo eco en las paredes lisas del palacio.

A esta señal, llegó Valentina a la ventana, que estaba abierta, mientras un criado que había salido a ver qué era, lanzaba un grito de sorpresa cerca de la escalera.

—Pietro —dijo Valentina desde arriba—, ¿qué es eso?

—¡Jesús!, señora mía, aquí está un niño que han colocado en la escalera. Valentina se retiró en el acto de la ventana y bajó.

—En efecto —dijo ella—; ¿quién ha puesto aquí a esta pobre criatura?

—El portón está cerrado —dijo Pietro—, y no he visto ninguna persona en el camino.

Valentina, tomando al niño en los brazos, subió a la sala y fue a encontrar a Maximiliano.

—Amigo mío —le dijo—, el cielo nos da dos hijos; aquí tienes el esposo de aquella niña que nació entre nosotros.

En pocas palabras explicó a Maximiliano lo que había sucedido. La criatura miraba como con espanto cuanto le rodeaba, y escondía el rostro en el pecho de Valentina.

—Veamos, ¿qué papel es ese que está en el seno de ese niño? —dijo Morrel con impaciencia.

—¡Es verdad!—exclamó Valentina tomando el papel y leyendo:

"Señora: sois cariñosa y buena; por eso, en nombre de Dios, se os confía este niño, que deberéis criar como si fuese vuestro hijo; el inocente es huérfano y su nacimiento es hoy, y debe ser para lo venidero, un secreto profundo entre Dios y lo pasado. Su nombre es Edmundo".

Ni una letra más, ni una señal siquiera tenía aquel papel. Las lágrimas asomaron a los ojos de Valentina, y ella juró servir de madre al desgraciado huérfano.

Maximiliano no sabía contrariarla en aquellos piadosos sentimientos. Desde entonces, tanto uno como otro, se esmeraron en educar a aquellos dos inocentes que el destino confiara a sus cuidados; y las dos criaturas fueron creciendo entre besos y halagos, como crecían las flores predilectas de los jardines de la tierna y buena Valentina.

## CAPÍTULO LI

# ÚLTIMA NOCHE EN MONTECRISTO

Terminada la última entrevista de Edmundo Dantés y de Benedetto, la isla pareció quedar enteramente desierta. Un diminuto barco, cuyo surco indicaba haber salido de uno de los recodos de aquellos peñascos, navegaba en dirección de la costa de Francia, mientras otro barco un poco más pequeño, se veía anclado en el arrecife del puerto. Profundo silencio reinaba en aquel paraje sombrío; la isla empezaba a desaparecer con el crepúsculo y apenas se distinguían las cimas de las rocas doradas por los últimos rayos del sol en el ocaso; pero la isla no estaba tan desierta como parecía; un hombre marchaba con pesado y lento paso entre las rocas, y ese hombre era Edmundo Dantés.

Descendía en dirección a uno de esos profundos abismos de la isla formado por la separación de dos rocas, y caminaba con seguridad, a pesar de las tinieblas que ya se habían extendido, y que sin duda impedirían el paso a cualquier otro hombre. Se diría que una estrella lo guiaba sobre los precipicios, que él sabía evitar maquinalmente en su marcha; a medida que descendía al abismo, su cabeza se inclinaba sobre sus espaldas, y sus ojos se clavaban en el cielo oscuro, como si encontrase allí alguna imagen que le interesase. Poco después un rayo rojo de una luz agitada penetrando por las hendiduras de las rocas, fue a reflejarse en el camino de Edmundo Dantés, frente a sus pasos. Éste se paró de pronto, como sorprendido por aquel incidente, y miró alrededor de sí como una persona que despertase de un sueño. Admirado de notar aquella luz en la isla, que él creía desierta, dio algunos pasos hacia ella, y vio en la playa, a un tiro de fusil, una hoguera alrededor de la cual tres hombres se habían sentado.

Media hora después, durante la cual Edmundo permaneció apoyado en una enorme piedra de granito, con el rostro apoyado en sus manos observando a aquellos tres marineros, que parecían conversar tranquilamente, ellos se levantaron y dejando la hoguera allí como para señal, descendieron en una lanchita y desaparecieron. Edmundo caminó entonces hacia la playa, y juntando algunas hierbas secas las torció, las mojó en el agua que bajaba a la playa, y las encendió en la hoguera; después, ayudado por la luz de aquel improvisado hachón, volvió a internarse en la isla y empezó de nuevo su bajada al fondo del abismo. En poco tiempo llegó a la base del peñasco más alto, en cuya punta elevada al seno de las nubes, algunos años antes había él elevado su mirada ardiente, como preguntándole respecto a los inmensos tesoros que el abate Faria le había asegurado existir escondidos allí. Edmundo se paró; alzando el hachón sobre su cabeza, miró lentamente alrededor, y clavando después la vista en un objeto que distinguió a pequeña distancia, dejó caer el brazo que sostenía el hachón, e inclinando la frente sobre el pecho, murmuró esta palabra:

—¡Haydée!

La expresión con que pronunció este simple nombre, era una mezcla singular de amor, de recuerdo y de remordimiento; expresión nunca concebible por quien nunca vio, como él, desvanecerse súbitamente como las fantásticas imágenes de un sueño, todo cuanto en la vida le era más querido. Edmundo, sin embargo, no lloraba aquel llanto amargo, pero agradable del desgraciado, y que parece mitigar el dolor del infortunio que nos hiere, aquel llanto que lloramos cuando, una vez heridos por la desgracia, sentimos el corazón que nos dice: "habéis perdido un bien, pero hay otros en el mundo que os esperan"; entonces lloramos con la idea triste de que esos bienes futuros no podrán recompensar jamás el ser a quien amamos desde lo íntimo del alma, y que huyó para siempre de nosotros. Edmundo tenía, por decirlo así, el corazón apretado en un anillo de hierro; la esperanza del futuro no podía halagarlo, y las lágrimas no podían tampoco endulzarle aquel intenso dolor que lo oprimía. Allí fue donde él, por primera vez, se vio pequeño y pobre de espíritu como los otros hombres en quienes se extingue la pasión que los alucina, y que ellos creían ser el fuego sagrado del genio. Entonces condenó en sí mismo su vida de otro tiempo, invertida en el trabajo de una venganza implacable.

—¡Haydée! ¡Haydée! —exclamó él, cayendo de rodillas junto a un cadáver desfigurado, cuyo rostro estaba cubierto de sangre ennegrecida y coagulada.

—¡Nunca hubiera yo ligado tu suerte a la mía, y entonces no hubieras partido tan pronto de esta vida que debías gozar feliz y tranquila!... ¡Perdón, Haydée! Perdón... ¡El esposo de Mercedes no podía ser tu marido; el corazón que ya había dado a otra, una vez en su vida, todo el amor que encierra el corazón del hombre, no podía darte igual sentimiento sino por un sueño que debía terminar algún día! Ese día ya llegó por fin y... todo está acabado... y ahora me resta apenas la noche perpetua del remordimiento y la desesperación más completa.

Diciendo esto, Edmundo dejó caer la frente sobre el pecho y extendió los brazos al destrozado cadáver, como si pretendiese levantarlo de la tierra.

—¡Haydée!... ¡Haydée! —gritó levantándose luego y echando a un lado de la frente los cabellos con un gesto de desesperación—. ¡Ahí estás muerta! ¡Ya tus labios no se posarán en los míos; ya no podré yo extinguir el fuego que los devoraba en tu dulce llanto de amor!... ¡Y a pesar de este sentimiento sublime que nos unía... a pesar de mi grandeza, de mi ciencia obtenida en muchas vigilias amargas y dolorosas, ya no poseo el secreto de reanimarte! ¡Miserable de mí!... ¡Es que soy hombre; es que soy ignorante y pobre como los que se creen más sabios y potentes, pero que, sin embargo, doblan su frente y se humillan ante la muerte, porque no saben destruirla! ¡Raza miserable, tanto más miserable cuanto más orgullosa es, la raza de los hombres!

Una sonrisa amarga de escarnio asomó a los labios de Edmundo, cuya figura siniestra y meditabunda, iluminada por la luz del hachón, ora aparecía, ora desaparecía cual un fantasma entre las sombras.

—¡Dios omnipotente —continuó lleno de contricción—, yo erré! ¡Me pesan desde lo íntimo del alma los errores de la vida pasada! Fui inexorable en mi venganza... fui bárbaro... fui loco... ¡Sí, reconozco que se desvió de mis manos la espada de tu justicia divina! ¡Oh!, ¡pero los gemidos de mi padre que padecía en los horrores del hambre... esos gemidos que atormentaban siempre en mis oídos con la triste y monótona cadencia de su prolongada agonía...! Sin embargo, yo debí acordarme de ti, Jesús Crucificado. Yo debí tener en la memoria tus palabras de paz y caridad, pronunciadas con tu último suspiro, desde lo alto de la cruz, y habría sabido entonces perdonar. Yo habría reflexionado que mi pobre padre se dejó morir de hambre, no tanto por mi larga prisión, sino por el orgullo de no querer tomar una limosna de la mano de nuestros amigos los Morrel. Mi venganza se habría limitado en Villefort y Danglars, pero de modo que no alcanzase a sus familias... ¡Danglars y Villefort! ¡He ahí mis dos asesinos; los dos nombres que hoy todavía no pronuncio sin temblar de rabia, sin que los labios espumeen de cólera! ¡Oh!, ¡y yo, que no supe herirlos sin condenarme! ¡Yo, que no entendí cuál debía ser mi justicia aunque por el espacio de largos años la hube meditado! ¡Perdón, mi Dios, perdón para el hombre débil e ignorante!

Por segunda vez se arrodilló Edmundo y permaneció algún tiempo como si estuviese orando; después se levantó, ciñó con su brazo derecho el cuerpo de Haydée, y con el izquierdo sujetando el hachón, empezó a caminar silenciosamente por una de las sendas tortuosas que cortaban el peñasco y que subía progresivamente. El camino que seguía era una de las muchas encrucijadas y huellas que podían conducir a la famosa gruta, las cuales parecían talladas a propósito en tal disposición, con la idea única de desviar al explorador, que en tiempo más remoto intentase descubrir el tesoro del célebre cardenal Spada.

Un cuarto de hora después, Edmundo, que había caminado con firmeza en dirección de la gruta, llegó al portal de ella, en cuyas columnas ennegrecidas por el humo se desparramó la claridad siniestra de la chispeante luz del hachón. Edmundo penetró en el peristilo y bajó la escalera de mármol; después atravesó la primera sala, entró en la segunda, y encaminándose hacia la pared de la izquierda, depositó el cadáver en el suelo.

—Es aquí —dijo mirando al frente—, el lugar en que paré hace ocho años, después de un trabajo continuo, interrogando con la mirada ardiente de codicia la tierra que ocultaba en sus entrañas los tesoros del abate Faria. ¡Pobre viejo! ¡La mucha hiel que la maldad de los hombres había vaciado en tu pecho, contagió el mío, aumentando la que había ya en él!...

—¿Qué contestaría yo entonces a quien viniese a decirme, en el momento en que abría la tierra, que ocho años más tarde había de venir aquí, tan pobre como estaba, no para buscar un tesoro, sino para esconder, en el seno de esta misma tierra, cuanto me quedaba de otro? Yo habría contestado con una carcajada, cuyo eco estas paredes calcáreas habrían de repetir con espanto.

Diciendo así, Edmundo, armado de una barra de hierro que había sacado del pedestal partido de una estatua, abría con ella una zanja junto al cimiento de la pared, deteniéndose un poco.

—¡Ea! —continuó, arrojando la barra y pasando la mano por la frente bañada de un sudor frío—. Confiemos a la tierra estos tristes restos humanos, y que los guarde para siempre, ya que todo acabó para mí. ¡Sí, yo te reconozco, cuerpo en que se abrigaba el alma, cuyo único norte acá en la tierra, fue la mía! ¡Es muy triste en verdad!... el cadáver de mi Haydée... yacerá pues, para siempre, en este túmulo gigante construido por la Naturaleza, y no comprendido por los hombres.

Después de estas palabras, echó el cadáver de Haydée en la sepultura que había abierto, y empezó a cubrirla de tierra con las manos hasta llenar el vacío; empujando después hacia allí una enorme piedra, la aseguró en la tierra y se alejó.

—¡Todo está concluido ya! Ahora acabó con la última de sus afecciones este conde de Monte-Cristo, tan admirado por los hombres; este hombre cuya felicidad fue tan envidiada en el mundo, y tan amarga para él mismo. ¡Todo fue un sueño, y al fin de este sueño tan agitado que dormí, comprendo que Edmundo Dantés dejó de existir para siempre en el momento en que un golpe fatal le arrebató la juventud, la felicidad y la paz íntima de su existencia oscura!

Cuando salió de la gruta, ya los albores de la mañana teñían de un rojo brillante toda la parte oriental del Mediterráneo; Edmundo se dirigió a la cima del peñasco y contempló con éxtasis aquel cuadro magnífico, que se ofrecía a su vista, y cuya tranquilidad contrastaba singularmente con la agitación dolorosa de su pecho; después descendió al arrrecife del poniente e hizo señas a un pequeño barco que lo esperaba y en el cual había vuelto a la isla para cumplir un deber sagrado para él: el de dar sepultura al cadáver de Haydée.

—¡A la costa de Italia! —dijo Edmundo, sentándose con aparente tranquilidad dentro de la embarcación, que empezó a surcar las aguas lentamente.

## CAPÍTULO LII

# LA VUELTA AL SEPULCRO

Benedetto había entregado el hijo de Edmundo Dantés a la caridad de la piadosa Valentina, nada más le quedaba qué hacer sino volver a Francia y deponer junto al cadáver de su padre la mano que año y medio antes le había cortado, movido, sin duda, por un pensamiento fascinador de feroz energía, sin la menor vacilación.

Habiendo acabado su misión, presentía alguna cosa terrible que no tardaría en sucederle, aunque no podía explicarse bien aquel presentimiento fatal que empezaba a oprimirlo. Sin embargo, no retrocedió en su resolución de volver a Francia; la mano de Villefort no debía quedar insepulta sobre la tierra.

Así que Benedetto salió de Roma y volvió a París, donde se separó de Pipino, que según le había prometido iba a establecer una tienda de muebles, por ser el comercio para el cual se sentía habilitado y con mejor disposición.

Atravesó el hijo de Villefort lentamente la ciudad y entró en casa de un escribano, cuya residencia conocía ya desde otro tiempo. La figura severa de Benedetto, su modo de hablar pausado y firme, muy luego inspiró profunda simpatía a la persona a quien él buscaba.

Media hora después estaba el escribano al corriente de lo que se pretendía de él; Benedetto hizo formar una escritura de donación de cerca de doce millones de francos a la señora Valentina Morrel, residente en los alrededores de Roma, bajo la condición de aplicar los réditos de aquel capital para la fundación de diversas casas de asilo para la infancia y para la vejez desvalida, tanto en Italia como en Francia. Esta donación debía serle entregada por el mismo escribano en nombre de una sociedad oculta de Beneficencia, de la que Benedetto se fingió el regente.

Otro capital de seis millones de francos sería, por las mismas vías, puesto a disposición del señor Alberto Mondego, residente en Marsella, en nombre de un deudor ignorado de su difunto padre, el conde de Morcef, que de este modo satisfacía su crédito, del que no existían los menores títulos judiciales.

Realizadas estas disposiciones públicas en presencia de varios testigos, Benedetto salió de casa del escribano, y entrando en un hotel, hizo tiempo hasta que llegase la noche, para realizar sus planes.

Serían las ocho cuando salió envuelto en su capa oscura, que adoptaba de ordinario para disfrazarse.

Así caminó hacia el cementerio Lachaise, a cuya puerta se presentó golpeando la reja en forma misteriosa.

—¿Quién está ahí? —preguntó la voz de un hombre que no pareció extraña a Benedetto.

—Un amigo —respondió con calma.

—Amigos a esta hora, en la puerta de un cementerio. ¡Hum!... —dijo el guardia extendiendo el brazo con una linterna por el postigo de su garita.

—¿Luego creéis que sea un enemigo? —preguntó Benedetto con la misma calma.

—Poco importa que seáis amigo o enemigo. Si sois amigo, no creo en vos en este momento; si sois enemigo, no os temo, porque esta reja está bien cerrada, las paredes son altas, y además de todo esto tengo aquí dos magníficas escopetas de dos cañones que pueden dar cuatro tiros, a la menor acción.

—Muy bien, ¿y si os doy una prueba de que no soy enemigo, ni tampoco amigo vuestro? ¿Qué responderéis?

—¿Cómo se entiende eso?

—Por ejemplo, este bolsillo lleno de oro.

—¡Oh! —exclamó el guardia, sintiendo caer el dinero junto a la puerta de su garita—, eso se entiende mejor ahora. ¿Qué es lo que queréis, entonces? ¿Se creería que queréis recogeros a vuestra casa?

—Abrid, pues, esa puerta.

Hubo un momento de silencio.

—Decid, señor; ¿seréis acaso un tal lord... lord?...

—Wilmore —añadió Benedetto espontáneamente.

—¡Ah! Eso mismo; en ese caso corro a serviros, señor mío; os conocí por ese capricho de golpear la puerta del cementerio, cuando todos huyen de ella. ¡Ah, ah!... podéis entrar.

La puerta se abrió, y Benedetto entró por ella tranquilamente.

—¿A cuál de los túmulos es la visita?

—Al de las familias Saint-Méran y Villefort.

—¡Oh! —murmuró el guarda consigo mismo—. Puede ser el caso que venga a restituir a los esqueletos las joyas de sus mortajas. Nada; este bribón es muy fino... él viene con otra intención, pero no sabe que viene a meterse en la boca del lobo.

Poco después, el guardia, tomando una azada y una linterna, marchó delante de Benedetto en dirección al túmulo indicado.

Benedetto se detuvo a cierta distancia mientras él removía la tierra para abrir la puerta, cuyo trabajo no fue largo. El guardia acabó de abrir aquel asilo de la muerte, y colocando la linterna allí cerca, se alejó, haciendo una señal a Benedetto, que éste comprendió inmediatamente.

Cuando Benedetto dejó de sentir los pasos del guardia, tomó una linterna y bajó pausadamente aquellos escalones de mármol que le condujeron al centro, donde yacían los cadáveres de su familia.

Estaba todo igual como en el instante en que Benedetto había salido de allí algún tiempo antes.

Abrió sin dificultad el cajón de su padre, cuyo esqueleto se hallaba todavía envuelto en los restos de su lienzo blanco, única mortaja del antiguo procurador regio de París, semejante al paño que por un voto solemne había cubierto en la hora extrema los cuerpos de muchos pacientes. El brazo derecho del esqueleto estaba descansando sobre el pecho, y el otro extendido a lo largo del dorso.

Benedetto, después de contemplar por largo rato aquel desecado esqueleto en que estaba impresa toda la horripilante forma de la muerte, sacó del bolsillo una caja de madera negra, y sacando de ella la descarnada mano allí guardada, la colocó sobre el pecho del cadáver.

—Mi deuda está satisfecha, padre mío, y vuestra mano, largo tiempo levantada a la faz de los vivos, vuelve a descansar de nuevo sobre ese pecho, cuyo corazón tanto sufrió en el mundo. Recibid este ósculo mío, que es la última prueba del respeto profundo que me inspiró vuestro horrendo sufrimiento; y ¡adiós para siempre! ¡Adiós!

Luego, Benedetto besó la diestra del cadáver y cerró en seguida la tapa del ataúd; tomando después la linterna, subió las escaleras del sepulcro, y notando que la puerta estaba cerrada, la empujó con la mano izquierda, hasta que, soltando la linterna, empleó también la derecha, y después todo el peso de su cuerpo... pero la puerta se encontraba cerrada por fuera, y no cedió a sus esfuerzos titánicos.

Algún tiempo permaneció aniquilado, y sin tener la menor idea, sin concebir el más leve pensamiento acerca de aquel caso; pero después de media hora, saliendo de su estupor, comprendió con tranquilidad la razón por la que habían cerrado la puerta.

Bastó para ello que se acordase de la primera noche que había penetrado allí.

—Me acusan de profanación, y el guardia me entrega a la justicia. Hace año y medio que se encontró este túmulo profanado y saqueado; yo me escapé sin satisfacer la codicia del guardia, y él se venga ahora.

Benedetto, aunque acostumbrado a luchar con el peligro, no tenía la presunción de vencer lo imposible; por lo tanto, se sentó en los escalones de la escalera, y apoyando el rostro en las manos, esperó el día; la noche le pareció eterna, inacabable.

En efecto, al día siguiente, sintió muchos pasos que se venían aproximando al sepulcro; la puerta se abrió poco después, y Benedetto vio frente a él las siniestras figuras de seis soldados de policía con los sables desenvainados.

—¡Cúmplase hasta el fin la voluntad de Dios! —murmuró colocándose entre la escolta, y saliendo del recinto.

El guardia fue con ellos hasta la puerta del cementerio, y cuando la escolta acabó de pasar, la cerró, diciendo con una sonrisa sarcástica

—Hasta otra vez, lord Wilmore.

## CAPÍTULO LIII

# QUE LA PACIENCIA DEL CORDERO DE DIOS OS ACOMPAÑE

Si se acordase alguno de juntar a la pequeñez del hombre la arrogancia de sus ideas temerarias, ellos serían grandes como Dios, ¡y quién sabe!, tal vez pretendieran ser superiores a Él mismo.

Piensan y dicen temerariamente los hombres al cabo de sus quiméricos cálculos: "así será", y no se intimidan por su arrojo, aunque en todo y por todo vean con frecuencia contrariados sus más seguros raciocinios por la voluntad superior de esa potencia divina que conocemos bajo el nombre de Dios.

Y no contentos de lo pasado y de lo presente, quieren aún ser señores de lo futuro... en que la mayoría no figura sino como la polvareda que se aglomera a las puertas del templo y mancha los altares, en forma ignominiosa.

¡Qué insensatos! Ese futuro que ellos calculan y predicen con seguridad, los aniquila sin dolor bajo el peso del ridículo. Los edificios gigantescos que ellos elevan idealmente, son abrasados por lo sublime de la verdad de Dios, así como los más sólidos edificios ceden y encorvan sus crestas altivas, al paso lento de los años y los siglos.

Lo que ellos santifican, lo que ellos adoran, titulándose sabios o inspirados, nunca deja de ser profano al culto verdadero de Dios; esto les sucede con sus propios sentimientos; y el fuego que los mantiene en la santificación de esos sentimientos, no es más, muchas veces, que la llama maldita de una pasión sin límites, sin vallas.

De esa forma el conde de Montecristo quiso santificar la venganza. Esta era una tentativa monstruosa, absurda, contra todas las leyes divinas y humanas; ¿pero estas circunstancias podían acaso debilitarlo, cuando el pecho en que se desenvolvía aquella voluntad era agitado por la fiebre de un delirio prolongado? ¿Cuál sería el hombre tan perfecto que no se dejase alucinar por sus propios sentimientos, en el momento en que se viese poderoso como el conde de Montecristo? ¿Quién habría resistido asimismo; quién podría condenar sus ideas en el centro de su esplendor y en el apogeo de su superioridad mundana?... El conde de Montecristo hizo lo que habría hecho cualquier otro hombre; luego el conde de Montecristo no dejó de ser un hombre vulgar, excepto en su sufrimiento y en su opulencia. En sentimientos, no excedió, por cierto, la esfera regular de los otros hombres.

Mas en la sumisión con que reconocía sus errores, en la resignación con que se sujetaba a la justicia de Dios, era grande, maravillosamente grande.

Ahora está en Roma y nadie lo reconocerá al ver un hombre de rostro lacerado por un sentimiento íntimo, cubierto con un simple hábito de penitente, que camina a pie descalzo, con la cabeza baja, hacia la hospedería ya bien conocida del maestro Pastrini.

Llegó allí en el momento en que un carruaje paró a la puerta del edificio y bajaban de él dos señoras, todavía jóvenes, y una de ellas, más joven aún que su compañera, vestía luto y tenía el rostro siempre bajo, como la azucena derribada por el viento dobla su larga hebra.

Edmundo, al verlas, escondió el rostro con las manos, como si no quisiese ser reconocido; pero la más vieja de las dos señoras, notando aquella figura humilde a la puerta de la hospedería, sacó una pequeña moneda de plata de una bolsita de seda, y extendiendo la mano delgada y perfectamente ajustada en un guante de cabritilla blanca, puso el dinero en la mano del supuesto mendigo, siguiendo inmediatamente a su amiga, que había subido algunos escalones ya.

Edmundo quedó algún tiempo extático, mirando la limosna que le había sido echada en las manos; después movió con pesadumbre la cabeza y, besando humildemente aquella moneda, algunas lágrimas se deslizaron por sus pálidas mejillas.

—Sí —murmuró él—; sea éste mi primer acto de humildad cristiana. Besemos esta limosna dada sin orgullo, sin pretensión y aún sin haberla solicitado. ¡Oh! ¡Puedas tú encontrar, allá en el cielo, una gracia especial de Dios, en recompensa de la verdadera sensibilidad que produjo en ti la figura resignada de un pobre pecador!

Apenas había concluido estas palabras, cuando la voz juguetona y breve de Pastrini hirió sus oídos.

—¡Hola, hermano limosnero! La paciencia del cordero de Dios os acompañe; yo no puedo favoreceros.

Levantó Edmundo los ojos, y vio en el rellano de la escalera al famoso maese Pastrini, revestido de cierto aire imperioso y al mismo tiempo dócil, con que él acostumbraba despedir a los mendigos que querían establecer su petitorio en el recinto de la escalera.

—Os repito que la paciencia del Cordero de Dios os acompañe; yo no puedo favoreceros. Ya lo sabéis.

—¿Os he pedido alguna cosa? —preguntó Edmundo, mirándole fijamente y desviando luego la vista con aire de disgusto y enfado.

—Yo no puedo daros más que algunas sobras de la comida de la mesa redonda, pero muy temprano es para eso; además de que... yo sustento, por caridad, a muchas personas ya... demasiadas.

—¡Pero yo no os he pedido aún que me sustentéis a mí!

—Convengo, ¡*per Bacco!*, pero entonces... no importunéis ahí a mis huéspedes; ellos se incomodan con vuestra presencia, y además, como... es ésta una de las principales casas romanas, donde habitualmente vienen a parar los extranjeros, guiados por la fama que ella tiene en Europa, no es decoroso para el Estado que esos señores encuentren la miseria en el acto de subir las escaleras; no es razonable.

Edmundo, sin contestar, empezó a subir los escalones lentamente, no obstante las protestas de Pastrini.

—Hermano, os aseguro que no podré daros la más ínfima limosna... id... id... la paciencia del Cordero de Dios os acompañe...

—La limosna que os solicito, no es de comer ni de dinero, es sencillamente de palabras, maese Pastrini.

—¡Por la sangre de Cristo! He ahí lo que me parece muy singular. Yo comprendo bien que un hambriento necesite comer y que un desnudo pida dinero para vestirse; pero no comprendo que un mendigo, que casi siempre está en estos dos casos, se acordase de pedir palabras. ¡Qué palabras son ésas, pues!

Después de esto, el escrupuloso Pastrini, con toda la sutileza de un italiano de su oficio, miraba con interés la figura humilde y severa del mendigo, pero como éste tenía el rostro escondido en los dobleces de la capucha de su hábito, no era posible conocerlo.

—¿Palabras, hermano? —continuó Pastrini—; ¿palabras queréis vos? ¡Ah!, ¿qué queréis que os diga? ¿Seréis un curioso impertinente que quiere informarse respecto de mis huéspedes, con el oculto fin de pedirles algunas misas? Vamos; no será otra cosa, estoy seguro.

—Os preguntaré solamente por algunos de vuestros huéspedes de otro tiempo.

—¿De otro tiempo?, en ese caso... sí... luego bien... os entiendo... y viene a ser que...

—¿Viene a ser qué?...

Ante esta pregunta de Edmundo, Pastrini que había buscado una reticencia con el fin de sacar algunas palabras más positivas de su interlocutor, quedó embobado mirando, al reconocer por su modo de hablar y por la majestad, humilde y respetable de su figura, que allí había una gran verdad oculta, cualquiera que ella fuese. Y como Pastrini estaba, como ya lo dijimos, en lo alto de la escalera, quedaba a su lado izquierdo la puerta de aquel pequeño gabinete que le servía de escritorio y donde él, en el decurso de esta historia, acostumbraba recibir a Pipino y Vampa; puso, pues, la mano en la aldaba y empujó la puerta, haciendo al mismo tiempo una señal misteriosa al mendigo para que subiese.

Edmundo no dudó, y se introdujo después de Pastrini en el pequeño gabinete.

—Tomad asiento, hermano —le dijo el italiano con cierto modo irónico, que no se escapó a Edmundo—, sentaos y hablad.

Éste quedó de pie frente a Pastrini, que no dejaba de interrogarle ávidamente con la vista.

—Maestro —le dijo Edmundo—, habiendo asistido a los últimos momentos de un hombre poderoso, recibí su confesión paternal, y después de ella le hice promesa solemne para el reposo de su alma. Desde entonces, encargado también por él de recompensar a algunas personas que durante la vida brillante del hombre a quien me refiero, lo sirvieron con celo y desinterés, no he dejado de indagar minuciosamente quiénes son esas personas, con el fin de cumplir mi sagrada promesa.

—Bueno —respondió Pastrini—, ¿quién es, pues, ese hombre?

—Decidme vos antes, quién fue a quien servisteis bien según vuestra conciencia, y de este modo llegaremos al mismo fin.

—Es justo, aunque... yo he servido a tanta gente... —y mentó luego el astuto italiano con indiferencia— príncipes, marqueses, condes, simples particulares... ricos... medianos... y aun pobres...

Edmundo guardó silencio un instante, luego dijo:

—No pertenecía a ninguna de esas clases.

—Eso es absurdo, hermano limosnero, ¿luego no era nadie?

—Alguien era. Ya comprenderéis.

—Nombradlo, pues.

—No me conviene.

—Entonces, *¡per Bacco!*, acabemos con esto... yo no os entiendo, y si vuestro discurso viene a terminar en pedir una limosna... yo no puedo darla... la paciencia del Cordero de Dios os acompañe. Es cuanto tengo que deciros.

—Yo me refiero a Luis Vampa —dijo Edmundo, sin inmutarse.

—¡Vampa! —murmuró Pastrini—. ¡Ah!, sí... mañana es el día de su ejecución. Víspera de Carnaval... me consta que no hay una sola ventana para alquilar en la plaza del Pópolo.

—¡Vos no conocisteis, no favorecisteis a Luis Vampa, Pastrini? —preguntó Edmundo con voz grave, mirándolo fijamente.

—¡*Per la Madonna*! —balbuceó Pastrini sin poder reponerse.

—Responded.

—Dijisteis vos que habíais asistido a los últimos momentos de un hombre... y Vampa todavía vive...

—Dije la verdad... me refería a sus últimos momentos mundanos; yo no soy ordenado todavía.

—¿Pero esperáis estarlo?... Empezais en condición bien humilde.

—Así es como debe emprenderse el camino del cielo.

—Con que entonces —continuó Pastrini, un momento después de haber reflexionado—, Vampa os encargó de remunerar... quiero decir, de gratificar...

—Al hombre que lo sirvió con lealtad y desinterés.

—¡Ah!, ciertamente —pensó consigo mismo Pastrini; —se acordó del aviso que le dí aquí mismo de parte de la casa Thompson y French; está claro que no hay peligro en declararme.

—¿Seréis vos ese hombre, Pastrini? Contestad.

—Si lo soy, no lo sé.

—¿Cómo así?

—Quiero decir, que muy bien puedo yo haberle servido e ignorar que lo hacía, esto es, haber servido con interés a un hombre sin saber que ese hombre era Luis Vampa, pues aquel pobre diablo se transformaba de tal manera, que iba a los teatros, hoteles y plazas más públicas, sin que nadie lo conociese. Era como un tal conde de Montecristo, refinadísimo bribón y hechicero, que por la nigromancia de una cierta mano de un muerto, era todo cuanto quería ser, menos buen cristiano, a pesar de su pomposo título. Esto de conceder y vender título de nobleza a toda clase de gente, es una cosa inmoral, absurda, peligrosa... y aun diré indecente, por cuanto es una infamia eso de hacer caballeros a truhanes...

Esta especie de discurso del posadero, no dejó de ser conveniente a Edmundo, porque se sintió muy impresionado por el modo con que se oía recordar, y pudo disimular su rápida turbación.

—¿Qué clase de hombre era ese conde? —preguntó poco después.

—¡Oh!, muy bien se habló de él por ahí; hoy, sin embargo, está desenmascarado. Lo conocí muy de cerca, y os juro que no me dejaré engañar más si por ventura él recuperase su diabólico talismán y viniese de nuevo bajo diferente forma. Pero pasemos nosotros a lo que respecta a Vampa.

—Por el contrario, como hablasteis de un hombre que él también me nombró, deseo que me digáis algunas palabras más respecto a él.

—Puedo satisfaceros, hermano.

—Habladme, especialmente, de esa mano de muerto que mencionasteis como reliquia.

—¡Reliquia!... Varita mágica diabólica digo yo. Aquello sólo podía ser la mano de un condenado.

—Sí —exclamó Edmundo involuntariamente, sin poder detenerse.

—¡Oh!, ¿ya lo sabéis?... pues bien, era la mano de un condenado. ¡Algún hecho misterioso habría tenido lugar en la cueva! Alguna dádiva monstruosa se habría hecho... alguna promesa infernal... ¡yo qué sé! El caso era que el conde se transformaba, ya en mujer, ya en un joven enfermo y fatigado, ya en mosca, ya en pájaro... pero la varita mágica le fue robada, y se vio perdido para siempre. Había un hombre, francés de origen, que fue también mi huésped, y que lo buscaba para hacerle no sé qué especie de exorcismo, con el fin de perderlo del todo. Este hombre le había robado el talismán maldito, y lo guardaba en un pequeño cofre de hierro que traía siempre consigo. Vampa y un tal *Rocca Priori*, su ayudante, vieron aquella mano del muerto, así como un tal Danglars...

—¡Danglars! —interrumpió Edmundo—. ¿Y qué se ha hecho de ese hombre?

—Recuerdo que me dijeron que murió de marinero en el Mediterráneo.

—¡Dios mío! —murmuró el conde, dejando caer la frente sobre el pecho.

—Bien, pues el tal conde de Montecristo —continuó Pastrini—, está hoy, sin duda, en el infierno, porque si no tendría que entendérselas con las autoridades, porque en Francia es acusado de un nefando crimen, como es el de profanar cadáveres. El maldito jugaba hasta con los muertos...

Siguió un instante de silencio.

—Ahora, en cuanto al tal Luis Vampa... —dijo Pastrini.

—Es excusado proseguir —respondió Edmundo—. No sois vos el hombre a quien él se refirió.

—¿No soy yo? ¿Estáis seguro?

—No, no lo sois.

—Sin embargo, ¿cómo sabéis vos?...

—Por vos mismo. Me habríais dado ya una cierta señal... que no olvido...

—Yo no conozco esas señales —respondió Pastríni, haciendo, sin embargo, guiñadas y cerrando la mano derecha frente de los ojos, como para refregárselos.

Edmundo entendió aquella señal, pero no le respondió, y se sonrió con tristeza.

—*¡Per Bacco!* —exclamó Pastrini—. Era lo que yo decía; al fin de toda vuestra retórica, vendríais a parar en el estribillo de la limosna... idos, pues, ya me enfada vuestra astucia. Yo no puedo daros nada; la paciencia del Cordero de Dios os acompañe.

Habiendo repetido religiosamente estas palabras, Pastrini empujaba con las manos al mendigo para que saliese del gabinete, cuya puerta ya estaba abierta, cuando un nuevo personaje vino a interrumpirlo en aquel acto de expulsión.

El nuevo personaje era un hombre de regular estatura, un tanto viejo, y cuya fisonomía severa inspiraba confianza, aunque algunos rayos de sangre le inyectasen sus pupilas, como sucede en las personas que alguna vez se ven dominadas por un sentimiento único y feroz, sin poder dominarse.

—¿Qué queréis? —le preguntó Pastrini.

—¿Es ésta la posada de Londres?

—*¡Per la Madonna!* Tenéis ojos y no veis; no hay otra en Roma tan excelente como ésta, donde los huéspedes son tratados como lo merecen, y en cuyos cuartos algunas veces han dormido príncipes, marqueses, condes, duques; en fin, nobles.

—Muy bien; ¿podríais tomaros la molestia de nombrarme las personas que hoy se hospedan en vuestra casa?

—*¡Bacco!* —exclamó Pastrini espantado—. ¿Sois agente de policía?

—No. Soy un simple viajero, y busco a alguien.

—Nombrad.

—Será inútil; tal vez no haya dado el nombre por el cual pueda buscarlo, y en ese caso lo negaréis contra vuestra voluntad.

—¿Entonces, esa persona a quien buscáis, tiene muchos nombres?

—Sí, algunos; pero huyamos de un largo diálogo. Yo os conozco, porque ya tuve el gusto de hospedarme en vuestra casa; ¿no lo recordáis?

—No me sois extraño; pero no podría decir quién sois... pues aquí entra y sale tanta gente...

—Pues bien; yo soy Bertuccio, el mayordomo del señor conde de Montecristo...

—¡Del señor conde de Montecristo! —exclamó Pastrini, encarando a Bertuccio.

—Habiéndome extraviado de Su Excelencia, vine a Roma en la certeza de encontrarlo; su excelencia siempre gustó de esta ciudad.

—Señor Bertuccio... mi casa es la primera en su clase en Roma, y no es cueva de hechiceros y bribones.

—Así lo creo; por lo menos, cuando aquí estuve con mi señor, noté el buen orden y disciplina con que manteníais vuestra casa, *signor* Pastrini.

—Quiero decir que en mi casa no se encontrará jamás, por cierto, un bribón como el conde de Montecristo.

—¡Miserable! —gritó Bertuccio, retrocediendo un paso, midiendo con una mirada ardiente al posadero, y cerrando los puños con furia, en forma agresiva.

Edmundo permanecía inmóvil.

—Os lo repito, señor Bertuccio. Id a buscar donde queráis a vuestro nigromántico, ese malvado que sólo con los ojos sería capaz de incendiarme esta casa y condenar mi alma de fiel cristiano.

—¡Miserable! —repitió Bertuccio indignado—; ¿tú sabes de quién hablas?

—¡*Per la Madonna!*, sí sé, y esto mismo os dirá otro cualquiera a quien preguntéis por vuestro conde, que a estas horas estará tragado por el infierno con su concubina griega...

—¡Jesús! —exclamó súbitamente el mendigo, estremeciéndose, cual si le hubiesen clavado en el corazón una aguja de acero—. ¡La más inocente y virtuosa de las mujeres! ¡Ah!, ¡cielos... todo... todo... excepto ese martirio!

—¿Qué escucho?... ¡esta voz! —balbuceó Bertuccio—. Yo conozco esa voz...

—¿Qué dice? —dijo también Pastrini—; al fin de todo, el pobre diablo del mendigo, es un loco... un pobre loco...

Tanto Pastrini como Bertuccio tenían la vista clavada en la figura negra del mendigo, cuyo rostro estaba completamente oculto por la capucha.

—Vamos, vamos, no quiero estar aquí parado oyendo palabras sin sentido —dijo Pastrini—. *Signor* Bertuccio, id a buscar a vuestro amo en las prisiones o en el infierno, que aquí en mi casa no está, y había de ser muy fino para volver a ella sin que yo no lo conociese y lo abofetease.

—¡Señor Pastrini, yo os enseñaré cómo debéis hablar de un hombre como el señor conde de Montecristo!

Y así diciendo, Bertuccio avanzó atrevidamente hacia Pastrini; pero el mendigo, colocándose en medio de los dos, les dijo resueltamente:

—¡Paz, en nombre del cielo!

Pastrini soltó una carcajada, y subiendo con rapidez la escalera, desapareció en el interior del edificio.

Bertuccio, viéndose solo, empezó a bajar para la calle, mirando con interés al mendigo, que ya iba como veinte pasos delante de él.

Impresionado sobre todo por las palabras que a él se le escaparon al oír injuriar el nombre de Haydée, Bertuccio deliberó seguirlo con el propósito de hablarle; en efecto, aproximándose a él, fue caminando detrás, hasta un pequeño edificio rústico en un barrio apartado, sin que le vieran.

El mendigo, llegando allí, abrió la puerta y subió la escalera hasta un pequeño cuarto, cuyas paredes ennegrecidas y húmedas, y su techo cubierto de telarañas, causaba repugnancia; el mendigo había dejado la puerta abierta, como si supiese que era seguido por alguien; y cuando llegó al centro del cuarto se volvió súbitamente, descubriendo el rostro.

Bertuccio, que lo había seguido, cayó a sus pies, exclamando:

—¡Ah, mi señor!

—Levántate, Bertuccio —dijo Edmundo pausadamente y con voz firme—. Ese modo humilde con que en otro tiempo hablabas al conde de Monte-Cristo, tu amo, tu señor y tu amigo, no es el indicado en este momento; hablas a un hombre más pobre y humilde que el más desgraciado mendigo.

—¿Qué decís, señor? ¿Qué fatalidad hay aquí? ¡Yo sueño... sí, esto es una pesadilla terrible!

—No, Bertuccio; esta es la verdad; todo lo demás sí fue un sueño, terrible muchas veces y otras dorado por el placer; éstas fueron muy pocas.

—¡Dios mío!

—Levántate, Bertuccio —continuó Edmundo levantándole—; al menos te encuentro, y de todos los que partieron conmigo la grandeza, serás tú el único que quede tranquilo y feliz. ¡Así lo quiso Dios! Tú fuiste quien desenterró al hijo de Villefort, la víbora destinada por Dios para morderme el corazón y envenenar mi existencia.

—Mas... no os comprendo; me resisto a creer cuanto veo, cuanto escucho... ¿qué habéis hecho, señor? ¿Puedo saberlo?

—¡Erré como cualquier otro hombre; y más que otro cualquiera, porque fui más poderoso que todos ellos! ¡Erré!, ¡erré! ¡Hoy busco arrepentirme lleno de contricción; y ojalá que Dios me perdone al cabo de mi martirio!

—Pero... ¿y vuestra inocente esposa?... ¿Dónde está?

—¡Haydée! —replicó Edmundo—. ¡Haydée!... búscala en los peñascos de...

Y se paró.

—No —dijo en seguida—; ¡nadie sabrá dónde escondí mi tesoro!... ¡nadie irá a interrumpir tu sosiego!... ¡ningún pie humano irá a profanar tu sepulcro, Haydée!... ¡Bertuccio, está con Dios! ¡Sí, con Dios!

Bertuccio se cubrió el rostro con las manos y sollozó.

—¡Ah, señor mío! Yo que os vi tan omnipotente, tan grande, tan magnánimo... tan lleno de felicidad y de placer... veros ahora, humilde, pobre, miserable, lleno de hiel... ¡no; mil veces no! Esto no puede ser.

—¡Grandeza, magnanimidad y placer... ahí... pasó por tus labios todo mi sueño de otro tiempo, Bertuccio! Omnipotencia y magnanimidad, sólo en Dios; placer, sólo en la hora del pensamiento, porque muy en breve estaremos con Él.

—Todo acabó, Bertuccio. Del conde de Montecristo apenas resta un recuerdo viciado por el absurdo, y allá en lo futuro, no habrá de él otra cosa que el nombre vago, al lado del cual los hombres deberían escribir estas palabras: "orgullo, alucinación". Parte, pues, Bertuccio; puedes vivir tranquilo; en el Banco de París está, como sabes, un capital que te pertenece y que hará tu independencia.

—Pero, señor... yo no puedo... quiero decir, no me atrevo a exponer una idea que tengo... en fin, es que... ese capital de que habláis podría seros útil...

—Mi única riqueza de hoy en adelante, se reduce a la paciencia del Cordero de Dios. No quiero otra... ni debo tener otra. No lo ambiciono.

—Mas... ¿queréis morir de miseria, señor?

—¡Bertucio! ¡Bertuccio!

—Por el amor de Dios, señor mío, permitid que os acompañe siempre y que os sirva... que os cuide...

—Yo quiero el retiro... la soledad...

—¡La tendréis; yo la respetaré! Permitidme solamente que yo vele por vuestros días... ese es mi deseo...

—Si quiere Dios que ellos se prolonguen, hágase su voluntad.

Bertuccio no se separó más de su amo.

Edmundo había resuelto permanecer en Roma, hasta conseguir recibir la primera tonsura con las primeras órdenes eclesiásticas, con el designio de volver después a Marsella donde quería establecer una ermita en el lugar en que había sido la aldea de los catalanes.

—Pues bien, Bertuccio; consiento en que veles por mis días y me acompañes hasta que vuelva a Francia; pero guardarás siempre este secreto fatal que hasta ahora no te revelé y cuyo resultado es el que ves —dijo Edmundo extendiendo la mano a Bertuccio, que se disponía a besársela con respeto—. No, Bertuccio; dame simplemente tu mano, y si de hoy en adelante existe alguna superioridad en uno de nosotros, será en mí la superioridad del sufrimiento resignadamente soportado.

## CAPÍTULO LIV

# DESPUÉS DE LA EJECUCIÓN

Con anterioridad, en uno de los capítulos de *El conde de Montecristo*, se trató largamente del día víspera de los Carnavales destinado para la ejecución de los condenados a la última pena; y por eso ahorrando aquí una repetición, evitaremos molestar al lector que deseará, por cierto, saber el fin positivo de estos diferentes personajes que desde largo tiempo figuran en este relato.

La plaza del *Pópolo* había presentado, como siempre en tales ocasiones, un cuadro imponente de perversidad y fanatismo, en el centro del cual el condenado, blanco de todas las miradas curiosas, acababa exhalando el último suspiro con la última imprecación. De todas las ventanas, abiertas de par en par, y llenas de espectadores que estaban allí para ver simplemente la angustia con que el condenado moría, como se puede estar en un teatro viendo el modo con que los actores representan un papel difícil; de todas estas ventanas, digo, sólo en una, abierta como todas las demás, no había espectadores.

Era la de un pequeño cuarto en un segundo piso, que dominaba toda la plaza. Dos mujeres había en este cuarto; una de ellas vestida de negro, alta, pálida y sumamente bella, fácilmente sería reconocida por la señora compañera de la que había dado limosna a Edmundo en el portal de la hospedería del maestro Pastrini. Esta señora, de rodillas sobre una almohada en el centro del cuarto, podía observar así el cuadro doloroso de la plaza del *Pópolo* sin ser vista de afuera; su mirada lánguida y angustiada no se había desviado un solo momento del tablado fatal en que representaban el paciente y el verdugo ese drama repugnante, compuesto por la sociedad con el fin absurdo de aterrar al pueblo y desviarlo del crimen. Cuando Luis Vampa, en el centro de la larga ala de penitentes, apareció en la plaza, la señora que estaba de rodillas empezó a media voz una oración, como si pidiese a Dios por el alma del paciente. Luego, cuando Luis Vampa se arrodilló, ella miró al cielo como si sus ojos no tuviesen energía para presenciar el golpe del verdugo; su oración se hizo más enérgica, más apresurada, más alta, y en el instante en que se descargó el golpe, los labios bellos que hasta entonces habían orado, profirieron súbitamente estas palabras:

—¡Luis! ¡Luis! ¡Todo acabó ya!... —después de estas palabras, la señora se levantó, y mirando alrededor de sí, se encontró con su amiga, que estaba junto a ella.

—Mi buena amiga...

—¡Eugenia, sufres tanto!...

—Creo que te engañas, Luisa, te engañas —le contestó Eugenia riendo y llorando al mismo tiempo—; ya no sufro... ya no puedo sufrir... porque de hoy en adelante tengo una misión sagrada que cumplir... y es ganar el pan de mi hija, confiada a los cuidados de los Morrel. Mientras dure el cumplimiento de esta misión, créeme, Luisa, yo tendré fuerza, energía y valor para olvidar todo lo demás que me hiere. Nos iremos de Italia y el teatro inglés nos ayudará. ¡Ah!... entretanto, mi amiga, ven a juntar tus oraciones a las mías, ven a rogar a Dios por el alma de aquel desgraciado que tanto amé desde lo íntimo del alma, sin que tuviese fuerza para suplantar este sentimiento, aquel desgraciado que es el padre de mi hija; ¡plazca al cielo que haya acabado la fatalidad que parece pesar sobre mí desde hace algún tiempo! Quiera el cielo perdonarme también a mí la falta que cometí... ¡Ah!, sí, él me perdonará... porque el trabajo del artista es una cosa sagrada, y que a los ojos de Dios vale mil veces más que el ocio del cortesano. Luisa, aumentemos este trabajo, y atendamos a nuestra subsistencia con él. Pero, primeramente, salgamos de Roma... ¡Es preciso!

Diciendo esto, Eugenia y Luisa se disponían a salir, cuando abriéndose la puerta, vieron delante de sí una figura humilde y triste de un penitente negro y sombrío.

Hubo un momento de silencio, en que tanto Eugenia como Luisa trataron de articular algunas palabras, sintiendo la lengua presa en la garganta. El penitente parecía tan conmovido como las dos amigas. Finalmente, fue Luisa la que rompió el silencio.

—Buen hermano —dijo ella—, ¿venís sin duda a pedir por el alma del paciente? ¿Aliviarle en sus congojas?

—Vengo a cumplir un deber que él me impuso.

—¡Dios mío! —exclamó Eugenia—, ¿qué queréis? Hablad... pronto...

—Sí, señora; vos sois la misma que el desgraciado me designó.

—¿Pues me veía acaso?

—Sus ojos —replicó el penitente—, parecían penetrar al través de estas paredes, para admiraros en el último momento de su existencia. El presentía que estábais aquí, señora; me dijo que os encontraría aquí... y, en efecto, aquí estáis...

—¡Luis... Luis! —exclamó Eugenia levantando los ojos al cielo—. ¿Qué importan paredes ni distancias a dos corazones que se aman? ¡Ellos se comunican siempre! ¡Ellos todo lo pueden!

—Eugenia Danglars, ¡Dios tenga piedad de nosotros! ¡Dios nos perdonará!

—Sí, sí; pedidle con toda vuestra humildad, pedidle por mí, porque yo de hoy en adelante necesito vivir, necesito trabajar. Si hasta hoy he trabajado por vocación, por placer, de hoy en adelante será por necesidad absoluta... ¡Dios me ayude!... ¡Dios me proteja!... ¡Dios tenga piedad de mi hija!... —dijo ella en voz baja, reclinando su frente en el pecho, abatidísima.

—Hermano, ¿cuál es, pues, el deber que el paciente os impuso? —preguntó Luisa d'Armilly, que deseaba acabar cuanto antes aquella escena angustiosa, llena de pesadumbres.

—¡Allí hermano, me dijo —respondió el penitente—, veo una ventana abierta, pero en cuyo balcón no distingo espectadores como en las otras; pues bien, presiento que una mujer estará en aquella casa rezando tal vez por el alma del hombre que fue en un tiempo su amante y su verdugo. Sí, ella era grande y magnánima; ella es noble y llena de bondad; sin duda perdonará a este infeliz sobre los escalones del cadalso. Ella estará, pues, allí, para que su oración piadosa acompañe mi alma, en el momento en que se escape de este pecho criminal y apasionado. Id, pues, hermano, después de mi suplicio, id a aquella casa y encontraréis una señora a quien llamaréis Eugenia Danglars; habladle de mí y entregadle este anillo que yo le saqué del dedo, después de un momento de delirio de que ambos fuimos víctimas. Tengo recelo de que alguien me lo robe cuando mi cuerpo inerte entre en el sueño eterno; sin eso, yo lo guardaría con pasión, aun después de mi muerte... Id, pues, hermano, os lo ruego.

—Diciendo esto —continuó el penitente—, el desgraciado sacó un anillo de oro, lo llevó repetidas veces a sus labios imprimiéndole ardientes besos, y en seguida extendió la mano para entregármelo y ofreció su cabeza al verdugo feroz. ¡He aquí el anillo, Eugenia Danglars!

El penitente presentó a Eugenia un anillo de oro, que ella recibió besándolo religiosamente, diciendo:

—Sí, lo reconozco —murmuró ella no pudiendo continuar porque el llanto le ahogaba las palabras en la garganta.

—Cumplí, pues, mi misión —murmuró el penitente, inclinando el rostro siempre oculto por el capuchón—. Eugenia —continuó—, la misericordia de Dios os alcance; y creed que toda la sabiduría humana consiste en creer que Dios es infinitamente misericordioso, y que el hombre es vanidoso y atrevido en presencia de la ilimitada justicia de su magnánimo Creador.

Eugenia se lanzó en los brazos de Luisa y el penitente descendió pausadamente la escalera, murmurando estas santas palabras:

—La paciencia del Cordero de Dios me acompañe, en esta hora.

—Luisa... Luisa —exclamó Eugenia besando todavía el anillo—; aquí se encuentran mis labios con los del hombre que todo lo olvidó por mí... ¡ah!, ¡un día vendrá en que mi inocente hija interrogue a este anillo, cuando después de mi muerte lo reciba como la única herencia de su padre!... ¡Luis, aquí los labios de tu hija se encontrarán por primera vez con los tuyos, y tú estarás desde entonces con ella!...

—Oh, Eugenia —dijo Luisa con voz tierna y abrazándola—, no te abandones más a estos pensamientos que te mortifican. ¡Todo está acabado ya... sé, pues, superior a ti misma, creyendo en la misericordia infinita de Dios!...

—¡Partamos! —interrumpió Eugenia—, partamos... ¡Dios velará sobre nosotros, Dios protegerá a mi inocente hija! ¡La providencia me ayudará!

Así diciendo, Eugenia y Luisa bajaron la escalera, subieron a un pequeño coche que las esperaba, y partieron para la posada de Pastrini. Terminado el Carnaval, saldrían de Roma con el firme propósito de dirigirse a Londres, para contratarse en el Teatro Lírico, y continuar allí su interrumpida carrera de artistas, con el mismo éxito.

## CAPÍTULO LV

# EL PENITENTE

Ellas, Eugenia y Luisa se fueron a la posada de Pastrini y esperaron allí que pasasen los tres días de Carnaval para retirarse de Italia, pues durante esos días, en que hay siempre una numerosa afluencia de gente extranjera en Roma, no es fácil a cualquiera encontrar conductores particulares para salir de aquella gran ciudad, tan populosa.

Mientras todos corrían con delirio por las calles y plazas, dirigiéndose a los locales destinados para los juegos públicos, las dos amigas trazaban el nuevo programa de su jornada artística. Eugenia tenía ahora que cumplir la misión sagrada de ganar el pan futuro de su hija; y Luisa, siempre buena, siempre dócil, siempre amiga sincera y desinteresada, cumplía también la misión, no menos sagrada, de acompañar en el más arduo trabajo a aquélla, cuyo destino, digámoslo así, había ligado al suyo. Sin embargo, en medio de las más halagadoras esperanzas, un recuerdo doloroso oprimía el pecho de Eugenia; algunas lágrimas involuntarias revelaban cuánto era todavía superior a ella misma aquel sentimiento, y en vano procuraba Luisa dirigirle palabras de calma. Hay pesares muy profundos que a nadie es dado aniquilar; sólo el tiempo... ¡y muchas veces el tiempo mismo ha corrido en vano hasta la última hora de la criatura, que muere, sin embargo, con el mismo profundo sentimiento!

En esos momentos de una angustia extremada, hallamos en el mismo dolor algunas veces un placer inexplicable... Quien venga a nosotros para distraernos, nos enfada con palabras inútiles y vacías; nos molesta la presencia aun de nuestro mayor amigo, y buscando la soledad, pretendemos encontrar allí en la sombra y en el silencio, la imagen querida que se alejó de nosotros para siempre.

¡Ay de quien un recuerdo le acompañe! En el mundo no encontrará nada que sepa corresponderle con aquel silencio religioso que nos complace entonces... Era por esto por lo que Eugenia, algunas veces, se refugiaba sola en el fondo de su cámara, donde escasamente penetraba un rayo de luz por la abertura de la mal unida ventana. Ella gustaba de hacer brillar allí, en aquel rayo único de la luz, el anillo de oro que el penitente le había entregado de parte del condenado Vampa. Era allí donde Eugenia parecía conversar con aquel infeliz, orando después como para pedir que sus almas pudiesen encontrarse en la vida eterna. Luisa no se atrevía a interrumpirla, y arrodillándose frente a la imagen de la Virgen, acompañaba a su amiga en aquella peregrinación mental, en que parecía que se comunicaba con los espíritus invisibles ligados a su existencia.

\* \* \*

Era la hora en que las campanas, con un sonido lento y profundo, habían anunciado con majestad el principio de la Semana Santa. Las dos amigas habían ajustado sus cuentas con el escrupuloso Pastrini y se disponían a salir de Italia, cuando se abrió la puerta de sus aposentos y vieron delante de sí la figura grave del mismo penitente a quien Luisa había dado limosna, y que en el día de la ejecución de Vampa había entregado el anillo a Eugenia.

El penitente traía la capucha de su hábito blanco caída sobre el rostro, y las manos escondidas en las anchas mangas de su sayal, con aire severo.

Eugenia y Luisa se miraron, como preguntándose la causa de aquella aparición, pero el penitente, que fue el primero en hablar, dijo:

—Señora, vengo a cumplir lo que en mi conciencia creo sagrado: dar a una hija la bendición de su madre.

—¡Dios mío! —exclamó Eugenia.

—Explicaos, buen hermano —dijo Luisa.

—Eugenia Danglars —dijo el penitente, después de un momento de vacilación—: ¿vais a salir de Italia sin que imploréis, al menos, la bendición de quien os dio el ser?

—Buen hermano —dijo Luisa—, habéis pronunciado un nombre que todos ignoran en Roma. ¿Seréis el mismo que nos buscó en aquel día fatal de la ejecución? ¿Es así?

—Lo es.

—¿Venís, entonces, encargado de una nueva misión?

—Sí, señora. Esa es la palabra.

—Luisa d'Armilly —respondió el penitente aproximándose a ellas—, será bueno que vuestra amiga procure llevar consigo fuera de Italia la bendición de su pobre madre.

—Sí, sí —interrumpió Eugenia, juntando las manos en ademán de súplica—. ¿Dónde está mi madre? Yo debo... es mi obligación...

—¡Os ilumina la gracia del señor, hija mía! —añadió el penitente—, y plazca al Cielo que ella no me desampare en este camino de penitencia que sigo.

—¡Ah, Dios mío! —murmuró Luisa, echando sobre el penitente una mirada oblicua—; esta voz... ¿dónde he oído antes esta voz? ¿Qué me recuerda?

—Venid, buen hermano —dijo Eugenia arrodillándose—, venid, y ya que no puedo recibir la bendición de mi madre por su propia mano... bendecidme vos en su nombre, pues sin duda ella os encargó que lo hicieseis.

—Sí, hija mía —respondió el penitente—, yo vengo encargado por ella de trasmitiros su bendición; yo os bendigo, pues, en nombre suyo y de Dios.

Hablando el penitente extendió sus dos manos sobre la cabeza de Eugenia. Luisa se arrodilló a su lado como si quisiese obtener también aquella bendición, que tanto necesitaba.

—Mujer a quien las pasiones del mundo agitaron —continuó el penitente—; la señora de Servieres y de Nargone, baronesa Danglars, vive hoy piadosamente y resignada bajo el hábito de las piadosas hermanas de San Lázaro, pagando sus pecados.

—¿Qué decís? —exclamó Eugenia, levantándose súbitamente—. ¿Será posible?

—Escuchadme, Eugenia, y no queráis mudar los destinos con esa vanidad mundana que todavía trasluce en vos.

—¡Ah, madre mía, madre mía! —murmuró ella—; ¿pero qué decís? ¿Qué decís? ¿Dónde está mi madre?... ¿Dónde?

—Habiendo entrado en Roma en la piadosa hermandad de San Lázaro, en breve se trasladará a Francia, donde desea concluir; orad por ella, Eugenia, rogad por ella, y seguid vuestro destino. La fatalidad pesó sobre vuestra familia, y sois la única persona de ella que podrá aún alcanzar algún futuro tranquilo, porque fuisteis la menos criminal. Vuestros padres sufrieron el castigo de sus desvaríos; uno se sumergió para siempre en el estado oscuro del cual se había elevado por medio de la intriga; y la otra, cayendo de lo alto de su orgullo, del punto culminante de su vanidad, llora un error pasado, bajo el hábito humilde que tomó para expiación. ¡Adiós, Eugenia; si tenéis enemigos, perdonadlos desde lo íntimo de vuestra alma y seguid vuestro camino! ¡Tal lo exigen los hechos!

—¡Dios mío! —murmuró Luisa sin quitar la vista de la figura majestuosa y severa del penitente—; ¡yo he conocido ya en alguna parte a este hombre; yo he oído bien de cerca esta voz sonora y profunda, que parece herirnos las cuerdas del alma!...

—Dios me perdone también —continuó el penitente—; yo reconozco su soberana justicia.

—Buen hermano —dijo Luisa—; ya que terminásteis la misión por la que nos buscásteis, permitid que os dirija algunas preguntas.

—Hablad... Os escucho.

—¿Acaso recibisteis la íntima confesión de la señora Servieres?

—No; yo soy muy pecador, no puedo recibir la confesión de otro pecador. Soy muy débil de espíritu, y no puedo representar a Dios, por mis pecados.

—Luego, ¿cómo pudisteis hablar de la familia Danglars del modo que lo hicísteis? ¿Sin duda conocisteis esta familia en algún tiempo? ¿Anteriormente?

—Sí, Luisa; en el tiempo en que enseñábais la música a vuestra amiga; en el tiempo en que apareció en el centro de la familia Danglars el hombre que le arrebató el prestigio, y deshizo la reputación y el crédito de aquella casa. El hombre que tenía un crédito ilimitado sobre el barón Danglars.

—¿El conde de Montecristo?...

—Sí; un loco, un vanidoso —continuó el penitente con voz tranquila—. Es un miserable que se juzgaba iluminado por Dios, cuando apenas lo animaba el fuego violento de una pasión única: ¡la venganza! Un loco... que pretendió santificar ese sentimiento sin tener en cuenta que todas las leyes divinas y humanas lo condenan. ¡Ah!, un vanidoso que quiso luchar contra todas esas leyes, y formar por sí una nueva ley de venganza para que Dios la aceptase, y los hombres fuesen sacrificados a ella, sin contemplación.

—¡Qué decís! —interrumpió Luisa, agitada—; ¡por qué habláis de ese modo de un hombre cuyo nombre nadie pronuncia sino penetrado de un profundo respeto!

—Confundís el respeto, Luisa d'Armilly, con el terror o con la admiración producida por las riquezas del conde de Montecristo... ¡Respeto!... ¡Ah!, no. Nadie respetó al conde de Montecristo; todos admiraban su opulencia. Creedme, Luisa, el conde era un hombre débil y vanidoso como todos los otros, y su supuesta grandeza y elevación de espíritu... ¡oh!... en ese tiempo no existía comparativamente con el día de hoy ... ¡Tiempos pasados!...

—¡Dios mío!... pero, ¿quién sois vos?... ¡qué motivos tenéis para condenarlo!... ¿Hablad, por qué calláis?

—Lo condeno, porque me acuerdo de un sueño largo en que lo juzgaba superior a todos los hombres; lo condeno, porque vi, finalmente, la espada de la justicia de Dios caer sobre aquella cabeza orgullosa y exaltada por el delirio; lo condeno, Luisa, porque él se condena a sí mismo. ¡Ah!, si hubiéseis visto la fatalidad constante que empezó a oprimirlo; si supiéseis que un simple hombre oscuro e ignorante consiguió aniquilar la grandeza del conde de Montecristo, clavándole al mismo tiempo agudas espinas en el pecho... si lo viéseis de un momento a otro pasar de la opulencia a la miseria, del orgullo a la humildad, de la felicidad a la desesperación... ¡entonces, Luisa, creeríais, como yo creo, que el conde de Montecristo fue castigado por Dios!...

Entonces el penitente se conservó inmóvil, y Luisa, escondiendo el rostro entre las manos, parecía meditar profundamente; Eugenia se había reclinado en un sofá, y apoyaba la frente en la mano, dejando correr libremente las lágrimas por sus mejillas.

Un criado de la posada llegó a la puerta de la cámara y anunció que estaba pronto el carruaje que debía conducir a las dos señoras.

—Amiga mía —dijo Luisa, aproximándose a Eugenia—, ¿habéis oído?

—Sí —respondió ésta maquinalmente y levantándose—; estoy pronta... partamos. Lo espero.

—¡Eugenia... Eugenia! —exclamó de súbito el penitente—, perdonadme... yo también necesito de vuestro perdón.

—¿Vos necesitáis de mi perdón? ¿En qué me ofendisteis, pues? ¿Quién sois?

Con el movimiento brusco que el penitente hizo para arrodillarse, la capucha le cayó sobre las espaldas, y su rostro descubierto quedó a la vista de las dos amigas. Ambas exclamaron:

—¡Jesús! ¡El conde de Montecristo! —balbuceó Luisa—. ¡Él!...

—¡Silencio, silencio, Luisa! —dijo Edmundo—. No pronunciéis aquí ese nombre, porque el hombre que lo llevaba no es ya lo que fue. Bien lo veis, esto es todo lo que resta de él. ¡Ah!, Eugenia, dadme vuestro perdón.

—Levantaos, señor, ¿en qué me habéis ofendido para que yo os tenga que perdonar? ¡Ah!, yo no creo lo que estoy viendo... ¡eso es un sueño!... Luisa, partamos. Es preciso partir, antes que sea tarde.

—No —exclamó Edmundo deteniéndolas—, vos estáis bien despierta y no partiréis sin que me hayáis perdonado por el amor de Dios. Yo necesito de vuestro perdón; perdonadme... porque yo os ofendí...

—¿En qué, señor? hablad... pronto...

—¡Respetad este misterio, y no queráis despertar amargos recuerdos de lo pasado en este pecho ya tan atormentado por el martirio! Eugenia, Dios me hiere, pero yo espero firmemente alcanzar su perdón en mi última hora; perdonadme vos, así como él me perdonará; eso aliviará el peso de mi sufrimiento, y vos, que también sufrís; vos, que también sabéis lo que es el martirio, lo que es la desesperación, lo que es la fatalidad, ¡perdonadme! ¡Perdonadme!... ¡Señor, mío!...

—Sí; ya que así lo queréis, yo os perdono si me ofendisteis —dijo Eugenia, extendiéndole la mano, que él llevó religiosamente a los labios.

—Ahora, podéis partir Eugenia; idos, que desde el fondo de mi pequeño asilo y de lo íntimo de esta alma abatida, yo pediré a Dios que os proteja, así como le pido por el alma de Haydée y por la felicidad de mi hijo. ¡Ah! ¡Todo se acabó! —murmuró Edmundo levantándose y con el gesto amargo de quien experimenta una angustia suprema—, ¡todo acabó ya para mí!... ¡Todo está ya perdido!

—Señor —dijo Luisa aproximándose a él—, vuestras palabras, si no son hijas de un simple delirio, me revelan una fuerza tal de desgracia, que mucho os aflige... Creed, pues, en el vivo placer que tendríamos, tanto Eugenia como yo, en poderos ser útiles...

Una chispa eléctrica brilló en los labios contraídos de Edmundo.

—Id —murmuró—, la felicidad os acompañe... mientras que a mí me basta la paciencia del Cordero de Dios... idos, señoras... Os lo ruego...

Diciendo esto, se echó la capucha al rostro y se apartó lentamente de las dos amigas, que por algún tiempo permanecieron estáticas con la vista clavada en aquella figura severa y abatida, que caminaba a lo largo del corredor de la posada.

Un segundo recado del postillón las sacó de aquel estado, y bajando la escalera, subieron a un carruaje de camino que las esperaba.

## CAPÍTULO LVI

# LA HERMANA DE SAN LÁZARO

Eugenia y Luisa d'Armilly, después de aquellos sucesos imprevistos que interrumpieron, como acabamos de describirlo al lector, su carrera artística, iban finalmente a seguirla, aunque muy lejos del teatro de sus aventuras. En efecto, la bella ciudad de Roma, tan deseada como lo había sido por las dos amigas, no les podía ofrecer sino muy amargos recuerdos en cada uno de sus dos principales monumentos artísticos de aquellos días pasados.

Edmundo, habiendo visto partir el carruaje, dobló tristemente a lo largo de la calle, y se dirigió apresurado a su pobre y mezquina habitación, donde entró sin hacer el menor ruido. Conviene aquí que expliquemos cuál era el cuadro que presentaba este cuarto tan sencillo y pobre entonces. En primer lugar, diremos que Bertuccio, pocos días después de haber encontrado a su amo, el conde de Montecristo, sintió una sensación tan fuerte por el estado en que lo vio, que empezó a padecer una dolorosa enfermedad en que la fiebre le aniquilaba. Bien lejos estaba Bertuccio de suponer que su amo, el noble conde de Montecristo, sufriese la más pequeña contrariedad, para poderlo ver, como lo vio últimamente en la hospedería de Pastrini, sin que sintiese una fuerte afección nerviosa.

El mayordomo estaba, pues, acostado en un colchón de paja, y cubierto con una colcha ordinaria de lana. A su lado se veía una mujer de mediana edad, de figura noble y facciones francas, vestida con el hábito de las piadosas hermanas de la Caridad. Cuando Bertuccio se puso enfermo, Edmundo solicitó la presencia de una de aquellas generosas enfermeras, y aquélla, que hacía poco tiempo que había sido admitida en la hermandad, fue a quien tocó ir a cuidar del enfermo.

Edmundo entró en el cuarto. Bertuccio dormía con un sueño agitado y su respiración parecía como un sonido lúgubre en aquel oscuro recinto. La hermana de la Caridad, teniendo el brazo apoyado en la cabecera de la cama, recostaba el rostro en la mano; y por los sollozos débiles y repetidos que acompañaban los gemidos del enfermo, se conocía que ella lloraba. Edmundo se detuvo en el umbral de la puerta, y esperó allí algunos momentos, inmóvil y silencioso, comprimiendo el pecho con las manos, como si tratase de regularizar las pulsaciones de su corazón. Avanzando después algunos pasos, dijo a media voz:

—Eugenia partió ya; vuestra bendición la acompaña; quedad tranquila, señora. No paséis cuidado.

—¡Ah! —murmuró la hermana de la Caridad, levantando el rostro y dejando caer el brazo en que lo sostenía—; ¡la misericordia de Dios vaya con ella!

Edmundo se puso a observar el cuerpo de Bertuccio y sacudió la cabeza con gesto de duda y de pesar.

—Ahora —dijo la hermana de la Caridad—, ya que prometisteis, buen hermano, orar por mí, espero no os olvidéis de hacerlo. ¡Ah! ¡Demasiado necesito de sufragios!... ¡Es mi consuelo!

—Sí, señora —respondió Edmundo, cuyo rostro estaba completamente escondido en los dobleces de la capucha de su hábito de lana—; aunque soy un gran pecador para que mis oraciones sean escuchadas por Dios, siempre os recordará en los momentos de recogimiento. Entretanto, voy a haceros otro servicio semejante al que os acabo de prestar. Esa es mi misión.

—¿Qué decís? ¿Será posible?

—Señora; yo llevé vuestra bendición sobre vuestra única hija... ¿conseguiré también que bendigáis a vuestro único hijo?... ¡Es preciso!

—¡Dios mío! ¡Dios mío!... ¿qué decís? —exclamó ella, levantándose sobresaltada. Estaba palidísima.

Edmundo permaneció inmóvil.

—Sí, señora; nunca vuestra bendición maternal descendió sobre aquella cabeza maldecida... y sin embargo, ella debía concebir después un pensamiento fatal. Pero ahora es necesario que subsanéis vuestro error, y que bendigáis a aquél a quien disteis el ser entre las lágrimas de una angustia profunda.

—¡Ah! ¿Quién sois? —murmuró ella aterrada, retrocediendo un paso—. ¡Jesús!, ¿quién es este hombre... que parece conocer un secreto fatal de mi existencia?

—Señora —interrumpió Edmundo —acordaos del hijo de Villefort... sosegáos; yo no pretendo haceros sufrir con este recuerdo; quiero simplemente disminuíros el remordimiento, diciéndoos que bendigáis a aquel desgraciado cuyo único bautismo fue de sangre y de lágrimas. Él no fue el causante; era su terrible destino.

—¡Ah!, por piedad... ¿quién sois? ¡Yo tiemblo! ¡No sé lo que tiene de terrible y majestuoso el sonido de vuestras palabras!... ¡por piedad! Si sois un espectro levantado de alguna tumba para hacerme morir de remordimiento... yo os conjuro. ¡Piedad para la pobre arrepentida!

—No, señora Danglars, yo no soy más que un pecador, cuyas enormes culpas está expiando con su contricción en el acto de perdonar a sus enemigos y de pagarles con un beneficio el mal que ellos le hicieron. Señora Danglars, vuestro hijo se llama Benedetto, y ahora debe estar en Francia.

—¡Benedetto, Benedetto!... —repitió la señora Danglars con terror—. ¡Oh! ¡Decidme, por Dios, lo que hace aquel desgraciado!...

Una risa indefinible resonó entre la capucha de lana que cubría el rostro de Edmundo. Risa sarcástica.

—Lo que hace, tal vez yo no lo adivine; lo que hizo, puedo decíroslo:

—Maldecido por todos, lanzado a la muerte y al infierno desde su nacimiento, y salvado milagrosamente por un brazo que se vengaba, concibió después un pensamiento fatal de destrucción. Encontrado por un hombre que caminaba ciego de orgullo y de vanidad, Benedetto fue el último que bajo los pies de ese hombre se convirtió en montaña, y que después se conminó y abrió para tragarlo en su abismo. Ese hombre a quien él aniquiló... ¿lo creeréis, señora?, fue el hombre más poderoso que se ha visto en la tierra; fue el hombre cuya voluntad no encontraba obstáculos, y que, a la manera de un Dios omnipotente, quiso extender su diestra y vengarse del crimen sin piedad. ¡Ah!, pero ese hombre se engañó... Él procuraba vengarse sin dolor y sin misericordia. Fue, por fin, el conde de Montecristo. Sí —continuó Edmundo—, Benedetto aniquiló a aquel atrevido coloso que los hombres contemplaron con asombro, así como el sencillo David derribó a aquel fiero Goliat de la Escritura... ¡Sangre y lágrimas! He aquí lo que Benedetto dejó en su paso frente a frente con el conde de Montecristo; arrancándole con su mano homicida y vengadora sus más caras afecciones...

—Benedetto fue el instrumento de Dios y ahora se halla en Francia próximo a recibir el público castigo de sus pasados crímenes. He aquí, baronesa Danglars, la obra de vuestro hijo.

Dicho esto, Edmundo bajó la capucha de su hábito, y la señora Danglars, lanzando un grito de horror, fue a caer de rodillas junto a la cama en que estaba Bertuccio agonizante.

—Sí; es ahí —continuó Edmundo—, es ahí donde podéis ver al hombre a quien vuestro hijo debe la vida. Este infeliz fue el que lo sacó de la cueva en que Villefort lo había enterrado vivo...

—¡Piedad!... ¡Señor, piedad!

—¿Sabéis cómo recompensó Benedetto después a ese hombre generoso? Pues asesinándole la hermana, incendiándole la habitación y robándole completamente. ¡Ah!, es porque era maldito de Dios y de los hombres... Vamos, señora, sabed que vuestro hijo os busca para pediros la bendición maternal; id a encontrarlo y a concedérsela, para que pueda morir en paz; de este modo quedará más tranquila vuestra conciencia ante Dios y el mundo.

Poco después, la señora Danglars, envolviéndose en su velo, salía de allí y se embarcaba, por caridad, en un barco que debía salir para Marsella; desde allí pensaba dirigirse a París.

Ahora, volvamos a hablar de Benedetto, que, como el lector recordará, quedó en poder de la justicia francesa, que lo condujo a la cárcel llamada *La Force*, la terrible prisión.

## CAPÍTULO LVII

# ERA EL 27 DE SEPTIEMBRE

Benedetto fue conducido a *La Force*. Apenas se le empezó a instruir el proceso, fácil fue reconocer en él al mismo reo que se había evadido asesinando al carcelero.

El jurado, después de haber examinado los autos, y tomando en consideración los crímenes de Benedetto, no pudo dejar de pronunciar contra él la última pena. Éste, al fin de ocho meses de prisión, fue, pues, condenado a muerte. Oyó leer su sentencia en el mismo calabozo en que había asesinado al carcelero, con la misma sangre fría y salvaje indiferencia que le era propia desde hacía mucho tiempo.

Esta indiferencia pronunciada no nació del embrutecimiento de su espíritu, como casi siempre sucede en los hombres que después de una larga serie de crímenes, ven elevarse ante sí el patíbulo en que los han de inmolar a la faz de la sociedad que ellos insultaron. No; ese estado en que Benedetto se encontraba, era el fruto de una resignación profunda de los decretos de ese Dios poderoso que había invocado en otro tiempo para saber si debía o no herir al hombre vanidoso que había abusado de su poder y de su fuerza.

Llegó la víspera de la ejecución y Benedetto entró en el oratorio, portándose muy devotamente en todos los actos religiosos que anteceden a las ejecuciones públicas de alta justicia. El confesor lo escuchaba con interés, y en su mirada tierna se conocía el efecto que en él producían las palabras del penitente.

—Sí padre, yo creo en Dios —dijo Benedetto, haciendo la señal de la cruz—; creo en su justicia infalible y ni aun de pensamiento me atrevo a censurarlo. Nací del crimen, fui bautizado con sangre y lágrimas... y mi fin no podía ser otro que el del patíbulo. Antes de creer en Dios, como hoy creo, sentí en mi pecho toda la hiel que la desesperación puede crear en el corazón humano. ¡La desesperación que es un infierno en el mundo! Sin el menor principio de educación, me dejé dominar por la influencia de las malas compañías hasta el punto de insultar al hombre que me había recogido por caridad, y de pagarle este beneficio incendiándole su domicilio y matándole a su hermana. Desde entonces, no hubo en el mundo un solo techo hospitalario para mí; ninguna mirada amiga encontré, ningún corazón piadoso... ¡Yo era maldito en el mundo!... Corrí de relajación en relajación y de crimen en crimen —continuó Benedetto después de una pequeña pausa—; me asocié con los hombres más perversos, y partí con ellos en medio de las más repugnantes orgías, el fruto del latrocinio y del asesinato. En esos tiempos, ningún sentimiento generoso había en mi pecho, yo no tenía el más mínimo pensamiento que no fuese un sacrilegio, una infamia; no ejecutaba la menor acción que no fuese un crimen espantoso. ¿Afecciones?... no tenía ningunas... Apenas esas amistades infames trabadas con las mujeres más torpes, más relajadas, más cínicas.!Ah!, no tardó mucho el que yo cayese en poder de la justicia, y arrastré por el espacio de algunos meses la cadena vil de los *forzados*. Cuando ya resignado cumplía mi sentencia, y tal vez... enmendándome poco a poco, con la práctica del trabajo, de mi criminal ociosidad y de mis monstruosos vicios... un hombre consiguió libertarme; ese hombre se condolía de mi estado, y quiso tal vez inspirarme sentimientos honrados con la acción generosa que practicaba; me dio una lima para limar mis cadenas, me dio dinero y las señas de su habitación. Un mes después, conocí que ese hombre no trataba sino de llenar ciertos fines, empleándome en un drama ridículo, en el que yo representaba el papel principal. Entonces me burlé de mí mismo por haber creído que existiese un hombre que tuviere sentimientos generosos para con la miseria; y volví a ser lo que fui, sólo con la diferencia de haber mudado de clase en la sociedad, y haber pasado de simple Benedetto, a llamarme y representar al príncipe Andrés de Cavalcanti. Este era el carácter que aquel hombre me había designado en su comedia. Ella, al fin concluyó, y yo volví a mi clase primitiva, tan malvado como era antes, y más ilustrado aún por las lecciones de hipocresía que había recibido del señor conde de Montecristo, mi nobilísimo protector.

—Tal día, paré en mi camino de crímenes; la presencia de mi padre, pobre, viejo, desgraciado y casi loco, me conmovió; juré vengarle entonces, y medité profundamente respecto de los hombres y de sus acciones. Creí en Dios, reconocí que yo era desde cierto tiempo el instrumento con que él castigaba a los malos; herí y robé sin piedad a todos cuantos habían hecho lo mismo. Para caminar en esa nueva senda que me había trazado, carecía de dinero, y fui a robar las joyas que ornaban los cadáveres de los miembros de mi familia paterna, y no descansé un instante hasta llegar donde yo había premeditado. Vi alrededor de mí, como retándome, sin escrúpulos, a un miserable ser sin conciencia; al malo, al falsario, y recibieron el castigo de sus crímenes; los virtuosos, el premio de sus acciones, y por eso no me extraña ahora aquel cadalso que también se ha levantado para mí; yo lo merezco. ¡Dadme vuestra bendición y orad por mí!... ¡Os lo ruego!

Y diciendo esto, Benedetto se arrodilló a los pies del padre, que invocaba la misericordia divina sobre el alma del paciente.

—¿Qué día es hoy? —preguntó Benedetto. ¿Me lo podéis indicar?

—Veintisiete de septiembre, hijo mío... ¿Os preocupa algo?

—¡Veintisiete de septiembre! —repitió Benedetto pausadamente con una lúgubre sonrisa—. Allí está el patíbulo para celebrar el aniversario de mi nacimiento. ¡Oh, qué fatalidad!

—¿Perdonas a tus padres el abandono en que te dejaron desde que naciste? ¿Perdonas a tu padre su intentado crimen de infanticidio?

—¡Hace mucho que les he perdonado todo!

—Muy bien, hijo mío; sea Dios contigo para siempre.

Cuando el sol penetró en los sombríos patios de *La Force*, la puerta del oratorio se abrió, y una escolta fue a hacerse cargo del reo para conducirlo al cuarto del verdugo, para que éste le cortase los cabellos y le pusiese el sayo de los condenados a muerte.

Después de estos preparativos, Benedetto subió al carro de los pacientes, y el verdugo, tomando su lugar, dio la señal para empezar la triste partida.

El piquete de caballería escoltó el carro hasta el patíbulo, alrededor del cual se agrupaba el pueblo. Benedetto, recibiendo la última bendición del confesor, repelió suavemente la venda que el verdugo le presentaba, dirigiéndole las dos preguntas de estilo que así fueron hechas y contestadas:

—¿Deseáis comer o beber?

—No. Nada quiero.

—¿Me perdonáis la acción que voy a ejecutar?

—Sí. Vos no tenéis la culpa.

—Tomad, pues, esa venda; ha llegado la hora. Preparaos.

—Dejadme solamente mirar un momento a esa multitud que me cerca; quiero ver si distingo un rostro amigo.

Y Benedetto, poniéndose de pie en el cadalso, miró con avidez el pueblo que lo rodeaba, y examinó rápidamente todas las fisonomías que tenía más próximas; después miró a mayor distancia y lanzó un pequeño grito de sorpresa. Había visto en un carruaje que atravesaba la plaza con mucho trabajo por entre la multitud, una mujer con el hábito de las hermanas de San Lázaro, que parecía acompañar a otra mujer enferma, del mismo hábito.

—Padre mío —dijo al religioso—, en este momento no ambiciono más que hablar a aquella hermana de San Lázaro que atraviesa la plaza en un carruaje. Por el amor de Dios, id a decirle que venga. ¡Os lo suplico!

El padre bajó del patíbulo para cumplir el deseo del paciente, y la humilde hermana de San Lázaro no puso la menor dificultad en acudir a su llamamiento. A proporción que ella se aproximaba, la fisonomía de Benedetto se alteraba de un modo singular, y llevó repetidas veces sus manos al rostro como para detener una involuntaria lágrima, que salía de sus ojos.

La hermana de San Lázaro subió las escaleras y se presentó al reo.

—¡Dios mío! —exclamó ella retrocediendo como fulminada por el efecto de una visión terrible, que la encegueció.

Benedetto tomó su mano respetuosamente, y llevándola a los labios depositó en ella un ósculo; después, abrazándola, murmuró estas palabras, pero de modo que nadie más las pudiese oír:

—Serenidad, señora; yo quería mandaros mi último adiós por una de vuestras compañeras; pero el Eterno quiso que vos misma lo viniéseis a recibir.

—¡Jesús!... ¡Jesús!... —gritó la pobre señora con desesperación, cayendo de rodillas sobre el cadalso.

Benedetto corrió con ligereza al cepo y recostando allí su cabeza, gritó al verdugo:

—¡Hiere... hiere sin piedad!

—¡Oh, no... no! —gritó la hermana de San Lázaro, levantándose trémula y pálida para arrodillarse de nuevo a los pies del verdugo.

—¿Es hoy el día 27 de septiembre? —dijo aún Benedetto.

Después de estas palabras, el hierro de la guillotina le cercenó la cabeza.

La hermana de San Lázaro cayó como herida por un rayo junto al cadáver, gritando con angustia:

—¡Hijo mío!... ¡Pobre hijo mío!

Pocos días después, aquella infeliz mujer había muerto también, dejando así de sufrir tanto.

Había pasado un mes más tarde de esta escena, cuando tuvo lugar otra no menos importante en Marsella.

Si volvemos allí y tendemos la vista hacia el lado de los peñascos en que se cimentaba la aldea de los catalanes, además de una única casita muy blanca, muy sencilla, que era la habitación de Mercedes, podremos notar una pequeña ermita cuya puerta está casi siempre cerrada, y que apenas se abre en los domingos y días santos por espacio de media hora después del mediodía.

Aquella ermita y la casa estaban edificadas del lado opuesto del peñasco; eran entonces, digámoslo así, el primer ensayo de los edificios que allí existen hoy poblando aquel montón de rocas como una guardia avanzada de la ciudad.

Alberto y Mercedes habitaban todavía en la casita de la antigua aldea de los catalanes; Alberto, habiendo recibido por conducto del mismo padre que antes fue el intérprete de la voluntad de Benedetto, la donación que éste le hacía, empleó aquel capital en establecerse en el comercio, que desde hacía mucho tiempo le inspiraba vivos deseos. El nombre de Benedetto era allí bendecido entre Alberto y su madre en aquella paz íntima de que gozaban, rindiéndole tributo.

Mercedes rezaba diariamente por el amigo sincero de su hijo, por el bienhechor desinteresado, por el juez imparcial que había lamentado su miseria y les había mitigado el rigor de ella. Pero Mercedes, herida aún por un disgusto profundo desde la muerte de su esposo, caminaba lentamente al sepulcro, segura de su cercano fin.

Alberto, inquieto por el abatimiento físico de su pobre madre, ya había formado consulta con dos de los mejores facultativos de Marsella y éstos convinieron, después de algunos meses, en que Mercedes sucumbiría en poco tiempo si se declaraba la enfermedad, lo que ellos recelaban bastante, por la fiebre lenta y progresiva que la devoraba.

Alberto tenía que sufrir todavía aquel golpe; todos los días los pasaba al lado de su pobre madre, oyendo sus palabras de amistad, y recibiendo aquellas queridas y últimas miradas que no tardarían en amortiguarse y finalizar, como el brillo de las estrellas, en proporción a la luz de la mañana.

Una completa contricción se traslucía en el rostro bondadoso de Mercedes. Cuanto más se aproximaba la crisis fatal de la enfermedad, tanto más sosegada parecía ella, dejando entrever la llama pura de su alma inocente. La gloria del cielo se reflejaba poco a poco en toda su figura; no parecía de este mundo; en las horas del crepúsculo se le hubiera tomado por un ángel de paz que hubiese descendido a sentarse junto a Alberto para repetirle esta palabra cristiana: "Eternidad".

Lo que Mercedes parecía temer era el delirio; ella pedía a Dios que le conservase el perfecto uso de sus facultades intelectuales hasta el último momento, para decir el postrer adiós a su hijo, cuando exhalase también el último suspiro; esa era toda su ansiedad.

Una noche se sintió Mercedes muy abatida; una angustia terrible la oprimía, le parecía que no había aire en el espacio de su cuarto; se sentó así en su cama y mandó llamar a Alberto, que apareció en el acto.

El pobre joven se horrorizó en cuanto vio el rostro pálido y cadavérico de su madre; un sudor frío le humedecía la frente, y el corazón agitado empezó a latirle con un movimiento nervioso e irregular. Estaba dominado.

—Hijo mío —dijo Mercedes forzando una sonrisa—, deseo prepararme para comparecer ante Dios.

—¿Ya, madre mía?... —dijo Alberto faltándole la voz para completar el sentido de sus palabras, y abrazando lleno de amor y respeto el cuerpo frágil de Mercedes.

—Sí... sí... —replicó ella poniéndose más lívida y abriendo mucho la boca para respirar— Un confesor, hijo mío... un confesor... ¡Pronto, un confesor!

Alberto salió precipitadamente del cuarto y corrió como un loco por las peñas con intención de dirigirse a la ciudad, pero golpeó maquinalmente en la puerta de la ermita repetidas veces. A poco vio delante de sí la figura austera de un padre.

—¿Qué queréis, hijo mío?

—Por el amor de Dios, señor, venid a socorrer a mi madre, que está expirando. ¡Pronto, no vaciléis!

El padre no vaciló y siguió a Alberto al cuarto de Mercedes. Cuando el padre entró allí, ella no distinguía bien los objetos que la rodeaban; la proximidad de la muerte había echado su vaho helado en el rostro de la víctima.

—He aquí el ministro de Dios, madre mía —dijo Alberto acercándose al lecho.

—Así es, hijo mío, dejadme un instante, que mi confesión será breve; poco tengo que decir... quiero apenas la última absolución.

Alberto la besó y entró en el cuarto inmediato.

El religioso quedó solo al lado de la moribunda.

—Venid, padre —murmuró ella—. Acercaos.

—¡Oh, Dios! —dijo él conservándose firme en el mismo lugar, como si sus pies estuviesen clavados en el suelo, y con la vista fija en el rostro de Mercedes—, ¡oh, Dios todopoderoso!, recibe en tu seno aquella alma pura, que parte demasiado torturada ya de este mundo!... ¡Mercedes... Mercedes!... —continuó a media voz, aproximándose entonces al lecho— yo necesito de vuestro perdón. ¡Perdonadme!

—¿Vos?... ¿Será posible?

—¡Sí; yo que fui un necio cuando creí poder sofocar en mi pecho el amor que me inspirábais! ¡Yo, que fui un malvado cuando, para vengarme de Fernando Mondego, deshice el edificio de vuestra felicidad, y os hice participar de la miseria y la vergüenza de él!... ¡Pero, así es la fatalidad!

—Padre, ¿qué decís... quién sois para hablar así con arrepentimiento de mi pasado entero?...

—Mercedes... Mercedes... no sería digno de vuestro perdón si no estuviese verdaderamente arrepentido... perdonadme, pues...

—¡Oh, Dios poderoso! —murmuró ella—; quien quiera que seáis... yo os perdono desde lo íntimo de mi alma.

—¡Gracias... gracias!... ¡Muchas gracias!

—¡Edmundo! —dijo ella a media voz—. ¿Eres tú?...

—¡Sí, sí; yo soy, Mercedes, vuestro implacable e insensato amante! ¡Ah!, ¡yo necesitaba también de vuestro perdón, para morir en la paz del Señor!...

—¡Mi hijo! —gritó Mercedes con los labios encendidos repentinamente por el delirio—. ¡Mi hijo!... ¡aquel hombre querrá tal vez vengar aun en ti, la afrenta que recibió de tu padre!...

—¡Piedad! —dijo Edmundo tomándola de la mano y acercándola a su pecho con un movimiento involuntario.

—Madre mía, heme aquí, sosegaos —exclamó Alberto precipitándose en sus brazos, cariñosamente.

Edmundo se alejó entonces del lecho, y tomando en las manos el crucifijo de marfil que estaba en la pared, empezó a murmurar una oración por el alma de Mercedes, en su paz.

Siguió media hora de espantoso silencio, apenas interrumpido por las palabras sacrosantas del padre y por la respiración sofocada y anhelante de la moribunda, en su desenlace.

Después, Alberto lanzó un grito de dolor, cayendo de rodillas al lado de la cama y arrimando sus labios a la mano fría de Mercedes.

¡Ya no existía! ¡Había muerto!

* * *

Pocas horas transcurrieron desde el fallecimiento de Mercedes, cuando en la ermita de la pobre aldea de los Catalanes, prosternado ante el sencillo altar que la ennoblecía, un padre rezaba el oficio de muertos. Las lágrimas y los sollozos le apagaban la voz. Era doloroso aquel trance de angustia, porque la mujer sobre cuyo cadáver oraba él entonces, fuera su amante en la juventud, condenada por él en la edad adulta, y víctima suya cuando las afecciones de un hijo debían hacerle apacible la existencia, por otra vida mejor.

Edmundo Dantés se hallaba de pie rezando algunas palabras sobre el cadáver de Mercedes. ¡Era la vida al frente de la muerte, era el verdugo frente de su víctima, era el desafío que la vida, loca e insensata, como es, lanza todos los días a la faz de la eternidad!

Pero en la aldea de los catalanes se habían jurado mil veces un amor eterno, a toda prueba; y el mismo cielo se conjuró para fulminar a aquél que sobreviviese al otro. De ese modo fue víctima Mercedes y también fue víctima Edmundo Dantés. Ella no olvidó sin embargo, por él, los deberes de esposa y de madre; superior a las afecciones de la pobre joven de la aldea, era el vínculo contraído al pie de los altares con Fernando Mondego. Los deberes maternos tenían en la esposa mayor fuerza que las afecciones del corazón inocente, desligado todavía de ciertos lazos que no pueden influir tanto como las palabras sagradas de la religión y de la maternidad. Él, guiado por el orgullo, deslumbrado por las riquezas y sediento de venganza, procuró romper los lazos que prendían a la pobre víctima del amor, de la locura, y del deber, y descargó sobre ella la mayor parte del castigo, y la más bárbara venganza.

Pero los juramentos de amor hechos en la aldea de los catalanes, a la faz de Dios y de los hombres, estaban todavía por cumplir: uno no debía sobrevivir al otro. Si la unión de Mercedes con Fernando Mondego por el cielo fue decretada, su mortaja con Edmundo Dantés también allí habíalo sido. El *requiescat in pace* rezado por un amante sobre el cadáver de la amada, era como la voz agorera y fatídica del pensamiento del otro; y la lúgubre campana de la ermita no cesaba en su doblar a muerto.

Era como un presagio terrorífico...

Descendía a la tierra el cadáver de Mercedes; el sepulturero se aprestaba a cumplir su obligación, cuando el padre que le recitara las últimas oraciones, arrancando del alma un suspiro que le despedazó el corazón, resbaló en la misma sepultura abierta para la infeliz condesa de Morcef.

Aquel padre era también cadáver; la apoplejía fue fulminante.

O la mano del Omnipotente levantada sobre el orgulloso, o el brazo misericordioso de Dios, se compadecía de los dolores y sufrimientos de aquel hombre, y lo reunía en aquella hora con lo que él amó más en el mundo.

Aquel padre era Edmundo Dantés.

Haydée fue para él una visión, un pasado sueño. Era una mujer que lo amó, a quien él por su desgracia se había aficionado.

Después de esto, aquel primero y único amor que inundara su alma, era su constante visión, era tal vez el único alimento de su vida, y debía, por lo mismo, ser también su muerte...

Se cumplía la sentencia del destino.

Manos piadosas reunieron a los pocos días en un mismo mausoleo a aquellos dos cadáveres.

¿Quién fue?... No podía ser otro que aquél que sabía cuánto amó Mercedes a ese hombre, cuánto por él sufrió, y que también por él murió. ¡Era el destino!

Alberto, concluido este último acto de deber filial, y no teniendo ya nada que lo ligase a Francia, se embarcó en un vapor que salía de Marsella para Argel.

La casualidad había reunido a bordo de aquel vapor a algunas personas de nuestro conocimiento: Morrel y su esposa, con los niños que tan misteriosamente les fueron confiados, habían salido de Roma para Francia, y de ésta pasaban al África para recoger una cuantiosa herencia que un pariente de Valentina les había dejado.

A las pocas horas después de haber salido del muelle el vapor, se oyó en Marsella un horrible estallido como el de una explosión. Los habitantes de la ciudad temblaron por la suerte de los que se acababan de embarcar allí fatalmente.

Tal presentimiento fue confirmado, porque a los pocos días vinieron a la playa los cadáveres de los Morrel, de sus hijos adoptivos, de Alberto y de otras muchas personas conocidas en aquel puerto, traídas por el agua.

Eugenia Danglars y Luisa d'Armilly seguían en París haciendo la vida de artistas, como de costumbre.

# Índice

# TÍTULOS DE ESTA COLECCIÓN

Este Libro se termino de Imprimir
En el mes de ABRIL de 2006
En **EDAMSA IMPRESIONES, S.A. DE C.V.**
Av. Hidalgo N. 111, col. Frac. San Nicolás Tolentino,
Iztapalapa, 09850 México, D. F.